Las que faltaban

Cristina Oñoro

Las que faltaban
Una historia del mundo diferente

taurus

Papel certificado por el Forest Stewardship Council®

Penguin
Random House
Grupo Editorial

Primera edición: febrero de 2022
Tercera reimpresión: octubre de 2022

© 2022, Cristina Oñoro Otero
© 2022, Penguin Random House Grupo Editorial, S. A. U.
Travessera de Gràcia, 47-49. 08021 Barcelona

Printed in Spain – Impreso en España

ISBN: 978-84-306-2441-6
Depósito legal: B-18.875-2021

Compuesto en MT Color & Diseño, S. L.
Impreso en Unigraf
Móstoles (Madrid)

TA 2 4 4 1 A

A mi hija, a mi madre, a mis abuelas.
A Rocío y a Leticia, por el hilo y las flores de la amistad.
A mis alumnas.

Entonces, todas las historias se contarán de otro modo, el futuro será impredecible, las fuerzas históricas cambiarán, de manos, de cuerpos, otro pensamiento aún no pensable transformará el funcionamiento de toda sociedad. De hecho, vivimos precisamente esta época en que la base conceptual de una cultura milenaria está siendo minada por millones de topos de una especie nunca conocida.

Cuando ellas despierten de entre los muertos, de entre las palabras, de entre las leyes.

HÉLÈNE CIXOUS

La novela no se edificó —ya desde el principio— en la imagen alejada del pasado absoluto, sino en la zona de contacto directo con esa contemporaneidad imperfecta. En su base está la experiencia personal y la libre ficción creadora.

MIJAÍL BAJTÍN

¿Qué pasa cuando el otro falta en la estructura del mundo? Sólo reina la brutal oposición del sol y de la tierra, de una luz insostenible y de un abismo oscuro [...]
    Mundo crudo y negro, sin potencialidades ni virtualidades: lo que se ha desmoronado es la categoría de lo posible.

GILLES DELEUZE

La auténtica historia, la que cuenta, la que importa, se suele escribir a partir de lo que falta.

ESTRELLA DE DIEGO

ÍNDICE

faltar

De *falta*.

1. Dicho de una cualidad o de una circunstancia: No existir en lo que debiera tenerla.
2. Consumirse, acabar, fallecer.
3. Fallar (no responder como se espera).
4. No acudir a una cita u obligación.
5. Dicho de una persona o de una cosa: Estar ausente del lugar en que suele estar.
6. Dicho de una persona o de una cosa: No estar donde debería.
7. Dicho de una persona: No corresponder a lo que es, o no cumplir con lo que debe.
8. Dejar de asistir a alguien.
9. Tratar con desconsideración o sin el debido respeto a alguien.
10. Tener que transcurrir el tiempo que se indica para que se realice algo.
11. Carecer.
12. *Eso faltaba, o faltaría*: Expresión para rechazar una proposición.
13. *Faltar poco para algo*: Estar a punto de suceder algo o de acabar una acción.
14. *No faltaba más*: Expresión para rechazar una proposición por absurda o inadmisible. Pero también expresión para manifestar la disposición favorable al cumplimiento de lo que se ha requerido.
15. *No faltaba más sino que:* Expresión para encarecer lo extremadamente desagradable, extraño o increíble que sería algo.

Diccionario de la Real Academia Española

PRÓLOGO
MADRID, 8 DE MARZO DE 2018

1

A finales del mes de agosto de 2016, durante las tranquilas y soleadas vacaciones de verano, saltó a la prensa una noticia que provocó que muchas mujeres —y unos cuantos hombres también— se revolvieran con inquietud en sus hamacas de la playa. Una conocida editorial preparaba un ambicioso coleccionable que vendería a comienzos de curso en quioscos y papelerías bajo el título «La aventura de la Historia». Lo compondrían sesenta figuritas, con sus correspondientes fascículos ilustrados, pensadas para que pequeños y mayores se divirtieran jugando y aprendiendo sobre las grandes etapas, lugares y civilizaciones de la historia humana. Los *clicks* de Marco Polo, Leonardo da Vinci o Mozart ya estaban listos en sus cajitas de plástico, al igual que muchos otros personajes anónimos, entre los que destacaban cazadores prehistóricos, druidas, centuriones, soldados encaramados a un fuerte o caballeros andantes. Entre todos ellos —ponía el grito en el cielo la prensa— no había ni una sola mujer. Efectivamente, todas las figuras que componían el coleccionable —las de personajes famosos y las que representaban profesiones o roles sociales— tenían el pelo corto, barbas pobladas y formas masculinas en sus pequeños cuerpos de juguete.

Al parecer, la historia del mundo se podía contar sin *ellas*.

La polémica corrió como la pólvora —en verano escasean las noticias— y se incendiaron las redes sociales. Un periodista firmó un acalorado artículo en uno de los periódicos de mayor tirada nacional advirtiendo que no pensaba consentir que sus hijos aprendieran una historia en la que faltaba la mitad de la población. Algunas mujeres alzaron la voz para quejarse de lo poco que hubiera costado sustituir algunos personajes genéricos, como «guardián del fuego», por sus versiones femeninas. ¿Quién había estado allí para ver con sus propios ojos lo que hacían nuestras antepasadas en las cavernas prehistóricas? Como era de esperar, un nutrido grupo de feministas bien organizadas capitanearon una campaña de recogida de firmas online para exigir airadamente la *inmediata* retirada del coleccionable. ¿Dónde estaban Cleopatra, Juana de Arco, Sofonisba Anguissola, Mary Wollstonecraft o Rosa Parks? ¿Dónde estaban las matronas, panaderas, princesas, monjas, activistas climáticas y astronautas de nuestra historia?

Con la llegada de septiembre, la polémica se fue apagando poco a poco, sobre todo después de que la editorial entonara el *mea culpa*, rectificara y prometiera crear también personajes femeninos influyentes para el coleccionable. Y, finalmente, todo se olvidó como se olvida una tormenta estival que nos sorprende en la calle sin paraguas a mano. Sin embargo, aquel pequeño escándalo veraniego fue bastante revelador de lo que, solo tres meses más tarde, acabaría ocurriendo. En el mes de noviembre Donald Trump ganó las elecciones de Estados Unidos con una campaña de gran agresividad y desprecio hacia las mujeres. Sin ir más lejos, pocas semanas antes de su victoria, se difundieron unas grabaciones de 2005 en las que el entonces magnate norteamericano aseguraba que los hombres poderosos como él podían hacer con las mujeres «lo que quisieran».

La respuesta no se hizo esperar mucho tiempo. El 21 de enero de 2017, solo veinticuatro horas después de su investidura como presidente, centenares de miles de mujeres llenaron las calles de Washington para exigir una política respetuosa no solo hacia ellas sino también hacia las minorías y los migrantes. Ese mismo año, en octubre, millones de mujeres de todo el mundo se sumaron a las actrices de Hollywood en la campaña #MeToo contra el acoso sexual y la prensa empezó a hablar de una «cuarta ola» feminista.

Era el comienzo de una nueva época. Nunca más, parecían prometerse las mujeres de los cinco continentes, volvería a contarse la historia del mundo sin ellas.

2

¿Es que acaso eran invisibles?, podemos preguntarnos. ¿Cómo es posible que quienes pensaron el coleccionable cometieran el desliz de no incluir a Jane Austen, a Malinche o a Marie Curie? ¿Se puede imaginar la historia de la humanidad sin la mitad de la población?

Lamentablemente, el ser humano lleva contando su historia oficial con una perspectiva androcéntrica desde que tenemos memoria. El coleccionable solo fue el último eslabón de una larga cadena de omisiones y silencios. Si tirásemos de ella llegaríamos nada menos que hasta Tucídides, uno de los primeros historiadores de nuestra cultura, quien en su célebre *Historia de la Guerra del Peloponeso*, escrita en el siglo v a. C., puso en boca de Pericles, el gran gobernador ateniense, un famoso consejo para las mujeres: «que entre los hombres se hable lo menos posible de vosotras, sea en tono de elogio o de crítica».[1] Como recordaba Plutarco siglos más tarde, para Tucídides, el nombre de «la mujer recta» tenía «que estar bajo llave y sin poder salir».[2]

Y es que durante mucho tiempo —milenios— las vidas de las mujeres se consideraron irrelevantes para tomarle el pulso a la humanidad. O para servir como ejemplo e inspiración para los jóvenes. Si tirásemos de nuevo de la larga cadena de omisiones, esta vez llegaríamos hasta Aristóteles, quien, en su *Poética*, desaconsejaba a los aspirantes a escritores crear personajes femeninos inteligentes y valerosos. Para él, dichos modelos hubieran resultado inadecuados y, a la postre, inverosímiles.[3] El mundo —y sus ficciones— era por aquel entonces cosa de hombres, pues eran ellos quienes lo hacían y deshacían a su antojo yendo a las guerras y empuñando el bastón de mando.

Sin embargo, fue el ensayista escocés Thomas Carlyle quien elevó la recomendación aristotélica a sistema de pensamiento cuando afirmó con rotundidad que la historia universal, la que recoge los logros del ser humano, «es la historia de los Grandes Hombres».[4] Aunque ya corría el siglo xix, los historiadores seguían mirando con recelo a las mujeres a la hora de cantar las gestas del mundo. Todavía en los años ochenta del siglo pasado, Carolyn G. Heilbrun, catedrática de literatura en la Universidad de Columbia, se lamentaba de que, al carecer de *narrativas propias*, las vidas de las mujeres rara vez constituían modelos ejemplares.[5] De ahí que considerara imprescindible volver a escribir dichas biografías con la ayuda del pensamiento feminista, en plena efervescencia tanto en su época como en la nuestra.

Como ha observado con ironía Mary Beard, gran estudiosa del mundo clásico, la cultura occidental lleva siglos silenciando a las mujeres. Sus vidas y su contribución a la humanidad. Si todavía hoy percibimos actitudes despreciativas hacia ellas, añade, se debe a lo arraigados que aún están aquellos prejuicios aristotélicos en nuestra cultura, en nuestro lenguaje y en los milenios de nuestra historia.[6]

3

El 8 de marzo de 2018 era jueves. Mis estudiantes me habían avisado de que se estaban organizando varias actividades en el vestíbulo del edificio A, en la Facultad de Filosofía, y me sentía expectante por ver de qué se trataba. Tras años alejada de las aulas españolas —en los que pasaron muchas cosas, entre ellas la crisis económica y el 15M—, regresar a una Universidad Complutense feminista había supuesto, como diría la activista Gloria Steinem, «una renovación de las esperanzas y las ideas de lo que era posible para el mundo».[7]

Después de los encendidos discursos de las estudiantes y de la emocionante concentración que tuvo lugar en la puerta del edificio de la facultad, a mediodía comenzó la manifestación por la avenida Complutense. Marchábamos juntas estudiantes, profesoras, investigadoras, bibliotecarias, bedeles, personal de administración y del servicio de limpieza. Por la tarde, las movilizaciones sin precedentes en todo el país harían del Día de la Mujer de 2018 una fecha histórica. Por la mañana, la trascendencia que llegaría a tener aquel 8 de marzo ya era palpable en el ambiente universitario.

Entre todas las pancartas que se podían ver en la marcha, hubo una que me gustó especialmente. Era de tamaño mediano y su mensaje estaba escrito con letras negras mayúsculas sobre un fondo blanco: «No hay mujeres en mi temario de literatura». Recuerdo que la levantaba una joven estudiante, con el pelo muy largo, vestida con un jersey de color violeta. En efecto, faltaban mujeres en los temarios de literatura. Y de historia. Y de matemáticas, informática, biología, ingeniería, farmacia, medicina.

Faltaban tantas que forzosamente debía existir una conexión *invisible* entre aquellos viejos pensadores como Tucídides, Aristóteles y Carlyle y nuestros libros de texto actuales, pensé horas más tarde mientras seguía dándole vueltas a la frase de la pancarta. Como diría la propia Gloria Steinem, una simple hojeada a nuestros apuntes y listas de lecturas, o a los programas y hojas de examen, evidenciaría que desde que entramos en el jardín de infancia hasta que terminamos el doctorado, las niñas y las mujeres nos dedicamos con tesón a estudiar nuestra propia ausencia.[8]

EL COSTURERO DE JANE

4

Al igual que los creadores del coleccionable, Sigmund Freud también pensaba que las aportaciones culturales que habían realizado las mujeres a la historia de la humanidad eran prácticamente nulas. De hecho, en su famosa conferencia «La feminidad», fechada a comienzos de los años treinta del siglo xx, escribió que «las mujeres habían brindado escasas contribuciones a los descubrimientos e inventos de la historia cultural».[9] Entre todos los hallazgos y soluciones que el ser humano había ido encontrando a lo largo del tiempo, solo reconocía a las mujeres la invención de uno de ellos: la técnica de trenzar y tejer. Pero Freud ni siquiera contemplaba estas actividades como expresiones completas de una cultura femenina, sino que las veía como una estratagema para tapar y ocultar aquello que saltaba a la vista que les *faltaba* a las mujeres cuando se comparaban con los varones. Trenzar o tejer, así como ponerse máscaras, habría sido su manera de ocultar la célebre *envidia de pene* que siempre se encontraba al acecho allá donde mirase el padre del psicoanálisis.[10]

Dicho en otras palabras, para Freud, el amor por los tejidos propio de las mujeres sería un síntoma inequívoco de su naturaleza, que definía por la *falta*, lo que revelaría una concepción de lo femenino como *ausencia* que Lacan desarrollaría ampliamente en su teoría psicoanalítica. Como escribe la filósofa feminista Luce Irigaray en referencia a esta concepción de la feminidad, la mujer «permanece en el desamparo de su carencia de, falta de, ausencia de, envidia de, que la lleva a someterse, a dejarse prescribir de modo unívoco por el deseo, el discurso y las leyes sexuales del hombre».[11] La lengua inglesa daría la razón a los psicoanalistas: la palabra *spinster*, «solterona», evoca la actividad de hilar; al igual que la expresión española «quedarse para vestir santos».

Sin embargo, en contra de lo que pensaba Freud, a lo largo de la historia, la actividad de tejer no ha sido entendida exclusivamente como el síntoma de una carencia. Aunque resulte paradójico, en diferentes momentos y culturas, también ha sido asociada con el lenguaje y la escritura, como ejemplifica la palabra *texto* que precisamente procede del verbo «tejer». Es más, del propio término *to spin* no solo deriva «solterona» sino también «narrar historias». En un artículo de los años ochenta, la profesora Carolyn G. Heilbrun recordaba que las Moiras, Ariadna, Filomela, Aracne o Penélope fueron célebres costureras que lejos de emplear los hilos para esconderse los utilizaron para escribir el destino de los hombres; o para denunciar la violencia sexual cometida contra ellas; así como para extender una de las esperas por amor más largas de nuestra tradición literaria.[12] Para aquellas mujeres del mito, en definitiva, las acciones de tejer o bordar ya fueron instrumentos muy potentes para que la verdad viera la luz, como revela el hecho de que Ariadna le entregara a Teseo un hilo para que pudiera salir del laberinto. También los cuentos de hadas están movidos por ruecas y a menudo avanzan gracias a mágicos vestidos que propician la transformación de la heroína.

En la literatura contemporánea abundan a su vez los costureros con todo su poder metafórico. Tras coser su sombra, ¿qué objeto escogió Wendy, gran contadora de cuentos, para entregárselo a Peter Pan como si fuera un beso? Un dedal. ¿Y qué le entregó Peter para corresponderla? Un botón con forma de bellota. Más adelante, aquel botón colgado de su cuello con una cadena salvaría la vida de Wendy del impacto mortal de una flecha en el País de Nunca Jamás.[13] Asimismo, la señora Ramsay, el personaje de Virginia Woolf de *Al faro*, mantiene intacta la conciencia de estas ancestrales conexiones entre el texto y el tejido. En el arranque de la novela, cuando comienza a enredar al lector con las primeras palabras de su historia, observa a James, su hijo de seis años, jugar con unas tijeras en el suelo, al tiempo que ella tira con impaciencia «del hilo de lana castaño-rojizo del calcetín que estaba tejiendo».[14] Del mismo modo, las atentas alumnas de la señorita Brodie, el personaje de la escritora escocesa Muriel Spark, mezclan costura y narración en una escena de la novela *La plenitud de la señorita Brodie*, menos conocida que la de Woolf pero igualmente inolvidable. Mientras las niñas escuchan absortas a su excéntrica maestra leer en voz alta escenas de *Jane Eyre* se pinchan a menudo el pulgar, de forma que los paños que cosen acababan manchados con gotas rojas de sangre que se mezclan con las propias figuras que están bordando.[15]

A muchos kilómetros del Edimburgo de Muriel Spark, en la provincia china de Hunan, durante el siglo XIX también se reunían grupos de bordadoras para contarse sus vidas. Las mujeres tenían prohibido el acceso a la palabra escrita y fue en este contexto donde nació el *nüshu*, la única escritura conocida inventada por mujeres, empleada para copiar poemas, traducir leyendas antiguas y para expresar sentimientos. Las «mejores amigas», quienes se habían jurado fidelidad en el círculo de bordadoras, lo utilizaban para comunicarse por carta, o a través de abanicos y de tejidos en los que pintaban y bordaban la caligrafía secretamente cifrada. De este modo, puntada a puntada, estas mujeres cosieron sus vidas en hermosos vestidos destinados a sus propias amigas.

Algunos investigadores incluso remontan la existencia del *nüshu* mucho más atrás, hasta la dinastía Song (960-1279), época en la que una concubina del emperador la habría inventado para contarle a sus amigas y hermanas las penas de su infeliz matrimonio. Más allá de la leyenda, sabemos que el *nüshu* se transmitía de madres a hijas y se empleaba para redactar los llamados «cuadernos del tercer día», entregados a la novia por sus amigas. En sus páginas la recién casada podía leer palabras de amor y amistad, pero también hallaba un hueco en blanco para poder escribir sus propias vivencias. Estos cuadernos tenían tanto valor que sus dueñas a menudo pedían ser enterradas con ellos.

Las conexiones antiquísimas y profundas entre costura y escritura incluso han llevado a la escritora Irene Vallejo a suponer que las primeras narradoras de la historia debieron de ser mujeres que se contaban sus vivencias mientras cosían.[16] Habrían sido *ellas* quienes, mientras hilvanaban, urdían el telar y remataban, contaron las primeras historias que han llegado hasta nosotros. Pues debieron de ser mujeres, especula Vallejo, quienes inyectaron de metáforas textiles las expresiones que utilizamos para referirnos al arte de contar un buen relato, como «el nudo de una historia», «el hilo de la narración» o «bordar un discurso».

Muchos siglos después de que Filomela, el personaje mitológico a quien Tereo violó y cortó la lengua, tejiera un tapiz para contarle a su hermana Procne la tragedia que le había sucedido, la actriz Natalie Portman también empleó el bordado en la ceremonia de los Oscar de 2020 con el objetivo de denunciar la discriminación sufrida por sus *hermanas* en la industria del cine. En una capa negra y larga de Dior como la que habría podido llevar la inquietante solterona de un cuento de hadas, Portman bordó con hilo dorado los nombres de todas las directoras que habían quedado fuera de los nominados: *Gerwig, Wang, Scafaria, Amiel, Heller, Har'el, Matsoukas, Sciamma, Diop*... Como explicó ella misma a los periodistas y fotógrafos ante los que posó en la alfombra roja, coser sus nombres fue su forma de reconocer el increíble trabajo de aquellas mujeres que faltaban en las listas de los premiados.

5

«Tenga en cuenta que le llevo muchos años de ventaja. ¡Yo ya estaba estudiando en Oxford cuando usted no era más que una niña, pequeñita y buena, dedicada a su labor en casa!».[17] A las lectoras y lectores de Jane Austen, estas palabras quizá les resultarán vagamente familiares. Las pronuncia Henry Tilney en el capítulo XIV de *La abadía de Northanger*, durante una conversación que mantiene con Catherine Morland, la heroína femenina, sobre los libros de historia. Tilney fanfarronea sobre su superioridad intelectual recordándole que mientras él estaba en la universidad, accediendo al verdadero saber, ella todavía estaba en su casa, bordando dócilmente el alfabeto en un bastidor. La escena es una de esas joyas austenianas, minúscula y preciosa, en la que se mezcla magistralmente el detalle realista e incluso prosaico —bordar las letras y los números era una especie de *dictado* que hacían las jóvenes, también en España, para practicar caligrafía— con un toque irónico. «Me temo que no era muy buena», responde Catherine a Tilney entre risas sin que al lector le quede muy claro si se refiere a cómo era de pequeña o a su habilidad para bordar.

Contrariamente a su joven heroína, es conocida la destreza que tenía Jane Austen con las agujas. James Edward Austen-Leigh, su sobrino, dedica algunos párrafos memorables en la biografía que escribió sobre ella a recordar lo habilidosa que era en todas las actividades que tenían que ver con las manos. Poseía una caligrafía impecable, era insuperable en el *mikado*, el juego de los palillos chinos, y doblaba y lacraba las cartas con precisión de cirujana en una época en la que aún no existían los sobres con los extremos engomados.[18] Pero, sobre todo, escribe su sobrino delatando su deseo de mostrarnos a la autora como una niña buena, Jane Austen bordaba como una artista. Sus labores a mano, asegura, tanto sencillas como decorativas, podrían «haber avergonzado a una máquina de coser».[19] Al parecer, hablaba sin parar sobre las prendas que ella y su hermana Cassandra confeccionaban, un hecho de lo más extraño si tenemos en cuenta que se trata de la misma persona, discreta y reservada, que escribía en hojas pequeñas porque eran más fáciles de ocultar a la vista de los criados y las visitas. La misma que también se negó a que arreglaran una puerta que chirriaba estrepitosamente porque, cuando estaba escribiendo, el ruido la avisaba si un intruso llegaba a la casa.

Al igual que aquellas bordadoras chinas de Hunan, Austen también conectaba la costura con la amistad femenina y la expresión epistolar. La prueba de ello la encontramos en un curioso regalo que le hizo a su cuñada Mary Lloyd del que también nos habla su sobrino. Según leemos en la biografía, en una ocasión en la que las

dos amigas iban a separarse, Jane Austen le regaló una pequeña
bolsa de seda bordada con flores en cuyo interior había un diminuto costurero de viaje, provisto de alfileres e hilo fino. Como en
sus propias novelas, siempre llenas de historias dentro de otras
historias, Austen se las ingenió para introducir en el pequeño costurero un minúsculo bolsillo en el que guardó un papelito donde
anotó estos versos de su propia cosecha:

> *Este pequeño bolso espero podrá probar*
> *no estar hecho vanamente;*
> *pues, si aguja e hilo son necesidad,*
> *te ayudarán inmediatamente.*
>
> *Y, como estoy a punto de partir,*
> *también te servirán para otro fin:*
> *pues al este bolso mirar*
> *a tu amiga recordarás.*[20]

Como le debió de suceder a Mary Lloyd cuando abrió el costurero
de seda floreada y halló la carta-poema escondida en su bolsillo
interior, a menudo me he encontrado las historias que componen
Las que faltaban en los lugares más recónditos e inesperados. Me
han sorprendido en los márgenes de la historia oficial, en las cartas
olvidadas por los investigadores, en los diarios y en los cuadernos
de las protagonistas, y en las obras consideradas menores por el
canon.

OTRA HISTORIA DEL MUNDO

6

En una charla sobre educación femenina dictada en Nueva Jersey,
la escritora Adrienne Rich señalaba el peligro que entrañaba privar
a las alumnas de la historia de las mujeres y, con suerte, ofrecerles
ese conocimiento solamente en programas específicos de estudios
feministas. Sin conocer su propia historia, afirmaba Rich, las mujeres viven sin un contexto, alienadas en su propia experiencia,

porque la educación no la ha reflejado ni se ha hecho eco de ella. Para Rich las profesoras debían «tomarse en serio a las alumnas», tratando de enseñarles *a pensar* como mujeres. Como ella misma concluyó durante la charla pronunciada la mañana del 9 de mayo de 1978 en Nueva Jersey:

> [Eso] significa hacer lo más difícil de todo: escuchar y estar atentas, en el arte y la literatura, en las ciencias sociales, en todas las descripciones del mundo que recibimos, a los silencios, a las ausencias, a lo innombrado, lo no dicho, lo codificado, pues allí encontraremos el verdadero saber de las mujeres. Y al romper esos silencios, al nombrarnos, al descubrir lo oculto, al hacernos presentes, estaremos empezando a definir una realidad que tenga sentido *para nosotras*, que afirme nuestro *ser*, que permita que tanto la profesora como la alumna nos tomemos personal y mutuamente en serio; es decir, que empecemos a hacernos cargo de nuestras vidas.[21]

Sin darme cuenta, seguramente empecé a tirar del hilo de esta historia cuando leí la pancarta que aquella estudiante levantaba el 8 de marzo de 2018. Al alzarla, rompía un silencio y descubría un vasto territorio que había permanecido oculto. Durante los siguientes años, mientras escribía estas páginas, las vidas de sus protagonistas me fueron guiando hacia otros muchos puntos ciegos de la historia oficial. Fueron apareciendo sus hermanas, sus amigas, sus madres y sus hijas. También los hombres que las acompañaron y apoyaron, a menudo desafiando numerosos prejuicios sociales. Pero incluso cuando escribía sobre mujeres famosas, como algunas de las que aparecen en el libro, con visibilidad en nuestra historia cultural, al final me parecía que se trataba de grandes desconocidas. Era el resultado de contar su historia con las piezas que *faltaban* en las narrativas que nos han llegado sobre ellas.

La selección de las protagonistas ha sido en gran medida subjetiva, pues responde no solo a su importancia desde un punto de vista histórico, sino también a mis propias simpatías y conocimientos sobre sus vidas. Se trata, en definitiva, de una selección personal. Como los historiadores sobre los que ironizaba Jane Austen en sus novelas, me temo que a menudo he sido demasiado parcial y negligente. En todo caso, tengo la esperanza de que seas tú, lectora, y tú, lector, quien bordes todos los nombres que aún faltan en este tapiz. Nuestros hilos de diferentes colores se enredarán como en el calcetín del que tiraba con impaciencia la señora Ramsay al comienzo de la novela de Virginia Woolf. Entrelazados, tratarán de contar una historia del mundo diferente.

1

BUSCANDO A DENNY
SIBERIA, C. 90.000 A. C.

LA EVIDENCIA DE UN ENCUENTRO

1

Nuestra historia comienza una tarde con niebla del mes de septiembre de 2015 en uno de los laboratorios del Instituto Max Planck de Antropología Evolutiva. Situado en la ciudad de Leipzig, en Alemania, se trata de uno de los centros de investigación más punteros del mundo en el estudio de la historia de la humanidad. Aquella tarde, en una sala del imponente edificio acristalado, una joven científica de origen francés llamada Viviane Slon se llevó la sorpresa de su vida.

«Debe de ser un error», murmuró impresionada mientras se retiraba las gafas y se restregaba los ojos varias veces antes de volver a mirar en el ordenador los resultados del análisis genético que acababa de realizar. Viviane estaba estudiando una muestra de ADN extraída del pequeño hueso de un individuo prehistórico encontrado en las cuevas de Denisova, en Siberia. Según sus cálculos, Denny —el nombre que le habían puesto a aquel antepasado que debía de tener unos trece años cuando murió— había desaparecido hacía aproximadamente noventa mil años. Viviane leyó los porcentajes de nuevo. Al parecer, Denny poseía prácticamente la misma proporción de ADN neandertal que denisovano. «Se habrán mezclado las pruebas, es imposible», se dijo temblando para sus adentros.[1]

Para cualquier persona ajena al mundo de la paleogenética probablemente no resulte del todo evidente la razón por la que Viviane

Slon estaba tan impresionada. Es incluso posible que nunca hasta ahora haya escuchado hablar de los denisovanos. Pero lo cierto es que la joven científica tenía motivos más que suficientes para estar emocionada, pues lo que estaba a punto de descubrir era la primera evidencia material jamás encontrada de un ser humano híbrido de primera generación. Si los resultados se confirmaban, los padres de Denny habían pertenecido a dos especies diferentes, la neandertal y la denisovana, que vivieron en Eurasia y desaparecieron hace decenas de miles de años.

¿*Otras* especies humanas? Es inevitable que al leer frases como esta, especialmente si no se tienen conocimientos de antropología o se han olvidado hace tiempo, la primera reacción sea de sorpresa. Los sapiens estamos tan acostumbrados a creernos los reyes de la creación que la idea de que el *género Homo* al que pertenecemos integre otras especies aparte de la nuestra —como los neandertales o los denisovanos— y forme parte de una *familia* animal variada y numerosa en la que nuestros parientes cercanos son primates resulta a menudo difícil de creer. La aceptamos en clase de ciencias, al visitar una cueva prehistórica o en un museo, pero el resto del tiempo asociamos estas ideas con la ciencia ficción. Sin embargo, el significado del término *humano* en realidad hace referencia a un conjunto de rasgos —como el tamaño del cráneo, el tipo de dientes o la capacidad de caminar sobre dos extremidades— que de hecho tenemos en común con otras especies desaparecidas.

«Sin duda, esta es una historia de persistencia», pensó Viviane meses más tarde al preparar de nuevo el laboratorio para repetir la extracción de muestras del diminuto hueso.[2] Sus colegas de Oxford y Mánchester habían tenido que examinar nada menos que 1.227 restos fósiles, todos ellos procedentes de Denisova, antes de encontrar uno que hubiera pertenecido a un ser humano y no a un animal, como las hienas, viejas y astutas moradoras de las cuevas. Y ese *uno* que le habían enviado como si fuera una reliquia era el pequeño fragmento óseo de apenas 2,5 cm que había pertenecido a Denny y del que ahora trataba de obtener una nueva muestra genética para repetir los análisis.

Puso extremo cuidado en seguir todos los protocolos y evitar así posibles errores. Antes de llevarse la sorpresa de su vida, incapaz de imaginar ni por asomo que pudiera ser las dos cosas *al mismo tiempo*, su propósito inicial simplemente había sido averiguar si el ADN de aquel individuo coincidía con las variantes neandertal o con la denisovana, pues en las cuevas se habían encontrado restos fósiles de ambas. Además, quizá tenía curiosidad por conocer el sexo, lo que también revelaría el análisis genético, para así poder imaginarse mejor cuál habría sido el aspecto de Denny.

Ya era hora de saber si Denny había sido un niño o una niña prehistórico.

Mientras esperaba los nuevos resultados, la imaginación de Viviane Slon viajó hasta el macizo de Altái, al sur de Siberia, donde se encuentran las grutas de Denisova, llamadas así en homenaje a Denís, un ermitaño que las ocupó durante el siglo XVIII. En sus inmediaciones habría vivido el pequeño o la pequeña Denny. Aquel lugar silencioso, situado cerca del río Anui, tenía sin duda algo especial, magnético. Los fragmentos óseos que, como el suyo, se habían encontrado en las cuevas los últimos años escondían verdaderos tesoros en su interior que podían ayudar a responder a una de nuestras más viejas preguntas: ¿de dónde venimos?

Durante los siguientes tres años, Slon repitió la prueba hasta seis veces. Y en todas las ocasiones el resultado fue idéntico. Tenía que ser real. Denny había sido una *niña* mitad neandertal, mitad denisovana. ¿Qué podía significar?

2

La respuesta a esta pregunta era demasiado emocionante para pronunciarla en voz alta y por eso, aquella tarde de septiembre de 2015, al comienzo de la investigación, Slon prefirió guardar celosamente el secreto. *Un híbrido de primera generación.* Cada vez que lo pensaba podía sentir las mariposas en el estómago y le temblaban las manos. El hallazgo era, sencillamente, el sueño de cualquier investigador dedicado a la prehistoria. Con poco más de treinta años, al comienzo de su carrera, había descubierto por azar un hecho capaz de cambiar nuestra comprensión de los orígenes de la humanidad y abrir la puerta a nuevas interpretaciones sobre nuestro pasado remoto.

Además, suponía una prueba indiscutible de que su mentor, Svante Pääbo, uno de los padres de la paleogenética, estaba en lo cierto al defender la teoría de que los sapiens habían convivido con otras especies humanas hoy desaparecidas, como los neandertales o los denisovanos, y que se habían cruzado entre ellas más a menudo de lo que habíamos imaginado.

Lo cierto es que aquel huesecito volvía poroso el concepto mismo de *especie*, pues tradicionalmente se había pensado que uno de los rasgos que definía y separaba a las especies entre sí era justamente el hecho de no poder tener descendencia fértil. La existencia de Denny cuestionaba esta creencia. Y es que, antes de que fuera posible aplicar los avances de la biología molecular a la paleontología, la hipótesis más frecuente era que el *Homo sapiens* había evolucionado sin mezclarse con otras especies. Es más, en el imaginario popular, en el que convergen ficciones y relatos mitológicos, el sapiens aparece a menudo como si fuera una especie *única* que hubiera ido evolucionando en línea recta desde nuestros ancestros africanos, quienes por otro lado se parecen sospechosamente a los padres bíblicos, Adán y Eva.

Como explica Yuval Noah Harari en su obra *Sapiens,* este tipo de imágenes fantasiosas evidencian lo mucho que nos resistimos a aceptar mentalmente que hace cien mil años[3] convivieran en el planeta hasta seis especies *humanas* conocidas y que todas ellas hubieran evolucionado a partir de un género anterior de simios llamados *Australopithecus.* Hace unos dos millones de años algunos de ellos dejaron África y, en Europa, Asia o en otras regiones, como la isla de Flores en Indonesia, evolucionaron en las distintas especies humanas conocidas. En la propia África evolucionó el *Homo sapiens* y, mucho tiempo después, hace unos setenta mil años, salió de su tierra natal y se extendió por todo el mundo. Entre las demás especies, los parientes más cercanos de estos sapiens modernos, nuestra especie, eran los denisovanos y los neandertales, a quienes durante mucho tiempo los científicos consideraron muy inferiores, menos inteligentes y avanzados que los sapiens, como si fueran unos hermanos extravagantes de los que avergonzarse. De ahí que costara creer que se hubieran cruzado.[4]

Este era el modelo explicativo que Svante Pääbo, el mentor de Viviane Slon, se había propuesto derrumbar. Y para ello fue siguiendo las huellas de los neandertales hasta dar con ellos.[5] Con su ayuda, quería desmentir el mito del sapiens como *hijo único* de la creación. Así, en la última década había encabezado desde el Instituto Max Planck de Antropología Evolutiva el proyecto que secuenció su ADN;[6] al comparar su genoma con el de humanos actuales de diferentes partes del mundo el resultado fue impresionante y muy polémico: los sapiens modernos les debían alrededor del 2 por ciento de su genética. Es decir, según afirmaba Pääbo, los sapiens que salieron de África hace aproximadamente setenta mil años se encontraron en Europa occidental con los corpulentos neandertales y, lejos de pasar de largo sin rozarse, se habían mirado a los ojos y se habían mezclado. Es posible que incluso se comunicaran entre ellos, si bien también es probable que a menudo se sintieran *lost in translation* al faltarles un lenguaje común. Aunque los neandertales se acabaran extinguiendo —acontecimiento envuelto de gran misterio— hasta cierto punto aquellos antepasados aún vivían *genéticamente* en los humanos actuales.

El descubrimiento de los denisovanos también había sido muy emocionante. En 2010, el propio Pääbo había sorprendido al mundo entero con los resultados arrojados por el análisis genético de un diminuto trozo de hueso parecido al de Denny y encontrado también en las cuevas siberianas de Denisova. Pertenecía a una especie por aquel entonces desconocida del género *homo*. Un nuevo pariente de los sapiens y los neandertales. Un hermano aún más misterioso que estos últimos, pues lo único que había dejado eran algunos huesos y dientes hallados en aquellas oscuras cuevas, en las montañas de Altái. No sabemos casi nada sobre quiénes eran ni cómo desaparecieron. En todo caso, como explica Yuval Noah Harari, también se encontraron trazas de su ADN en el genoma de humanos actuales melanesios y aborígenes australianos.[7] Otro misterioso ancestro que aún vivía *genéticamente* en los sapiens modernos.[8]

Pero Denny —pensaba Viviane Slon minutos antes de que comenzara a sonar su teléfono tres años después de aquella tarde con niebla de 2015 y ya no parara de hacerlo en varios días— era mucho más que una traza. Era la *evidencia* del encuentro entre una humana neandertal y uno denisovano. Y de que había nacido una niña. Ahí estaba *ella* —el huesecito triunfal con miles de años de antigüedad— para evidenciar que los humanos modernos no llegaban hasta nosotros pisando fuerte y siguiendo una línea recta desde África como si fueran llaneros solitarios. Sin duda este había sido un modelo explicativo masculino y vertical.[9] ¡Siempre se habían mezclado! Veníamos del cruce y la diversidad. En definitiva, los humanos habíamos estado menos solos y aislados de lo que creíamos y Denny permitía imaginar *en femenino* un pasado multiespecie colorido y en movimiento.

3

La noticia saltó a la prensa internacional el 22 de agosto de 2018. Una joven paleontóloga francesa del Instituto Max Planck de Antropología Evolutiva había descubierto la primera descendiente directa de dos especies distintas. La prestigiosa revista *Nature* acababa de publicar los resultados del pionero estudio.[10] Habían pasado justo dos años desde la polémica suscitada por el coleccionable sin mujeres. Aunque apenas habían transcurrido veinticuatro meses desde entonces, parecían siglos. Aquello era *antes* del tsunami Trump, del movimiento #MeToo y del último 8 de marzo.

Denny era el descubrimiento de otra época y, a los hombres y mujeres que esta vez leyeron la noticia, no se les escapó el poderoso valor simbólico que también convocaba el titular. Una mujer joven de simpático rostro firmaba el artículo que difundía los resultados del descubrimiento. Además, en un ejercicio de hermosa simetría, el destino había querido que el individuo clasificado como Denisova 11 perteneciera también al sexo femenino. En otras palabras, en aquel diminuto hueso encontrado en la cueva siberiana también había quedado marcado otro encuentro, otro cruce, el de las vidas de Viviane Slon y Denny.

La historia parecía sacada de *Blade Runner 2049*, una película de ciencia ficción dirigida por Denis Villeneuve que se había estrenado unos meses antes del descubrimiento de Denny y que continuaba la obra de culto dirigida por Ridley Scott en 1982.

Viviane Slon recordaba a la solitaria doctora Ana Stelline, representada por la actriz Carla Juri, una científica que se dedicaba al diseño e implante de recuerdos en un inmaculado laboratorio. Para sorpresa del espectador y de K —el personaje masculino dominado por fantasías narcisistas representado por Ryan Gosling— era *ella* quien resultaba ser la *hija* y no el hijo de Rick Deckard, el mítico personaje de la novela de Philip K. Dick llevado a la pantalla por Harrison Ford, y Rachel, la replicante encarnada por Mary Sean Young. También en la película dirigida por Villeneuve era esencial el análisis genético para que se produjese el descubrimiento y, al igual que en nuestra historia, el nacimiento de Ana parecía imposible, pues se creía que las replicantes no podían tener hijos.

La distancia que separaba a la pareja formada por Viviane Slon y Denny de los dos personajes que protagonizaron otro de los acontecimientos más impactantes y conocidos de la arqueología contemporánea era enorme. Sucedió la madrugada del 29 de noviembre de 1974, cuando el paleontólogo Donald Johanson, acompañado de uno de sus estudiantes, paró el Land Rover que conducía en las inmediaciones de un nuevo yacimiento que quería mostrarle, ubicado en el valle de Awash, en la región de Afar, a unos doscientos kilómetros de Adís-Abeba, en Etiopía. Al regresar por un camino distinto, a Johanson le pareció distinguir claramente los restos del brazo de un homínido. Estaba a punto de hacer historia. Tres semanas después finalizaba la excavación con resultados asombrosos. Habían logrado reconstruir un esqueleto casi completo de un único individuo que había vivido hacía más de tres millones de años. La bautizaron Lucy porque la noche del descubrimiento, incapaces de irse a dormir, escucharon sin parar la canción de los Beatles «Lucy in the Sky with Diamonds»... Y porque era un acontecimiento *alucinante*.

Donald Johanson con el esqueleto de Lucy

Como la tecnología disponible y la antigüedad de los restos encontrados no permitían realizar análisis genéticos, el equipo encabezado por Johanson tuvo que atribuir el sexo estudiando directamente el esqueleto fosilizado. La altura (1,05 m) y la anatomía de la pelvis le empujaron a concluir que, sin duda, se trataba de una mujer. Lucy era la antepasada más remota de la que se tenía noticia, la madre de la humanidad, una maravillosa *Australopithecus afarensis*, el ancestro más antiguo y asombroso jamás hallado hasta ese momento. La fama que adquirió el intrépido paleontólogo americano fue inmediata y perdura hasta nuestros días. Tanto es así que, en Estados Unidos, todavía hoy, Johanson es apodado como «The Lucy Man», *El hombre de Lucy*.[11]

Y, sin embargo, una sombra de duda empañó desde el principio el espectacular descubrimiento. ¿Era Lucy verdaderamente una mujer? ¿Cómo podía deducirse solo por su estatura si no existían restos tan completos de un homínido masculino con el que establecer la comparación? ¿Acaso los hombres *Australopithecus* no podían ser bajitos?, preguntaron enseguida las feministas.[12] Faltaban evidencias. En cuanto a la anatomía de la pelvis, modificada evolutivamente para permitir que cupiera el cráneo durante el parto, ¿podía afirmarse que ya cumplía esta función en una época en la que la capacidad craneal medía menos de 500 cm³?[13]

No sería la primera vez que la arqueología patinaba estrepitosamente al atribuir el sexo a un fósil.[14] *Origen* y *mujer* eran una buena combinación, sobre todo en una época como los setenta, ávida por conocer cómo era «la mujer prehistórica», una gran desconocida, y el doctor Johanson sin duda salía muy favorecido en las fotografías de la época ofreciendo fascinantes explicaciones a lo Indiana Jones sobre el hallazgo. Sin embargo, preguntaron algunas voces disconformes, ¿no se había bautizado a Lucy demasiado rápido? ¿No respondía la atribución sexual a un sesgo arqueológico?[15] Si el descubrimiento se hubiera producido hoy, y se repitiera la puesta en escena con las fotografías del paleontólogo revelando todos los secretos del pequeño esqueleto, tal vez habrían circulado memes en las redes sociales acusando al doctor Johanson, «The Lucy Man», de hacer un *mansplaining*.

Denny, qué duda cabe, era el descubrimiento de otra época. Y la evidencia de otro encuentro. Uno que hablaba de cruces y no de orígenes, de sucesoras y no de parientes. Y lo habían hecho posible dos mujeres a las que separaban más de noventa mil años de distancia. Una de ellas no era ya más que un pequeño y misterioso hueso; la otra trataba de leer en él una de las páginas que faltaban en el libro de nuestra historia.

EN EL FONDO DE LA CUEVA

4

El hallazgo de Denny despertó todo tipo de elucubraciones. ¿Se habrían enamorado sus padres durante un inesperado encuentro entre ambas especies? ¿Estábamos ante una historia de sexo *híbrido* a lo Rick Deckard y Rachel en *Blade Runner 2049*, perfecta para una nueva generación de millennials? ¿O su nacimiento sería el fruto de una violación? ¿O tal vez formaría parte de algún intercambio entre los dos misteriosos grupos humanos? ¿Por qué apareció en la cueva? ¿Vivía allí junto a otros miembros de su clan para protegerse de las frías temperaturas? ¿O su cuerpo habría sido devorado por una astuta hiena en un rincón oscuro y silencioso? ¿Fue una niña especial aceptada por su clan o las diferencias físicas derivadas de su condición híbrida constituyeron un obstáculo para su integración?

Denny no solo nos dejó un pequeño hueso sino también un montón de preguntas a las que es imposible responder a ciencia cierta. La prehistoria es una disciplina que avanza a partir de hipótesis y modelos explicativos, no de verdades incontestables, pues la escasez de materiales y documentos impide realizar interpretaciones definitivas. En el caso de Denny es aún más complejo reconstruir su vida, pues además de ser el primer híbrido hallado de primera generación, por el lado paterno es denisovana, una especie de la que no sabemos gran cosa. En otras palabras, la niña híbrida es una gran desconocida y, probablemente, lo siga siendo siempre.

En este sentido, Denny es un buen símbolo de la mujer prehistórica en general, «la mitad invisible de la humanidad», en palabras de la historiadora de la ciencia Claudine Cohen.[16] Desde su fundación como disciplina, la prehistoria ha proyectado una y otra vez esquemas mentales sesgados al plantear la pregunta —por otro lado muy delicada— sobre nuestros orígenes. Como denunciaron Margaret Conkey y Janet Spector en 1984, existe el viejo error de asimilar el género *Homo* con *el hombre*, masculino singular, y a este último con *la Humanidad*.[17] El resultado es que no solo se imagina a nuestras antepasadas desde esquemas de pensamiento androcéntricos sino que, además, la diferencia sexual ha tendido a borrarse *literalmente* dada la dificultad de atribuir un sexo a los pocos recuerdos —herramientas, pinturas, fósiles— que nos han dejado.

Como ya hemos visto, cuando leemos que hace unos setenta mil años una banda de aventureros sapiens salieron de África «a invadir el mundo»[18] y se extendieron desde Oriente Próximo por Europa y Asia, tendemos a imaginar una horda de *hombres*, aunque el sentido común nos diga que *ellas* forzosamente tuvieron que acompañarlos. ¿O es que se reprodujeron entre sí? Es difícil ver mujeres cuando se nos cuenta que, de algún modo, se las apañaron para llegar a Australia por mar hace unos cuarenta y cinco mil años, arramplando con la fauna y la flora autóctona desde el momento en que dejaron su huella en la arena de la playa en la que desembarcaron.[19] O que grupos nómadas cruzaron a América por el estrecho de Bering. Y, sin embargo, allí fueron con ellos. Ocurre lo mismo cuando pensamos que hace cuatrocientos mil años los humanos ya cazaban y cien mil años después ya usaban el fuego de forma cotidiana. O, dando un salto temporal de gigante, cuando leemos que hace treinta mil años los humanos modernos —muy semejantes a nosotros— ya habían inventado las lámparas de aceite, las barcas y las flechas. El mundo que proyectan estas fotografías en blanco y negro es, en definitiva, lejano y masculino.

Dependientes de los hombres y limitadas a su función reproductora, las mujeres como Denny o sus hermanas neandertales y sapiens casi siempre han sido imaginadas como un cero a la izquierda en lo que respecta a su contribución a la evolución humana. Hasta Simone de Beauvoir, en *El segundo sexo*, veía a nuestras antepasadas prehistóricas como «juguetes de oscuras fuerzas pasivas», encerradas en el fondo de una gruta y dedicadas exclusivamente al «inútil o incluso inoportuno»[20] trabajo del parto y la crianza, que ni siquiera consideraba verdaderas actividades humanas sino alienantes funciones naturales sin *proyección* alguna. Las mujeres prehistóricas como Denny carecían para Beauvoir de trascendencia existencial y no había en sus tareas ningún motivo para enorgullecerse. «Los trabajos domésticos a los que se consagra, porque son los únicos que puede conciliar con las cargas de la maternidad, la encierran en la repetición y en la inmanencia; se reproducen día tras día en forma idéntica que se perpetúa casi sin cambios de siglo en siglo; no producen nada nuevo».[21] El caso del hombre le parecía distinto, pues a diferencia de mujeres como Denny o su madre neandertal, para Simone de Beauvoir, ellos no estaban condenados a sufrir pasivamente su «destino biológico».

Y, sin embargo, pensó Viviane Slon cuando confirmó el sexo, la edad y la condición híbrida de Denny, la niña «sobrevivió a la infancia, lo que significa que *alguien* tuvo que cuidarla».[22] Esta otra fotografía, en la que vemos a una hija que necesitó el apoyo del grupo para crecer sin duda refleja un mundo más colorido en el que la mitad de la humanidad no es invisible. Como se podía leer en otra de las pancartas que levantaban mis estudiantes de literatura el 8 de marzo de 2018: «Sin Hermione, Harry Potter habría muerto en el primer libro».

5

Más que su «inoportuna» costumbre de dar a luz, lo que sin duda ha mantenido tanto tiempo a las mujeres en el fondo de la cueva prehistórica es el empeño que han mostrado muchos investigadores para que permanezcan allí, a oscuras y en silencio. Hasta los años setenta del siglo pasado, momento en el que se produjo una eclosión feminista en la paleonto-antropología, el modelo desde el que se explicaba el proceso de hominización era escandalosamente androcéntrico. Es cierto que Charles Darwin dio un buen baño de humildad a las fantasías verticales de llanero solitario que se hacía el ser humano al mostrarle en *El origen de las especies por medio de la selección natural*, publicada en 1859, que solo era una especie animal entre otras. Sin embargo, Darwin no fue tan humilde al expresar su parecer respecto a la posición que ocupaban los hombres en la guerra de los sexos.

Así, en otra obra pionera de 1871, *El origen del Hombre y la selección en relación al sexo*, situó el cráneo de las mujeres en una posición intermedia entre el de un niño y un hombre.[23] Este último, escribió sin que tengamos constancia de que se sonrojase, «es más valiente, combativo y vigoroso, y posee un genio más inventivo». Pero además, añadió unas páginas después, el hombre también es superior mentalmente, como podría probarse rápidamente si hiciéramos una lista en la que se reflejasen los nombres de todas las personas que han destacado escribiendo poesía, componiendo música o creando obras de arte.[24] Como vemos, explica Marylène Patou-Mathis en su libro *El hombre prehistórico es también una mujer*, la prehistoria, fundada en el siglo XIX, es una disciplina que proyectó los prejuicios de la sociedad victoriana sobre sus representaciones de la mujer y la familia. Debajo de la insistencia de Darwin en presentar la inferioridad de la mujer como un hecho científico podemos percibir el latido de las posturas antifeministas de su época que buscaban excluir a las mujeres del espacio público y relegarlas a la esfera doméstica.[25] «Quizá todos venimos de los simios», podemos imaginar que concedieron los contemporáneos victorianos de Darwin, «pero entre nosotros y las damas deben mantenerse las distancias».

Con estos antecedentes poco alentadores no sorprende que, casi un siglo más tarde, en los años cincuenta del siglo XX, se siguiera creyendo que la contribución de las mujeres en materia evolutiva había sido prácticamente nula. Sobre todo respecto a la gran hazaña que, empezaba a creerse, había puesto a nuestros abuelos en el camino correcto hacia la hominización: la caza. Efectivamente, durante aquellos años cincuenta álgidos en la construcción de la conservadora «mística de la feminidad», en palabras de Betty Friedan,[26] la escuela norteamericana de antropología encabezada por Sherwood Washburn propuso un modelo explicativo de la hominización que trataba de superar la antropología racista de las décadas anteriores. En ese contexto, la caza —una actividad común a todos los hombres con independencia del color de su piel— pasó a desempeñar un papel clave.

Para cazar, razonaban los norteamericanos de los años cincuenta mientras ahuyentaban los fantasmas del nazismo, el hombre tuvo que desarrollar habilidades manuales e inventar herramientas; adquirir fuerza y precisión tanto para matar a la presa como para descuartizarla y transportarla de regreso a la cueva; aprender a descifrar huellas y a enfrentarse a animales de gran tamaño; y, sobre todo, tuvo que colaborar con otros *hombres* para que la hazaña tuviera éxito y para intercambiar las presas después. Dicha colaboración estrecha entre ellos, seguían razonando, les llevó a inventar el lenguaje. Y debían pensar que todo aquello se había llevado a cabo sin intervención alguna de las mujeres. O, por lo menos, ellas no aparecían en la foto.

Con tanto trabajo que hacer, ¿acaso no era comprensible que los hombres prehistóricos llegaran a la cueva tarde y terriblemente agotados?

6

Volviendo al pequeño hueso que nos dejó Denny, cabe preguntarse por qué desaparecieron las especies neandertal y denisovana a las que pertenecían sus padres. Lo cierto es que el misterio y el debate acompañan con frecuencia esta pregunta, a la que se ha dado respuesta a través de dos teorías fundamentales.[27] La primera de ellas, defendida por científicos como Pääbo o Slon, dibuja un escenario en el que sapiens y neandertales cooperaron y se entremezclaron. La parte occidental del continente europeo habría estado ocupada mayoritariamente por neandertales y la oriental seguramente por denisovanos, pero un hallazgo como el de Denny, en el que se evidencia dicho entrecruzamiento entre especies, revelaría que existieron zonas fronterizas de contacto, como Siberia. Los neandertales terminarían desapareciendo no porque los sapiens acabaran con ellos sino porque poseían una demografía, unos hábitos alimenticios y unas costumbres de interacción social —incluido el lenguaje complejo— diferentes a los de los sapiens, lo que les habría condenado a la progresiva extinción.

La segunda teoría es menos *buenista*, pues explicaría la desaparición de los padres de Denny como consecuencia del primer genocidio perpetrado por los aventureros sapiens llegados de África. Un genocidio de miles de años de duración, claro está, que tampoco sustituiría completamente la teoría del entrecruzamiento.

Según este otro modelo explicativo, el encuentro entre especies habría sido violento y bestial, y la victoria de los sapiens les habría permitido heredar la tierra en exclusiva. No es extraño, entonces, que el resto de especies humanas que poblaban nuestro planeta dándole color y movimiento acabasen desapareciendo hace unos treinta mil años. Los sapiens se quedaron solos, más orgullosos de su verticalidad que nunca, pero también faltos de hermanas y hermanos de otras especies. Se convirtieron, definitivamente, en los *hijos únicos* de la creación.

El huesecito de Denny es capaz de contar aún más historias. Su localización en una cueva nos recuerda la importancia que tuvieron estos espacios para los humanos de los orígenes, sobre todo teniendo en cuenta que los inviernos eran más fríos que ahora. De hecho, es sorprendente que los sapiens lograran adaptarse y los neandertales y denisovanos se extinguieran, pues estos últimos estaban mucho más adaptados a las gélidas temperaturas que nuestros ancestros salidos de África. En las cuevas encontraron un espacio de protección que les permitía recuperar el aliento y guarecerse de los peligros. Allí dejaron sus huellas en forma de pinturas y allí, seguramente, practicaron rituales y conversaron alrededor del fuego.

Pero, quizá, la historia más novedosa que cuenta el descubrimiento de Viviane Slon es que, gracias a la ciencia, hoy podemos empezar a ver un poco mejor a esa «mitad invisible de la humanidad» a la que se refería Claudine Cohen.

Un ejemplo más de la tendencia a atribuir el sexo a los restos que se encontraban nos lleva a 1872, un año después de que Darwin situara a las mujeres en una posición intermedia entre los hombres y los niños, cuando fue descubierto en la cueva de Cavillon, en el yacimiento de Balzi Rossi, en Ventimiglia, Italia, cerca de la frontera con Francia, un fósil de *Homo sapiens* con una antigüedad de veinticuatro mil años. El cráneo estaba muy bien conservado y llamaba la atención por estar ricamente recubierto de conchas marinas, lo que parecía indicar su carácter noble. Fue bautizado como «Homme de Menton» y enseguida se convirtió en una reliquia muy valiosa, pues representaba un testimonio extraordinario para estudiar los ritos funerarios en el paleolítico. Sin embargo, un estudio anatómico más profundo realizado en 2016 concluyó que el Hombre de Menton en realidad era la Mujer de Menton y que la falsa atribución se debía al sesgo arqueológico. Del mismo modo que numerosas mujeres, como veremos más adelante, estudiaron, viajaron y lucharon travestidas, ¿cuántas otras damas, cabe preguntarse, deben dormir en nuestros museos como si fueran hombres?

Aunque existen famosas excepciones, como «la dama roja de Paviland», hallada en 1823 y catalogada de este modo por el hecho de llevar un collar, o la ya mencionada Lucy, lo cierto es que aún hoy resulta difícil *encontrar mujeres* entre los pocos restos arqueológicos que las han sobrevivido. Para determinar el sexo de un fósil el procedimiento habitual sigue siendo el estudio de la pelvis o, si no ha perdurado, la comparación de los restos analizados con otros esqueletos que se conservan. Analizar el ADN, como hizo Viviane con el huesecito de Denny, es costoso y no siempre lo permite su estado de conservación.[28]

En todo caso, los avances de la ciencia van haciendo posible que, poco a poco, a través de hallazgos a menudo azarosos como el de Denny, vayamos sacándolas a ellas del fondo de la cueva. Han pasado demasiado tiempo allí, a oscuras y en silencio. ¿Qué habrán estado haciendo ellas ahí metidas durante tanto tiempo?

A NADIE LE EXTRAÑA

7

El 21 de enero de 1980, el *New Yorker* publicó una viñeta cómica en la que podía verse dibujadas a cuatro mujeres en el interior de una cueva prehistórica. En la ilustración aparecían capturadas iluminadas por un fuego cercano, justo en el momento en el que se disponían a culminar una pintura rupestre. Debajo de la imagen, se leía una pregunta preñada de ironía: «¿A nadie le extraña que ninguno de los grandes pintores haya sido hombre?». La viñeta parecía ocultar una cita, «Anónimo era una mujer», escrita por Virginia Woolf en *Una habitación propia*.[29]

Además, la ilustración parecía jugar también con la famosa frase de Linda Nochlin, célebre teórica del arte feminista, quien unos años antes, en 1971, había publicado un artículo titulado provocativamente

"Does it strike anyone else as weird that none of the great painters have been men?"

Viñeta del *New Yorker*, por Lee Lorenz

«¿Por qué no ha habido grandes mujeres artistas?»[30] en el que ponía los puntos sobre las íes a una larga tradición de desprecio hacia el arte creado por mujeres; aunque la viñeta del *New Yorker* jugaba con estas referencias de un modo aparentemente contradictorio, pues justamente parecía criticar la exagerada exaltación de las feministas del arte creado por mujeres. En todo caso, lo que el ilustrador desde luego parecía sugerir era la importancia decisiva que desempeñan nuestros prejuicios a la hora de construir imágenes de la realidad. El hombre, o la mujer de la viñeta, se atribuye a sí mismo el origen del arte por la simple razón de que, como se ha visto que ocurre con la mayoría de objetos de la prehistoria, no existe forma de saber *quién* es el creador de las pinturas rupestres. La ignorancia pura y dura se traduce en sesgo arqueológico.

Y es que el «artista» ha sido durante mucho tiempo la imagen complementaria del «cazador», la otra mitad de un mismo símbolo vertical y masculino, el animal que se humaniza gracias a la compenetración entre la mano y el ojo. Si durante el día, pensaban aquellos antropólogos de los años cincuenta de la escuela de Washburn, el hombre prehistórico se internaba en el bosque acompañado de sus hermanos para cazar mamuts con sus armas de piedra, de vuelta a casa, en la profundidad de la cueva tan solo iluminada por el fuego, dejaba inmortalizadas sus huellas para toda la eternidad a través de las pinturas de manos y animales. Desde que fueron descubiertas en el siglo XIX, no se había puesto en cuestión que no fueran obra de artistas varones.[31] Y, del mismo modo que solo imaginamos hombres en el barco que llevó a los aventureros sapiens hacia las playas vírgenes de Australia, en aquellos años solo era posible verlos a *ellos* pintando bisontes, ciervas y dejando la huella de la palma de sus manos en las paredes de las cuevas de todo el planeta.

Sin embargo, esta imagen del hombre prehistórico —cazador y artista— comenzó a resquebrajarse cuando, en los años setenta del siglo XX, la nueva generación de antropólogas feministas norteamericanas revisó los supuestos androcéntricos que subyacían a semejantes imágenes incuestionadas. De pronto, una disciplina dominada por hombres se vio sacudida por la energía de mujeres como Sally Linton, Adrienne Zihlman o Nancy Tanner, a quienes sí les extrañaba que sus antepasadas no aparecieran por ninguna parte. ¿Dónde estaban ellas? No parecía tan radical ni tan descabellado pensar que las mujeres también *existieron* hace miles de años y que eran tan numerosas como los hombres. ¿Alguien creía de verdad, razonaban por su parte, que nuestras abuelas estaban sentadas esperando a que llegaran con la comida? ¿Alguien recordaba que esto hubiera sucedido alguna vez? Y si no obtenían éxito en la caza, ¿no cenaban esa noche? Tenían sus dudas. Los presupuestos científicos, argüían, se tambaleaban en cuanto se tenían que enfrentar a genealogías culturales.

Por otro lado, barruntaba la antropóloga Sally Linton, aunque la caza pudiera explicar el origen del ser humano, ¿cómo explicaba *su propio origen*? Por no hablar de que se había dado demasiada importancia a las herramientas y armas inventadas por el hombre cazador y, en cambio, no se había prestado atención suficiente a los que seguramente fueron dos de los primeros inventos culturales de la humanidad, atribuibles a las mujeres, que habrían servido de base para la propia caza: los *envases* en los que habrían depositado los alimentos recolectados y los *portabebés*, en forma de rebozo o red, gracias a los cuales las mujeres se habrían podido desplazar con sus hijos a cuestas. En definitiva, como observaba la propia Linton, el modelo del hombre-cazador se derrumbaba solo con una pequeña maniobra epistemológica consistente en preguntarse *qué podían estar haciendo* en ese momento las mujeres.[32]

Sin duda, las humanas de los orígenes recuperaron mucho tiempo perdido durante aquellos años convulsos gracias al empuje del feminismo. De considerarlas ceros a la izquierda se pasó al extremo contrario y se convirtieron en el principal agente de la evolución humana. El Movimiento de Liberación de la Mujer capitaneado por activistas como Gloria Steinem o teóricas como Betty Friedan lo impregnaba todo, incluidas sus investigaciones. Habían sido *ellas* —defendían Linton, Zihlman o Tanner— quienes *recolectaban* vegetales, semillas y pequeñas presas, lo que había supuesto un paso decisivo hacia la hominización, pues eran esas actividades y no la caza las que habían entrenado originalmente la compenetración entre la mano y el ojo. Eran *ellas* —añadían acaloradamente activistas socialistas como Evelyn Reed— quienes preparaban la comida para su consumo y conservaban las partes sobrantes para otro día. Tejían la ropa, fabricaban cazuelas de barro e inventaban la ciencia medicinal. Educaban a los niños y transmitían el conocimiento de una generación a otra.[33] *Como siempre.* Y todo esto lo habían hecho porteando a sus hijos mientras mandaban a los hombres a que se entretuvieran cazando mamuts con sus amigos. Es más, eran *ellas* quienes, como sucedía en otras especies, seleccionaban sexualmente a sus compañeros. Habían sido *ellas* —insistían arqueólogas como Marija Gimbutas desempolvando el viejo mito del matriarcado primitivo formulado por Johann Jakob Bachofen en el siglo XIX— las diosas ancestrales y las verdaderas dueñas del pasado y las cavernas. Las Venus paleolíticas de formas sugerentes serían el testimonio de esta religión universal y antiquísima que veneraba el sexo femenino y la maternidad por toda Europa.

Hoy nos resultan exageradas, superadas y a menudo poco científicas estas proclamas. Presentan una imagen tan sesgada e idealizada de los orígenes de la humanidad como el estereotipo del hombre cazador y artista. Sin embargo, gracias a estos trabajos pioneros desarrollados por las antropólogas feministas fue posible empezar a imaginar a las mujeres de la prehistoria. *Ellas* empezaron a ser visibles en el camino por el que un día nos aventuramos al salir de África, en el barco hacia Australia, en los rituales chamánicos y en las conversaciones que nacerían al abrigo del fuego. En palabras de Adrienne Zihlman, incluso se pudo empezar a sospechar que el *rol* de las mujeres también había supuesto más de una crisis hace millones de años.[34]

Esta idea, además, venía a culminar otro cambio de perspectiva que se había ido fraguando entre Francia y Estados Unidos en las décadas anteriores y que tendría una repercusión tan colosal para los estudios de la mujer como el hallazgo de Lucy para la arqueología. O tal vez más. Se trata del concepto mismo de *género*, noción revolucionaria planteada por Simone de Beauvoir en *El segundo sexo*, pu-

Adrienne Zihlman

blicada en 1949, para distinguirla del sexo biológico. Si Levi-Strauss había evidenciado la universalidad de las relaciones de parentesco, el ensayo de Beauvoir señalaba a su vez la importancia de las relaciones de género en las estructuras sociales humanas. «No se nace mujer, se llega a serlo. Ningún destino biológico, psíquico, económico, define la imagen que reviste en el seno de la sociedad la hembra humana».[35] A través de estas pocas palabras se expresaba lo que ya las antropólogas Ruth Benedict y Margaret Mead habían planteado en los años treinta, a saber, que la educación y la cultura —y no la biología— eran la fuerza principal que moldea la personalidad humana.

Margaret Mead

Así, *El segundo sexo* fue una obra decisiva para comprender que la condición femenina no implicaba ningún destino petrificado. De este modo, la contribución de Beauvoir fue esencial para empezar a imaginar *otros destinos posibles* para el sexo femenino.

Efectivamente, de este modo fue posible imaginar a la mujer tejiendo cestas, haciendo collares, recolectando moluscos y bayas del bosque. Fue posible verla porteando a sus hijos —cuyo nacimiento habría espaciado hasta cuatro años gracias a las largas lactancias— y cuidando a los miembros más desvalidos del grupo. Y, por supuesto, fue posible imaginarla como pintora rupestre.

Y, de tanto imaginarla, un día se hizo realidad.

En 2013, Dean Snow, arqueólogo de la Universidad del Estado de Pensilvania, en Estados Unidos, un señor nada sospechoso de ser una feminista exaltada, publicó el resultado de su investigación sobre las pinturas de manos de las cuevas prehistóricas de El Castillo, en España, y de Gargas y Pech Merle, en Francia. El primer sorprendido era él. Según su estudio, el 75 por ciento habían sido realizadas por mujeres.[36] La asombrosa cifra de pintoras había sido calculada a partir de un algoritmo basado en el *índice de Manning*, acuñado por John Manning en 2002, capaz de medir el dimorfismo sexual de las manos. Según este, la longitud relativa de los dedos de los hombres y las mujeres es diferente. Las mujeres tienden a tener los dedos índice y anular del mismo tamaño, mientras que los hombres suelen tener el anular ligeramente más largo que el índice. Dean Snow analizó treinta y dos huellas de manos. Y se encontró con que el dimorfismo sexual era aún más acusado en el Paleolítico superior que en la actualidad, hasta el punto de que se pudieran atribuir las pinturas a artistas de uno u otro sexo. Y, a la luz de las que habían sido analizadas, el número de pintoras era arrollador.

Aquel día Virginia Woolf soltó un acusador «ya os lo dije» mientras se removía en su tumba, situada debajo de un árbol en Rodmell, Sussex, donde yacen sus cenizas junto a las de su marido, Leonard Woolf.

Hoy el debate sigue abierto, tanto en lo que se refiere a las pinturas como a tantas otras cuestiones relativas a las mujeres de los orígenes. Es necesario continuar estudiándolas. Ya nos avisó Viviane Slon de que la nuestra era una historia en la que había que ser persistentes. Al igual que el pequeño hueso que nos dejó Denny y los implantes creados por la doctora Ana Stelline en *Blade Runner 2049*, las manos de las cuevas prehistóricas parecen decirnos «¡no nos olvidéis!», mientras se agitan a la luz del fuego, «¡nosotras *también* estuvimos aquí!».

2

AGNÓDICE
INVENTAR LO QUE NO EXISTE
ATENAS, C. SIGLO IV A. C.

ATRAPADA EN EL RELATO

1

Hemos visto que leer y descifrar correctamente el pequeño hueso que nos dejó Denny es una tarea extremadamente complicada, tanto como encontrar a la mujer de los orígenes. La ausencia de testimonios escritos y de objetos materiales no solo dificulta el trabajo sino que prepara el terreno para que surjan especulaciones de todo tipo. «¿De dónde venimos?» es una pregunta demasiado importante como para que se pueda responder sin que intervengan fantasías y prejuicios. En todo caso, el silencio que envuelve a nuestras remotas antepasadas nos ha dejado imaginar con cierta libertad qué estarían haciendo las mujeres nómadas del paleolítico. La falta de testimonios, en definitiva, ha permitido que el *relato* comience.

El escenario cambia inevitablemente cuando dejamos atrás la prehistoria y nos adentramos en la historia propiamente dicha, un periodo que se va iluminando lentamente gracias a la luz que emana de los documentos escritos y de los monumentos, muchos de ellos hoy todavía en pie. La agricultura y la familia patriarcal, en la que el varón es el jefe y responsable último de todos sus miembros, constituyen el nuevo telón de fondo y el rol de las mujeres en la organización social empieza a resultar más visible. El caso de Grecia es especialmente significativo, no solo por tratarse de una civilización que ha legado innumerables testimonios arqueológicos, jurídicos, literarios e históricos, sino también porque los helenos —como se llamaban los griegos a sí mismos— no se cansaron de filosofar sobre su propia cultura. Podemos afirmar que, también ellos, eran adictos al relato. O, como diríamos en su propia lengua, al *mýthos*.

Sin embargo, que la luz que proyecta Atenas ilumine de pronto el centro del escenario no significa que las imágenes que emergen de las sombras estén perfectamente enfocadas. De hecho, en los testimonios que nos han llegado de Grecia abundan los claroscuros, especialmente en lo que respecta a las mujeres. En su rica mitología, en los poemas homéricos, en las tragedias y en las representaciones artísticas las mujeres se alzan imponentes. Clitemnestra, Antígona, Medea... están llenas de carácter, determinación y arrojo. Pero son las mujeres de la literatura, de los relatos. En la realidad se las consideraba inferiores a los hombres, no tenían propiedades y estaban excluidas de la política y de la guerra, de la oratoria y de los discursos; como recuerda la historiadora Mary Beard, el derecho a tomar la palabra y a gobernar, como el gran Pericles o Alejandro Magno, definían en la Antigüedad la masculinidad como género.[1]

A propósito de estas contradicciones escribía Virginia Woolf en *Una habitación propia* que si la mujer no hubiera existido más que en las obras literarias escritas por los hombres «se la imaginaría uno como una persona importantísima; polifacética: heroica y mezquina, espléndida y sórdida, infinitamente hermosa y horrible a más no poder, tan grande como el hombre, más según algunos». Pero, en la vida real, «la encerraban bajo llave, le pegaban y la zarandeaban por la habitación».[2]

Agnódice, la protagonista de este capítulo, es una de estas mujeres griegas en cuya vida también dominan los claroscuros, lo que ha provocado que su historia haya sido utilizada a lo largo del tiempo para defender los intereses más dispares. Se trata de una figura relativamente conocida por los historiadores de las profesiones médicas que incluso tiene el privilegio de aparecer en uno de los bajorrelieves en forma de medallón que adornan la fachada de la facultad de Medicina de París. Sin embargo, más allá de esta disciplina, apenas se recuerda su nombre. Agnódice, Hagnódica, Agnodiké... ni siquiera los estudiosos actuales de la Antigüedad grecorromana aciertan a escribirlo correctamente, aunque al menos están de acuerdo sobre su significado etimológico: «casta ante la justicia».

Agnódice

Al igual que ocurría con el pequeño hueso de Denny, Agnódice se nos escapa cuando intentamos relatar quién fue realmente.[3] Para algunos, sobre todo a partir del siglo XVII, fue una ginecóloga de carne y hueso, la primera en su campo, que vivió en la Atenas de finales del siglo IV a. C. Para otros, la joven obstetra no sería un personaje real sino mítico cuya fama quizá provenga de haber protagonizado una novela griega hoy perdida.[4] En cualquier caso, lo que nos seduce de Agnódice es justamente la mezcla de mito e historia, realidad y ficción que rodea su persona. En este sentido, su figura es un buen símbolo de las mujeres de la Antigüedad, como Penélope o Helena, eternamente atrapadas en los relatos fundacionales que se cuentan sobre ellas.

La historia de Agnódice ha llegado hasta nosotros a través de una única fuente, las *Fábulas* de Higino,[5] el manual de mitología clásica más importante que nos ha legado la Antigüedad junto con la *Biblioteca* de Apolodoro, compuesto en latín durante los primeros siglos de nuestra era.[6] Aunque Higino —cuya identidad ha desatado muchas polémicas— ha sido tachado a menudo de inculto y arcaico, lo cierto es que su manual tuvo una influencia posterior enorme y posee para nosotros un valor incalculable por todos los detalles que ofrece de obras literarias hoy desaparecidas.[7]

El objetivo de las *Fábulas* era fundamentalmente pedagógico, ya que buscaba ofrecer al lector romano de la época un resumen básico de las principales sagas de la mitología griega, como el ciclo troyano, tebano, el de Teseo y el Minotauro, los Argonautas... Las aventuras de Agnódice aparecen resumidas en un puñado de frases al final de la obra, concretamente en la fábula 274,[8] dedicada íntegramente a catalogar —siguiendo el estilo de las listas hesiódicas— los nombres de personas que llevaron a cabo una hazaña por primera vez o inventaron cosas relevantes. Entre los ejemplos que se mencionan están el uso de la primera aguja, la invención de los frenos, la silla de caballos o la primera ofrenda. Se trata de un *quién inventó qué* de la época, muy útil si pensamos que no existía Google y estos catálogos, que se recitaban en voz alta, eran la manera de recordar los nombres de personas cuya vida no mereciera ser olvidada.

La joven ginecóloga aparece en la fábula después de unas breves referencias a Quirón, hijo de Saturno, quien instituyó la medicina quirúrgica con hierbas; Apolo, padre de la medicina ocular; y Asclepio, su hijo, el primero en ejercer la clínica o medicina práctica. Agnódice, a su vez, no solo sería la primera mujer médico sino que, como veremos, su presencia en esta galáctica genealogía masculina se debería también a que ella *inventó* la manera de curar a las mujeres atenienses gracias a su forma de ejercer la medicina.

Antes de adentrarnos en su vida, conviene en todo caso precisar que en aquella época la distinción entre términos como «médico», «comadrona», «obstetra» y «ginecólogo» era aún imprecisa, lo que de hecho hace que la historia de Agnódice sea en algunos puntos ambigua, pero también nos autoriza a emplearlos con elasticidad.[9] Las comadronas no tenían titulación oficial, pero los doctores tampoco. Las profesiones médicas, en definitiva, no estaban reguladas como hoy en día ni tampoco se desempeñaban a tiempo completo. En todo caso, el escenario en el que se desarrolla la historia de Agnódice está marcado por el florecimiento de la medicina hipocrática, cuyas ideas nos han llegado a través de un nutrido corpus de tratados escritos entre los siglos V y IV a. C., en el que la atención a las mujeres y a las patologías ginecológicas posee una importancia significativa. Aunque Hipócrates fue un médico real, contemporáneo de Sócrates, el corpus hipocrático fue realizado por diversos doctores anónimos, quienes seguramente se basaron en el caso de las enfermedades de las mujeres en la sabiduría popular que tradicionalmente había estado en manos de las comadronas.[10]

COMENZAR POR EL PRINCIPIO

2

Aunque Higino no lo mencione en su relato, una muchacha virgen como Agnódice provocaba un gran desasosiego en la Atenas de finales del siglo IV a. C.[11] A pesar de que su existencia transcurría entre los tranquilos muros de la casa de su padre —el *oîkos* familiar—, pues rara vez se aventuraban las jóvenes a traspasar el umbral del *gineceo* que las separaba de la ajetreada ciudad, lo cierto es que las buenas costumbres de la *pólis* mandaban que se casase cuanto antes, a ser posible a los catorce o quince años. A esa edad debía dejar de lado sus juguetes, entregárselos a Artemisa, la diosa de las doncellas, y encomendarle su matrimonio.

Una jovencita sin planes de boda podía ser violada detrás de cualquier árbol —como mostraban los edificantes relatos mitológicos— y, en el caso de que pudiera esquivar la deshonra, los médicos hipocráticos aseguraban que de todos modos se volvería loca. Las vírgenes, anotaban los seguidores del dios Asclepio con evidente ansiedad en las recién inventadas historias clínicas, a menudo padecían fiebres erráticas, visiones, deseos de matar y, por si esto fuera poco, también sentían profundos deseos de arrojarse a los pozos. Como si eso pudiera servir para algo, se lamentaban mientras negaban con la cabeza. Y todo porque creían que «el orificio de salida» se encontraba cerrado y, con la llegada de la pubertad, la sangre se acumulaba en exceso y presionaba el corazón y el diafragma.[12] Por eso, insistían los hipocráticos, las vírgenes debían apresurarse en encontrar un hombre. Un embarazo pondría fin a sus trastornos y les devolvería el equilibrio.

Como tantas otras niñas raras, Agnódice había hecho sus propios planes, y estos no contemplaban dejarse impresionar por las espeluznantes perspectivas que dibujaban estos relatos para las solteronas como ella. De hecho, lo que quería era estudiar el arte de la medicina para, precisamente, poder atender a las embarazadas durante el parto. Según nos cuenta Higino, hacía tiempo que los atenienses habían prohibido a las mujeres ejercer como comadronas y las parturientas, avergonzadas ante la idea de tener que ser atendidas por un médico varón, morían como moscas. Podemos imaginar que la vida de los bebés corría la misma suerte. El modo en el que, en las *Fábulas*, se nos cuenta esta *maldición* inicial que se cernía sobre las mujeres atenienses nos recuerda a otros relatos mitológicos que también comienzan con una plaga asolando la ciudad, como en la Tebas de Edipo, sumida en la desgracia por la muerte de Layo, su antiguo rey, quien había sido asesinado.

Agnódice, heroína de nuestra historia, tomó cartas en el asunto y se propuso marcharse a Alejandría, en Egipto, como discípula del célebre médico Herófilo de Calcedonia, una leyenda viva, quien debía su fama, entre otras cosas, al descubrimiento de los ovarios, lo que sin duda resultaba muy prometedor para una aspirante a ginecóloga.[13] Alejandría, ciudad grecoegipcia fundada por Alejandro Magno en el 331 a. C., se estaba convirtiendo en uno de los centros culturales más avanzados del mundo antiguo, con su Museo, su Biblioteca y su puntera Escuela de medicina en la que Herófilo se atrevía con la disección de cadáveres. Tal vez por ese motivo, Agnódice quiso estudiar con él, para poder contemplar un cuerpo humano por dentro.

Sin embargo, Agnódice no lo iba a tener nada fácil. Irse a estudiar fuera de casa, una especie de Erasmus del siglo IV a. C., no era precisamente lo que Carolyn G. Heilbrun denomina una «vida posible» para las mujeres de su época.[14] No constituía un destino frecuente. Es más, podemos afirmar sin riesgo a equivocarnos que *ese* relato, sencillamente, no se había contado antes. Quizá aquella novela griega perdida que protagonizaba Agnódice, y de la que las *Fábulas* se harían eco, tenía un carácter pionero no solo porque narrara la vida de la primera médico de la historia sino también porque era *la primera vez* que se ofrecía un relato en el que una mujer estaba al *comienzo* sin que por ello llovieran del cielo todo tipo de desgracias.

Convertirse en médico era desde luego un destino diferente al que habitualmente les tocaba en suerte a sus congéneres cuando las tres Moiras, divinidades que movían los hilos de la vida y la muerte, los repartían a los pies de la cuna de las recién nacidas. Como recordaba el historiador Jenofonte en el diálogo *Económico* a propósito de la joven esposa de Iscómaco, modelo de perfección, las mujeres del periodo clásico y helenístico como Agnódice vivían dentro de la casa bajo una estricta vigilancia y debían ver y oír el menor número de cosas posible.[15] Eran consideradas menores de edad, sin voz ni voto en la *democracia* ateniense, en la que el gobierno no recaía en un único tirano o en unos pocos aristócratas sino en todos los *hombres libres*. Aunque entre ellos existía *isonomía*, igualdad ante la ley, las mujeres, los esclavos y niños vivían bajo la autoridad del patriarca, el *kýrios*, considerado su tutor legal, y ellas, como los extranjeros, pintaban poco o nada en las estructuras de gobierno, por otro lado en plena crisis a finales del siglo IV.

El nombre de las mujeres ni siquiera debía pronunciarse en público y a veces hasta se olvidaban de ellas al contar el número de miembros de una familia.[16] Al casarse pasaban de ser vistas como huéspedes temporales en la casa paterna a intrusas sospechosas en la de su marido. A menudo la mudanza se vivía como un infierno, y no en vano se establecían conexiones simbólicas entre las bodas y los funerales, como en la historia de Perséfone, quien Hades raptó para convertirla en la diosa del submundo. Comían lo que sobraba[17] y hablaban poco, lo que es especialmente llamativo en la Grecia de la época, donde los atenienses libres parecen estar todo el día de banquete en banquete conversando entre amigos. Por supuesto había excepciones, como Aspasia, filósofa y maestra de retórica con gran influencia en la vida política; las mujeres de Esparta, pueblo guerrero; las cortesanas, quienes gozaban de mayor libertad o las habitantes de la ciudad soñada por Platón en *La República*. Pero eran eso, excepciones. O, en el mejor de los casos, utopías.[18]

¿Cómo iba Agnódice a estudiar medicina? Su sitio estaba dentro de casa, cosiendo como Penélope junto al resto de mujeres del *gineceo*, y las salidas al exterior solo podían justificarse para asistir a rituales religiosos. El ágora, las olimpiadas, el teatro, los banquetes, el arte, la academia de filosofía y, no digamos, las salas de disección en la avanzada Alejandría estaban terminantemente prohibidas para las mujeres que desearan mantener intacta su reputación. En otras palabras, todo aquello que floreció en la Grecia de los siglos v y iv a. C., y que constituye su luminoso legado a la historia de la humanidad, era propiedad de los hombres, quienes no solo excluían a las mujeres de dichas actividades e instituciones sino que hacían ostentación pública de ello.[19]

3

Así que a Agnódice no le quedó más remedio que hacerse pasar por uno de ellos. «Un apaño momentáneo», le habría censurado Mary Beard arqueando una ceja, «que no va al meollo del asunto».[20] Pero por algo hay que empezar. Para ello, como también haría Juana de Arco muchos siglos después, se cortó el pelo y se enfundó una túnica masculina. Y, cuando llegó el momento de calzarse las sandalias, en lugar de cruzar con ellas el umbral de la casa paterna para entrar a formar parte, abrazada a su dote, del *oíkos* de su marido como una más entre sus propiedades, la joven virgen prefirió escoger un camino nuevo que llevaba hacia las clases magistrales del gran Herófilo.

Es difícil que Virginia Woolf conociese la historia de Agnódice. Pero, si la hubiera leído, es bastante probable que a la autora de *Orlando* —una novela sobre un personaje que viaja a través del género— esta parte en la que la joven estudiante griega se disfraza de hombre y pone rumbo a Alejandría le habría fascinado. Al igual que los trajes de Orlando o el jubón masculino que llevará Juana de Arco, el traje de Agnódice se revela como un poderoso instrumento para *ir hacia delante*. Avanzar. Por eso no es casual que el viaje físico de Agnódice hacia Alejandría venga propiciado por un viaje a través del género, como si para cumplir ese *nuevo* destino que antes nunca se había relatado fuera necesario deshacerse primero de los *viejos* y *opresivos* relatos, *mýthos* en su propia lengua, que rodeaban la diferencia entre los sexos.

Es significativo que Higino guarde silencio sobre las aventuras de Agnódice en Alejandría. Es tan parco en palabras como cualquier estudiante erasmus cuando regresa a casa: «Lo que pasa en Alejandría se queda en Alejandría», parece susurrar entre líneas. No ofrece ni un solo detalle sobre su estancia allí y pasa página con un escueto «disfrazada de varón se entregó a su estudio». Nuestra imaginación tiene que hacer el resto, pues después de esa pequeña pero revolucionaria frase para la historia de las mujeres, de golpe, como de hecho ocurre con los nexos temporales en las novelas griegas, nos encontramos milagrosamente con Agnódice de vuelta en Atenas, atendiendo a una parturienta que pide auxilio. Es como si Higino, dado el esfuerzo que le suponía contar una historia tan nueva, se conformara con pasar de puntillas sobre un episodio tan importante.

Por otro lado, el silencio es paradójico porque esta parte del relato en la que Agnódice aprende medicina en una escuela de hombres es la que más se repitió siglos después para legitimar el deseo de las mujeres de acceder a las profesiones sanitarias. En efecto, resulta sorprendente que una figura que aparece en la parte final de una única obra literaria, quizá basada en una novela perdida, y sobre cuya aventura en la escuela alejandrina de medicina se corre un tupido velo, de pronto salga a relucir como una vieja conocida con quien se ha tomado el té la tarde anterior en un panfleto escrito por Elizabeth Cellier, una célebre y polémica comadrona, en 1668. En este se reivindica a Agnódice como una figura real, un precedente histórico, para convencer a las autoridades inglesas de la época de los beneficios que supondría la creación de un *college* femenino para comadronas.

Grabados de comadronas asistiendo en partos en el siglo XVI

Según argumentaba la polemista Cellier, los médicos varones que se acercaban tímidamente a la cama de las mujeres durante el parto —y se afanaban por dirigir la operación leyendo en sus gastados manuales de ginecología— pecaban del mismo atrevimiento que Formión, el personaje de la comedia latina de Terencio, quien, sin haber ido en toda su vida a una batalla, se atrevía a leerle fragmentos de un libro militar a Aníbal el Grande. Para Elizabeth Cellier era urgente, en definitiva, que las mujeres pudieran retomar el ejemplo de Agnódice y formarse para atender adecuadamente a sus congéneres en aquellos trances para los que ellas *sí* sabían de lo que hablaban.[21]

Doscientos años más tarde, a mediados del siglo xix, cuando el debate sobre la educación femenina era ya un clamor, Sophia Jex-Blake, líder del grupo de jóvenes aspirantes al título de medicina

Sophia Jex-Blake

denominado «Las siete de Edimburgo», razonó de modo semejante y volvió a convocar a Agnódice en su ensayo de 1872, «La medicina como profesión para las mujeres», como una de sus más dignas precursoras.[22] Esta vez Jex-Blake tuvo que enfrentarse a otro tipo de razonamientos misóginos, aunque igualmente contrarios a concederles el título como en la época de Cellier. En el caso de «Las siete», además, la cosa se había puesto realmente fea y habían llegado a las manos, seguramente por la amenaza que suponía para los intereses clientelares de los doctores victorianos la competencia profesional de las mujeres. El 18 de noviembre de 1871, nos recuerda una placa en el Royal College of Surgeons de Edimburgo, hubo una revuelta en el aula de cirujanos para impedir que se licenciaran.

El argumento que probablemente le causó mayor perplejidad a Sophia Jex-Blake fue el de que, aunque hubiera médicos mujeres, nadie las llamaría nunca para que ejercieran, pues las propias mujeres no confiaban en su propio sexo y con toda seguridad preferirían ser atendidas por un doctor hombre. No había demanda. ¿Para qué montar entonces tanto revuelo? ¿Para qué quemarse las pestañas estudiando desagradables enfermedades si jamás llegarían a practicar la medicina con pacientes reales? Sophia, recordando de nuevo a la inventora Agnódice, respondió afirmando que era comprensible que sus contemporáneas no confiaran en las mujeres médicos. Por la simple y sencilla razón de que *no existían todavía*.[23]

Debían, pues, comenzar por el principio.

4

Volvamos ahora a Atenas, la ciudad Estado a la que Agnódice regresó tras haber pasado de incógnito sus años de aprendizaje con Herófilo en Alejandría. Contrariamente a lo que habrían imaginado los doctores de Edimburgo mientras se acariciaban la barba blanca con condescendencia, a nuestra joven médico ni se le pasó por la cabeza montar una clínica en su ciudad natal. También allí había demasiada competencia, pues ya desde el siglo v la salud se había convertido en una verdadera obsesión para los helenos, como se desprende de la precisión con la que autores como Tucídides describen una plaga, o de la cantidad de vocabulario médico que aparece en las comedias teatrales. Asimismo en los diálogos de Platón abundan los médicos y las comadronas.[24] Eran las nuevas estrellas de la Hélade.

Higino nos cuenta en sus *Fábulas* que Agnódice, en lugar de esperar pacientemente a que la llamasen, al escuchar que una mujer estaba de parto, simplemente *acudió* a su lado. Este gesto nos recuerda a las divinidades mitológicas vinculadas a la fertilidad, como Artemisa, que eran invocadas por las embarazadas griegas cuando llegaba la hora de dar a luz. Las doncellas (*parthénoi*) se encomendaban a la diosa desde pequeñas, entregándole sus juguetes y danzando en los rituales dedicados a ella.[25] Confiaban entonces en que Artemisa, diosa virgen y patrona de los nacimientos, vendría en su auxilio.

Pero no olvidemos un pequeño detalle. Agnódice seguía travestida de hombre. Y la parturienta, nos cuenta Higino, cuando la vio cruzar el umbral de su casa, no se fio de ella, pues le produjo una enorme vergüenza que la atendiera un varón. ¡Qué sorpresa se habrían llevado los doctores de Edimburgo! Prefería que se ocupara de ella una mujer, como ocurría antaño, antes de que los atenienses les hubieran prohibido practicar el arte de la medicina. ¿Acaso no es perfectamente lógico?

Si las mujeres griegas crecían desde niñas de espaldas a la ciudad y a los hombres, es natural que las violentara la presencia de un extraño en un momento tan íntimo como el de dar a luz. Eternas *outsiders* alejadas de la *pólis,* seguramente vivían con angustia el instante en que eran llamadas al orden por esa misma ciudad para que, bajo la vigilante mirada de un doctor, desempeñaran la función *natural* que les había sido asignada. Reproducirse.[26] Si ellas no cumplían, no habría *pólis.* Sin nuevos niños, ya podían despedirse los helenos del gimnasio, la academia, el ágora y las olimpiadas. También de tener soldados. Y, como seguramente lo intuían, trataban de no dejar en manos exclusivamente femeninas dicho momento tan decisivo del que también dependía la transmisión legítima del patrimonio. Las comadronas tenían fama de drogar a las parturientas, de realizar encantos y abortos, y hasta de dejar entrar al amante por la puerta de atrás. O eso decían los médicos varones. No es casual que en *Lisístrata,* la comedia de Aristófanes, una de las mujeres que intenta saltarse la prohibición de mantener relaciones sexuales con su marido trate de hacer creer que está embarazada colocándose un casco bajo la ropa y ruegue a quienes le impiden el paso que la dejen ir a su casa con la partera.[27]

Pero en esta ocasión, la desconfianza de la embarazada hacia Agnódice, aún disfrazada de hombre, solo podía ir en su contra. No había tiempo que perder, así que la joven ginecóloga se apresuró a deshacer el engaño —«el apaño momentáneo», diría Mary Beard— levantándose la túnica y mostrando a la parturienta que también ella era una mujer. No tenía nada que temer. En la lengua griega existe una palabra para designar este autodesvelamiento de los genitales femeninos, *anasýrō,* un gesto que vemos repetirse en otros relatos mitológicos y que puede responder, según el contexto, a diversas intenciones.[28]

Y así fue —prosigue Higino en las *Fábulas*— como la empezaron a llamar otras muchas mujeres, no solo para atender sus partos sino para que las ayudara en todos sus problemas de salud. Higino no menciona ni una palabra sobre el método que empleaba, pero podemos imaginar que, a diferencia de los doctores que las intimidaban, Agnódice escuchaba a las mujeres como una igual. Se corrió la voz por Atenas y, como era de esperar, los médicos varones y los maridos empezaron a sospechar. Acusaron a Agnódice de ser un hombre depilado que seducía a sus pacientes y a ellas las culparon de fingir las enfermedades. El rumor de las acusaciones empezó a escucharse cada día más alto y, al final, acabaron llevando a la joven médico ante el tribunal de los ancianos, los Areopagitas, para que la juzgaran.

Los griegos no solo eran adictos a los *mýthos* sino también a darles muchas vueltas a las cosas y a examinarlas desde diferentes puntos de vista. Ganaba la partida —o en este caso el juicio— quien fuera capaz de persuadir a la audiencia al mostrar pruebas concluyentes. Pero ¿qué podía decir en su defensa Agnódice, educada para guardar silencio? ¿Qué palabras podía hilvanar para contar su relato, tan raro y tan nuevo? ¿Por dónde empezar?

NACIDA DE MUJER

5

Lo cierto es que, a pesar de lo que cuenta Higino en las *Fábulas*, existen numerosas evidencias históricas de que en el siglo IV a. C., la época en la que supuestamente vivió Agnódice, las comadronas no solo existían sino que su presencia era habitual en los partos, tanto en los que iban bien como en los que cursaban con mayor dificultad. Así, por ejemplo, en la estela funeraria de una mujer llamada Phanostrate que murió a mediados del siglo IV a. C., conservada en el Museo Arqueológico de Atenas, podemos leer en su epitafio que se trataba de una «comadrona y doctora».

Además, en los propios tratados de medicina hipocráticos, incluidos los que versan sobre las mujeres, en diferentes momentos también se sugiere la presencia silenciosa y diligente de una comadrona. Quizá uno de los más divertidos sea el que leemos en el libro *Las enfermedades de las mujeres*, cuando el autor —una voz masculina— trata de explicar al lector por qué en ocasiones la placenta se puede quedar retenida dentro de la matriz después de dar a luz. En ese instante de su relato, tantos siglos después, todavía oímos refunfuñar al doctor con condescendencia. La comadrona —critica como de pasada— habrá cortado el cordón umbilical antes de tiempo.[29] ¿Quién si no?

En ese tira y afloja entre médico y comadrona percibimos la misma tensión que en el juicio de Agnódice, el mismo rumor *in crescendo* por las calles de Atenas, pues lo que sin duda estaba en juego en los siglos v y iv a. C. —tanto en las historias clínicas como en los relatos mitológicos— era el control masculino de las capacidades reproductivas de las mujeres. Nunca hubo, más allá del *mýthos*, un tiempo sin comadronas, es decir, sin mujeres que asistieran a otras mujeres durante el parto; pero de lo que podemos estar seguros es de que *hubo un tiempo* en que el control del nacimiento estuvo en disputa, como atestigua de forma elocuente la propia historia y juicio de Agnódice. En la Antigüedad ya es posible percibir lo que, mucho tiempo después, describiría Adrienne Rich como el «intenso temor ante la sugerencia de que las mujeres puedan tener la última palabra en relación al uso de sus cuerpos».[30]

El origen del conflicto es posible que surgiera, como defiende Nancy Demand, cuando el cuidado de las mujeres dejó de estar en manos de otras mujeres y se fue reemplazando progresivamente por los hipocráticos. Los padres de la medicina occidental, en cuyos tratados vemos surgir una verdadera ciencia ginecológica, sin duda representaron un avance respecto a la tradición anterior, en la que la comadrona era una mezcla de maga, curandera y celestina. Sin embargo, como insiste Demand, la entrada del nacimiento en el ámbito de la medicina formal supuso un acontecimiento absolutamente crucial para la historia de las mujeres.

Y es que, a pesar de los avances, la medicina hipocrática se basaba en un conocimiento equivocado de la anatomía femenina y se apoyaba en la creencia —supuestamente científica y natural— de que las mujeres eran inferiores. Así, por ejemplo, se pensaba que el feto de las niñas tardaba más en desarrollarse y daba embarazos más problemáticos. El sexo femenino era considerado débil, húmedo, blando y más frío que el del varón. Por eso se pensaba que las mujeres envejecían y morían antes que los hombres.

Debido a este sesgo misógino, y a las carencias de la ciencia antigua, historiadoras como Nancy Demand cuestionan que la medicina hipocrática supusiera una mejora para la salud de las mujeres y los recién nacidos. Es más, observa, seguramente significó un retroceso para ellas, pues no solo seguían muriendo de fiebres puerperales, sino que añadieron «estrés y vergüenza en un mundo en el que las mujeres estaban alejadas y escondidas».[31] Así, existen numerosas evidencias de que a los médicos varones les costaba mucho llegar a saber lo que les sucedía,[32] pues ellas preferían confesarse con otras mujeres. O tal vez ellas *sí* hablaban, pero se daba menor credibilidad a lo que decían. Los médicos eran ellos.

Finalmente, al forzarlas a casarse y tener hijos a una edad tan temprana, cuando existían pruebas de que no era bueno ni para su salud ni para la de sus hijos, es como si las hubieran estado empujando por un precipicio. En otras palabras, de forma extremadamente contradictoria, los hombres de la *pólis* pusieron serios y peligrosos obstáculos para que las mujeres pudieran ejercer *con salud* la única función —dar a luz— que justamente les habían asignado en el mundo griego.[33]

Ponerse de parto, en definitiva, era como practicar un deporte de alto riesgo o ir a una guerra. No es sorprendente entonces que se encomendaran a la diosa Artemisa desde pequeñas y que prefirieran la complicidad de otra mujer llegado el momento, como Aquiles prefería a su querido Patroclo en el campo de batalla. ¿Qué mujer no echa de menos a su madre en la sala de parto? Sin embargo, a pesar del peligro que implicaba y de que *dar a luz y nacer* fueran, indiscutiblemente, acontecimientos más universales que ir a la guerra, llama la atención el *ninguneo* por parte de poetas y filósofos griegos a estas «cosas de mujeres».

Así, por ejemplo, Aristóteles, quien pensaba que anatómicamente las hembras eran «machos mutilados»,[34] estaba convencido de que su papel en la reproducción era pasivo, incluso «estéril»,[35] limitado a incubar el embrión que el varón fecundaba. Esta idea, con una influencia enorme en la medicina de los siglos posteriores, no está alejada de la que mantenían los médicos hipocráticos en cuanto al parto, un evento que veían como exclusivamente biológico —sin trascendencia— y en el que el feto y no la madre se consideraba el elemento activo. Como el dios Apolo, portavoz del derecho paterno, proclama en *Las Euménides* de Esquilo, «la madre no es engendradora de aquel a quien llama su hijo, sino solo la nodriza del germen recién sembrado. Engendra el que fecunda, mientras que ella solo conserva el brote».[36] Otro extremo caricaturesco de esta visión antimaternal del alumbramiento lo encarnaría Zeus, máxima divinidad olímpica, al dar a luz no una sino dos veces. La primera, a Atenea, quien nació «hecha y derecha» de su cabeza; y la segunda a Dionisos, quien nació de su pierna.

Por su parte, Sócrates, hijo nada menos que de una comadrona llamada Fenáreta, bautizó *mayéutica* a su método filosófico precisamente a partir del término griego *maîa*, que significa partera, pues se consideraba a sí mismo como una de ellas pero del alma humana. Como argumenta en el diálogo platónico *Teeteto*, su profesión —la filosofía— era muy superior a la de su madre, pues ella no tenía que lidiar como él con falsas opiniones y creencias sin fundamento, sino solo con seres verdaderos, mucho más fáciles de distinguir que las quimeras o las ideas imaginarias.[37]

Que según Sócrates fuera más complicado bregar con ideas que con recién nacidos gritando a todo pulmón solo puede significar una cosa. Debió de pasar poco tiempo con ellos.

En todo caso, este mismo argumento lo encontramos también en otro diálogo platónico, *El Banquete*, cuando Diotima toma la palabra en una conversación con Sócrates a propósito del amor y la inmortalidad. Según la sacerdotisa, existen dos tipos de inmortalidad, la que se logra a través de los hijos y la que se consigue no por la *preñez* del cuerpo sino por el alma.[38] La primera precisa a las mujeres para llevarse a cabo; la segunda es la propia de los poetas y los artistas, quienes son progenitores e inventores *superiores*, pues sacan a la luz muchas y muy bellas obras. De hecho, continúa Platón por boca de Diotima, estos últimos *conciben* una comunidad más amplia que la de los hijos, ya que en ella los hombres mantienen lazos de amistad más firmes. Quien dirija su mirada a Homero y Hesíodo, ¿cómo no va a preferir dar a luz bellos e inmortales libros que hijos?[39] Para alcanzar la inmortalidad, argumenta Diotima en el diálogo, «los hombres están dispuestos a correr toda clase de peligros, aún más que por sus hijos, y a gastar dinero, soportar cualquier penalidad y dar su vida».[40] Por eso, concluye la sacerdotisa, Aquiles había seguido a Patroclo a su muerte. Pensaba que así quedaría en nosotros el recuerdo inmortal de su virtud.

6

Habíamos dejado a Agnódice sentada en el banquillo de la justicia, aún disfrazada con su túnica masculina y el pelo corto, tratando de encontrar las palabras con las que hacer frente a las acusaciones que le dirigían los médicos y esposos atenienses ante los Areopagitas. Como harían muchos siglos después los doctores de Edimburgo en el aula de cirujanos, minutos antes de la revuelta, también ellos acariciaban sus barbas blancas. Agnódice buscaba un nuevo lenguaje con el que tejer, como Penélope, un relato diferente, un *mýthos* en el que por fin se escuchara la voz de las mujeres. El grito de aquellas que la llamaban para que acudiera a su lado durante los trances del parto como si fuera una Artemisa adorada desde la infancia. Los hombres de la *pólis* la culpaban, recordemos, de seducirlas con engaños y a ellas de fingir las enfermedades.

A Agnódice quizá se le pasó por la cabeza abrir la boca para preguntar por qué si los filósofos y poetas —las voces de la ciudad que creaban los relatos y mitos autorizados— consideraban que dar a luz era un acontecimiento puramente biológico, sin la trascendencia y promesa de inmortalidad que tenían la muerte en la batalla o la escritura de libros, se mostraban tan reacios a dejarlo en manos de las mujeres. Por qué, entonces, tanto interés médico y *político* en controlar con sumo cuidado todos los detalles, incluso si cortaban bien o mal el cordón umbilical.

Pero ella, podemos imaginar, sabía muy bien la respuesta. Dejar en manos exclusivamente femeninas la escena primigenia —el verdadero origen del mundo—, el momento único e irrepetible en que un nuevo ser humano viene a la existencia, implicaría concederles demasiado poder. Sería reconocer que eran *ellas* las auténticas inventoras insaciables que siempre habían estado *al principio*. Pues, como escribía la filósofa Hannah Arendt, con cada ser humano empieza el mundo de nuevo, lo que constituye «un recordatorio siempre presente de que los hombres, aunque han de morir, no han *nacido* para eso, sino para comenzar algo nuevo».[41]

En otras palabras, lo que estaba en juego en el instante —*kairós*— del nacimiento no era solamente la legitimidad del linaje y la continuidad de la *pólis*, sino también aquella vieja pregunta que veíamos formularse cuando hablábamos de la prehistoria. ¿De dónde venimos? Parece que los seres humanos no solo son reacios a admitir que no son hijos únicos de la creación sino también que proceden de sus madres, aunque las tengan literalmente delante, como tenía Sócrates a Fenáreta. «El inicio buscado», escribe Luisa Muraro, «está ante mis ojos».[42] Seguramente porque nacer, a diferencia de morir, es un acontecimiento anterior a nuestra conciencia. Y también porque, como observa la filósofa Virginia Held, en nuestra cultura dominan las formas artísticas masculinas y los hombres, al no haber estado presentes en la sala de parto hasta hace relativamente poco tiempo —salvo los vigilantes doctores—, han volcado sus obsesiones hacia el final y no hacia el principio de la vida.[43] La muerte se entiende como un acontecimiento *humano* pero el nacimiento como un hecho puramente *biológico*.

Para Held eso explicaría que la muerte sea la gran obsesión artística y filosófica de los hombres, y en cambio el nacimiento y el parto hayan tenido escasas representaciones a pesar de su indiscutible universalidad; muy pocas personas han ido a la batalla como Aquiles y Patroclo, pero todos los seres humanos hemos nacido de una mujer. Tal vez por eso, al no haber estado en la escena primigenia como adultos, algunos filósofos como Immanuel Kant, quien por cierto no podía soportar el molesto llanto de los recién nacidos,[44] parece que por momentos fantaseen en sus escritos con la idea de haber nacido como Atenea, «hechos y derechos», verticales y rígidos, como su propia concepción del sujeto.

Sin embargo, como repetía Adrienne Rich, nacemos de las mujeres. Es más, como afirma la filósofa Francesca Rigotti, nacer es siempre un *pasodoble* en el que encontramos implicadas al menos dos personas, madre e hijo, y una de ellas *siempre* es una mujer.[45] Aunque parezca increíble, todos nosotros, incluidos Sócrates y Kant, hemos sido bebés recién nacidos vulnerables a quienes han tenido que cuidar, como recuerda Adriana Cavarero. La *fragilidad* con la que llegamos al mundo, nuestra universal necesidad de cuidado y no el hecho de nacer niño o niña, es nuestra verdadera *condición* humana.[46]

7

Las acusaciones contra Agnódice continuaban. La joven siguió pensando en Penélope, destejiendo cada noche el sudario para Laertes, padre de Ulises, y en Filomela, quien, a falta de palabras, reveló su violación en un tapiz.[47] Educada como ellas en el silencio, las palabras no acudían a su boca. Se acababa el tiempo. Así que, por segunda vez en la fábula, la joven virgen decidió cortar por lo sano y levantarse la túnica para deshacer definitivamente el engaño al mostrar a los atenienses a plena luz del día que era una mujer. Los jueces y los doctores quedaron paralizados ante semejante visión y sus caras se llenaron de espanto, como si hubieran visto un temible monstruo. Las acusaciones adquirieron entonces una fuerza aún mayor. ¡Las mujeres tenían prohibido ejercer como médicos y comadronas! ¡Había violado la ley! ¡Era una falta gravísima! ¡Todo el peso del castigo debía caer sobre ella!

Si permanecemos atentos a la lógica del relato, nos daremos cuenta de que este segundo *anasýrō* no es como el primero que nos había narrado Higino en la parte central de la fábula. En el caso anterior, cuando Agnódice se desvistió ante sus pacientes, el gesto reflejaba solidaridad y reconocimiento hacia sus iguales. Hoy diríamos *sororidad*. En este segundo, en cambio, el hecho de mostrarse desnuda ante los hombres de la ciudad podría interpretarse, más bien, como una manera de indicar a los varones que, dado que *ellos* no habían sabido cuidar de las mujeres —el lugar del que venimos— con las terribles consecuencias que esto tenía no solo para la salud de las mujeres y los recién nacidos sino para la *pólis* en su conjunto, había llegado la hora de que fueran reemplazados por quienes, con otras perspectivas y métodos, sí podrían hacerlo.

El griterío se escuchó por toda la ciudad. Tanto es así que las mujeres de los jueces y de los doctores, que cosían tranquilamente en sus casas, lo oyeron. Podemos imaginar que ese día fueron *ellas* quienes negaron con la cabeza, dejaron a un lado sus labores, se calzaron las sandalias y osaron cruzar los umbrales del *oíkos*. Cogidas del brazo, como si fueran un escuadrón desafiante, aparecieron juntas en el juicio. Esta vez eran ellas quienes, tomando un nuevo camino, acudieron a auxiliar a quien las había escuchado tantas veces. Las palabras sí llegaron a sus bocas cuando se encontraron frente a frente con el consejo de los ancianos, pues Higino dejó constancia de lo que dijeron: «Vosotros no sois esposos, sino enemigos, porque acusáis a quien *descubrió* la salud para nosotras».

La fábula termina apenas una frase después. Tras escucharlas, concluye Higino, los atenienses enmendaron la ley para que las mujeres libres pudieran aprender el arte de la medicina.

Veíamos antes que la forma en la que comenzaba la historia de Agnódice, con una *maldición* que se cernía sobre las mujeres y los recién nacidos de la ciudad, nos recordaba estructuralmente a *Edipo rey*, donde también encontramos al comienzo de la obra una peste que se está cebando con los ciudadanos de Tebas. Como es sabido, Edipo tendrá que descubrir quién es —el asesino de su padre y el hijo de su esposa— y aceptar su destino trágico para que la salud regrese a la *pólis*. Será necesario, en definitiva, que el héroe reconozca su equivocación y sacrifique su propia felicidad en favor de la comunidad.

En la historia de Agnódice encontramos un patrón narrativo semejante. Pero, a diferencia del mito de Edipo, aquí el héroe trágico que debe aceptar la falta cometida es la propia *pólis* patriarcal. Para que la salud regrese, parece sugerir la fábula, los hombres

Matrona enseñando el bebé al padre (c. 1800)

"IT'S A DEPENDENT!."

Viñeta del *New Yorker*, por Leo Cullum

deben escuchar la voz de las mujeres o, mejor, deben aprender a oír su silencio. También deben cambiar las leyes para que estas, en lugar de ser una amenaza para sus vidas, las protejan y las cuiden, como al resto de los ciudadanos.

A su vez, aunque en esto Higino mantenga de nuevo un absoluto silencio, me gustaría imaginar que la fábula también insinúa que no solo los hombres deben permitir a las mujeres que entren en sus dominios, como serían los estudios de medicina. También *ellas* deberían dejar que los varones —y no solo los doctores— crucen otros umbrales, como el que conduce a la sala de parto, donde durante tantos siglos han estado ausentes. Los padres han esperado demasiado tiempo en la habitación de al lado a que la matrona aparezca con el bebé en brazos, limpio y aseado. Casi como si hubiera nacido «hecho y derecho».

Como escribe Adrienne Rich, ese círculo, ese campo magnético en el que han vivido las mujeres y los niños, no es un fenómeno natural; si cambiamos la relación de los padres con los hijos, cambiaremos también la relación que la comunidad mantiene con la infancia.[48] Y si hoy los padres tiemblan al cortar el cordón umbilical es porque también *ellos* transitan por un nuevo camino en busca de un *mýthos* diferente. Es más que probable que su presencia como adultos en la escena primigenia contribuya a que el parto y el nacimiento alcancen la consideración que, universalmente, le concedemos a la muerte. La de ser no solo un acontecimiento biológico o social, sino profundamente *humano*. Y es que, al igual que los guerreros homéricos, las mujeres también han corrido todo tipo de peligros para que, con cada nacimiento, el mundo no solo pueda continuar sino *empezar de nuevo*.

Como decíamos a propósito del sapiens aventurero, quien jamás habría podido salir de África si primero no lo hubieran cogido en brazos al nacer, los griegos como Platón, Aristóteles, Pericles, Fidias, Sófocles e Hipócrates nunca habrían sido *ciudadanos libres* para dedicarse a la filosofía, el arte, la política y la medicina —bases de la civilización occidental— si antes, en el momento en el que nacieron frágiles y desnudos, no hubieran encontrado las manos de alguien que acudió y se inclinó ante ellos. Si las manos de madres y comadronas hubieran faltado, la humanidad, en palabras de la filósofa Adriana Cavarero, no habría podido dar comienzo.[49]

3

CLEOPATRA
TENER LA ÚLTIMA PALABRA
ALEJANDRÍA, 69 A. C.

UN PAPIRO SELLADO

1

Muchos siglos después de que Agnódice estudiara con el médico Herófilo, a mediados del mes de julio de 1799, el oficial de la Armada francesa Pierre François-Xavier Bouchard se afanaba en una agotadora tarea a 65 kilómetros al este de Alejandría. Por su frente despejada caían grandes gotas de sudor mientras se esforzaba en reconstruir a contrarreloj la ciudadela de Rashid junto a sus compañeros del batallón de ingenieros. Con el fantasma de sus archienemigos británicos pisándoles los talones por el Mediterráneo, hacía ya algunos días que los franceses habían tomado posesión de esta ciudad portuaria situada en el delta del Nilo, el mismo escenario desde el que Cleopatra y Marco Antonio se atrevieron a desafiar el orden mundial casi dos milenios antes. Lo primero que hicieron aquellos franceses nada más llegar a la abandonada fortaleza medieval fue referirse a la ciudad con otro nombre, Rosetta, por el que era conocida en Occidente desde los tiempos de san Luis y las Cruzadas. Como buenos soldados del general Napoleón Bonaparte, dichos militares que trabajaban sin descanso a miles de kilómetros de casa conocían bien el poder de los símbolos y las palabras para adueñarse del mundo.[1]

Un año antes, las tropas napoleónicas habían puesto rumbo a Egipto con idea de conquistarlo. El objetivo militar de la campaña era hacerse no solo con la tierra de los antiguos faraones sino también con Siria y más tarde con la India para bloquear el acceso de sus rivales ingleses a la colonia asiática, joya del Imperio británico, de la que dependían económicamente. Sin embargo, al igual que en la imaginación desenfrenada de Cleopatra y Marco Antonio, en los ambiciosos planes de Napoleón bullían también otros sueños más refinados de conquista y poder. El primero de ellos era emular a su admirado Alejandro Magno, un megalómano sin remedio como él, quien había coleccionado conquistas en Oriente durante la segunda mitad del siglo IV a. C. con la misma urgencia con la que un niño completa su álbum de cromos. Por otro lado, en la Francia posrevolucionaria de finales del siglo XVIII, el deseo de llevar las luces de la Ilustración más allá de las fronteras europeas era capaz de mover montañas. El mero hecho de pronunciar la palabra «Egipto», una de las cunas de la civilización, con sus pirámides y su extraña escritura jeroglífica inventada tres mil años antes de nuestra era, hacía que se erizasen las pelucas de las cabezas pensantes de la época.

Tanto es así que Napoleón no se conformó con atravesar frenéticamente el Mediterráneo con más de cuatrocientos navíos ni con arrastrar sediento por el desierto africano a un ejército con los mejores generales de su generación. Su campaña necesitaba *más* glamour intelectual —en algo tenían que distinguirse de los odiosos y pragmáticos británicos— y por ello decidió incorporar en su ejército nada menos que a ciento cincuenta sabios, entre los que se contaban destacados astrónomos, ingenieros, científicos, músicos, matemáticos y artistas. La misión que encomendó a tan insólito batallón fue que tomaran buena nota de todo lo que allí encontrasen —monumentos, fauna y flora, arte— y que acercaran al pueblo egipcio, al que pensaba liberar del dominio otomano, los avances científicos y artísticos de Occidente. De este modo, Napoleón embaló su empresa colonial con un hermoso envoltorio civilizatorio cuyas consecuencias serían nada menos que el nacimiento de la egiptología y, en palabras de Edward W. Said, la «orientalización de Oriente».[2]

El oficial Bouchard se encontraba en las ruinas del bastión de Rosetta cuando tuvo lugar el formidable hallazgo. Entre los bloques de piedra abandonados, traídos siglos antes de diferentes templos de Egipto, apareció una pesada losa que, inmediatamente, llamó la atención del joven francés. Nunca, en toda su vida, había visto nada ni remotamente parecido. La piedra tenía una altura de 112 cm y, en una de sus caras, se habían grabado inscripciones en lo que parecían tres idiomas distintos, uno debajo de otro, como si se tratase de traducciones de un mismo texto. Las dos partes superiores las ocupaban jeroglíficos (14 líneas) y otros signos de una escritura en una lengua desconocida que pensaron que podría ser siríaco, pero que más tarde fue identificada como egipcio demótico (32 líneas); finalmente, en la parte inferior, podían adivinarse los tranquilizadores caracteres del griego antiguo (54 líneas), una lengua muerta pero ampliamente conocida.

Bouchard, quien en Francia había estudiado retórica antes de emprender la carrera militar, sabía que los jeroglíficos, la misteriosa escritura de los dioses utilizada por los sacerdotes egipcios, se habían vuelto incomprensibles no solo para los europeos como él sino para cualquier ser humano desde finales del siglo IV d. C., cuando el Imperio romano abrazó el cristianismo y silenció a los antiguos dioses.[3] Desde el preciso instante en que Bouchard puso la mano sobre aquel bloque de granodiorita, supo que sus destinos estaban unidos para siempre. Acababa de descubrir la piedra Rosetta, lo que no dejaba de ser simbólico teniendo en cuenta que él mismo se llamaba Pierre, un nombre cuyo significado etimológico es precisamente «piedra». Bien mirado, no podía ser de otro modo en un país en el que las palabras misteriosas y las coincidencias simbólicas tenían tanto poder.

El pesado bloque fue trasladado al Instituto de Egipto en El Cairo, creado por los ciento cincuenta sabios, quienes por aquel entonces no solo habían tenido tiempo de estudiar la agricultura del país, visitar templos y pirámides, realizar valiosos dibujos y copiar numerosos jeroglíficos, sino que también habían establecido la primera imprenta moderna; como si fueran prestidigitadores llegados del continente europeo, habían asombrado a la población local por la velocidad y la sencillez con la que, gracias a la máquina de Gutenberg, se podían hacer los libros. Hoy nos hace sonreír la altanería de los franceses mostrando su flamante imprenta, sobre todo si pensamos que habían sido *precisamente* los ancestros de aquellos maravillados egipcios quienes, varios milenios antes, habían inventado los primeros libros en forma de papiros enrollados.[4] Un divertido giro de guion en la historia de los encuentros y desencuentros entre Oriente y Occidente.

En todo caso, a pesar de su inmenso valor, tanto la imprenta como los dibujos, los cuadernos llenos de notas y las antigüedades que se atesoraban en el Instituto de Egipto palidecieron literalmente cuando la imponente piedra hizo su entrada procedente de Rosetta. A su lado, parecían las baratijas de un vendedor ambulante. Si las suposiciones se confirmaban y aquellos tres bloques de escritura eran traducciones de un mismo texto, no había absolutamente nada en el mundo que se pudiera comparar con aquel pedazo de roca. A todo le haría sombra. Sería como encontrar la palabra mágica con la que abrir las pesadas puertas que mantenían oculta y en silencio una civilización milenaria. Por fin podrían entender las historias sobre extraños dioses, animales sagrados y reinas ptolemaicas como Cleopatra que estaban escritas en los monumentos y obeliscos que habían hallado salpicados por todo el país desde su llegada. Los sabios llevaban meses escrutando las ruinas de una civilización deslumbrante sin entender ni uno solo de los signos cincelados en las piedras de los edificios y en las columnas de los templos. Como los niños que aún no saben leer, se habían estado golpeando una y otra vez contra un muro de palabras incomprensibles.

Pero eso era antes de que llegara la piedra. Casi parecía caída del cielo, como un meteorito. Ahora, debieron murmurar los sabios mirándose los unos a los otros, solo hacía falta que encontraran a algún políglota capaz de descifrarla.

2

Es más que probable que si Cleopatra hubiera vivido eternamente —*forever young*— se habría sentido, como todos nosotros, profundamente fascinada por el descubrimiento de la piedra de Rosetta. Es fácil reconocer a la soberana en la megalomanía teatral de Napoleón y Alejandro, pues, como escribe Irene Vallejo a propósito del general macedonio en *El infinito en un junco*, para ella el mundo tampoco fue nunca suficiente;[5] pero también podemos distinguir a Cleopatra en la curiosidad intelectual de los sabios llegados del continente europeo; en el valor de los soldados y en el carácter enigmático de los jeroglíficos. La última reina de Egipto —a diferencia de la ginecóloga Agnódice, a ella nunca le gustó *empezar* sino *terminar* las cosas— se habría sentido identificada con cada uno de los protagonistas de esta historia, ya que todos ellos simbolizan una faceta u otra de su personalidad. Era ambiciosa y teatral como una campaña militar, pero también sofisticada y enigmática como un jeroglífico.

No obstante, con toda seguridad, el personaje preferido de Cleopatra en esta historia de misteriosos acertijos habría sido la propia piedra. Si hubiera podido colarse en el Museo Británico, donde permanece expuesta desde 1802, se habría mirado a sí misma en la superficie pulida de la losa trilingüe como si fuera el espejo mágico de la Madrastra de Blancanieves. Rodeada de turistas tomando fotografías, la reina habría amado el reflejo paradójico de su propia imagen en la roca negra, eternamente impenetrable y continuamente traducida, como ella misma.

En todo caso, entre las infinitas imágenes que, a través del tiempo, nos han llegado de Cleopatra, hay una que la hubiera convertido en la candidata perfecta para descifrar la piedra Rosetta en aquellos calurosos días de su descubrimiento en la ciudad de Rashid. Se la debemos a Plutarco, quien en la *Vida de Antonio* nos cuenta que la reina era irresistible no tanto por su belleza como por un atrayente don de la palabra. Según los testimonios de los que se hace eco el historiador romano, «provocaba placer el simple sonido de su voz y su lengua, como si fuera un instrumento de múltiples cuerdas, estaba afinado para expresarse en cualquier idioma en el que ella deseara hablar».[6]

Cleopatra podía recibir a las delegaciones de diplomáticos etíopes, trogloditas, hebreos, árabes, sinos, medos y partos sin necesidad de un intérprete, pues manejaba correctamente más de siete lenguas, incluido el egipcio, un idioma que los *royals* anteriores no se habían dignado a aprender, decantándose por el griego, la lengua con la que se dirigían a sus súbditos, o por un dialecto macedonio. A tal extremo llegaba su capacidad para los idiomas que Filóstrato, erudito de la corte egipcia, se refería a ella como «filóloga». Todavía escuchamos el eco de sus palabras en la película dirigida por Joseph L. Mankiewicz en 1963, protagonizada por Elizabeth Taylor y Richard Burton, cuando el séquito de Julio César informa al cónsul romano de que la reina sería considerada un intelectual si no fuera una mujer.

Así que, de haber podido, los sabios seguro que la habrían sacado en volandas de su puesto de lectura en la Biblioteca de Alejandría, fundada por sus ancestros, donde cabe esperar que, entre sangrientas conspiraciones, batallas navales y disparatadas historias de amor, Cleopatra «filóloga» pasara muchas horas concentrada entre rollos de papiro.

Pero aquellos sabios de finales del siglo XVIII tuvieron que conformarse únicamente con sus propios conocimientos lingüísticos sobre la escritura de jeroglíficos. Como sabemos, estos eran escasos o inexistentes desde hacia mil cuatrocientos años. La traducción del griego, que enseguida reveló que el texto de la piedra era un decreto fechado el 27 de marzo del año 196 a. C. (mucho tiempo antes de que nuestra Cleopatra naciese) en el que se conmemoraba la coronación del rey Ptolomeo V, era sin duda una ayuda prometedora, pero el desafío que suponía descifrar la piedra seguía siendo titánico; en aquellos años los orientalistas estaban convencidos de que la lengua de los egipcios —civilización obsesionada con la vida después de la muerte— estaba basada en esotéricas alegorías, asociaciones ideográficas y símbolos mágicos cuyo sentido era ya imposible recuperar.[7]

Para tratar de mitigar su frustración los sabios actuaron como impacientes hijos de Gutenberg. Realizaron múltiples copias en papel de la piedra —actualmente diríamos que se apresuraron a fotocopiarla— y las enviaron por toda Europa a los más destacados orientalistas y filólogos de su tiempo. Hoy resulta evidente que esas tempranas reproducciones de la piedra Rosetta que viajaron enfebrecidas por todo el mundo ya presagiaban el verdadero destino de la roca: convertirse no solo en la *celebrity* más visitada del Museo Británico sino en una de las postales más compradas de su Museo.[8]

¿En el Museo Británico? ¿Acaso no cabía esperar que hubiera ido a parar al Museo del Louvre, a orillas del Sena, si quienes la habían descubierto eran franceses?

Lo cierto es que poco tiempo después de su llegada al Instituto de Egipto empezó a ser evidente que las tropas napoleónicas tenían sus días contados en el país. La campaña militar había sido un estrepitoso fracaso y los pragmáticos británicos finalmente los acorralaron hasta pedir su rendición. Bajo la mirada confundida de los sabios, el general británico Hutchinson invocó entonces el artículo dieciséis de la capitulación de Alejandría según el cual los hallazgos arqueológicos debían ser entregados a los vencedores, incluida la piedra. Ahora eran propiedad de la Corona británica. Es conocida la anécdota según la cual el general francés Menou, quien era la persona que estaba al mando cuando Bouchard la había descubierto, muy consciente de su valor, la cubrió con una suave tela de algodón, la enrolló dentro de varias alfombras y trató de quedarse con ella a toda costa arguyendo que era su «propiedad privada».[9] A pesar del aprecio de los británicos por este concepto, no logró convencerlos. Solo aceptaron este argumento para las plantas y los animales que habían cuidado con esmero durante aquellos años (¿cocodrilos?, ¿serpientes?), pero no para las antigüedades. Por supuesto, a nadie se le pasó por la cabeza que la piedra Rosetta no fuera «propiedad» ni de los franceses ni de los ingleses, sino de los egipcios.

Como a su vez le ocurrió a Cleopatra —quien, como veremos, también tenía la manía de esconderse en el interior de las alfombras— la piedra Rosetta fue pasando de mano en mano, de dueño en dueño, apropiada y disputada como un símbolo de conquista, para finalmente acabar convirtiéndose en el icono que es hoy en día.

3

Durante los años que siguieron a su descubrimiento, los franceses y los británicos no solo midieron sus fuerzas en la batalla de Waterloo sino también en torno al círculo magnético que proyectaba la piedra. Al igual que ocurriría el siglo siguiente con la carrera espacial o en nuestra época con la competición para conseguir una vacuna, la pugna internacional para descifrarla fue feroz e implacable. Durante las primeras décadas del siglo XIX, los intelectuales más dotados de ambos países dieron vueltas y más vueltas a su alrededor tratando de encontrar la clave que resolviera el misterio. Para ello compararon sus extraños símbolos con otros textos bilingües llegados de Egipto, como el del obelisco de la isla de Philae en el que, precisamente, reconocieron el nombre de «Cleopatra».

Los historiadores actuales siguen debatiendo si fue Thomas Young, científico británico, o Jean-François Champollion, joven orientalista francés, quien primero tuvo la idea genial de juntar y comparar las palabras /*ptolomeo*/ y /*kleopatra*/ —con tantas letras en común— para tratar de descodificar los signos jeroglíficos. En todo caso, fue este último quien finalmente pasó a la historia oficial como su descifrador. Influido por los trabajos de Young, llegó a la conclusión de que, en contra de lo que comúnmente se creía, los jeroglíficos no estaban basados en retorcidas asociaciones esotéricas imposibles de recuperar, sino que se trataba de una escritura racional de carácter fonográfico cuyos signos servían para escribir uno o varios sonidos.[10]

Dicho de otro modo, los jeroglíficos —epítome de los enigmas— finalmente no tenían tanto de enigmáticos. Al situar las palabras «Ptolomeo» y «Cleopatra» juntas, una debajo de la otra, Champollion fue capaz de identificar y aislar letras que se repetían en los dos nombres. Fue el primer paso para identificar el sistema completo, lo que con el tiempo permitiría acceder a la historia y la literatura egipcias después de siglos en silencio. Gracias a ese primer paso hoy podemos leer auténticas joyas milenarias como la *Historia de los dos hermanos* o *El libro de los muertos*.

No deja de ser sorprendente que «Cleopatra», un nombre común entre las reinas ptolemaicas, como también lo fueron Berenice o Arsinoe, pero que durante tanto tiempo había estado asociado a la gran enemiga de Roma, en una última coincidencia misteriosa, fuera precisamente la contraseña secreta que utilizó Occidente para abrir las puertas de Oriente y su historia antigua. Con toda seguridad, a la reina le habría encantado, pues nada en el mundo le gustaba tanto como tener ella la última palabra.

NO, DÉJAME HABLAR A MÍ

4

Cleopatra tuvo la mala suerte de que su historia la contara su enemigo romano, el emperador Augusto. Este no era solo su adversario político, sino también el hermano de Octavia, la legítima esposa de su último amante, Marco Antonio, con quien rivalizó en la sucesión de Julio César. Fue él quien, tras la muerte de Cleopatra en el año 30 a. C., orquestó en su contra toda una campaña de propaganda en la que participaron, entre otros, nada menos que Horacio, Propercio o Virgilio, es decir, los más insignes poetas de su tiempo.[11] Horacio fue quien, con tanta fortuna posterior, bautizó a Cleopatra como *«fatale monstrum»*, convirtiéndola en un modelo para las vampiresas y mujeres fatales de todos los tiempos.[12] Y los demás le siguieron de cerca tildándola de ramera y manipuladora. Es fácil de imaginar lo que sucede si quien se queda a cargo de tu historia es tu *hater* superpoderoso y, para difundirla, cuenta con la nada desdeñable ayuda de los mejores escritores de la época.

En este sentido, como afirma Carolyn G. Heilbrun, al buscar una tradición de mujeres autónomas y poderosas como la reina ptolemaica es como si las mujeres se adentrasen en un espacio problemático, habitado por la ansiedad y la ambivalencia.[13] Reconocer la existencia de una estirpe de Cleopatras obligaría a enfrentarse a la relación con la madre que se establece en el interior de las culturas patriarcales, empeñadas en que se rechace su poder, al que sistemáticamente se ha retratado como «monstruoso» y «usurpado». Identificarse demasiado con ella, aprenden pronto los niños y las niñas a quienes todavía hoy contamos viejos cuentos de hadas, es permanecer atrapado en el reino de las sombras y los hechizos orientales; implica sucumbir a la pasión que no conoce límites y amenaza con comernos para llevarnos así de nuevo a su vientre; significa quedarse a solas con Medusa, Madrastra, Furia. Seguramente, los relatos que se contaron sobre la vida de Cleopatra tras su suicidio sean el ejemplo más notorio de esta vieja advertencia patriarcal.

Que la reina debía morir seguramente lo pensaron los romanos desde el principio, en cuanto oyeron pronunciar su nombre por primera vez en el senado. Había sido coronada como Cleopatra VII, reina y faraón de Egipto, con dieciocho años, tras la muerte de su padre, Ptolomeo XII, quien había mantenido buenas relaciones con Roma, una potencia cada vez más poderosa en el Mediterráneo. El país del Nilo entregaba generosas cantidades de grano a la República romana, el petróleo de la época, y esta ejercía su influencia arbitrando su política pero respetando su autonomía.

Para poder lucir la doble corona *pschent*, emblema faraónico del poder supremo, Cleopatra había tenido que casarse con su hermano de diez años, Ptolomeo XIII, lo que constituía una vieja tradición egipcia que se remontaba a sus dioses, por extraño que nos parezca hoy. Los hermanos, había explicitado su padre Ptolomeo XII en el testamento, debían gobernar armoniosamente entre ellos bajo la protección del senado romano.

Sin duda, reinar con un chiquillo acechando en todas las esquinas de palacio no era una perspectiva que sedujera a Cleopatra, pero tenía la ventaja de asegurarle el poder; o al menos eso debía de pensar ella. Comparada con las jóvenes atenienses como Agnódice, forzadas a desembarcar como intrusas en el hogar del marido, la endogámica realeza egipcia permitía a las mujeres de la élite mucho más margen de acción al quedarse dentro de su propia casa. También ayudaba que, a diferencia de sus contemporáneas espartanas o romanas del periodo helenístico, quienes tenían limitada la acumulación de riqueza (una especie de tope en la cuenta bancaria), las mujeres de la realeza egipcia podían amasar grandes fortunas.[14] No era la única ventaja de nacer rica en el país de las pirámides, pues, durante los 275 años que duró la dinastía ptolemaica, las reinas también pudieron comisionar edificios, poner su nombre a las ciudades, participar en las competiciones deportivas e, incluso, dedicarse al estudio y la escritura de tratados.[15] Las mujeres que no eran de la realeza también tenían opciones profesionales, pues podían ejercer como sacerdotisas y como escribas.[16] Tanto es así que a menudo fueron consideradas por sus vecinas del Mediterráneo todo un modelo de emancipación.

Pero el niño, manipulado por el eunuco Potino y el general Aquilas, sus tutores, salió rana. Los hermanos no se llevaron bien. Cleopatra, como le contaba la señorita Brodie a sus alumnas en la novela de Muriel Spark, «no sabía nada del espíritu de equipo».[17] Comenzaron las intrigas y Cleopatra tuvo que huir de Alejandría, primero a Tebas y luego a Palestina. Como sus predecesoras ptolemaicas, la joven montaba perfectamente a caballo, sabía cazar y corría en persona al campo de batalla,[18] así que, lejos de amilanarse, empezó a formar un ejército a la espera de que el viento del desierto soplara a su favor. La oportunidad surgió cuando Julio César desembarcó en Egipto (venía para resolver su conflicto con

Pompeyo) y decidió poner orden en la disputa dinástica entre Cleopatra y su hermano, tal y como obligaba el testamento de su padre. La reina destronada enseguida decidió que tenía que ir a Alejandría para encontrarse con el poderoso romano.

Pero, ¿cómo hacerlo sin que la reconocieran en palacio, donde su hermano había puesto precio a su cabeza?

Nada bueno podía esperarse —aseguraron más tarde los romanos que contaron su historia— de una mujer que se muestra por primera vez ante los ojos de César dentro de una alfombra. Un hombre como él, inteligente y maduro, ¿no tendría que haber sospechado? ¿Acaso aquella actitud no revelaba ya que Cleopatra era exactamente lo contrario a una discreta matrona romana, como la viuda Cornelia, la madre de los Gracos, quien rechazó la golosa oferta de matrimonio que le hizo el egipcio Ptolomeo VIII? ¿No presagiaba su insaciable ansia de poder, su naturaleza usurpadora, su sueño envenenado de crear un nuevo Imperio como el de Alejandro, en el que el Este y el Oeste, el sol y la luna, se fundieran bajo sus órdenes? Mal acaba lo que mal empieza, concluyeron.

Lo cierto es que cuando el criado Apolodoro extendió la alfombra ante la mirada estupefacta del César con la misma ceremonia con la que hubiera desenrollado un papiro de la Biblioteca, el tiempo se salió de sus goznes, como en una tragedia de Shakespeare. Nueve meses más tarde nacería Cesarión, «el pequeño César», el único hijo biológico que tuvo el dictador romano.

5

«Todo en ella es exceso y desenfreno», cuchichearon en el senado romano cuando César tomó partido por Cleopatra frente a su hermano Ptolomeo XIII y la repuso en el trono en el 47 a. C. Excesivo era el timbre agudo de su voz; las ansias de divertirse; su poder de seducción; la osadía. Aunque la manera de actuar de Cleopatra fuera semejante a la de sus predecesoras y se ajustara perfectamente al modo de conducirse de los reyes egipcios, a los ojos de Roma, adonde fue de visita en el año 46, siempre fue percibida como una aberrante anomalía. Interrumpía a los demás cuando hablaban y siempre quería ser *ella* quien tuviera la última palabra.

Quizá por esto último, Marco Tulio Cicerón, orador de lengua afilada, no podía soportarla y, en una carta fechada el 13 de junio del año 44 destinada a su amigo Ático, expresó con un tajante «odio a la reina» la antipatía que le provocaba.[19] Cleopatra había tenido la desfachatez de pasearse por los jardines del César (situados en lo que hoy es el Trastévere) con su hijo, a quien imaginaba como su sucesor, dándose aires de grandeza. Como si fuera una peligrosa baronesa extranjera creada por Henry James, Cleopatra se dedicó a codearse con los patricios de Roma, a participar en debates filosóficos y a posar para la estatua de oro macizo que César ordenó erigir en su honor.

Dos mil años después, en otra carta publicada esta vez en *L'Osservatore Romano*, el periódico de la Santa Sede, todavía pudo escucharse por última vez el eco de las palabras de Cicerón cuando el Vaticano le rogó discreción a Elizabeth Taylor en su «erótico vagabundeo entre hombres» por la ciudad. La actriz, quien rodaba *Cleopatra* a las órdenes de Mankiewicz por la galáctica cifra de un millón de dólares, se había enamorado locamente de Richard Burton, y la adúltera pareja (ambos estaban casados) no dudó en exponerse ante las miradas de los fotógrafos.[20] Como la reina, también *Lizpatra* era insaciable, pensaba a lo grande y doblaba la apuesta. O todo o nada. El mundo era para los que derrochaban, como ella.

Elizabeth Taylor y Richard Burton en el rodaje de *Cleopatra*

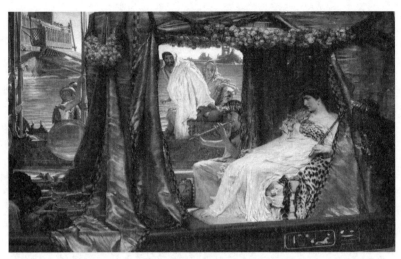

Lawrence Alma-Tadema imaginó el encuentro de Marco Antonio y Cleopatra en Tarso (1883)

Pero los extravagantes ademanes de la reina por los jardines pronto llegarían a su fin. Julio César, a quien la mayoría de los senadores de la República lo tenían por un dictador con sospechosas tendencias de tirano que secretamente planeaba transferir la capital de Roma a Alejandría, fue asesinado en los famosos Idus de marzo del año 44. Cleopatra todavía estaba en la ciudad cuando tuvo lugar el asesinato, pero al parecer pudo huir sana y salva a Egipto, sin necesidad esta vez de esconderse dentro de ninguna alfombra. Roma se sumió después en un periodo turbulento y, en el año 43, se constituyó por fin el triunvirato —formado por Octavio (quien adoptó el nombre de emperador Augusto desde el año 27 a. C.), Marco Antonio y Lépido—, al que el senado concedió extraordinarios poderes durante los siguientes años para reestablecer el orden y la paz en el Estado.

Los acontecimientos que siguieron son muy conocidos, pues han sido recreados por el cine, la literatura y el arte. Se trata de la parte de la vida de Cleopatra en la que su historia se entreteje más estrechamente con la de Roma, confundiéndose prácticamente con ella. Este periodo comienza en el año 41 a. C. con el pirotécnico encuentro con Marco Antonio en Tarso, al sur de Turquía, al aparecer ella en su espectacular barco (como a cualquier *celebrity*, a la reina le encantaban las puestas en escena apoteósicas al estilo de Jennifer López en la Super Bowl) y termina con su suicidio por la mordedura de una serpiente, solo unos días después de que el propio Marco Antonio se quitara la vida.

Durante estos once años tuvieron tiempo para comerse el mundo. Para emborracharse juntos cada noche por las calles de Alejandría; para tener tres hijos en común (un niño y una niña mellizos y un segundo varón cuatro años más tarde); para devolver a Egipto el esplendor del pasado; para formar un ejército y combatir contra Octavio; para perder la guerra en la batalla de Actium; para morir *on the road*, con las botas puestas en la carretera, en lo más alto de la cúspide, siempre juntos y desafiando al mundo entero.

Con su suicidio —que trató de apropiarse simbólicamente Roma— terminó el agitado periodo que siguió a la muerte de Julio César y dio comienzo el Imperio, que trajo paz y prosperidad bajo el mando de Augusto. Egipto, como su reina, fue sometido y finalmente convertido en una provincia romana. Atrás quedaban, se apresuraron a comentar los romanos que contaron la historia de Cleopatra, los hechizos de la bruja que ablandó a un viril romano como Marco Antonio. Con su desaparición no solo se ponía fin a toda una época que había comenzado con la fundación de la dinastía ptolemaica tras la muerte de Alejandro Magno, sino también al peligro que sin duda representaba para los valores de Occidente un Oriente femenino y monstruoso habitado por serpientes como Cleopatra.

6

«¿Me comerá?», pregunta la reina en el quinto acto de *Antonio y Cleopatra* al contemplar el áspid venenoso con el que se quitará la vida.[21] «¿Me comerá?», se interrogó seguramente Marco Antonio cuando la vio aparecer por primera vez a bordo de su lujoso barco en Tarso, vestida como si fuera la diosa Isis-Afrodita y rodeada, como la diva en la Super Bowl, de un tierno cortejo de niños. «¿Me comerás?», repite la niña frente al espejo mágico al encontrar el reflejo de Madrastra, Furia, Medusa. «¿Acaso... tú... *me comiste?*», preguntan a veces los hijos a sus madres cuando tratan de entender cómo es posible que un día vivieran en su vientre.

Es sobre todo a Shakespeare a quien debemos la imagen de Cleopatra como una cruel devoradora de hombres. En su tragedia, el personaje de Enobarbo, el mejor amigo de Marco Antonio, dice de ella que, a diferencia de las mujeres que «sacian los apetitos que despiertan», *ella* «da más hambre».[22] En efecto, como pronto descubrimos, en la obra de Shakespeare, Cleopatra ha hechizado al romano hasta tal punto que «su corazón de capitán, que hacía estallar las hebillas del peto en medio del fragor de las batallas, ha perdido su temple, y sirve ahora de fuelle y abanico para enfriar la locura de una egipcia».[23] Por su culpa, pues, uno de los triunviros, uno «de los tres pilares del mundo», se ha convertido en «el bufón de una ramera».[24] En definitiva, es Cleopatra, insaciable devoradora de hombres, quien en la tragedia de Shakespeare ha *orientalizado* a Antonio con sus cantos de sirena, con el hechizo de su voz, con esa lengua suya capaz de multiplicarse como las patas de una araña.

Para gran bochorno de sus compatriotas romanos, de Alejandría llega el rumor de que a Marco Antonio solo le interesa salir a pescar, beberse hasta los fregaderos de palacio y derrochar su energía en orgías con ella. Le aburren las noticias de Roma y, según cuentan en el Foro, no quiere regresar ni muerto. Su lugar, dice en los versos inolvidables de Shakespeare, está junto a ella, en Egipto. Por si esto fuera poco, llama a Cleopatra «rey de reyes» y, en las Donaciones de Alejandría, traicionando vilmente a su patria, ha repartido entre ella y sus hijos en común tanto los territorios orientales conquistados como los que aún están por conquistar. Es más, ha reconocido a Cesarión como hijo legítimo de Julio César y, por tanto, como su potencial heredero político. No hay mayor enemiga de Roma que ella.

Es completamente natural que, en las últimas décadas, se hayan realizado numerosos esfuerzos para tratar de separar a la reina Cleopatra de esta versión de su historia tan distorsionada como interesada y novelesca. En numerosas publicaciones se ha reivindicado su papel como personaje histórico, lamentablemente eclipsado por el mito literario que escritores como Dante, Chaucer, Boccaccio y, sobre todo, Shakespeare, quien bebió de Plutarco, contribuyeron a consolidar. ¿Acaso no fue *principalmente* una gran estadista y estratega militar?, se preguntan los historiadores hoy en día. ¿No fue *sobre todo* una poderosa faraón que defendía a su pueblo? ¿Acaso su talla política no era *semejante* a la de cualquiera de los militares romanos con los que se relacionó? ¿No resulta humillante que recordemos que escribió un tratado de cosmética pero olvidemos que fue *ella* quien mandó construir la estructura actual del impresionante y antiquísimo templo de Dendera?[25]

Sin duda, estas publicaciones son necesarias y fundamentales para rescatar a Cleopatra del territorio del mito y devolverla al de la historia, en la que tantas mujeres brillan por su ausencia. Sin embargo, también es natural que las mujeres que buscan una estirpe de Cleopatras poderosas —hechizadas ellas también por el polvo de su leyenda— se sientan desencantadas con la imagen alternativa que se desprende de estas nuevas versiones —objetivas e históricas— de su madre simbólica.

Es como si, al romperse en mil pedazos, el espejo mágico liberara a una Cleopatra más real pero también mucho más decepcionante. Como le sucede a cualquier adolescente cuando comprende que su madre no era una diosa, descubrir que *en realidad* Cleopatra era bajita, tenía la nariz ganchuda y detrás de su historia de amor con Antonio solo hubo una maquiavélica alianza política es una noticia difícil de digerir. Al igual que es difícil conformarse con la idea de que *en realidad* no hubo alfombra, ni cortejo de niños, ni tampoco largas noches de borrachera por las calles de Alejandría.

Es más, si hacemos caso a los historiadores recientes, hasta sería completamente absurdo pensar que Cleopatra se demoró por los jardines del César dándose aires de grandeza a lo Liz Taylor y mucho más probable que realizara, simplemente, dos viajes relámpago a Roma; *como es lógico*, parecen revelar las últimas investigaciones, sus obligaciones como mandataria no le habrían permitido ausentarse tanto tiempo de Alejandría como se pensaba antes.[26] La prueba que esgrimen los historiadores para apoyar esta última hipótesis es un antiguo papiro fechado el 23 de febrero del año 33 a. C., encontrado a orillas del Nilo y publicado en el año 2000, en el que aparece estampada la firma de la reina de su puño y letra —con una pequeña falta de ortografía por cierto— debajo de un aburrido texto administrativo en el que se libera de obligaciones fiscales a un agricultor egipcio. Este papiro, hoy expuesto en el Altes Museum de Berlín, arguyen algunos historiadores, evidenciaría con absoluta claridad lo ocupadísima que debía estar Cleopatra despachando con sus escribas y dirigiendo los asuntos de su reino. ¿Cómo —si aún no se había inventado el teletrabajo— habría tenido tiempo para estar yendo y viniendo por el Mediterráneo con sus aventuras?[27]

Así que, según parece, roto el espejo y descifrado el enigma, debemos renunciar a la imagen romántica de Cleopatra y conformarnos con una reina burócrata a mitad de camino entre un oficinista kafkiano incapaz de cogerse vacaciones y una fría estratega militar demasiado parecida a Augusto, su enemigo.

¿No era en el fondo más seductora la versión de Shakespeare en la que leemos que «solo por ella César puso la espada sobre el lecho»?[28] ¿No era más glorioso el relato de Enobarbo, el amigo de Marco Antonio, quien recordaba haberla visto una vez en las calles de Alejandría, cual Jeanne Moreau en la película *Jules et Jim*, saltando «cuarenta pasos a la pata coja en la calle»[29] y, perdido el aliento, continuar hablando jadeante sin por ello dejar de fascinar a quien la escuchase?

¿Acaso no supondría para cualquier hija que buscase a sus padres por los laberintos del tiempo y la memoria un mayor impulso para su vida regresar a las primeras líneas de la tragedia de Shakespeare, cuando oímos a los amantes hablar por primera vez? Al preguntar Cleopatra a Marco Antonio cuánto la ama, él responde aquello de que «pobre es el amor que puede calcularse».[30]

Es posible que Shakespeare retratara a Cleopatra como una devorahombres, pero, como escribe la filósofa Hélène Cixous, en su tragedia también sugería que podía existir una unión feliz y creativa, de igual a igual, entre un hombre y una mujer.[31] Esto no se debe a que Shakespeare se contradijera, sino a que era un genio total —ni hombre ni mujer, escribe Cixous siguiendo a Virginia Woolf—[32] capaz de ofrecernos infinitas posibilidades interpretativas sobre un mismo asunto. Así, el mismo autor a quien debemos la imagen de Cleopatra como serpiente del Nilo, fue capaz de imaginar una historia de amor en la que el más vigoroso de los romanos renuncia a su poder de triunviro y prefiere tomar a una mujer como aliada vital y política. «¡Que se hunda en el Tíber de Roma y que los anchos arcos del bien dispuesto imperio se desplomen! Mi lugar está aquí», le declara a Cleopatra cuando el mensajero le trae noticias de Octavio, para añadir a renglón seguido que «lo noble de la vida consiste en hacer esto, cuando dos que se acoplan, un par como tú y yo, pueden hacerlo; por eso aquí proclamo que bajo pena de castigo el mundo sepa que nadie puede comparársenos».[33]

Si Shakespeare nos ofrece herramientas para subvertir su propio relato, ¿por qué masculinizar y separar a Cleopatra de Marco Antonio para verla como una mujer poderosa? ¿Por qué vestirla con un traje de chaqueta gris a lo Margaret Thatcher o subirla a un caballo que cruza veloz el campo de batalla? Tal vez, como se queja Mary Beard a menudo, porque no hay disponible ningún modelo de la apariencia que posee una mujer poderosa, a excepción de que se parece más bien a un hombre,[34] y mucho menos de una pareja en la que ambos comparten el poder creativa y felizmente. Hoy, el modelo mental que existe del poder continúa siendo irrevocablemente masculino y resulta difícil de creer que una egipcia menuda y con voz chillona fuera, como escribe Harold Bloom, no solo tan fascinante y poderosa como Falstaff o Hamlet,[35] sino una «igual» al padre de sus hijos, Marco Antonio.

Del mismo modo, también hoy, se siguen penalizando en política las alianzas entre matrimonios y es habitual contemplar a las esposas de reyes y presidentes como potenciales Cleopatras usurpadoras. Como escribe Gloria Steinem con gran lucidez, actualmente continuamos cortando la cabeza de las mujeres que, habiendo compartido el poder en la sombra, se atreven a reivindicarse como herederas o socias políticas de sus maridos, pero toleramos mucho mejor que esa herencia se pueda transmitir de padres a hijos o entre «colegas masculinos».[36]

7

En su libro *Writing a Woman's life*, Carolyn G. Heilbrun propone una imagen alternativa a esta visión del poder masculino. La verdadera representación del poder, argumenta, no consistiría en un hombre físicamente grande pegando a uno más débil o a una mujer. El poder, continúa Heilbrun, podría ser definido, más bien, como la capacidad que en un momento determinado tiene o no tiene un ser humano para hablar en su propio nombre, para tomar las riendas del relato, para alzar su voz y que esta no solo sea escuchada sino que importe. Se trata de una verdad, concluye Heilbrun, que es válida en el Pentágono, en el matrimonio, en la amistad y, por su puesto, en la política.[37] También en la historia de Cleopatra.

Es de nuevo el propio Shakespeare quien nos ofrece un ejemplo maravilloso de esta manera de entender el poder, incluso en circunstancias extremadamente críticas y melodramáticas como puede ser una última conversación en el lecho de muerte. Estamos al final del cuarto acto de la tragedia y Marco Antonio, creyendo erróneamente que Cleopatra ha fallecido, decide darse muerte a sí mismo. Sin embargo, la teatral reina hace su última entrada en escena antes de que expire, y trata de revivirle con sus besos y por supuesto con sus palabras. «¡Muero, Egipto, me muero!», le susurra Marco Antonio. «Dame un poco de vino; quiero hablarte»,[38] añade con premura. Pero Cleopatra, vieja reina de las mil lenguas, le responde tajante por última vez: «No, déjame hablar a mí. Y déjame que maldiga bien alto»,[39] a lo que Marco Antonio, todavía hechizado por su voz pasados tantos años, cede. Escucharla será de lo último que haga en su vida, pues pocos instantes después, morirá.

A Harold Bloom, conocido por ser el crítico más brillante de Shakespeare de las últimas décadas, no se le pasó por alto la enorme potencia interpretativa que posee esta última conversación entre los dos amantes. Sin embargo, en su lectura de la misma, Bloom no logró ver en el intercambio de parlamentos entre Antonio y Cleopatra una imagen completamente inédita y revolucionaria de la historia de la literatura: la de un hombre poderoso cediendo la palabra a una mujer, escuchándola atentamente, interesándose, incluso en los últimos instantes de su vida, por lo que *ella* tendría que decir. Por el contrario, para Bloom, esta escena revelaría la incapacidad patológica de los protagonistas para escucharse el uno al otro así como la tendencia de Cleopatra a interrumpir maleducadamente a sus interlocutores.[40] A su vez, en su análisis, Bloom también llama la atención sobre el hecho de que Shakespeare regale a la reina todo el quinto acto para brillar sola en el escenario sin la competencia del también teatral Marco Antonio, sugiriendo que solo en esta parte, una vez que ha dejado de ser su rival en escena, está Cleopatra verdaderamente enamorada de él, aunque de un modo narcisista.[41]

Es probable que en la mente de Shakespeare, que no era ni hombre ni mujer, habitaran ideas un tanto diferentes sobre la unión de los amantes, seguramente menos competitivas y patriarcales. Por no decir que una mujer, por el mero hecho de abrir la boca, no tiene por qué estar interrumpiendo nadie, por mucho que a Harold Bloom se lo pueda parecer. Dejar que fuera la reina quien tuviese la última palabra era para Shakespeare la única manera de *interrumpir* no ya a Marco Antonio, quien por otro lado acepta sin resistencia, sino el relato que durante siglos se había ido tejiendo contra ella y que él mismo contribuyó a engrandecer. Cleopatra, cuyas palabras habían sido silenciadas durante tanto tiempo, puede elevar la voz en la tragedia de Shakespeare para tomar las riendas de su propio relato.

Como escribe Hélène Cixous a propósito de la pareja imaginada por Shakespeare, «lejos de los reinos, de los césares, de las disputas, de las envidias de penes y de espadas, de los innombrables "bienes" de este mundo, lejos del oropel y de los amores-propios, en armonía el uno con el otro, aún viven».[42]

EL OLVIDO DE SHAKESPEARE

8

Teniendo en cuenta que su mente andrógina no tenía límites, es extraño que no se acordara de *ella*, de la otra, sobre todo si recordamos que hay pocos dramaturgos más obsesionados que William Shakespeare con la venganza, especialmente con la venganza que los hijos deben consumar cuando la memoria de sus padres ha sido mancillada por sus enemigos. «¡Venganza!», le exige el Fantasma a su hijo en las primeras páginas de *Hamlet*, «¡venganza!». Sin embargo, el bardo de Avon se olvidó de ella y por mucho que busquemos el rastro de su nombre entre las páginas de *Antonio y Cleopatra*, solo encontraremos el de sus hermanos varones, Alejandro Helios y Ptolomeo;[43] son ellos quienes aparecen en la escena VI del tercer acto, al recordar las Donaciones de Alejandría, cuando Octavio denuncia que Marco Antonio, traicionando vilmente a su patria, ha repartido con ellos los territorios orientales conquistados y todavía por conquistar. Pero si buscamos el nombre de *ella*, el de la otra, el mismo que muchos siglos después, tras el hallazgo de la piedra Rosetta, volvería a abrir las puertas de Oriente, solo hallaremos el eco de su silencio y el vacío de su ausencia.

Dicho en otras palabras: Shakespeare se olvidó de Cleopatra Selene.

Porque los amantes tuvieron también una hija, la hermana melliza de Alejandro Helios, a la que llamaron Cleopatra Selene, igual que su madre y sus predecesoras ptolemaicas pero también que la hermana de Alejandro Magno. Estos nombres de los mellizos —el Sol y Luna, Alejandro y Cleopatra—, expresan bien los sueños dinásticos de sus padres.[44] ¿Acaso nombrar a otro no es también una forma de tomar las riendas del relato? Ellos sí se acordaron de Selene y, según el historiador romano Dion Casio, en las Donaciones de Alejandría, cuando apenas tenía seis años, la hicieron reina de la Cirenaica, en la costa de la actual Libia, y quizá también de Creta.[45] Cleopatra Selene fue la única que no solo sobrevivió a sus padres durante muchos años —todos los niños varones murieron pequeños— sino que llegaría a reinar. La verdadera heredera de Cleopatra, en definitiva, fue ella y su vida hizo posible que la tradición de mujeres autónomas y poderosas, de Berenices y Arsinoes, continuara por pasadizos secretos durante las siguientes generaciones. Aunque hoy lo hayamos olvidado y en el escenario del Globe Theater no se haya escuchado nunca su nombre, Cleopatra Selene. Ella fue la única que sobrevivió para hacerse cargo de la historia de su madre, reina de reyes, y trató de honrar su memoria durante los mismos años en que el emperador Augusto impulsó la leyenda negra en torno a su figura.

No debió de ser fácil crecer escuchando que su madre era una ramera y una devorahombres. No debió de ser fácil tampoco ver cómo su imagen monstruosa crecía y crecía en el espejo mágico. «¿Me comerá?», se debió preguntar Cleopatra Selene cuando fue exhibida públicamente como prisionera de guerra, con solo once años, en el Triunfo de Augusto en Roma junto con su hermano mellizo y una gran imagen de su madre representada en el momento de suicidarse con el áspid.[46] Había sido enviada a vivir a casa de Octavia —hermana del emperador y viuda de Marco Antonio, su padre— en uno de esos sorprendentes giros de la fortuna en los que la realidad supera completamente a la ficción; allí fue educada como el híbrido extraño que también era.

Y es que, al igual que el pequeño hueso que nos dejó Denny, la niña siberiana que murió hace decenas de miles de años, en Cleopatra Selene también se cruzaban y culminaban todo tipo de herencias y encuentros. Por un lado, era la única superviviente de la dinastía fundada por Ptolomeo I Soter, general de Alejandro Magno, pero por sus venas también corría sangre romana, la de su padre, quien aún contaba con numerosos apoyos entre la nobleza romana. Era la única hija de la serpiente del Nilo, pero también la hermanastra de Antonia, hija de Octavia y de su padre, por aquel entonces una niña como ella con quien quizá jugó en los jardines de la casa en la que convivieron; mucho tiempo después, aquella hermanastra daría a luz al emperador Claudio.

Fue en la casa de Octavia donde Selene, reina imaginaria de un imperio perdido, conoció a Juba II, hijo del rey de Numidia, en el norte de África, otro prisionero extranjero como ella apenas siete años mayor. Su padre, al igual que Cleopatra, se había suicidado años atrás al ser derrotado por Julio César y también había sido educado en la casa de Octavia. En cuanto Selene cumplió quince años se acordó el matrimonio y la extraña pareja con tanto en común, de nuevo *dos en la carretera*, partió rumbo a Mauritania, nombre que entonces recibía la región que actualmente comprende Argelia y Marruecos, donde reinarían conjuntamente como representantes de Roma durante los siguientes veinte años.[47]

Allí, alejados de Augusto, quien multiplicaba las ofensas contra Cleopatra con el objetivo de presentar a Marco Antonio como un títere en manos de la oriental hechicera, Selene urdió su silenciosa venganza. En la ciudad de Iol-Caesarea, actual Cherchel, donde se establecieron los recién casados, se levantó un templo a Isis, la diosa con la que siempre se identificó su madre y con cuya ayuda conquistó a Marco Antonio aquella mañana soleada a bordo de su barco en Tarso. Allí, lejos de Virgilios y Horacios, Selene conmemoró la herencia materna a través de hermosas esculturas[48] y allí se atrevió incluso a acuñar monedas en las que, rodeando su rostro, aparecía grabada la provocadora inscripción ΒΑCΙ ΚΛΕΟΠΑΤΡΑ ΒΑCΙ ΚΛΕΟΠΑ ΘΥΓΑ: «Reina Cleopatra, hija de Cleopatra».[49]

No hay duda de que el sonido metálico de aquellas pequeñas y redondas monedas que a lo largo del tiempo viajaron tintineando de mano en mano, de bolsillo en bolsillo, por el norte de África cuentan una historia mucho menos espectacular que el hallazgo de la piedra Rosetta, con el estruendo de los cañonazos de las tropas napoleónicas de fondo. «Reina Cleopatra, hija de Cleopatra» es una frase más bien humilde si la comparamos con los tres bloques de texto de la roca, expuesta a la mirada de millones de turistas en el Museo Británico. Y es que, como escribe Bell Gale Chevigny, en materia de educación y cultura se dedica mucho más esfuerzo a que se comprenda mejor a los hombres que a las mujeres, a que se entienda su épica, sus aventuras, sus odiseas.[50] En cambio, cuando nos acercamos a las vidas de nuestras antepasadas, a sus milagrosas y a menudo olvidadas hazañas, carecemos de las herramientas que nos permitan relatarlas y hacerles justicia. En lugar de ir al encuentro de la madre y amante poderosa que fue, caemos en la tentación de convertir a Cleopatra en una mandataria masculinizada a lo Margaret Thatcher creyendo que así le haríamos verdadera justicia.

Sin embargo, como sabía Selene y también sus hijas y sus nietas de las que poco a poco se va borrando el rastro en la historia, aquellas palabras grabadas en una pequeña moneda, «Reina Cleopatra, hija de Cleopatra», son también la clave secreta que abre no ya *las* puertas de este o aquel país, de este o aquel reino, templo o pasadizo, sino *la* puerta, la única, la verdadera, de *cualquier* mundo. No en vano, al final de la tragedia de Shakespeare Cleopatra pregunta antes de morir: «¿Por qué debería yo permanecer...?».[51]

«Reina Cleopatra, hija de Cleopatra», respondería Selene a la pregunta de su madre haciendo sonar con sus manos las pequeñas monedas. Entre las líneas de su inscripción, grabada para siempre sobre el metal, se adivinan las primeras sílabas que aprendemos a pronunciar, la *contra-seña* que abre el estuche de oro donde se guarda el papiro sellado, el enigma de los enigmas. El olvido que nos funda: /*Mamá*/.

La última palabra de nuestra historia siempre la tendrán nuestras hijas.

4

JUANA DE ARCO

Y DIOS NOS DARÁ LA VICTORIA

DOMRÉMY-LA-PUCELLE, 1412

UNA NOCHE EN LA ÓPERA

1

Un sábado del mes de diciembre de 1913, tres damas de agradable aspecto esperaban inquietas a que abrieran las puertas de la Royal Opera House, situada en el bullicioso barrio londinense de Covent Garden. Los coches llegaban veloces entre la niebla y de su interior descendían elegantes mujeres con hermosos tocados acompañadas de apuestos caballeros. En el interior del teatro, los músicos afinaban sus instrumentos en el foso de la orquesta con exagerados ademanes, como si los espectadores ya estuvieran en sus palcos y quisieran demostrarles de antemano la enorme importancia que revestía la función que estaba a punto de dar comienzo. Su nerviosismo, compartido por las tres impacientes amigas de la entrada, estaba de sobra justificado. La gala de aquel día, para la que se habían impreso exquisitos programas de mano en delicados pañuelos de seda, iba a ser presenciada por su alteza el rey Jorge V y su esposa, la reina María, en persona. Estrenada unas semanas antes, la pieza escogida para la ocasión era *Joan of Arc*, de Raymond Rôze, el director musical de la Royal, quien desde hacía tiempo se había empeñado en ampliar el repertorio de óperas en lengua inglesa. Seguramente él también estaba algo nervioso, pues el incisivo crítico del *Times* estaría entre el público.

En aquellos días de comienzos del siglo xx, Juana de Arco era la chica del momento. ¿Acaso había dejado de serlo alguna vez? En abril de 1909, quinientos años después de su muerte en la hoguera, por fin había sido beatificada en una multitudinaria ceremonia en la basílica de San Pedro. El camino hacia la canonización, que finalmente ocurriría en 1920, se acortaba por momentos. Mientras llegaba, eran muchos quienes, como el compositor Raymond Rôze, buscaban inspiración en la historia de aquella humilde campesina que se había atrevido a desafiar a poderosos ejércitos empuñando firmemente su espada. Poco importaba que Juana fuera de Domrémy, un pueblecito de la región de Lorena cercano a la frontera alemana, y que hubieran sido precisamente los ingleses quienes la quemaran viva después de ser juzgada por un tribunal eclesiástico en la ciudad de Rouen. En 1913, Juana de Arco, la doncella de Orleans, hacía tiempo que se había convertido en un símbolo universal de la lucha por la libertad.

Cuando abrieron las puertas de la Royal Opera House, absolutamente nadie reparó en las tres damas. Luciendo sus hermosos trajes de noche entraron en el *foyer* con paso tembloroso pero decidido y enseguida se camuflaron entre la masa de curiosos que se apretujaba junto a las escaleras para contemplar la llegada del cortejo real de sus majestades. Ni los porteros de la entrada ni el acomodador con librea que las guio al palco que habían reservado días antes sospecharon nada cuando las dejaron a solas en sus localidades tras inclinarse para abrirles la puerta con una reverencia. Tampoco escucharon sus risitas cuando, al cerrarla, ellas se apresuraron velozmente a atrancarla con la rapidez de un ladrón profesional acorralado en un cuarto trasero. Segundos después se encontraban tranquilamente sentadas en las butacas de terciopelo, mirando fijamente con sus prismáticos hacia el palco real, situado justo enfrente del suyo.

La función iba a dar comienzo.

Es más que probable que el rey Jorge V también se sintiera algo agitado al escuchar los primeros acordes y reparar con un ligero sobresalto en el título de la ópera, *Joan of Arc*, pulcramente estampado en el pañuelo de seda de color crema que servía de programa de mano de la gala; últimamente, el nombre de la visionaria le traía muy mala suerte. Apenas unos meses antes, un grupo de sufragistas había implicado a la doncella de Orleans en una sonada protesta de las suyas y el escándalo le había salpicado hasta las orejas. Fue el 4 de junio, durante el Derby de Epsom Downs, la famosa carrera de caballos a la que acudía cada año la flor y nata de la sociedad británica.[1] Una de aquellas exaltadas, la señorita Emily Davison, había saltado a la pista en plena carrera y Anmer, su querido caballo, la había arrollado bestialmente cuando la loca de ella trataba de agarrar la brida para colocar unas banderitas tricolores de la Women's Social and Political Union. Las cámaras que grababan el Derby captaron la escena y la noticia había recorrido medio mundo. Como era de esperar, el accidente fue fatal y, tras una agónica lucha a vida o muerte, Emily falleció unos días más tarde. Bertie Jones, su jinete, había sobrevivido a duras penas, pero estaba totalmente conmocionado por lo ocurrido. Ni siquiera la carta que le envió la reina al hospital de su puño y letra había logrado animarle.

Estaba claro que aquellas mujeres lo odiaban apasionadamente y aprovechaban cualquier ocasión para acusarlo públicamente no solo de hacer oídos sordos a sus reivindicaciones, sino también de encarcelarlas y torturarlas sin piedad, obligándolas, entre otras cosas, a comer a través de una sonda para que abandonasen sus huelgas de hambre. Pero aquella vez, poniendo en riesgo la vida de los jinetes, habían ido demasiado lejos. En todo caso, ellas no pensaban así ni remotamente y, lejos de avergonzarse por la conducta de la maligna sufragista, una «lunática demente» en palabras de la reina María,[2] sus acólitas le habían organizado un cortejo fúnebre digno de una mártir.

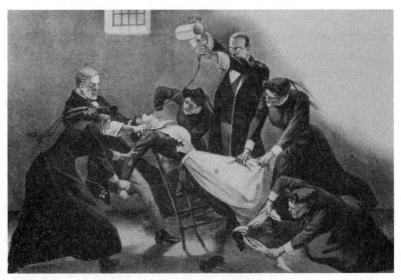

Sufragista obligada a comer a la fuerza en la cárcel, 1908

Para empezar, debía de recordar el rey mientras se dejaba envolver por la música del primer acto, habían hecho circular el rumor de que Emily había tomado la fatídica decisión de inmolarse la tarde de antes del accidente a los pies de una estatua de la mismísima Juana de Arco, colocada en Kensington con motivo del festival sufragista que habían organizado coincidiendo con el Derby. Según contaban, habían sido las palabras atribuidas a la visionaria, «Continuad luchando y Dios nos dará la victoria», visibles en la propia estatua, las que le infundieron el coraje que necesitaba.[3] Rodeada por este halo de santidad, el 14 de junio, un selecto grupo de íntimas amigas custodiaron solemnemente su cuerpo sin vida desde el hospital de Epsom hasta Victoria Station como si fuera el de un valiente soldado caído en el campo de batalla. Allí esperaban nada menos que seis mil mujeres y niñas vestidas de blanco con el brazalete negro en señal de duelo para acompañar en procesión el ataúd con sus estandartes lila desde Buckingham Palace Road hasta la iglesia de St. George, en Bloomsbury. Una de ellas, Elsie Howey, escoltaba a la difunta a lomos de un majestuoso caballo blanco disfrazada de la propia Juana de Arco.[4]

En estos desagradables sucesos debía de estar pensando el rey cuando por fin se oyeron los tibios aplausos del público que ponían fin al primer acto. La ópera era bastante mediocre —los cantantes y la orquesta no lograban fundirse para que la pieza fluyera— y no había más que mirar la cara de aburrimiento del crítico musical del *Times* para darse cuenta de lo que escribiría al día siguiente en el periódico. Sin embargo, el verdadero espectáculo estaba a punto de empezar.

Cuando al desaparecer la orquesta se hizo el silencio y comenzó el descanso, en el patio de butacas se escuchó un murmullo y un pequeño grupo de espectadores señaló con gesto alarmado hacia el palco que estaba justo enfrente del de su majestad. El rey miró también hacia allí. Tres damas con elegantes vestidos en las que no había reparado hasta ese momento se habían puesto de pie en posición desafiante y una de ellas sujetaba en alto lo que a todas luces parecía un megáfono como los que empleaba Emmeline Pankhurst, líder de las sufragistas y su peor pesadilla, para dirigirse a sus seguidoras en plena calle. «¡Las que faltaban!», debió de

Arresto de Emmeline Pankhurst

pensar el rey. Aquellas mujeres seguramente habían sido
enviadas precisamente por
Pankhurst para afearle públicamente y a la vista de todos
que en esos mismos momen-
tos la tuvieran encerrada entre
las rejas de la prisión, como a
tantas otras sufragistas, sometida a las más viles torturas.[5]

2

Existen pocas mujeres de
cuya corta vida conozcamos
tantos detalles como la de
Juana de Arco. El juicio al que fue sometida en la ciudad de Rouen
en 1431, del que quedó un prolífico registro escrito, así como los
interrogatorios del proceso de rehabilitación a los que, dos décadas
después de su muerte, fueron sometidas las personas que la conocieron, son una fuente preciosa para reconstruir la extraordinaria
historia de una de las más grandes santas y guerreras de todos los
tiempos. A través de sus célebres respuestas en el proceso judicial,
en las que mezclaba la sencillez propia de una campesina con la
socarronería de un soldado, no solo se convirtió en su primera y
mejor biógrafa sino que, involuntariamente, nos ofreció una grandiosa lupa de aumento en la que quedó retratada para siempre la
fea maldad de quienes la juzgaron y condenaron por hereje. El
juicio es, sencillamente, uno de los documentos más apasionantes
y angustiosos que podremos leer nunca.[6]

En todo caso, a pesar de los ríos de tinta que ha hecho correr,
su vida se puede contar con apenas unas cuantas palabras, tan
pocas como las que ella misma empleó para responder tajante y
altanera al mezquino arzobispo Cauchon, responsable último de
juzgarla entre los meses de enero y mayo de 1431. La simple ob-
viedad de su misión divina tal y como ella misma la veía, así como
la obstinada llaneza con la que se empeñó en llevarla a cabo, cho-

can con lo extraordinario de la misma. Es justamente el contraste entre el candor de ella y lo desmesurado de la tarea que se impuso a sí misma lo que más conmueve a quien se acerca a su vida.

Juana nació una noche invernal de 1412, la segunda niña de cuatro hermanos de una familia de campesinos agricultores de Domrémy, un pueblecito del valle del Mosa. De pequeña aprendió a rezar sus oraciones gracias a su madre, quien la llamaba cariñosamente Juanita, y a coser devotamente. Era una niña reservada, muy piadosa y de buen corazón. Nada apunta que fuera especialmente fantasiosa, teatral o de costumbres afectadas como otras visionarias de su época que levantaban sospechas entre sus contemporáneos.[7] Nunca supo ni leer ni escribir.

Cuando Juana nació en el seno de aquella familia normal y corriente hacía ya mucho tiempo que había comenzado la guerra de los Cien Años (1337), un conflicto que enfrentó interminablemente a franceses e ingleses durante el final de la Edad Media y en el que ella desempeñaría un papel fundamental. Por aquel entonces, Francia no solo estaba dividida internamente en dos bandos que se odiaban de forma implacable, los borgoñeses y los armañacs, sino que los ingleses, aliados a su vez con los borgoñeses, ocupaban parte importante del territorio. La guerra había entrado en su punto álgido después de los asesinatos cruzados de los duques de Orleans y de Borgoña (en 1407 y 1419 respectivamente) y, sobre todo, a raíz de la firma del Tratado de Troyes (1420), en el que se acordaba que Enrique V de Inglaterra, quien debía casarse con Catalina, la hija de Carlos VI, heredase el título de regente y heredero de Francia.

El tratado dejaba fuera de combate al futuro Carlos VII, el Delfín, de quien se sospechaba que era bastardo, y destinaba el trono a su rival inglés para que unificase las coronas de Francia e Inglaterra. Para echar más leña al fuego, Enrique V no pudo hacer tal cosa porque murió pronto, lo que generó una situación que hoy llamaríamos de bloqueo político. Existían dos potenciales herederos: el primero de ellos era el hijo de Enrique V, un bebé de solo unos meses tan mangoneado por su regente Juan de Lancaster, duque de Bedford, como ajeno al revuelo que se había montado; y el segundo era el humillado Delfín, un joven perezoso con pocas ganas de meterse en faena. En definitiva, en los mismos años en los que Juanita aprendía a rezar el padrenuestro en la humilde cocina de su casa en el valle del Mosa, a los franceses y a los ingleses les parecía imposible ver el final de aquella disparatada guerra que ya duraba demasiado tiempo. Como en las tragedias de Shakespeare, los franceses vivían atormentados sin un rey oficial que pusiera orden en aquel desbarajuste.

Estas intrincadas luchas dinásticas debían de parecerle a Juana tan remotas e incomprensibles como nos sucede hoy en día a nosotros mismos. ¿Cómo no perder el hilo con tantos reyes de idéntico nombre? ¿Cómo no iba a extraviarse una muchacha que ni siquiera sabía leer entre tantas batallas, treguas y tratados? En su cabecita debían de mezclarse los acontecimientos, si es que escuchaba hablar de ellos, como se mezclarían hoy en la mente de una niña que oyera comentar en la televisión los últimos acontecimientos de la guerra de Afganistán.

Sin embargo, contra todo pronóstico, una mañana de verano, cuando apenas tenía trece años de edad, Juana recibió una extraña visita en el huerto de su padre que la dejó temblando de miedo. Las voces del arcángel san Miguel, santa Margarita de Antioquía y santa Catalina de Alejandría fueron a visitarla con un mensaje que nuevamente sorprende por su mezcla perfecta de extravagancia y simplicidad.[8] Según le dijeron cuando se le pasó el susto, la habían elegido a ella —una pastora analfabeta que rara vez salía de su pueblo— para convertirla en la salvadora de Francia. Ella, una personita insignificante de una familia insignificante de un pueblo insignificante, debía irse haciendo a la idea de que el destino no le deparaba ese matrimonio aburrido para el que su padre, un campesino del montón, andaba moviendo los hilos entre sus conocidos.[9] Tampoco se esperaba de ella que se ocupase de las monótonas tareas habituales de las mujeres como hacían su madre, su querida madrina o sus primas. Otras podían hacerlo, ella no. Porque ella, que no sabía ni montar a caballo, iba a vestir ropas de hombre y a empuñar una pesada espada. Ella dirigiría ejércitos, ganaría batallas y, por fin, pondría punto y final al eterno conflicto que afligía a su país. Así de simple.

Para hacer tal cosa, continuaron las voces en sus siguientes visitas, solo debía dejarse guiar por ellas hasta el castillo de Chinon, fortaleza real del Delfín, adonde debía encaminarse para hablar con él. Ellas le otorgarían elocuencia y capacidad de persuasión. También valentía para ponerse al frente de un ejército y levantar el sitio de Orleans, al que los ingleses, con el duque de Bedford a la cabeza, tenían sometida la ciudad desde octubre de 1428. Por último, ellas también estarían a su lado cuando, triunfalmente, acompañara al Delfín hasta la catedral de Reims, donde tendría lugar la tan largamente esperada coronación.

El mensaje que acompañó las visiones de Juana —el sonido inconfundible que anuncia el destino, en palabras de Victoria Cirlot—[10] llama enormemente la atención si lo comparamos con los que recibieron otras místicas y visionarias medievales como Hildegarda von Bingen, Margarita Porete o Matilde de Magdeburgo.[11] A diferencia de estas visionarias, quienes contemplaban sofisticadísimas e inefables imágenes con un alto valor simbólico, Juana, mucho más prosaica, iba directa al grano: las voces le ordenaban que se vistiera de hombre, se subiera a un caballo y liberase Francia del dominio opresor de los ingleses. El miedo que en un principio sintió al escucharlas bien puede deberse a que ella mejor que nadie sabía que, a pesar de su carácter estrambótico, cumpliría punto por punto esta misión que le habían encomendado. Al igual que Cleopatra, era terca como una mula. Eso sí, como otras visionarias, necesitó algunos años para digerir las palabras de sus visiones y comunicarlas a otros, para convertir lo que a todas luces era un mensaje extravagante en una orden clara e incuestionable.

Y es que creerse la elegida de Dios lleva su tiempo, sobre todo cuando se es una joven mujer, pobre y analfabeta, poco dada a las fantasías megalómanas[12] a lo Cleopatra. Lleva su tiempo aprender a no hacer caso a esas otras voces que durante la Edad Media repetían día y noche que las mujeres eran todas hijas del pecado, brujas malvadas, aliadas de Satanás. Además, desde el siglo XIII, precisamente por la proliferación no solo de santas y visionarias, sino también de beguinas, un nuevo tipo de mujeres cristianas que iban por libre ayudando a los desamparados, la desconfianza de los clérigos hacia las mujeres religiosas, hacia el *Muliebre Tempus* —la Edad de la Mujer— en palabras de la mística Hildegarda, había ido en aumento.[13] Cualquier exaltada era sospechosa de tener trato con el diablo. Pero Juana logró ignorar esas otras voces castradoras y, en el mes de enero de 1429, con apenas diecisiete años, salió por la puerta de su casa de Domrémy con la misma excusa que utilizó Agnódice a menudo para abandonar la suya en Atenas. Juana les dijo a sus padres que iba a visitar a una prima que acababa de dar a luz en un pueblo vecino. Y no volvió jamás. Al cerrar la puerta a sus espaldas prefirió no explicarles a sus padres cuáles eran sus verdaderas intenciones; como le aconsejaron sus voces, se les partiría el corazón. Sobre todo a ella. Tampoco se despidió de Hauviette, su mejor amiga de la infancia, quien lloró su marcha con enorme tristeza, pues la quería mucho.[14]

3

Habíamos dejado congeladas con el megáfono en alto a las tres damas de la Royal Opera House, unos quinientos años después de que Juana se lanzara por los caminos de Francia. Se encontraban justo a punto de montar un gran escándalo al rey Jorge, quien las miraba atónito desde el palco real, temiéndose lo peor. A la reina María se le salían los ojos de sus órbitas. Por lo menos aquella noche no había cámaras a la vista como pasó en las carreras. Para ese momento un gran número de espectadores habían regresado al patio de butacas y también levantaban las cabezas y miraban con sus prismáticos hacia ellas. ¿Qué iba a pasar a continuación exactamente? ¿Formaba parte del espectáculo? ¿Aquellas damas en posición desafiante representaban las voces de Juana? Y si no era así, ¿quiénes eran esas tres locas con los brazos en jarras y un megáfono? El crítico del *Times* se revolvió en su asiento.

La dama que levantaba el megáfono tomó finalmente la palabra para dirigirse directamente al rey. No le temblaron los labios cuando fijó la vista en él y le soltó a bocajarro todo lo que le tenía que decir con la misma seguridad con la que Emily Davison se había lanzado a los pies de su caballo. ¿Habían impresionado las escenas de la ópera a su majestad? ¿Le había tocado la fibra sensible la triste historia de Juana de Arco, tan injustamente tratada, torturada y condenada por sus contemporáneos?, comenzó preguntando sin muchas contemplaciones.[15] Pues no debía ser tan hipócrita, continuó con voz firme a renglón seguido. Las mujeres que tenía delante estaban luchando fieramente, como Juana de Arco muchos siglos atrás, por la libertad humana. Al igual que la doncella de Orleans, ellas también estaban siendo torturadas y empujadas hasta la muerte en nombre del rey y de la Iglesia, con pleno conocimiento y bajo plena responsabilidad del gobierno del Imperio británico. Es más, en aquellos mismos instantes, concluyó alzando aún más la voz y dirigiendo la mirada hacia el patio de butacas donde el público enmudecido se arremolinaba para contemplarla como si fuera una aparición, la líder de todas ellas, su querida Emmeline Pankhurst, se pudría entre rejas igual que en su día se pudría Juana de Arco en la prisión de Rouen. Exactamente igual que ella, la sufragista estaba siendo cruelmente torturada por las autoridades en nombre del rey.

En cuanto se hizo el silencio la audiencia entró en pánico. En los palcos y en el patio de butacas se oyeron gritos de estupor. Nadie sabía lo que iba a suceder a continuación, pues no sería la primera vez que las sufragistas prendían fuego a un edificio o ponían una bomba. En medio de una gran confusión de gritos y súplicas, de desmayos y gestos de incredulidad, finalmente la puerta del palco en el que se encontraban atrincheradas las tres damas

Christabel Pankhurst y Emmeline Pethick-Lawrence en Hyde Park el 21 de junio de 1908

cedió a los golpes y fueron expulsadas de él con violencia. Pero el espectáculo aún no había terminado. En cuanto las tres agitadoras fueron conducidas a rastras hasta la salida del teatro para ser despedidas sin miramientos con una patada y un portazo en las narices, otras cuarenta mujeres que se encontraban sentadas entre el público calladas como tumbas se pusieron de pie en sus asientos al unísono. Volvieron a repetirse los chillidos y los desmayos. Aquellas cuarenta sufragistas estratégicamente colocadas en los pisos superiores del teatro sacaron entonces cientos de octavillas blancas de sus bolsos y bolsillos y las lanzaron al aire dejándolas caer hacia el patio de butacas justo antes de salir corriendo. Hay quien afirma que una de aquellas octavillas fue a parar a la cabeza del crítico del *Times*, quien se la retiró con gesto asombrado. En ella podía leerse en grandes letras mayúsculas «VOTES FOR WOMEN».

Fueron necesarios tres cuartos de hora para calmar los ánimos de la orquesta y que la función continuara.

LA FLOR Y LA ESPADA

4

El sufragismo anglosajón no ha sido, ni mucho menos, el único movimiento político que se ha identificado con Juana de Arco y ha empleado su imagen como parte de su propaganda cultural.[16] ¿Quién no querría gozar entre sus filas de la simpatía de una santa como ella? Desde los soldados franceses de la Primera Guerra Mundial, que juraban haberla visto aparecerse en las trincheras, hasta los seguidores de Marie Le Pen, quienes suelen darse cita para sus concentraciones a los pies de su estatua de París, la obstinada doncella de Orleans ha servido para legitimar los más variopintos intereses ideológicos. En ocasiones su figura se asocia con el patriotismo católico más reaccionario y, en otras, con el coraje de la lucha feminista por la libertad.

Sin embargo, como le ocurría a Cleopatra, aunque Juana de Arco sea propiedad de todos y de nadie en particular, no es menos cierto que numerosas mujeres de todos los tiempos, y especialmente las que se jugaban la vida por el sufragio femenino en los años diez del pasado siglo, se han sentido profundamente tocadas por su trágica historia, un poco como sucede con el fantasma de una deslumbrante antepasada cuyo recuerdo nos sigue persiguiendo pasado el tiempo. Tanto es así que disfrazarse de ella, *revivirla* una y otra vez, como hizo Elsie Howey en el funeral de Emily Davison, se convirtió en un auténtico *must* de las marchas feministas de aquella época, precursoras en la utilización de elementos teatrales en sus manifestaciones.[17]

Adelantándose muchos años a las mujeres que hoy en día protestan contra la desigualdad con la capucha roja característica de los personajes de *El cuento de la criada* de Margaret Atwood, otra sufragista inolvidable como Inez Milholland no dudó en encaramarse alegremente a un caballo con hermosas ropas medievales en la marcha de las mujeres de Washington de 1913 en un guiño moderno, muy propio de la *belle époque*, a la doncella guerrera. Como en *La pasión de Juana de Arco*, la película muda que le dedicó el cineasta danés Dreyer en 1928, para completar el atuendo no podía faltar una corona. Una corona que en la película en blanco y negro hacía referencia a la que llevó Cristo durante la Pasión, pero que en la cabeza de la hermosa Inez adquiría un carácter menos

Fotograma de *La pasión de Juana de Arco*, de Carl Theodor Dreyer

Inez Milhollan a caballo en la marcha de las mujeres de Washington de 1913

melodramático, más de juego de princesas medievales a lo Elsa y Anna de *Frozen*. Dorada y con una estrella, a Juana le habría encantado también, pues, como a muchas niñas y niños del mundo, es sabido que le seducían las coronas de todo tipo desde que era muy pequeña. Le gustaban sobre todo las que estaban hechas de guirnaldas de flores, como las que llevaban los chiquillos de su pueblo al Árbol de las Damas, habitado por las hadas, en las fiestas campestres; pero, igualmente, sentía atracción por las coronas resplandecientes, como las que lucían Santa Margarita y Santa Catalina cuando, aquel mediodía de verano, se le aparecieron por primera vez en el huerto de su padre; finalmente, y para su desgracia, también tenía fijación por otro tipo de coronas, menos alegres que las de las hadas y las santas, más pesadas y sombrías, como la corona que a toda costa se empeñó en poner sobre la cabeza del holgazán Delfín para que se convirtiera en rey de una vez por todas.

En todo caso, como ocurre con cualquier club de fans en nuestra propia época, alguien tuvo que animarse a romper la primera lanza, alguien tuvo que ser el primero en comprender que aquella doncella de ojos saltones vestida de hombre era un ser verdaderamente único y excepcional. Alguien tuvo que sobrecogerse antes que nadie con las historias que circulaban por aldeas y bosques sobre su don para la profecía, su capacidad para obrar milagros o la voz hipnótica con la que arengaba a su ejército en medio del campo de batalla. Según contaban, Juana solo tenía que abrir la boca para que miles de rudos soldados la obedecieran al momento y sin rechistar como si en lugar de una adolescente alocada que se ha fugado de casa en extrañas circunstancias fuera Aquiles en persona. Seguían sus órdenes al unísono y sin vacilar como siguen los músicos de una orquesta al director que alza la batuta.

Lo cierto es que si revisamos los documentos y testimonios de los distintos procesos judiciales enseguida nos daremos cuenta de que, bien mirado, no faltaron candidatos para liderar ese club de fans inicial. Su primo Durand Lassois, a quien primero confesó sus intenciones,[18] o Jean de Metz, quien la escoltó hasta el castillo de Chinon no sin antes facilitarle un jubón negro masculino por el que cambió su falda de color encarnado,[19] fueron

Este sencillo dibujo de Juana de Arco es el único que se hizo de ella durante su vida

sus primeros y más devotos seguidores. A esa lista hay que añadir otros muchos nombres, como el duque de Alençon, compañero de armas de Juana a quien ella llamaba con afecto «mon beau duc». Juana era, en definitiva, una persona muy querida por aquellos que la conocieron y la mayoría de los enemigos que tuvo fueron los enemigos de su propio país al que se había propuesto defender a capa y espada. El juicio eclesiástico fue una excusa para realizar un juicio político y de paso recordarles a las mujeres de la Edad Media que si se creían las elegidas de Dios más les valía irse a un convento con sus excentricidades que lanzarse al campo de batalla vestidas de hombre. Y es que el don de la adivinación de las visionarias, a menudo explotado con fines políticos por personajes poderosos que las utilizaban como instrumentos de propaganda, rápidamente podía volverse en su contra si caían en manos enemigas como finalmente le ocurrió a Juana.[20]

Pero lo cierto es que su querido rey, Carlos VII, también se acabó convirtiendo en su enemigo, ya que en el momento decisivo de su captura en Compiègne no acudió a rescatarla y la abandonó. Podemos imaginar la decepción de Juana al darse cuenta de que el monarca, por quien tanto había hecho y a quien tanto temía traicionar en el interrogatorio al que la sometieron los eclesiásticos proingleses, no acudiría en su ayuda ni mandaría a nadie para tratar de negociar su liberación. El rey, con su pasiva indolencia, permitió que ataran a un poste de la plaza de Rouen a la defensora de la causa de los franceses y le pusieran en la cabeza un gorro de papel —el reverso grotesco de sus queridas coronas— en el que podía leerse: «Hereje, reincidente, apóstata, idólatra».[21] Desentendiéndose, permitió que la subieran al patíbulo abrazada a una tosca cruz de madera, y, a la vista de todos, gritara desesperadamente llamando a santa Catalina y santa Margarita. Con toda seguridad, el fantasma de Juana persiguió al rey muchos años después de su muerte y por eso, con el correr del tiempo, decidiera favorecer el proceso de investigación sobre la condena de herejía, que sería declarada nula, lo que constituiría el primer paso para que fuera canonizada quinientos años más tarde.

En todo caso, en aquel lugar, a los pies del cadalso, Juana también cosechó adeptos entre las filas enemigas. Allí engrosó su club de fans como si en lugar de una pobre niña a la que iban a matar por bruja fuera Madonna en su concierto de despedida. Cuando las llamas comenzaron a ascender y Juana pronunció su última palabra —Jesús— no hubo que esperar mucho para que se rompiera el silencio. John Tressart, secretario del rey de Inglaterra, no tardó en llevarse las manos a la cabeza y exclamar: «Estamos perdidos. Hemos quemado a una santa».[22]

5

Michel de Montaigne, quien nació un siglo después de que Juana muriese devorada por las llamas, dedicó algunas páginas memorables a la amistad, un afecto humano que para él superaba con creces, tanto en perfección como en belleza, al amor filial o entre esposos. Los verdaderos amigos, escribía en su conocido ensayo, a menudo se buscan incluso antes de haberse visto cuando escuchan las historias que conocidos comunes cuentan sobre el otro. A veces, añadía, abrazamos el nombre de quien será nuestro amigo antes incluso de que hayamos coincidido con él en el tiempo y en el espacio.[23]

Para Montaigne la amistad era un afecto perfecto pero también una propiedad exclusiva de los hombres. Como ya habían hecho notar otros filósofos de la antigüedad, pensaba que la común inteligencia de las mujeres no alcanzaba para que pudieran compartir «la conversación y la comunicación propias de tan sagrado vínculo».[24] Tampoco su ánimo inconstante era el adecuado para «resistir un nudo tan apretado y duradero».[25] Las mujeres, en definitiva, eran para Montaigne incapaces de ser amigas. La camaradería y la admiración mutua que se habían profesado Aquiles y Patroclo, o el propio Montaigne y Étienne de La Boétie, eran y debían seguir siendo privilegios exclusivamente masculinos.[26]

Como ha estudiado Janet Todd en su libro clásico *Women's Friendship in Literature*, la historia pero también el arte y la literatura están llenos de contraejemplos que desmienten la teoría de Montaigne sobre la amistad.[27] No solo podemos rastrear la existencia de amistades femeninas desde tiempos de Safo hasta *Frozen*, sino que afortunadamente hoy sabemos que la idea de que las mujeres no pueden ser amigas forma parte de la ideología patriarcal que busca dividirlas. Las temibles Amazonas de la mitología clásica, las mujeres religiosas que vivían en comunidad en la Edad Media, las preciosas *salonnières* del Siglo de las Luces, las hermanas March de *Mujercitas*, la doctora Anne Sullivan y su milagrosa Helen Keller, la poeta Emily Dickinson y su cuñada, Susan Huntington, Virginia Woolf y Vita Sackville-West, Hannah Arendt y Mary McCarthy, Elena Fortún y Carmen Laforet, Gabriela Mistral y Doris Dana, las activistas Gloria Steinem y Dorothy Pitman o Elsa y Anna, las princesas de la película *Frozen*, son solo algunos de los nombres que tejen esa otra tradición a menudo secreta y olvidada de las amistades femeninas.

Pero volvamos a Juana de Arco. A lo largo de su corta vida, la doncella de Orleans no solo tuvo compañeros de armas, como Jean de Metz o el duque de Alençon, con quien compartió la camaradería propia del campo de batalla, cabalgó por el bosque bajo la pálida luz de la luna y durmió a ras del suelo.[28] No solo creó fuertes vínculos de admiración y respeto con los nobles franceses de la corte de Carlos VII. Aunque a menudo faltan en los libros que cuentan su historia, ella también tuvo numerosas compañeras que la quisieron y la acompañaron en los distintos tramos del duro camino que se propuso recorrer.

En primer término sería preciso destacar a su madre, Isabelle Romée, quien fue la primera persona en presentar una apelación al papa tras la muerte de Juana para que se revisara el proceso de condena por herejía. Aunque ya era una octogenaria, Isabelle llegó a desplazarse hasta París para defender a su hija frente a los inquisidores que escuchaban los testimonios de quienes la conocieron. Hauviette, su querida amiga de Domrémy, ya ha sido mencionada. Más adelante Juana haría muy buenas migas con Catherine le Royer, en cuya casa de Vaucouleurs vivió tres semanas antes de salir rumbo al castillo de Chinon para encontrarse con el Delfín. Cosían y conversaban íntimamente. Aunque no existen pruebas, forma parte de la leyenda que Juana y Colette de Corbie, otra gran santa de su época, se conocieron en la ciudad de Moulins en noviembre de 1429 cuando Juana se dirigía con los soldados hacia la localidad de La Charité-sur-Loire. ¿No es fascinante imaginar este encuentro entre las dos mujeres?[29] Hemos de recordar también a la Pierronne, una visionaria de Bretaña que pudo haber conocido a Juana y que murió en la hoguera como ella por defenderla apasionadamente ante los ingleses. Finalmente, en lo que a la amistad femenina se refiere, resulta conmovedora la insistencia con la que, en sus últimos días, Juana pedía que la trasladaran a una cárcel de mujeres en lugar de tenerla prisionera bajo la vigilancia de soldados ingleses.[30]

En todo caso, entre todas las mujeres que rodearon la vida de Juana, hubo una cuyo nombre debería figurar con letras doradas en la sección reservada a las «Amigas» y a los «Girl Crush» en un imaginario Museo Feminista. Se trata de Christine de Pizan, a menudo considerada una de las primeras personas que vivieron profesionalmente de la escritura en Occidente, quien en 1429, el año galáctico en que Juana levantó el sitio de Orleans y obligó al Delfín a que se pusiera la corona, era una sabia y hermosa anciana que rozaba los setenta años. Podría haber sido la abuela de Juana o desde luego su madre. Christine vivía en la abadía dominica de Poissy, un tranquilo pueblecito situado a unos treinta kilómetros de París, a orillas del río Sena, donde había buscado refugio en 1418 tras una ola de terror especialmente truculenta derivada de los altercados políticos entre armañacs y borgoñeses. Su propio hijo, Jean de Castel, se había tenido que marchar con el Delfín cuando el heredero se vio obligado a huir precipitadamente a Brujas al caer París en manos del bando anglo-borgoñés. De eso hacía ya más de una década.[31]

Tras once largos años sin coger la pluma, oculta en la abadía en compañía de su hija Marie, una de las monjas del convento, en el mes de julio de 1429, apenas dos semanas después de la coronación de Carlos VII en Reims, Christine de Pizan volvió a escribir. El poema que le dedicó a Juana, titulado *Ditié de Jehanne d'Arc*, posee un enorme valor no solo literario sino también histórico, pues se considera el primer libro que fue escrito en vida de la santa sobre ella.[32] Christine lo terminó en apenas siete u ocho días, poseída por la emoción que le provocaba el rumbo inesperado de los acontecimientos políticos y también por la admiración que le suscitaban las acciones milagrosas de la doncella guerrera. La existencia de este poema —que podemos leer como una hermosa carta de amor a una amiga que no se conoce aún pero cuyo nombre ya se abraza— es casi tan emocionante como el registro del juicio al que Juana fue sometida un año más tarde.

6

Resulta tentador imaginar a Christine de Pizan en la abadía de Poissy durante aquel mes de julio de 1429. Aunque ya peinaría canas bajo la toca blanca y sus delicadas manos estarían más arrugadas que cuando era una jovencita en la brillante corte de Carlos V, es probable que ella misma pensara que aquella vida de retiro, en compañía de otras mujeres nobles como su hija Marie, no fuera tan mala cosa para una escritora. Para Christine, la reclusión en su estudio —el cuarto propio de Virginia Woolf— siempre había sido una forma de liberación. Como las vírgenes santas y las decididas viragos que tanto había admirado y a las que había dedicado algunas de sus mejores páginas, Christine se bastaba a sí misma. Es imposible no fantasear sobre los motivos que la llevaron a dejar de escribir durante una década, la última de su vida, sobre todo si tenemos en cuenta que en su época más productiva había llegado a firmar tres o cuatro libros al año. ¿Acaso estaba bloqueada? ¿Era Christine una Bartleby a lo Juan Rulfo, Robert Walser o Arthur Rimbaud, escondida en el remoto convento de Poissy? Al final de su vida, después de haber alcanzado la fama con sus poemas, tratados de filosofía política y epístolas, ¿se sentía demasiado mayor? ¿No había nada por lo que valiera la pena volver a coger la pluma? ¿O es que había decidido tomarse unas vacaciones después de treinta años dedicada en cuerpo y alma al adictivo placer de escribir libros?

Christine había nacido en Italia en 1364 en el seno de una familia de intelectuales. Su padre era Tommaso da Pizzano, célebre astrólogo y médico vinculado a la Universidad de Bolonia, y su abuelo materno había sido el gran anatomista Mondino de Luzzi. En 1368, cuando apenas contaba con cuatro años, Christine se instaló en la corte parisina de Carlos V con su familia, pues su padre había aceptado la generosa oferta de convertirse en el astrólogo y médico del rey. Allí, Christine no solo fue educada como una princesa sino que tuvo acceso privilegiado a la Bibliothèque Royale, que con el tiempo sería la imponente Bibliothèque Nationale de France, y a libros como la traducción de las obras de Aristóteles. Ella correteó entre sus anaqueles cuando aquel templo del saber comenzaba a edificarse, un lujo que muy pocas personas podían permitirse.[33]

A los quince años se casó con el notario real, Étienne du Castel, con quien vivió una dulce pero corta luna de miel. Quiso la envidiosa Fortuna, como ella escribía, que la peste se lo llevara por delante solo diez años después de la boda, dejando a Christine, que también había perdido a su padre, con el corazón encogido y en una situación económica muy apurada. Tenía tres hijos y una madre a los que sostener a duras penas. Sin embargo, al igual que ocurriría con la insignificante campesina analfabeta de Lorena, el destino escogió a quien menos podría esperarse para que entrara en la historia de la literatura por la puerta grande. Ironías cósmicas del destino, la Fortuna eligió a una mujer, aquella viuda de veinticinco años hecha un mar de lágrimas, para convertirla en el primer autor profesional de Francia. Christine fue una de las primeras personas de las que se tenga constancia que se ganara la vida a través de lo que escribía y que se implicase en los aspectos materiales de la composición de sus libros.

Dentro de su amplia obra literaria, destaca el compromiso que Christine de Pizan manifestó desde muy pronto hacia «la causa de las mujeres». Para empezar, no deja de resultar extremadamente sorprendente que, a pesar de su frágil posición social y de género, no dudara en arremeter contra la obra más popular de la Edad Media, el famoso *Roman de la Rose*, un bestseller que arrasó en toda Europa durante los siglos XIII y XIV. Siguiendo el lenguaje alegórico propio del amor cortés, las damas eran representadas en el *Roman* como flores inalcanzables a las que el caballero rendía vasallaje. A Christine le desagradaba especialmente la segunda parte, escrita por Jean de Meun, un autor satírico y misógino que no dudaba en alentar a los caballeros para que se dejaran de miramientos blandengues y asaltaran por sorpresa la fortaleza del castillo para hacerse por la fuerza con la rosa que excitaba su deseo. «Si me hubieseis visto combatir y hubierais prestado algo de atención», escribe Jean de Meun en los versos finales dando cuenta de su victoria, «os habríais acordado de Hércules intentando desmembrar a Caco: tres veces atacó su puerta, tres veces la golpeó y tres veces la falló».[34] «Todas sois, seréis y fuisteis putas de hecho o de voluntad», se asegura en otra parte del *Roman* a los escandalizados y a la par fascinados lectores.[35] Como señala Hélène Cixous, en esta actitud podemos adivinar la doble cara del amor cortés, pues si por un lado la mujer era adorada, por otro, en su impotencia, también era limitada al deseo del otro.[36]

Asqueada por estas ideas que daban alas a lo que hoy llamaríamos «la cultura de la violación», Christine de Pizan no dudó en alzar su pluma en defensa de las mujeres, lo que originó una especie de movimiento #MeToo en los albores de la modernidad, la llamada *Querella del Roman de la Rose*, una polémica que continuará en los siglos posteriores con la *Querella de las mujeres*, en la que distintos escritores y pensadores discutieron sobre la naturaleza y la inteligencia de las mujeres.[37] Curiosamente, Christine recibió el apoyo público de Jean Gerson, canciller de la Universidad de París, quien muchos años después sería uno de los primeros eclesiásticos en defender también a Juana de Arco.

Para entender la emoción que las aventuras de Juana debieron de producir en el corazón dormido de la anciana Christine cuando ya estaba retirada en Poissy, merece la pena detenerse en *La ciudad de las damas*, publicada por ella en 1405, en pleno transcurso de la Querella. Al comienzo de la obra Christine de Pizan, quien se incluye a sí misma como personaje del texto, se encuentra sentada en su cuarto de estudio rodeada de libros dispares a los que ha dedicado la tarde. Se siente cansada, pues lleva todo el día leyendo filosofía, y levanta la mirada del texto, buscando una obra menos seria con la que entretenerse hasta que su madre la llame para ir a cenar. Sus ojos se topan con el *Libro de las Lamentaciones de Mateolo*, un compendio de tópicos misóginos que circulaba en varias lenguas desde su composición en 1300. Ella ya había oído hablar de él —y sabía que vertía invectivas y desprecio a raudales hacia las mujeres—, pero su primer impulso al verlo fue sonreír. Ni ofenderse ni escandalizarse, sino sonreír. Se le despertaron las ganas de leerlo, como ella misma nos cuenta, por el mero placer de divertirse y pasar un buen rato.[38]

Sin embargo, su gozo cayó en un pozo, y la sonrisa se le quedó congelada tras pasar unas horas entre sus páginas. ¿Cuáles podrían ser las razones, se preguntaba, que llevan a tantos hombres, clérigos y laicos —y no solo al tal Mateolo— a vituperar a las mujeres? ¿Cómo era posible que tantos filósofos, poetas, moralistas —ella misma se daba cuenta de lo interminable de la lista— hablaran con la misma voz sobre la maldad de las mujeres? ¿Cómo iba Dios a haberlas creado malas *a propósito*?

Lo cierto es que para resolver esta pregunta puede resultar muy poco práctico ser una estudiante aplicada de la Baja Edad Media. Básicamente, razonaba Christine de Pizan, porque parece poco probable que todos aquellos hombres preclaros, doctores de tan hondo entendimiento y universal clarividencia, se hubieran equivocado. Alguno de ellos podría ser, pero ¿*todos*? Forzosamente, lo que se decía sobre las mujeres en los libros —le resultaba difícil encontrar uno solo que no las insultara de un modo u otro— tenía que ser verdad. Tenía que ser cierto que todas eran hijas del pecado, brujas malvadas, aliadas de Satanás. Hasta Giovanni Boccaccio, en su libro sobre las mujeres preclaras, *De mulieribus claris*, escrito en la segunda mitad del siglo XIV, comenzaba advirtiendo que la naturaleza dotaba a casi todas las mujeres «de un cuerpo blando y débil y de una mente torpe».[39] ¿Cómo no se le iba a congelar la sonrisa a Christine? Sin duda, ella debía ser una ignorante redomada. Más le valdría haber nacido varón.

Sin embargo, cabía otra posibilidad, como en el fondo sabía la propia Christine de Pizan. Cabía la posibilidad de que, parafraseando lo que sostendrán los personajes de Jane Austen varios siglos después, los libros no probasen nada sobre las mujeres, pues no eran ellas quienes los escribían. Y, como nos sigue relatando en *La ciudad de las damas*, con este mensaje de esperanza fueron a visitarla tres Damas —Razón, Derechura y Justicia— a su estudio. «Nos ha dado pena tu desconcierto y queremos sacarte de esa ignorancia que te ciega»,[40] le explicaron al verla hundida en tristes pensamientos. «Durante mucho tiempo las mujeres han quedado indefensas, abandonadas como un campo sin cerca, sin que ningún campeón luche en su ayuda».[41] Por ello, las tres Damas le anuncian a Christine de Pizan cuál será su misión. «Dar la vuelta a esos escritos donde se desprecia a las mujeres»[42] y cons-

Chistine de Pizan en su estudio

truir una ciudad —un libro— en el que puedan defenderse. Tal es el propósito de *La ciudad de las damas* donde, a través de su pluma, Christine de Pizan dio a conocer a los lectores de su tiempo las historias de tantas mujeres injustamente olvidadas, como Semíramis, Lucrecia o Catalina de Alejandría.

En la ciudad alegórica construida por Christine ocupan un lugar especial las doncellas guerreras. La amazona Pentesilea, quien acudió a luchar en el bando de los troyanos, o Camila, quien aparece en la *Eneida*, así como Zenobia, reina de Palmira, o Berenice, de la Capadocia, son «las primeras piedras», los sólidos cimientos, sobre los que luego sostendrá Christine los muros de la ciudad de las damas. Se trata de mujeres valientes y audaces que se lanzaron sin miedo al campo de batalla y cuya pasión fue el ejercicio de las armas. Para perfilar a estas guerreras Christine se sirvió del arquetipo de la *virgo bellatrix*, muy de moda en su época, es decir, del tipo literario de la doncella guerrera que encontramos ampliamente desarrollado en *El libro de Silence*, compuesto por Heldris de Cornualles en 1270, con importantes resonancias en los libros de caballerías españoles.[43] En esta narración compuesta con elementos procedentes de la tradición artúrica, Silence es una hermosa dama que es educada y vestida como un varón por deseo expreso de sus padres, quienes no quieren que pierda el derecho a heredar sus bienes por el hecho de haber nacido mujer.[44]

Aunque realidad y ficción confluían en los relatos de Christine no hay que perder de vista que, a lo largo de la historia, numerosas mujeres como la reina Urraca, Matilde de Toscana, Isabel de Castilla o Catalina Sforza realmente fueron a la guerra. Así lo evidencia también la *Alexíada*, un texto histórico del siglo XII escrito por la princesa bizantina Ana Comnena que constituye una de las principales fuentes de las que disponemos sobre la Primera Cruzada. Cuando la princesa relata la llegada de los cruzados a las puertas de la ciudad escribe: «Una vasta muchedumbre, hombres, mujeres y niños».[45] Por otro lado, como recuerda Clara Janés en su libro *Guardar la casa y cerrar la boca*, ya desde el siglo XII las órdenes de caballería se fueron abriendo a las mujeres y tenemos constancia de la existencia de algunas exclusivamente femeninas. Por ejemplo, en 1149 Ramón Berenguer IV, conde de Barcelona, fundó la Orden de las Damas de Tortosa, también conocida como la Orden del Hacha, porque en el escudo aparecía esta arma. Pertenecían a esta Orden las mujeres, así como sus descendientes, que habían defendido Tortosa frente a los musulmanes. Otro ejemplo, más cercano a la época de Christine, sería la Orden de las Damas de la Banda, fundada por Juan I de Castilla en 1387 para honrar a las mujeres que defendieron Palencia del asedio de los soldados ingleses.[46]

Cuando Christine publicó *La ciudad de las damas* en 1405, considerada hoy no solo la primera obra en la que una mujer defiende a sus semejantes sino también un claro precedente del feminismo contemporáneo, aún faltaban siete años para que una niña de ojos saltones naciera en el remoto pueblecito de Domrémy. En todo caso, como ocurre con las grandes cantantes mientras esperan entre bastidores su turno para salir a escena, podemos adivinar entre las páginas de *La ciudad de las damas* la sombra gigantesca de Juana de Arco, en cuya figura culmina el arquetipo de la doncella guerrera. Su milagrosa aparición, debió de sonreír en la Abadía de Poissy una Christine de Pizan con el pelo ya canoso, solo era cuestión de tiempo.

7

Christine nos confiesa al comienzo de su poema que llevaba once años llorando enclaustrada en la abadía cuando oyó hablar por primera vez de la doncella de Orleans. Once años desde que se había visto obligada a abandonar París tras la huida precipitada del Delfín. Once años en los que había tenido que acostumbrarse a vivir triste y enjaulada. Es cierto que, en el pasado, el enclaustramiento había sido para ella sinónimo de liberación, pero no lo es menos que la situación política la afligía enormemente.[47] El silencio que la rodeaba en 1429, silencio de guerra y muerte, no era el tipo de silencio que desea escuchar un escritor. Mientras cosía acompañada de las monjas, Christine seguramente recordaba su infancia en la corte floreciente de Carlos V, correteando entre anaqueles de libros, y no podía dejar de comparar la luminosidad de aquellos días felices con la tristeza plúmbea que se había apoderado de su corazón en los últimos tiempos.

Esta imagen de la anciana triste al final de su vida recuerda poderosamente a la joven viuda que encontró la Fortuna cuando la eligió para ser escritora. Al insinuar dicha asociación al inicio del poema, Christine parece sugerirnos que deseaba conectar el principio y el final de su vida a través del acto vivificante de escribir. Tomar la pluma —hablar— siempre fue para ella una forma de volver a sonreír, incluso en la recta final de su existencia. El hecho de que, además, en el poema en honor a Juana volviera a emplear el verso en lugar de la prosa, cosa que no hacía desde su juventud, refuerza esta misma idea.

En efecto, desde el comienzo del poema podemos percibir que quien lo escribe se ha secado las lágrimas y ha encontrado las palabras justas para decir algo muy importante y muy nuevo. «Tras once años llorando... Ahora comienzo a reír»,[48] leemos en la primera estrofa, en una alusión directa al giro que tomaron los acontecimientos con la aparición de Juana en el castillo de Chinon a comienzos de 1429. De hecho, la célebre fórmula con la que empieza el poema, «Yo, Christine»,[49] típica también de *La ciudad de las damas*, parece presagiar con su sencillez el modo de hablar que caracterizaría a la propia Juana durante el juicio solo un año más tarde. Al igual que la doncella insistirá en obedecer solo a Dios, saltándose a la torera a todas las autoridades eclesiásticas intermediarias, Christine reivindica aquí una *autoridad* femenina, de carácter legítimo y basada en su propia persona. Reivindica, en otras palabras, el derecho de las mujeres a hablar no solo en su nombre sino por experiencia propia, como hará Juana, quien en el juicio también rechazará la autoridad *institucional* en favor de su autoridad *carismática*, es decir, revelada.[50] «Yo, Christine» refleja, finalmente, no solo la importancia que tuvo para la modernidad naciente la primera persona del singular, el individuo, el «Yo», sino también para la historia de las mujeres.[51] Christine fue, en definitiva, una de las primeras autoras que afirmó y reafirmó su propio nombre y lo puso al servicio de otras mujeres.

El género literario que Christine escogió para alzar la voz por última vez en su vida ya es de por sí significativo. Se trata de un «dictado», es decir, una composición narrativa en verso en la que domina la alabanza de las virtudes de Juana. Como ocurre con el resto de su obra, la arquitectura del poema *Ditié de Jehanne d'Arc* es profundamente simbólica y permite varias lecturas simultáneas. Por un lado, es un ejemplo de poesía militante, escrita en tiempos de guerra, para narrar acontecimientos de carácter bélico; por otro, es una alabanza patriótica no solo de Juana sino del rey Carlos VII tras su coronación en Reims. Pero el verdadero significado y valor del *Ditié* no se limita a constituir una crónica patriótica del final de la guerra de los Cien Años, sino al hecho memorable de que su autora se sirva de dichos acontecimientos históricos para ofrecer un argumento definitivo y demoledor en favor de las mujeres. Porque lo que con toda seguridad hizo que la triste y envejecida escritora, escondida en una recóndita abadía, reuniera fuerzas para escribir de nuevo y por última vez fue saber que quien había conducido a Francia hasta la victoria era una joven doncella. «¡Qué honor para el sexo femenino!», escribe en la estrofa treinta y cuatro, «¡es evidente que Dios la ama!».[52] Como escriben Victoria Cirlot y Blanca Garí en *La mirada interior*, las visionarias como Juana constituyeron para su época y para quienes quisieron creerlas «el testimonio vivo de la existencia de Dios».[53]

¿Acaso lo que había atormentado a Christine desde el principio de la Querella no era precisamente la idea de que los sabios misóginos tuvieran razón y la mujer fuera mala por naturaleza? Como ella barruntaba al inicio de *La ciudad de las damas*, de ser así, Dios habría creado *a propósito* un ser perverso y malvado al que difícilmente podría amar: las mujeres. En este sentido, la aparición y victoria de Juana, a la que Christine presenta en su poema como una elegida por la gracia divina, significaba que, a todas luces, Dios estaba de parte de las mujeres, implicaba que las amaba y las empleaba como instrumentos para el cumplimiento de su voluntad divina. «Un auténtico milagro», escribe con patente emoción, «que merece la pena contarse para que sea recordado». «Un pueblo miserable salvado por una mujer», añade, «por una muchachita de dieciséis años a quien no le pesan las armas y quien parece haber nacido para cumplir esta misión, para ser la capitana de nuestros hombres valientes». «Ni Héctor ni Aquiles tuvieron tanta fuerza. Es obra de Dios. Él la guía».[54]

Entre todos los versos que componen el poema hay uno que iguala en importancia y emoción al «Yo, Christine» del principio. De hecho, se trata de un verso prácticamente simétrico al del comienzo: «Tú, Jeanne», leemos en la estrofa veintidós, «nacida a una hora propicia, bendito sea aquel que te ha creado».[55] Este «Tú, Juana», apóstrofe mediante el que Christine se dirige directamente a la doncella todavía viva por aquel entonces, no solamente convierte el poema en un diálogo entre un «Yo» y un «Tú» femeninos sino que transforma un poema bélico y patriótico en una auténtica carta de amor y amistad entre dos mujeres que nunca se conocieron pero que, como diría Montaigne, abrazaron sus nombres en el poema.[56] De este modo, Christine se apropia del lenguaje poético del amor cortés pero, a diferencia de los autores de el *Roman de la Rose* por ella misma criticados, no lo emplea para idealizar y, perversamente, dominar al amado sino para que nunca se olvide la vida de aquella mujer irrepetible que fue Juana.[57]

Y es que, como bien sabía Christine, la amistad, al igual que la escritura, también obra sus propios milagros permitiendo coincidir a quienes están lejos o a menudo tienen poco en común, como les sucedía a ella misma y a Juana, la cortesana intelectual y la guerrera analfabeta. ¿No usaba Montaigne la metáfora del nudo? Pues fue el nudo de la amistad y la escritura de Christine el que inmortalizó en la misma página de la historia a la flor y la espada, a la escritora y a su musa guerrera, a la anciana y a la niña, a la vida que acaba y a la juventud que se abre camino. Ella, la doncella guerrera, significó para Christine la prueba viviente de que los esfuerzos de toda una vida en defensa de las mujeres habían valido la pena. Juana se convirtió en la última piedra de su ciudad. Y Christine fue para Juana su primera defensora. La primera mujer en identificar su causa con la de todas las mujeres, la primera en alzar su voz para entonar un «Yo, Christine, Tú, Juana» cuyo eco seguiría escuchándose muchos siglos después en las proclamas de las sufragistas anglosajonas.

LAS VACACIONES DE UNA ESCRITORA

8

El 6 de febrero de 1918, tras años de protestas y manifestaciones, el Parlamento británico finalmente aceptó extender el voto a las mujeres mayores de treinta años. Las sufragistas habían tenido que esperar mucho tiempo, y aún quedaba lucha por delante, pero nadie dudaba que era un primer paso muy prometedor hacia la victoria definitiva. Juana, otro ejemplo de santa paciencia, también saldría victoriosa durante aquellos mismos años después de esperar nada menos que cinco siglos a que su lavado de imagen por fin culminara. En bella simetría con el destino de las británicas, descendientes de aquellos que la condenaron a la hoguera, su canonización en 1920 prácticamente coincidió con la aprobación del voto femenino en Reino Unido. Las feministas ya tenían a su santa. Qué sutil es siempre la diosa Fortuna.

La primera gran victoria de las sufragistas en el Parlamento británico evidencia que, tras la Primera Guerra Mundial, los tiempos estaban cambiando vertiginosamente y los jóvenes, profundamente marcados como generación por el horror de la contienda, querían hacer borrón y cuenta nueva. Las mujeres, por su parte, sentían la necesidad imperiosa de estrenar nuevas libertades, como el voto, pero también la de convertirse en artistas, divorciarse, trabajar por su cuenta o simplemente caminar libremente por la calle.

JUST LIKE JOAN OF ARC
The Anti-Suffragist Has a "Vision" of Her Duty

Caricatura de las visiones de una antisufragista (1915)

«Soy la única mujer de Inglaterra que puede escribir lo que quiera», anotó Virginia Woolf en su diario el 22 de septiembre de 1925.[58] Y no le faltaba razón. Gracias a que había creado su propia editorial con su marido Leonard, la Hogarth Press, podía olvidarse de colecciones, editores y profesores universitarios. Podía ser independiente. Podía ser todo lo libre que quisiera en cada página, experimentar y escribir sobre lo que le diera la gana, un lujo que Woolf consideraba incluso más valioso que el voto recién adquirido,[59] pues para ella la única vida verdaderamente emocionante era la vida imaginaria siempre y cuando fuera libre.[60] Christine de Pizan le habría dado la razón sin vacilar.

La defensa del cuarto propio no es lo único que tenían en común Christine y Virginia. Sus destinos, separados por quinientos años como los de Juana y las sufragistas, también dibujan otras coincidencias secretas, otras hermosas simetrías. Así, del mismo modo que Christine fue una de las primeras personas en declarar por escrito su amistad y admiración por la doncella de Orleans, Virginia Woolf realizó exactamente el mismo gesto al escribir el *Orlando*, novela inspirada y dedicada a su amiga Vita Sackville-West, aristócrata y escritora vinculada como ella misma al grupo de Bloomsbury. En esta divertida novela, ya citada al hablar de Agnódice y sus ropajes masculinos, Woolf creó un personaje absolutamente único en la historia de la literatura que vive, viaja y ama libremente a lo largo del tiempo, pues su vida abarca varios siglos, pero también a través del género, ya que Orlando comienza siendo un hombre y a mitad del libro se transforma en una mujer.

«Sencillamente adoro a Virginia Woolf», escribió Vita a su muy comprensivo marido Harold Nicolson en una carta fechada el 19 de diciembre de 1922. «Te caerías de espaldas ante su encanto y personalidad. A primera vista parece fea; pero en seguida se impone como una especie de belleza espiritual y te quedas fascinada, contemplándola. [...] Querido, he perdido completamente el corazón».[61] Con estas palabras comienza otra de las más hermosas historias de amistad entre dos mujeres, una amistad que el hijo de Vita no dudaba en considerar uno de los acontecimientos más importantes que sucedieron tanto en la vida de su madre como en la de Virginia Woolf.[62] Sin duda, también lo fue para la literatura escrita por mujeres.

Vita Sackville-West tenía mucho de la propia Juana, un personaje que le producía una gran atracción, como prueba la biografía que escribió sobre ella, *Juana de Arco*, publicada originalmente en 1936. Había podido visitar Domrémy y Orleans un año antes y la historia de la doncella, al igual que a tantas otras mujeres antes, le produjo una enorme conmoción. Seguramente veía en ella una especie de alma gemela, una antepasada deslumbrante y ambigua en cuyo espejo podía mirarse sin temor a traicionarse. Según contaba su hijo, desde que era pequeña, Vita nunca dejó de lamentar no haber nacido varón y a una de sus amantes, Violet Keppel, le citó en una ocasión la célebre frase de la reina Isabel: «No me habríais tratado así, caballeros, si hubiera nacido varón».[63] Al igual que Juana, Vita amaba las espadas y las armaduras, como prueba un testamento que escribió con apenas nueve años en el que daba cuenta de sus posesiones predilectas y se las transmitía en herencia a uno de sus amigos de la infancia:

A mamá: la cuarta parte de mi dinero y mi diamante en V.

A papá: la cuarta parte de mi dinero. Mi poney y mi carreta. Mi equipo de cricket. Mi balón de fútbol.

[...]

A Ralph: Mi armadura. Mis espadas y armas. Mi fuerte. Mis soldados. Mis herramientas. Mi arco y mis flechas. El resto de mi dinero. Mi blanco.[64]

La atracción por objetos considerados más apropiados para niños que para niñas no la abandonó en la edad adulta. Durante aquel 1918, año en que las sufragistas ganaban su primera victoria en el parlamento, Vita viajó vestida de hombre por Francia acompañada de Violet Keppel. Se hacía llamar Julien. «Fue maravillosamente divertido», escribió en su autobiografía, «nunca me sentí más libre. Todo era increíble, como un cuento de hadas».[65]

Para Juana, en cambio, vestirse de hombre fue todo menos un cuento de hadas. De hecho, constituyó uno de los motivos principales por los que fue condenada a la hoguera. La vida militar y la necesidad de viajar la obligaban a ello, argumentaba, dando a entender a sus jueces el peligro que de otro modo habría corrido su virginidad en tales circunstancias. Sin embargo, a diferencia de otras santas que también se travistieron y adoptaron nombres de varón para evitar el matrimonio, como santa Margarita o santa Eugenia, Juana no empleaba la ropa masculina para cambiar de identidad pues, al contrario que ellas, seguía haciéndose llamar *Juana* o *la doncella*. Significativamente, Juana insistía en mantener las dos identidades a la vista, masculina y femenina, cuestionando con ello su carácter binario, lo que sin duda fue recibido por sus jueces como un desafío mucho más aberrante[66] que si se hubiera lanzado por los caminos de Francia con su armadura respondiendo al nombre de Jean o Julien.

También en este aspecto Christine de Pizan, su primera defensora, la entendió mejor que nadie. En el poema que escribió, no solo hizo patente a través de distintos juegos retóricos la construcción de género no normativa de Juana sino que, en lugar de calificarla como «antinatural» o «contra natura», como dijeron sus jueces, se refirió a la doncella en un verso formidable como un ser humano *sobrenatural* y milagroso: *Voilà en vérité une chose hors nature!*[67] ¡Qué todo el mundo escuche esta nueva maravillosa y extraordinaria!, exclamaba gozosa.

Esto mismo debió de pensar la discreta y reservada Virginia Woolf cuando conoció a Vita Sackville-West. Qué encuentro tan maravilloso y extraordinario, nuevamente, entre la escritora y su musa sobrenatural que se hacía llamar Julien. Entre un «yo» y un «tú» que se hablan y abrazan en la distancia. «Este es el libro que

Vita y Virginia

he escrito más aprisa; es todo él una broma; pero alegre y de lectura rápida; las vacaciones de una escritora», anotó Woolf en su diario en referencia a *Orlando* a mediados de marzo de 1928.[68]

«Ya voy en la mitad de *Orlando* y estoy en tal torbellino de excitación y confusión que apenas sé dónde me hallo o quién soy...», escribió por su parte Vita a su marido en una de sus interminables cartas.[69] El libro tuvo un éxito arrollador y aún hoy la crítica lo sigue ensalzando como una de las obras más pioneras del siglo xx. Sin embargo, fue el hijo de Vita quien mejor definió un libro de por sí inclasificable. En su opinión, Virginia Woolf había escrito para su madre «La más larga y encantadora carta de amor de la literatura inglesa».[70] Nunca sabremos si a oídos de Juana llegó la que le escribió Christine quinientos años antes.

Pocos meses antes de que *Orlando* se publicase en el mes de octubre de 1928, el Parlamento británico concedió el voto a todas las mujeres mayores de veintiún años. De este modo, las acciones de las sufragistas, como aquellas que ocuparon la Royal Opera House convocando el fantasma de Juana de Arco en 1913, alcanzaron por fin su objetivo.

5

MALINCHE

LA LENGUA QUE CON ÉL HABLABA

COATZACOALCOS, C. 1500

LOST IN TRANSLATION

1

Lo último que debieron de ver los ojos de Juana de Arco antes de morir en la hoguera fueron las construcciones medievales de la ciudad de Rouen. Su mirada, nublada por el humo, tal vez se elevó hasta el cielo en un movimiento de ascensión semejante al que parece animar las torres de la catedral, joya arquitectónica de la ciudad. Los templos góticos como el de Rouen, con su búsqueda de la luz, la altura y la verticalidad, representan bien las aspiraciones de los hombres y mujeres tardomedievales, así como la espiritualidad que alentaba su visión del mundo.

En palabras del hispanista Enrique Anderson Imbert, fueron precisamente aquellas torres picudas de las catedrales que salpicaban la Europa del siglo xv lo último que también debieron de ver de su patria los primeros navegantes que partieron rumbo a las Indias.[1] Aunque sus viajes nos obligan a girar el globo terráqueo, pasar una página de la historia y saltar definitivamente al Renacimiento, las fantasías y los sueños que poblaban las mentes de hombres como Colón, Hernán Cortés o Bernal Díaz del Castillo aún tenían, como los de Juana, un poderoso componente medieval. Al igual que ella, Colón, quien según Tzvetan Todorov no era un hombre moderno, aunque su figura inaugure la modernidad,[2] confiaba en que, si perseveraba en su empresa, Dios le daría la victoria.[3] Por imposible que les pareciera a sus contemporáneos que fuera a encontrar una ruta a Asia navegando por el oeste.

Como señala el propio Anderson Imbert, no hay duda de que aquellos exploradores que se embarcaron rumbo a lo desconocido estaban impulsados por los vientos de la Edad Moderna —el ansia de descubrimientos y expansión económica—, pero sus naos de madera también las empujaban las mismas fuerzas sobrenaturales que enaltecían los libros de caballerías como el *Amadís de Gaula*. En este sentido, no es extraño que los conquistadores pensaran que quienes los vieron aproximarse en sus barcos por el Atlántico los habían tomado por dioses. Exultantes por el éxito después de tantos días en mar abierto, con la única compañía de los peces y las aves, desde luego ellos se debían de sentir así. Sin embargo, es mucho más probable que los indígenas taínos de las islas Bahamas que los atisbaron en el horizonte desde sus canoas o desde la playa donde estarían tranquilamente paseando por la orilla con los pies dentro del agua transparente pensaran en lo insignificantes que parecían aquellas titilantes manchitas de color pardusco que, a lo lejos, *mareaban* unos palos muy altos en medio del océano. ¿De dónde vendrían aquellas casas flotantes que parecían volar?, se preguntarían cuando el viento sopló las velas y los puntitos fueron agrandándose. Ante la duda, muchos indígenas optaron por salir corriendo cuando los intrusos fueron acercándose más y más a la costa, descendieron por fin de los navíos con pregones y banderas reales y se aproximaron hacia ellos con intención de hablarles.[4]

En todo caso, lo único de lo que podemos estar seguros si tratamos de imaginar aquel encuentro legendario es que absolutamente todos los protagonistas implicados estaban equivocados, como acabaría demostrándose con el tiempo. Colón no había llegado a Oriente por una nueva ruta y, por tanto, aquellos hombres y mujeres desnudos con los que quiso comunicarse al desembarcar de su nave no eran indios. Tampoco eran tan pobres como dejó anotado más tarde en su diario.[5] A su vez, los indígenas de la pequeña isla de Guanahaní, la primera que pisó, y de las islas próximas, probablemente cometieron otro importante error de cálculo al verlos llegar de lejos, pues no podían imaginar lo que aquellos insignificantes puntitos en el horizonte acabarían suponiendo para la historia de América y del mundo. Aunque Cristóbal Colón informó explícitamente en la carta en la que anunció el descubrimiento que fueron los propios indígenas quienes corrieron la voz de que los recién llegados parecían venidos del cielo,[6] enseguida debió de caer por su propio peso que aquellos caballeros tan extravagantes no eran dioses. Es más, debió de resultar evidente en cuanto se demostró que Colón era incapaz de comunicarse con ellos y comenzó a hacer gestos teatrales, que les parecerían extraños e incluso ridículos a los indígenas que se acercaron para observarlo con curiosidad tras superar el temor que les había transmitido al principio. Aquellos indígenas lograron captar lo que Colón trataba de preguntarles moviendo las manos, señalando con el dedo índice y soltando algunas palabras en un idioma incomprensible.[7] ¿Dónde podía encontrar otras piezas de oro como las que ellos llevaban colgadas de la nariz? A cambio les daría cuentas de vidrio de alegres colores.[8]

¿Acaso hay una sola religión en la que los dioses se expresen gesticulando? ¿En qué mitología, podemos preguntarnos, existen problemas de comunicación y hace falta echar mano de un intérprete?

Así que, aquel 12 de octubre de 1492, todo empezó con un gran malentendido.

Lejos de aclararse, las cosas siguieron complicándose aún más según fueron transcurriendo los días. Por momentos parecía que unos y otros estuvieran jugando al teléfono escacharrado. Para empezar, y visto que a menudo los indígenas salían corriendo despavoridos cuando se acercaban los conquistadores con su verborrea de aclamaciones y banderolas, Colón tomó por la fuerza a algunos de ellos para que lo acompañaran y le respondieran a las numerosas preguntas que le asaltaban a cada paso.[9] Es normal que se hiciera muchas, sobre todo si tenemos en cuenta que seguía empeñado en que estaba frente al continente asiático y confundía el canto del pájaro tropical con el trinar del ruiseñor.[10] Sus comentarios al comparar la flora de las Antillas con los árboles españoles, la temperatura del caribe con la primavera europea o la costa de la isla La Española con la de Fuenterrabía, en Vizcaya,[11] no parecen propios del descubridor de un Nuevo Mundo, abierto a lo desconocido, sino los de un viajero que necesita apoyarse en lo que ya conoce. O, mejor, parecen los comentarios de un aventurero desconcertado que ha salido de casa con la guía *Lonely Planet* equivocada y busca puntos de referencia familiares para hacerse entender por quienes escuchan el relato de su viaje a miles de kilómetros de distancia. Sin ninguna duda, el teléfono también estaba escacharrado al otro lado del Atlántico.

Para echar más leña al fuego, fueron los indígenas prisioneros quienes, de nuevo por señas, explicaron a Colón que existían unas provincias cercanas en las que nacía gente con cola[12] y otras islas en las que moraban personas sin un solo cabello.[13] ¿Le gastaron una broma al almirante para vengarse por obligarlos a hablar? ¿O esta vez fue Colón quien no entendió sus gestos? En cualquier caso, desde los primeros encuentros, a los españoles los indígenas amerindios les resultaron sospechosos como intérpretes y les pareció peligroso ponerse en sus manos, como si temieran aquello del *traduttore-traditore*.[14]

Tampoco debía de aclarar mucho las cosas el trasiego de mensajeros que Colón describe en sus cartas, a quienes envió los primeros días de un lado para otro para que explorasen algunas regiones. Según relata, estos exploradores decidieron dar media vuelta solo unos días más tarde y regresaron al campamento con las manos en los bolsillos, sin mucho que contar.[15] Había gente en todas partes, de eso no había duda, pero aquellas tierras se parecían poco a las descripciones de Marco Polo que tanto habían alimentado su imaginación durante el viaje. Como informó el propio Colón un tanto desengañado, los indígenas ni siquiera tenían armas de hierro y acero y cogían la espada por el filo cortante sin comprender su uso. Para defenderse solo empleaban flechas.[16] Es tentador pensar qué habría ocurrido si toda la expedición hubiese decidido seguir el ejemplo de los mensajeros y hubiesen regresado a España por donde habían venido. Menciona también Colón en sus cartas que, al llegar a las islas, desplegar la bandera y vocear sus proclamaciones a gritos, nadie los contradecía ni oponía resistencia alguna.[17] ¿Precisamente él, que había aprendido distintas lenguas, no se llegó a plantear nunca que quienes los observaban perplejos no comprendían ni una palabra de lo que decían?

Sus primeras impresiones, en definitiva, dejan traslucir entre líneas la desilusión y sobre todo la incomprensión ante lo que se había encontrado.

Sin embargo, la prueba concluyente de que Colón no entendió muchas cosas de aquella nueva realidad que se extendía ante sus ojos la constituye el hecho de que se corrigiera a sí mismo en lo que acertó. Como relata en otra de sus cartas, fue durante el tercer viaje cuando se puso a contemplar el cielo por las noches y tomó admiración por la estrella del Norte, lo que le llevó a afirmar que la Tierra, en contra de lo que siempre había creído, no era esférica. Ahora, concluía tras cruzar varias veces el Atlántico, se daba cuenta de que en realidad tenía forma de pera, como «de teta de mujer» escribe,[18] con el pezón erguido hacia el cielo, de modo que los navíos que pasan por esta zona van alzándose suavemente hacia el cielo.[19]

2

Durante los mismos años en los que Colón realizaba sus exploraciones por el mar Caribe, soñaba con planetas con forma de pecho de mujer y comparaba el paisaje de Venezuela con la huerta valenciana,[20] no muy lejos del lugar por donde pululaban los navíos españoles, en una región llamada Coatzacoalcos, cerca del golfo de México, nació una niña nahua cuyo destino estaría unido para siempre al de aquellos hombres. Se cree que el origen de la niña seguramente estuviera conectado con la población de Olutla,[21] aunque es difícil saberlo con certeza, pues la información que tenemos sobre su infancia es escasa y además se encuentra muy condicionada por la leyenda que se construyó más tarde en torno a su persona.

Ni siquiera podemos estar seguros de cómo se llamaba. Malintzin, Malinche, Marina o incluso Malinalli son algunas formas con las que se refirieron a ella los conquistadores, los cronistas españoles o los indígenas que también contaron su historia.[22] Esta pluralidad de nombres es un signo más de la ambigüedad lingüística que debía de reinar continuamente en la comunicación entre unos y otros durante los primeros años de la conquista. Algunos investigadores defienden que su apelativo original era Malinalli, «hierba torcida» en náhuatl, el nombre funesto del duodécimo día del calendario nahua, algo así como llamarse Viernes. Este nombre la conectaría con la diosa precolombina Malinalxóchitl, hermana del dios Huitzilopochtli, quien era muy temida por sus hechizos.

Según esta hipótesis, los españoles tradujeron Malinalli por Marina cuando en 1519 la recibieron como esclava de manos del cacique de Tabasco en la ciudad Potonchán y la bautizaron. Esta teoría tiene incluso una deriva romántica, pues hay quienes aseguran que este nombre habría sido una elección lógica teniendo en cuenta que Marina era la combinación perfecta de Martín y Catalina, los nombres del padre y la madre de Hernán Cortés.[23]

Sin embargo, como ha evidenciado la historiadora Camilla Townsend, una de las mayores expertas en su figura, es bastante improbable que los conquistadores perdieran el tiempo buscando en el santoral cristiano y en las genealogías familiares el nombre que mejor encajaba con aquel que portaba en su lengua nativa la esclava de ojos negros que habían recibido.[24] Lo cierto es que nos resulta difícil imaginar a Cortés y a los soldados que lo acompañaron en su expedición, como Andrés de Tapia o Pedro Alvarado, parando la guerra de conquista por un momento y, en medio de la amenazante noche mexicana, con los caballos atados en un árbol cercano, montar un consejo para consultar a fray Bartolomé de Olmedo, el clérigo que iba con ellos,[25] y decidir entre todos, cual hadas buenas de una película de Disney, el nombre de aquella niña. Cuesta creer que se comportaran como si de antemano supieran que Malinche acabaría convirtiéndose en un personaje relevante y quisieran estar a la altura de los historiadores románticos del futuro.

Es mucho más probable, como argumenta Townsend, que su *verdadero* nombre, si es que alguna vez tuvo *solo uno* en un mundo con una visión del lenguaje y su poder para atrapar la realidad distinta a la nuestra, se haya perdido para siempre.[26] La llamaron Marina porque fue lo primero que se les ocurrió, y lo verdaderamente significativo es que los indígenas lo entendieran mal inmediatamente: lo que seguramente oyeron salir de la boca de los españoles fue la palabra *Malina*, ya que el sonido *r* no existe en su lengua.[27] Poco después, cuando Malina se convirtió en una figura importante de la conquista gracias a sus portentosas dotes lingüísticas, fueron ellos, los indígenas, quienes añadieron el sufijo reverencial *-itzin*, es decir, comenzaron a llamarla Malintzin, que podría traducirse por algo así como *muy grande señora Malina*,[28] pues con ello querían destacar el trato de honor que le daban por su posición prominente como traductora. Los conquistadores, a su vez, volvieron a jugar al teléfono escacharrado, y como les costaba mucho pronunciar en su lengua aquel sufijo -*itzin*, seguramente hicieron lo que los españoles siempre han hecho cuando han tenido dificultades en el extranjero con los idiomas, que no es otra cosa que echarle morro y pronunciarlo a su manera, con su propio acento. La llamaron Malin*che* y se acabó el problema. O *doña* Marina, pues en lo poco que parece que estaban de acuerdo indígenas y españoles es en la reverencia que acabaría mereciendo aquella esclava.

Si es complicado pronunciar su verdadero nombre, aún lo es más todavía tratar de saber algo con certeza de la vida que llevó Malintzin antes de llegar a manos de los españoles. Bernal Díaz del Castillo, el cronista más importante y simpático entre los soldados que acompañaron a Hernán Cortés, en ocasiones tenía casi tanta imaginación como los historiadores que han fantaseado con el nombre de la Malinche, y en su apasionante crónica *Historia verdadera de la conquista de la Nueva España*, escrita y publicada varias décadas después de los acontecimientos precisamente con la intención de darse autobombo y aclarar las versiones de la conquista que según él se habían ido desmadrando, relata una historia sobre el origen de la esclava digna de una novela de caballerías como el *Amadís* o de una producción de Disney como *Pocahontas* o *Vaiana*. Según cuenta Bernal con evidente encanto literario, Malinche habría sido una especie de princesa nahua con noble linaje tanto por el lado paterno como por el materno que quedó huérfana siendo solo una niña. Su madre, al más puro estilo de las maléficas madrastras, se habría deshecho de ella a través de unos mercaderes nahuas que la vendieron como esclava en Xicalango a los potonchanes, un pueblo maya de la región de Tabasco.[29] La razón para hacerlo habría sido que la madre quería casarse de nuevo y, por ello, habría querido evitar a toda costa que Malinche compitiera con el nuevo heredero, el hijo varón que de hecho tuvo con su segundo marido. El resultado es que Malinche se vio obligada desde muy pequeña a moverse entre los nahuas y los mayas, dos lenguas y dos culturas muy distintas entre sí, lo que por otro lado le resultaría extremadamente útil en el futuro.

Pero Bernal no se contentó, simplemente, con echar mano de esta predecible narrativa de abandono materno y ambientarla en los exóticos parajes mexicanos, sino que sofisticó su propia creación y cerró el relato con un final redondo y circular, digno de un guionista experimentado. Como continúa en su crónica, muchos años después de que Malinche hubiera sido vendida por los suyos, convertida ya en una distinguida *doña* que acompañaba a los españoles como su *lengua*, es decir, su intérprete, habría regresado a su pueblo y se habría reencontrado con su madre y su hermanastro. Merece la pena que escuchemos contar al propio Bernal lo que sucedió entonces:

> ... estando Cortés en la villa de Guazacualco, envió a llamar a todos los caciques de aquella provincia para hacerles un parlamento acerca de la santa dotrina, y sobre su buen tratamiento; y entonces vino la madre de doña Marina y su hermano de madre, Lázaro, con otros caciques. Días había que me había dicho la doña Marina que era de aquella provincia y señora de vasallos; y bien lo sabía el capitán Cortés y Aguilar, la lengua. Por manera que vino la madre e su hijo, el hermano, y se conoscieron, que claramente era su hija, porque se le parescía mucho. Tuvieron miedo della, que creyeron que los enviaba llamar para matallos, y lloraban. Y como ansí los vido llorar la doña Marina, les consoló, y dijo que no hobiesen miedo, que cuando la traspusieron con los de Xicalango que no supieron lo que hacían, y se lo perdonaba; y les dio muchas joyas de oro y ropa.[30]

Si hiciéramos caso a Bernal, la joven Marina habría sido capaz no solo de cambiar el destino de la conquista española gracias a sus dotes de intérprete, sino también de algo mucho más difícil, nada menos que solucionar en medio del mayor choque de civilizaciones de la historia sus propios problemas con su madre.

Bromas aparte, lo que sí es muy probable es que Malinche perteneciera a una familia poderosa y que por ello comprendiera no solo la compleja estructura política de su mundo sino también el lenguaje culto de las élites. Cuando ella nació, los nahuas de México central se organizaban en diferentes *altepetl*, una suerte de ciudades Estado o pequeños grupos étnicos que hablaban náhuatl, cada uno con su propio señor pero interrelacionados entre sí. En la época en la que llegaron los españoles, no existía un *imperio azteca* propiamente dicho, apelativo que ni siquiera utilizaban los indígenas precolombinos para referirse a sí mismos, sino una alianza de tres poderosos *altepetl* —Texcoco, Tlacopan y Tenochtitlán— que ejercían su dominio sobre un conjunto variado de otros *altepetl*, entre los que existían conflictos constantes e intrincados sistemas de acuerdos.[31] La máxima autoridad de este mundo convulso era el *huey tlatoani* Moctezuma, gobernante del pueblo tenochca, el más poderoso de la triple alianza, y por tanto del mal llamado imperio azteca.

La evidencia de que Malinche pertenecía a una familia poderosa la han basado los historiadores no solo en el relato de cronistas españoles como Bernal, sino en el aplomo con el que se manejó después en la corte de los más poderosos líderes aztecas. También podemos dar por cierto que fue entregada como esclava, como *tlacotli*, no en una sino al menos en dos ocasiones, la primera por los mercaderes nahuas a los mayas potonchanes cuando solo era una niña y la segunda, por el cacique de Tabasco a los españoles como parte del botín de guerra, también compuesto de gallinas y de oro,[32] del que les hicieron entrega después de la batalla de Centla. Esta batalla tuvo lugar el 25 de marzo de 1519 y fue la primera contienda que encabezó Cortés en el continente y la primera también en la que se utilizaron caballos.

Asimismo podemos suponer que verdaderamente debía de ser muy hermosa, pues fue a ella a quien Hernán Cortés eligió entre las veinte esclavas para entregársela a su vez a Alonso Hernández Puertocarrero, el hombre más distinguido e importante de cuantos lo acompañaron en la misión militar que encabezaba para conquistar la Nueva España. Podemos imaginar el momento en el que Cortés, antes de subir de nuevo a los navíos para continuar la exploración, pasó revista a todas aquellas *indias* ya bautizadas y se topó con los inteligentes ojos de Marina. En su crónica, Bernal la describió como muy avezada, con excelente sentido del humor y gran dignidad, así que es probable que algo en la expresión de su rostro llamara también la atención de Cortés.

Tal vez ella iría vestida con un sencillo *huipil* blanco con flores bordadas de colores y, a diferencia de los soldados españoles, las sandalias que calzaría dejarían entrever sus pies pequeños. O quizá iba descalza y cubierta de harapos. Sería otra vez la comunicación por señas, el dedo índice apuntando a un lado y a otro, la pantomima teatral y las palabras incomprensibles las que le harían entender a Malinche a cuál de aquellos hombres debía acompañar a partir de ese momento para atenderlo y tal vez para servirlo como esclava sexual. El mundo giraba, debió de pensar al ver cómo Cortés movía los dedos para indicarle el camino, pero estaba claro que su destino seguía siendo pasar de mano en mano y ser intercambiada entre los hombres. Al final, a pesar de las apariencias, no eran tan distintos en el Viejo y el Nuevo Mundo. Hernán Cortés, a su vez, la vería aceptar la orden bajando los ojos, sumisa, con la boca bien cerrada.

Como recuerda el historiador Juan Miralles, uno de sus biógrafos recientes, Malinche entra en la Historia, al menos la que escribieron los españoles, en ese preciso momento. El momento en el que, junto a las otras diecinueve esclavas de Tabasco, subió en silencio en el barco de los conquistadores y levaron el ancla.[33]

Aquel primer gesto mudo con el que Malinche respondió a Cortés al aceptar su orden debió de ser como el silencio frío que precede a una batalla. Un silencio parecido a aquella oscuridad en la que su verdadero nombre, si alguna vez lo tuvo, se pierde. Sin embargo, la batalla que seguiría y de la que ella sería una de sus verdaderas artífices no fue como la otra, la que contarían después los conquistadores y los indígenas en sus respectivas crónicas, códices e historias, con vencedores y vencidos, culturas arrasadas, etnias violentamente exterminadas y enfermedades desconocidas que diezmaron los pueblos de América.

Fue una batalla que se libró en el lenguaje y que estuvo hecha de palabras. Pues debajo del silencio de Malinche, o Malintzin, o Marina o Malinalli lo que bullía, pululaba y pujaba por nacer era un nuevo mundo en el que se mezclarían todas las voces. Gracias a Marina, en definitiva, aquellos hombres que pertenecían a dos realidades tan alejadas por fin pudieron dejar de gesticular como si siguieran separados por el ancho océano. Poco a poco, pudieron comenzar si no a entenderse, por lo menos a encontrarse en un espacio intermedio, en un puente, el que irían construyendo las palabras de ella.

Aunque no quedó consignada en los libros de Historia, podemos estar seguros de que esa otra batalla comenzó también en aquel momento, en el mismo instante en el que Malinche trató de entender lo que decían sus captores, y continuó después, durante los siguientes meses, cuando aprendió el idioma para servirlos como intérprete. Por una vez, en esta otra contienda, no fueron las mujeres las que viajaron de mano en mano, de boca en boca, sino que fueron ellas, las palabras, las que faltaban, las que empezaron a volar como flechas afiladas de un bando a otro. Como pronto debió de aprender Malintzin, las palabras podían ser tan violentas, tan traidoras, tan reversibles, tan ambiguas y tan creadoras de malentendidos como el encuentro dramático que, sin saberlo, estaban protagonizando aquellas veinte esclavas y los hombres llegados de España.

A los dioses no les hacen falta intérpretes, debió de pensar Malinche cuando alzó la mirada hacia el cielo estrellado desde la cubierta del barco en el que dormiría hecha un ovillo aquella noche del mes de marzo de 1519. Pero a los hombres estaba claro que sí.

3

¿Cuándo se dieron cuenta los españoles del talento de Marina para los idiomas? ¿En qué momento descubrieron que era bilingüe —recordemos que hablaba maya y náhuatl— y de que ese hecho podía ser importante e incluso decisivo para la guerra de conquista? Hasta el momento en el que la esclava tabasqueña llegó a la expedición española el traductor oficial de Hernán Cortés, su *lengua*, tal y como llamaban a los intérpretes en las crónicas, era Jerónimo de Aguilar, un español que había vivido ocho años con los mayas tras naufragar en Yucatán en una expedición anterior y al que el capitán español rescató cuando desembarcó en Cozumel en febrero de 1519. Aquel fue el momento en el que, por primera vez, Cortés dejó su huella en el continente americano, así como las de los quinientos hombres y dieciséis caballos que lo acompañaban a bordo de sus once navíos. La comitiva llegaba, pues, haciendo mucho ruido a las costas mexicanas, pero conviene subrayar que lo hacía sin el permiso de Diego Velázquez, gobernador de Cuba, quien los siguientes meses trataría no solo de deslegitimar a Cortés, sino también de frenar sus ansias de conquista, enviando una expedición dirigida por Narváez.

Las crónicas relatan que el náufrago Aguilar apareció en una canoa con cara de haber protagonizado una película titulada *Resacón en Cozumel* y que los españoles, quienes lo tomaron por indio en lo que parece un nuevo juego teatral lleno de malentendidos, se quedaron bastante sorprendidos no tanto por su conocimiento del maya como por el mal español que hablaba. Si en lugar de un conquistador perdido en las playas yucatecas hubiera sido un chavalín al que se envía a un campamento de idiomas, sus padres, en este caso representados por los españoles, habrían estado más que satisfechos con la eficacia del método lingüístico inmersivo; pero quizá, también, un tanto preocupados por la pérdida del idioma de origen.

El caso del marino Gonzalo Guerrero, quien había naufragado con Aguilar, fue aún peor, pues cuando este último fue en su búsqueda para informarle de que el campamento de idiomas por fin se había terminado, Guerrero se negó en redondo a regresar con los españoles y prefirió quedarse definitivamente con los mayas. Según parece, alegó los mismos argumentos a los que han recurrido desde entonces todos los jóvenes cuando se acaba su año de intercambio en América: que ya tenía la vida hecha y que los pendientes que ahora atravesaban sus orejas causarían escándalo entre los españoles. Pasado el tiempo, Guerrero llegaría a ser un destacado jefe maya y lucharía contra los conquistadores.

Pero volvamos a Malinche. Las crónicas reflejan que ella y Aguilar lograron comunicarse desde muy pronto aunque seguramente no hablaban exactamente el mismo dialecto maya. De hecho, debió de ser Aguilar el encargado de informar a las esclavas de los nuevos nombres que habían recibido en el bautismo, de ciertas nociones básicas de catecismo o de cualquier otra cuestión que los españoles consideraran importante que supieran en aquellos primeros días de la guerra de conquista. Por ejemplo, que el objetivo oficial que les movía por aquellas tierras no era acaparar riquezas salvajemente, sino la evangelización, por inverosímil que les pareciera a ellas.

Sin embargo, la competencia de Aguilar como intérprete comenzó a ponerse en entredicho cuando en el horizonte de Cortés tomó forma el proyecto de encaminarse a Tenochtitlán, la imponente capital de los aztecas levantada en medio de una laguna y situada en lo que hoy es Ciudad de México, y abandonaron el territorio maya. El objetivo de Cortés al querer dirigir sus pasos a Tenochtitlán era encontrarse con el gran Moctezuma, de quien pudo saber que era la máxima autoridad del imperio azteca, para *requerirle* que abandonara a sus dioses y se sometiera al rey español. Si no lo hacía por las buenas, habría guerra. El problema es que los emisarios que Moctezuma envió para hablar con los españoles a las playas de Chalchihuecan, en Veracruz, así como los caciques de los pueblos contra los que guerrearon de camino a Tenochtitlán, no hablaban maya sino náhuatl, el idioma de los aztecas, y Aguilar no conocía esta otra lengua. Volvían, pues, a la casilla de salida.

Emisarios enviados por Moctezuma para entregar los primeros obsequios a Cortés, *Códice Florentino* (Libro 12)

Es en ese momento cuando la silueta de la esclava recibida en Tabasco, quien estaría arrodillada en la arena de la playa veracruzana moliendo en su metate tortillas de maíz, aumenta de tamaño y pasa a un primer plano.[34] Según contó luego Andrés de Tapia, soldado de la expedición, los españoles la escucharon conversar animadamente en náhuatl con algunas indígenas de la zona que se habían acercado a curiosear al campamento español. ¡Marina las entendía! Enseguida debieron de llamar a Aguilar y pusieron en marcha el nuevo *modus operandi* con el que se manejarían los siguientes meses, hasta que Malinche aprendiera español y la doble traducción fuera innecesaria. Los indígenas enviados por Moctezuma hablarían en náhuatl a la esclava, quien lo trasladaría al maya para que Aguilar lo comprendiera, quien a su vez se lo traduciría a Cortés al español. Como vemos, participaban un mínimo de cuatro personas cada vez que se transmitía una frase, había al menos tres idiomas en juego, y ese mismo camino debía recorrerse de vuelta para ofrecer una respuesta. A veces Cortés remataba la operación dictándole a un escriba.

Imaginar esta cadena lingüística ya es divertido de por sí, pero se vuelve aún más cómico si pensamos que Malinche llevaba muchos años sin hablar náhuatl, que los emisarios emplearían un lenguaje propio de la corte azteca y por tanto con ciertas variaciones idiomáticas a las que no estaría acostumbrada, que ella y Aguilar no hablaban el mismo dialecto maya y que este último, como reflejan las crónicas, tenía oxidado su español. Por no mencionar que el mero hecho de que fuera una mujer quien posibilitara la conversación ya era motivo de sorpresa, y de sospecha, para los interlocutores, que se miraban con suspicacia desde las orillas de los dos mundos. ¡Lo que faltaba! Pero lo que convierte esta babel desplegada en medio de la playa veracruzana en un momento disparatado en la historia de las relaciones internacionales es que aquellos hombres y mujeres con marcos mentales tan distintos no se dedicaron a intercambiar impresiones sobre la mejor fonda de la zona en la que tomarse unos tacos al pastor y beberse unos tequilas, sino que mantuvieron conversaciones de alto nivel sobre teología, política internacional y costumbres culturales que cambiarían la historia del mundo. Así, la cadena lingüística que puso en marcha la voz de Marina representa emblemáticamente la fragilidad y la precariedad que amenazan siempre a la comunicación humana, pero, también, en idéntica medida, la terca obstinación de los seres humanos en no renunciar a ella.

Los emisarios le iban llevando las noticias a Moctezuma, quien dirigía la operación desde lo alto de su palacio, seguramente consternado de que los españoles contaran en sus filas con la ayuda de una mujer nahua. A lo largo del camino que recorrieron los españoles hasta llegar a Tenochtitlán, se repitió en numerosas ocasiones la aparatosa escena de la playa de Veracruz.

En Cempoal, por ejemplo, una importante ciudad y centro ceremonial habitada por los totonacas, primer pueblo indígena en aliarse con los conquistadores españoles contra Moctezuma. En aquella ciudad de relucientes casas blancas, Malinche vertió al maya las palabras en náhuatl del Cacique Gordo, apelativo con el que pasaría a las crónicas por motivos obvios el jefe totonaca, para que Aguilar se lo tradujese a su vez a Cortés. Como siempre, luego hubo que hacer el camino inverso para transmitir al cacique entrado en carnes las palabras del capitán español. Afortunadamente, las suyas eran pocas y casi siempre las mismas: que solo había un dios verdadero, que no le gustaban los sacrificios humanos y que debían rendir tributo al poderoso rey que había al otro lado del océano, quien a cambio los protegería. Marina no debió tardar en memorizarlo.

Y la escena se repitió también en Tlaxcala en 1519, donde los españoles encontraron a sus principales aliados indígenas contra Moctezuma. Pero para eso hizo falta no solo una dura y sangrienta batalla, sino también una nueva cadena lingüística entre los dirigentes tlaxcaltecas y los españoles. En esta célebre ocasión, los protagonistas se superaron a sí mismos, pues se dice que el poderoso dirigente tlaxcalteca Xicoténcatl el Viejo era ciego y exigió palpar el rostro de Cortés, y su tupida barba, durante las conversaciones.

Por aquel entonces Marina debía de ser cada vez más valorada e imprescindible, como da cuenta el famoso *Lienzo de Tlaxcala*, realizado a mediados del siglo XVI para conmemorar los acontecimientos, en el que los artistas pintaron su figura de un tamaño llamativamente más grande que la de Cortés. En el centro de la escena, intermediaria entre dos mundos, aparece Malinche, cuyos gestos traducen las señas entre los caciques tlaxcaltecas y el capitán español, quien por cierto no es retratado como el duro conquistador que fue, sino que más bien parece un frágil chiquillo sentado en una extraña silla.

Lienzo de Tlaxcala

Para ese momento, cuando gracias a Marina y Aguilar —cuya ausencia en el lienzo resulta muy significativa— los tlaxcaltecas y españoles lograron ponerse de acuerdo, se había recorrido un trecho muy importante del trayecto que les separaba de Tenochtitlán, donde Moctezuma seguramente empezaba a asumir que aquellos hombres llegados de lejos pronto serían sus huéspedes. Allí tendría lugar una de las conversaciones más importantes de la historia de la humanidad. Pero si aquellos dos gigantes, Cortés y Moctezuma, pudieron hablar entre ellos fue porque entre las flechas de uno y la espada del otro estaba *también* ella.

EN EL LUGAR DE LA HUIDA

4

No adelantemos tanto los acontecimientos, pues antes de llegar a Tenochtitlán Malinche y Cortés todavía tenían que entrar en la ciudad de Cholula y pasar entre los volcanes Popocatépetl e Iztac-cíhuatl. De hecho, fue en Cholula, *Chollolan* en náhuatl, donde el destino de Malinche y el de los españoles quedó unido y decidido para siempre; en esta ciudad situada en el actual estado de Puebla los conquistadores perpetraron una de sus más salvajes matanzas y, según cuentan las crónicas, Marina tomó definitivamente partido por el bando de Cortés y sus aliados indígenas. Los guerreros tlaxcaltecas, enemistados con los cholultecas, ya les habían avisado varias veces de que no debían fiarse de estos, pues eran leales servidores de Moctezuma. Pero Cortés, parco y obstinado, no se desvió de la ruta trazada para llegar a Tenochtitlán a través de Cholula.[35] Fue al llegar a esta hermosa y antiquísima ciudad, rodeada de maizales y con una grandiosa pirámide dedicada al dios Quetzalcóatl, cuando la lealtad de Marina fue puesta a prueba y cuando comenzó a forjarse la fama de traidora que la perseguiría siglos después.

Según relató el propio Cortés en una de las escasísimas ocasiones en las que mencionó a Malinche en sus cartas de relación, donde refirió todos los detalles de la conquista,[36] una mujer cholulteca de cuyo nombre no ha quedado recuerdo vio llegar a la comitiva española y se fijó en Marina. Le llamarían la atención su dignidad y su belleza, o simplemente le cayó simpática y temió por ella. El caso es que le propuso que abandonara a los conquistadores para casarse con su hijo y que huyera con su familia. Malinche, más lista que el hambre según la inmortalizó Bernal, optó por jugar a la espía doble y logró sonsacarle a aquella mujer una información decisiva para los conquistadores. Como le confesó bajando la voz, en Cholula había preparada una emboscada, en las inmediaciones había guerreros aztecas enviados por Moctezuma, y pronto serían todos muertos.

Malinche enseguida transmitió a través de Aguilar el soplo a Cortés, quien actuaba rápido, y de inmediato comenzó la famosa carnicería que pilló a los cholultecas desprevenidos. Según el cálculo de Cortés, en el bando de los conquistadores participaron, además de los españoles, cinco mil guerreros tlaxcaltecas y cuatrocientos totonacas.[37] Se cree que en aquellos días de octubre de 1519 perdieron la vida hasta seis mil cholultecas.

Cuando todo terminó, a los españoles les quedó tiempo para subir a lo alto de la pirámide y asombrarse ante la gran cantidad de templos que se extendían bajo su mirada. Hasta allí arriba, en el lugar donde hoy se ubica el santuario de Nuestra señora de los Remedios, una iglesia de época colonial, subieron una enorme cruz que clavaron como signo de victoria. Al fondo, como si fuera un decorado, podía verse una de las estampas más hermosas del continente, la cumbre nevada del volcán Popocatépetl, que los españoles, en una escena un tanto anticlimática, señalaron con el dedo y compararon con Sierra Nevada.[38] Hernán Cortés no debía de perder mucho tiempo preguntando el significado de las cosas, pero es tentador suponer que, quizá, por una vez, ante la belleza de la estampa que se veía desde la cúspide de la pirámide, se interesó por el significado de la palabra náhuatl «Cholula». Podemos imaginar que Marina volvió entonces los ojos hacia él y comprendió que sería así, junto a ese hombre erguido como una vela, como ella sería recordada para siempre. «El lugar de la huida», susurró, «Chollolan significa el lugar de la huida».

El hecho de que cronistas como Bernal concedieran a Malinche el mérito de haber cambiado la historia de la conquista —pues no sabremos nunca lo que habría pasado si los aztecas hubieran caído sobre los españoles en Cholula— fue la excusa perfecta para que, varios siglos más tarde, cuando México construyera su identidad nacional, todos los males habidos y por haber que trajeron los conquistadores y colonizadores fueran culpa de la Malinche.[39] Lo que sin duda también fue decisivo en la construcción del símbolo de la traidora fue que, poco tiempo después de subir a la pirámide, Marina tuviera un hijo de Cortés, al que llamaron Martín, quien sería considerado simbólicamente el primer mestizo de América Latina. Esta vez sí podemos pensar que el capitán español eligió el nombre a conciencia, en homenaje a su padre y con las resonancias marciales del dios guerrero. Malinche, se dijo luego, había abierto las puertas de México a los conquistadores. No solo fue su intérprete, sino la amante y consejera del sanguinario Cortés. Así lo resumió Octavio Paz en *El laberinto de la soledad*, donde además asimiló la figura de la Malinche a la Chingada o La Llorona, dos figuras del folclore mexicano:

> Si la Chingada es una representación de la Madre violada, no me parece forzado asociarla a la Conquista, que fue también una violación, no solamente en el sentido histórico, sino en la carne misma de las indias. El símbolo de la entrega es doña Malinche, la amante de Cortés. Es verdad que ella se da voluntariamente al Conquistador, pero éste, apenas deja de serle útil, la olvida. Doña Marina se ha convertido en una figura que representa a las indias, fascinadas, violadas o seducidas por los españoles. Y del mismo modo que el niño no perdona a su madre que lo abandone para ir en busca de su padre, el pueblo mexicano no perdona su traición a la Malinche. Ella encarna lo abierto, lo chingado, frente a nuestros indios, estoicos, impasibles y cerrados.[40]

Poco importa que México no existiera como tal cuando Malinche fue fiel a los españoles y a sus aliados tlaxcaltecas y totonacas o que ella hubiera sido vendida *antes* por aquellos indios estoicos e impasibles a los que alude Paz y hacia quienes siglos después se le exigió fidelidad. El Nuevo Mundo ya tenía su gran historia de amor atormentada y los mexicanos, como escribe Margo Glantz, a su primera madre sospechosa. Ella, y solo ella, fue la culpable de la expulsión del paraíso precolombino.[41]

5

Poco después de masacrar Cholula, los conquistadores y toda su comitiva, incluida Malinche, emprendieron el último tramo del viaje hasta Tenochtitlán. Para ello tomaron el camino de Huejotzingo, se adentraron por una zona boscosa de pinos, cruzaron entre el Popocatépetl y el Iztaccíhuatl por el hoy llamado Paso de Cortés, descendieron por el valle de México y, después de atravesar diversas poblaciones, en las que volvieron a encontrar a los emisarios de Moctezuma, llegaron a Tenochtitlán. Hasta el último momento trataban de disuadirlos de su propósito de visitarlo, pero finalmente no pudieron impedir que llegaran a las puertas de la ciudad en los primeros días de noviembre de 1519.[42] Por una vez, los conquistadores no encontraron referencias familiares con las que comparar la majestuosa ciudad. Escribe Bernal:

> nos quedamos admirados, y decíamos que parescía a las cosas de encantamiento que cuentan en el libro de *Amadís*, por las grandes torres y cúes y edificios que tenían dentro en el agua, y todos de calicanto. Y aun algunos de nuestros soldados decían que si aquello que vían si era entre sueños. Y no es de maravillar que yo lo escriba aquí desta manera, porque hay mucho que ponderar en ello que no sé cómo lo cuente: ¡ver cosas nunca oídas ni vistas, ni aun soñadas, como víamos![43]

Como relata también Cortés en su carta de relación, cuando la comitiva llegó a las puertas de Tenochtitlán, salieron mil nobles para darles la bienvenida. Uno a uno se fueron acercando y les saludaron según la costumbre de los aztecas, es decir, poniendo la mano en la tierra y llevándosela a los labios para besarla. El capitán español —impaciente como siempre ante tanta ceremonia incomprensible para él— refiere en la carta que la salutación se alargó una hora.[44] Casi podemos verlo mirando el móvil de reojo.

Hechas las primeras presentaciones, los soldados españoles por fin entraron en la ciudad atravesando uno de sus puentes de madera y fueron a parar a una ancha avenida. Construida en medio de una laguna de agua salada, Tenochtitlán estaba atravesada por amplias calzadas y albergaba numerosos templos muy elevados.

Tenía acueductos y un gran mercado, Tlatelolco, al que acudían los vecinos de todas las poblaciones de los alrededores para comerciar con innumerables mercancías. Allí pudieron ver los españoles oro, plata, conchas, pájaros exóticos, hierbas medicinales, algodón, pieles, frutas, verduras, pescado fresco e, incluso, tortillas de maíz recién hechas.[45] Por los canales, que podían cruzarse por puentes de madera como el que los había llevado a la ciudad y que se retiraban al anochecer, iban y venían canoas entre las casas, los palacios y las pirámides con altas escalinatas donde los españoles también encontraron pronto evidencia de los sacrificios humanos que oficiaban los sacerdotes aztecas.

Por la amplia calzada, acompañado de un séquito de doscientos hombres principales, apareció por fin Moctezuma. Había llegado el momento tanto tiempo esperado, el día en el que aquellos dos poderosos hombres se pondrían frente a frente. ¿Se entenderían o habría un choque? ¿De qué iban a hablar exactamente? Con toda seguridad la tensión se podía mascar en el ambiente cuando Marina, que seguiría al lado de Cortés, clavó sus ojos en los del mandatario, violando así todas las normas del protocolo real que prohibían que nadie lo mirara nunca de frente, mucho menos una mujer esclava, el último escalafón según la cosmovisión azteca. Él era el *huey tlatoani*, que significa en náhuatl «el gran orador», lo que muestra la importancia de las palabras y el lenguaje en la cosmovisión indígena, así como su identificación con el poder. Pero ¿acaso no era Malinche quien ahora también portaba la palabra? Moctezuma tendría que hablar con ella, le gustara o no dirigirse a una mujer.

Los detalles que rodearon el primer encuentro siguen siendo motivo de debate, y es difícil, por no decir imposible, saber lo que de verdad sucedió en aquellos minutos mágicos del 8 de noviembre de 1519. Somos nosotros quienes, tantos siglos después, nos perdemos en la traducción. En todo caso, según contó Cortés, Moctezuma avanzó majestuosamente a su encuentro por el medio de la calzada, escoltado por dos altos cargos, quienes lo llevaban cogido del brazo. Detrás de él, a su espalda, se recortaba la silueta soberbia del Templo Mayor. Los tres mandatarios aztecas, que imaginamos avanzando hacia Cortés con pasos cortos pero muy rápidos, como los que aparecen dibujados en los serpenteantes caminitos de los códices, iban flanqueados por dos grandes procesiones de indígenas que los seguían de cerca, arrimados a las paredes de las hermosas casas de la avenida. Cortés añade que Moctezuma iba calzado y sus dos escoltas descalzos. Llama la atención que se fijara precisamente en eso, en sus pies, y cabe suponer entonces que el capitán estaba mirando al suelo desde el lomo de su caballo.

Cuando por fin se juntaron,[46] sigue relatando Cortés en su carta, él se apeó de su caballo y, ante la mirada expectante de todos los que allí observaban la escena, se acercó a Moctezuma para darle un abrazo a la usanza de los saludos europeos entre reyes. Pero si un rato antes había sido el capitán español quien se había impacientado por la pesadez reverencial de los dignatarios que besaban la arena, esta vez fue el jefe azteca quien debió de ponerse nervioso ante un gesto tan informal. ¿Un abrazo? ¿Quién se creía que era? Sus escoltas reaccionaron rápido y pararon en seco al capitán español para impedirle tocar la figura sagrada de Moctezuma. El resultado fue que el abrazo entre los dos líderes no llegó a producirse nunca. En su lugar, el jefe azteca besó la tierra y ofreció a Cortés el brazo de uno de sus acompañantes para que caminara así, de igual a igual, a su lado. Lo que sí logró hacer el capitán español fue colgar en el cuello de Moctezuma un collar de margajitas y diamantes de vidrio, un gesto al que el mandatario azteca respondió de inmediato pidiendo que trajeran otro collar

Hernán Cortés y Malinche en su encuentro con Moctezuma en Tenochtitlán

de coral y oro para Cortés. Así, aunque faltó el abrazo, hubo al menos un intento de intercambio y reciprocidad entre los representantes de los dos mundos.

Poco después, dirigieron sus pasos por la calzada hacia el palacio de Axayácatl, donde la comida y las estancias estaban cuidadosamente preparadas para acoger a la comitiva española del modo más hospitalario posible. O al menos eso es lo que los aztecas querían que pareciera. Allí, en una gran sala que daba al patio por el que entraron, había colocados dos hermosos asientos donde Cortés y Moctezuma se sentaron cómodamente para tener la tan esperada conversación.

6

Es muy llamativo que cuando en España leyeron el relato de Cortés sobre el encuentro no se preguntaran con sorpresa cómo fue posible que el capitán español y el jefe de los mexicas comenzaran a hablar directamente una vez que se sentaron frente a frente. Porque eso es exactamente lo que contó Cortés en su carta de relación al emperador Carlos V: que Moctezuma se acomodó en el estrado preparado para ese fin y que, sin más dilación, abrió la boca y soltó una larguísima parrafada que el propio Cortés escuchó con extrema atención, tanta como para poder transcribirla punto por punto a su majestad en la carta. Escuchemos cómo refirió él mismo las palabras que le dirigió Moctezuma:

> Se sentó en otro estrado que luego le hicieron allí junto con el otro donde yo estaba y sentado, propuso en esta manera: «Muchos días ha de que por nuestras escrituras tenemos de nuestros antepasados noticia que yo ni todos los que en esta tierra habitamos no somos naturales de ella sino extranjeros [...] y según de la parte que vos decís que venís, que es donde sale el sol y las cosas que decís de ese gran señor o rey que acá os envió, creemos y tenemos por cierto, él sea nuestro señor natural [...] y por tanto, vos sed cierto que os obedeceremos y tendremos por señor [...]. Y pues estáis en vuestra naturaleza y en vuestra casa, holgad y descansad del trabajo del camino y guerras que habéis tenido [...]».[47]

Al terminar el discurso, que en la carta es mucho más extenso —una versión sin duda curiosa del *mi casa es tu casa*—, Cortés añade: «Yo les respondí a todo lo que me dijo, satisfaciendo aquello que me pareció que convenía, en especial en hacerle creer que vuestra majestad (Carlos V) era a quien ellos esperaban y con esto se despidió».[48]

Malinche traduciendo desde el tejado del palacio, *Códice Florentino*

Las palabras de Cortés desconciertan por la extraña actitud de Moctezuma que reflejan. ¿Ya sabía que vendrían los españoles? ¿Los estaban esperando? ¿De verdad los dejó entrar en la ciudad sin oponer resistencia? Pero lo cierto es que debería causarnos la misma sorpresa o incluso una aún mayor el hecho de que Cortés y el *tlatoani* Moctezuma fuesen capaces de hablar así entre ellos, milagrosamente. ¿Acaso el capitán había aprendido náhuatl durante el camino a Tenochtitlán? ¿Cómo es posible que comprendiera las palabras de Moctezuma? ¿No es extraño que fuera capaz de transcribir con tanta precisión el parlamento en el que se relata por primera vez la famosa profecía según la cual los españoles hacía mucho tiempo que eran esperados?

La escena recuerda a los viejos héroes de películas que al llegar a tierras remotas son comprendidos en su idioma como por arte de magia por todos los habitantes del lugar. No es extraño que Cortés pensara que lo estaban esperando. Desde luego, al insinuar en su relato que no existió ningún tipo de barrera lingüística entre él y los indígenas preparaba el terreno para que así lo pareciera.[49]

Pero lo cierto es que no fue la primera vez que Cortés ignoró clamorosamente a su intérprete ni tampoco, por desgracia, sería la última. Juan Miralles llega al extremo de afirmar que, si hubiera dependido de Cortés, nunca hubiéramos sabido nada de la Malinche. De hecho, en sus extensas cartas de relación, solo la nombró tres veces. Dos de ellas como mi *lengua*, es decir, ni siquiera por su nombre, y la otra como doña Marina, su intérprete. Y eso que debió de escribirlas con ella sentada a su lado, tal vez en sus rodillas, ayudándole a recordar las palabras cruzadas con Moctezuma y los otros caciques indígenas y facilitando las traducciones. Leyendo las cartas y conociendo lo que de verdad se cocía entre ellos, el ninguneo es tan exagerado que llegamos a plantearnos si Cortés querría borrar su existencia por algún oculto motivo. Si Gonzalo Guerrero, el náufrago que se quedó con los mayas, nos recordaba al estudiante de intercambio que se niega a regresar a casa por miedo a lo que dirán sus padres de sus nuevos *piercings*, Cortés representa el caso contrario, sin decir ni pío respecto a su nueva y exótica amante que le hace de secretaria. Él es el español a quien lo que le está pasando en México central no le afecta para nada. No le cambia ni el acento. Por eso no se detiene ni siquiera a nombrar a su más fiel consejera.

Numerosos historiadores han tratado de explicar por qué Cortés fue tan negligente al valorar la contribución de Malinche durante la conquista, pues sin duda fue mucho más importante y decisiva que la mera traducción instrumental.[50] O, dicho en otras palabras, por qué se empeñó en que pareciera que ella no estaba allí, a su lado, al contrario de lo que muestran claramente otras fuentes literarias y pictóricas. Los historiadores suelen argumentar que las cartas de relación eran un documento dirigido al rey y que Cortés, cuyo liderazgo, como hemos visto, era cuestionado por Diego Velázquez, tenía muy buenas razones para parecer a sus ojos un rudo conquistador que se hacía entender allí adonde llegaba. Otros historiadores han recordado que Marina no es la única que apenas aparece mencionada en las cartas, pues al parecer Cortés no se molestaba en llamar por su nombre a casi nadie, ni siquiera a Bartolomé de Olmedo, el clérigo que los acompañaba y a quien apreciaba mucho. Él no tenía tiempo para eso. *Él era así.* Como dijo Octavio Paz, en cuanto Malinche se entregó, se cansó de ella. Pero *¿qué esperaban?* ¿No se veía venir tratándose de un barbudo conquistador?

Este tipo de razonamientos seguramente tengan su lógica y una parte de verdad, pero, por momentos, suenan demasiado a «la vieja excusa» en versión Nueva España. Además, en un sentido general, los clérigos no han sido sistemáticamente borrados de la historia y las mujeres, en cambio, a menudo suelen faltar en sus páginas. Es más, si el propio mito de la conquista y la colonización de América no se hubiera construido sobre la idea de que fue realizada rápidamente por algunos hombres que iban solos con el apoyo de una india fascinada, tal vez creeríamos a pies juntillas los buenos motivos de Cortés para ocultar la existencia de Malinche. Sin embargo, la imagen que nos devuelve la erguida figura del conquistador escribiendo a Carlos V, con Malinche a su vera, pero relatando cómo *él*, y solamente él, escuchó a Moctezuma y respondió sin problema, recuerda sospechosamente a aquella imagen del *sapiens* solitario, hijo único de la creación, que salió de África y caminó en línea recta hasta nosotros. Si el pequeño hueso de Denny nos dejaba ver que veníamos del cruce y la fragilidad, las palabras perdidas de Malinche evidencian que la conquista no la hicieron unos cuantos dioses blancos que eran entendidos allí adonde fueran; más bien, fue realizada por un grupo de seres *humanos*, hombres y mujeres, entre los que a menudo se interpusieron la incomunicación y los malentendidos.

De hecho, basándonos en un famoso texto del lingüista Roman Jakobson sobre los trastornos del lenguaje,[51] por momentos hasta podría parecernos que, por su forma de hablar y escribir, Cortés padecía lo que el lingüista llama «trastorno de la contigüidad».[52] Se trata de un tipo de afasia caracterizada por la incapacidad para estructurar contextos y para percibir vínculos. Un hablante así es fácil de reconocer, pues tiende a emitir enunciados sencillos, estereotipados, a menudo incluso compuestos de una única palabra. Suele comenzar sus frases diciendo sistemáticamente *yo* o incluso no decir nada más. Lo curioso del trastorno de contigüidad es que no daña la capacidad para *reconocer* palabras, pero sí afecta al poder para *comprenderlas*.

¿Pero acaso no fue eso exactamente lo que le ocurrió a Cortés? ¿No llegó a Cozumel envuelto en un aura de hijo único, llegado de lejos, sin relación conocida con nada de lo que pudiera verse en el Nuevo Mundo y con unas capacidades lingüísticas prácticamente limitadas al *yo*?[53] ¿No sería precisamente esa aura la que le incapacitó para estructurar contextos, relaciones y nombrar a quien tenía a su lado? ¿No fue justamente él quien *reconoció* por primera vez el gran esplendor de una civilización desconocida, pero fue incapaz no solo de *comprenderla* sino de permitir que siguiera existiendo *junto* a la suya? Como escribe Anderson Imbert, «Cortés vio las formas ideales de una cultura indígena. Solo que, después de contemplarlas, las aniquiló».[54]

7

A pesar de que Cortés fuera tan olvidadizo como lo sería Shakespeare con Cleopatra Selene, no hay ninguna duda de que Malinche también estuvo allí. Afortunadamente, no todos los que relataron o consignaron los acontecimientos en Tenochtitlán padecían un trastorno de contigüidad. Por ejemplo, las ilustraciones de los códices como las que aparecen en el *Códice Florentino*, una soberbia obra enciclopédica sobre la conquista y colonización de América realizada bajo la supervisión de fray Bernardino de Sahagún, muestran con extrema claridad la presencia de Malinche en las conversaciones. En ellas vemos a Marina sentada al lado de Cortés, en una posición central y decisiva, de nuevo intermediaria entre dos mundos e intérprete entre dos culturas. Su imagen, además, viene acompañada de los glifos del lenguaje, lo que remarca que era *ella* quien hablaba y quien, de hecho, a ojos de los indígenas, portaba la palabra.

Malinche haciendo de intérprete,
Códice Florentino (Libro 12)

Por otro lado, además de las imágenes, tenemos también los recuerdos de Bernal Díaz del Castillo, quien sin proponérselo fue el primer biógrafo de Malinche, y quien en su *Historia verdadera* no se cansó de repetir cómo, a cada paso, las palabras de Cortés eran traducidas por Marina y Aguilar. «Según dijeron», «y dijeron que...», «y digo que decía...» o «a través de Marina y Aguilar» son expresiones que abundan en el relato de Bernal. Así, en su crónica, por muy cansino que fuera, no eliminó las referencias a la aparatosa cadena lingüística y a los intérpretes. «Fue tan eccelente mujer y de buena lengua», nos explica, que «a esta causa la traía siempre Cortés consigo». Es más, como también subraya, «sin doña Marina no podíamos entender la lengua de la Nueva España y México».[55]

A diferencia de Cortés, en definitiva, Bernal tenía tan desarrollada la capacidad para estructurar contextos que en su crónica no solo acabó diciendo que ella, Marina, «fue gran principio de nuestra Conquista»,[56] sino que reveló un detalle de ella que incluso hoy suscita grandes debates entre los especialistas. Se trata de una anécdota que tiraría completamente por tierra las artimañas de Cortés en sus cartas para hacer desaparecer a Malinche de su lado; una anécdota que además refleja como ninguna otra la gran ambigüedad lingüística que debió de reinar en aquel capítulo de la historia.

Y es que, según nos cuenta Bernal y avalan otros cronistas, los españoles no eran los únicos que tenían dificultad para pronunciar la lengua del otro, sino que los indígenas, como ya vimos con el ejemplo del fonema *r*, también tenían sus propios problemas para oír y reproducir ciertas palabras españolas. Como por ejemplo el nombre de Cortés. Es posible que en este caso la dificultad se debiera también a que para ellos era imposible entender quién era aquel extraño barbudo sin *relación* alguna con algo que fuera conocido para ellos. En todo caso, y para gran sorpresa de todos los que se asoman a la crónica de Bernal después de haber leído las cartas de Cortés, parece que los indígenas también optaron por simplificar las cosas y empezaron a llamar al capitán español nada más y nada menos que *señor Malinche*. Como si de pronto los aztecas se hubieran vuelto muy modernos y utilizaran el apellido de la esposa para nombrar al marido. Pero ¿acaso no sería perfectamente lógico? A sus ojos era *él* quien la acompañaba a ella, quien iba al lado de Malintzin, la persona verdaderamente principal para ellos y con quien tenía relación su mundo. Nos lo cuenta Bernal:

> Antes que más pase adelante quiero decir cómo en todos los pueblos por donde pasamos e en otros donde tenían noticia de nosotros llamaban a Cortés Malinchi, y ansí lo nombraré de aquí adelante, Malinche,

en todas las pláticas que tuviéremos con cualesquier indios, ansí desta provincia como de la cibdad de México, y no le nombraré Cortés sino en parte que convenga. Y la causa de haberle puesto aqueste nombre es que, como doña Marina, nuestra lengua, estaba siempre en su compañía, especial cuando venían embajadores o pláticas de caciques, y ella lo declaraba en la lengua mexicana, por esta causa llamaban a Cortés el capitán de Marina y, para más breve, le llamaron Malinche.[57]

De este modo, como si los indígenas padecieran una alteración lingüística inversa a la de Cortés, en su forma de hablar manifestaron que para ellos el capitán y Marina, su instrumento de traducción, eran tan contiguos que bien podían ser la misma cosa. Lo interesante es que el nombre de Malinche también *se les pegó* a otros conquistadores, como una enfermedad contagiosa. Según nos cuenta Bernal, así le ocurrió a Juan Pérez de Artiaga, a quien los indígenas empezaron a llamar Juan Pérez Malinche por estar siempre hablando con ella y Aguilar.[58] Jakobson les habría diagnosticado un «trastorno de la semejanza», pues los indígenas *solo* veían contextos estructurados por vínculos y relaciones. Aunque quizá fue la manera en la que ellos se arrogaron también el derecho de renombrar al otro. *Señor Malinche*. Finalmente México central sí lograba que a Cortés le cambiara el acento y hasta se tambaleara la imagen de quien creía ser.

Algunas historiadoras han ido incluso más lejos y han llegado a afirmar que quienes llamaron *teules*, dioses, a los conquistadores, en realidad fácilmente podían referirse a la propia Malinche, quien actuaba como catequista entre los indígenas y era la encargada de explicar quién era la mujer que aparecía en el estandarte que portaban los españoles con ellos. El parecido de su nombre con el de aquella deidad llegada del otro lado del océano, *María*, solo habría sido un motivo más para confundirlas.[59] Quizá por eso los indígenas representaron a Malintzin tan grande en los códices, como una consejera celestial vestida con ricos ropajes. Y quizá por eso mismo sabiamente bautizaron La Malinche a un hermoso volcán situado entre Puebla, Tlaxcala y Ciudad de México.

No es extraño entonces que, más adelante, en los sucesivos retratos retrospectivos que se hicieron de los acontecimientos, la imagen de Marina se fuera sustituyendo progresivamente por la de una cruz.

El abrazo. Parte de la copia del siglo XVIII del Lienzo de Tlaxcala
pintada por Juan Manuel Yllanes

Con el paso del tiempo, muchos años después de la llegada de los conquistadores a las playas de Cozumel, la Colonia estaba asentada y la sociedad mestiza despegaba. En ese momento era importante revisar el modo en que sucedieron los hechos, como por ejemplo hicieron los tlaxcaltecas, para dar la impresión ante el rey español de que ellos siempre fueron fieles a los conquistadores. Para entonces ya se hablaba español, la nueva realidad ganaba estabilidad gracias a que las palabras ya eran menos volátiles y casi nadie recordaba a la intermediaria. Malinche podía volver a la zona de sombra de donde había salido para que *ellos* escenificaran un abrazo transparente que en realidad nunca tuvo lugar.

Pero ya se sabe que las cosas no son como sucedieron sino como las recordamos.

EL OTRO SUEÑO DE MALINCHE

8

Marina no ha sido, ni mucho menos, la única mujer olvidada de la conquista de América. De hecho, como hemos visto, existe un sospechoso paralelismo entre el retrato tan masculino que nos hacemos de aquellos acontecimientos, supuestamente protagonizados por unos cuantos hombres solitarios, y la imagen mítica, en blanco y negro, que nos devolvía hace algunas páginas el relato de un mundo prehistórico sin mujeres. Al igual que sus antepasadas, quienes no estaban esperando en la cueva a que los cazadores trajeran la cena, en el siglo XVI las mujeres no se quedaron vistiendo santos en la penumbra de las frías iglesias castellanas, sino que estuvieron presentes en el descubrimiento, conquista y colonización de América desde el primer momento. Para que la imagen en blanco y negro de los conquistadores se coloree, y podamos empezar a verlas, solo debemos preguntar lo mismo que cuando viajamos a la prehistoria. *¿Qué estarían haciendo ellas en ese momento?*

Para empezar, no solo fue una mujer, Isabel de Castilla, quien apoyó y financió los viajes de Colón a ultramar, sino que, según revelan los documentos históricos, lejos de embarcarse solo con hombres, el almirante estuvo acompañado de mujeres ya desde el segundo viaje. El porcentaje de emigración femenina a América desde España no fue anecdótico, sino que alcanzó hasta un 28,5 por ciento entre 1560 y 1579.[60] Mujeres como Mencía Calderón, la *Adelantada* del Río de la Plata, Isabel de Guevara, quien navegó con Pedro de Mendoza, Inés Suárez, conquistadora de Chile, Isabel de Barreto, navegante en los Mares del Sur y primera almirante de la historia, o Catalina de Erauso, la mítica *monja alférez* que guerreó en América vestida de hombre, entre otras muchas, tuvieron una activa participación en los acontecimientos, aunque, como le pasó a Cortés con la Malinche, rara vez se acordaran de ellas quienes lo contaron después.

Como testimonia la existencia de estas navegantes, almirantes, adelantadas y gobernadoras, ellos no fueron solos, ni se comunicaron milagrosamente, ni eran dioses. Tenían mujeres a su lado, indígenas y españolas, que no solo les hacían la comida y les servían de traductoras, sino que a menudo tuvieron que ocupar su lugar en las expediciones y en las batallas. Incluso Pedro Arias, uno de los más rudos y violentos conquistadores según el retrato que hizo de él Bartolomé de las Casas, tenía una mujer como Isabel de Bobadilla, quien, tan impaciente como Cortés con los nobles aztecas, le envió esta carta negándose a quedarse esperando en España el regreso de los héroes:

Amado esposo, me parece que nos unimos desde jóvenes con el yugo marital para vivir juntos, no separados. Adonde quiera que te lleve la suerte, ya entre las furiosas ondas del océano, ya en horribles peligros de la tierra, sábete que te he de acompañar yo. Ningún peligro puede amenazarme tan atroz, ningún género de muerte puede sobrevivirme que no sea para mí más llevadero que el vivir separada de ti por tan inmensa distancia. Es preferible morir una vez y que me echen al mar para que me coman los peces o a la tierra de los caníbales para que me devoren que no consumirme en el luto continuo y perpetua tristeza, esperando, no al marido sino a sus cartas. Esta es mi resolución, no tomada temerariamente, ni por el momento, ni por arrebato mujeril, sino maduramente pensada. Escoge una de las dos cosas: o me cortas el cuello con la espada, o consientes en lo que te pido.[61]

Pero es quizá Isabel de Guevara quien nos ofrece una imagen más elocuente del verdadero papel que desempeñaron las mujeres en la conquista de América. Lo hace en una carta, tal vez un tanto exagerada, pero que sirve como contrapunto al relato masculino, que le envió a Juana de Austria, gobernadora de los Reinos de España, en 1556. La escribió con el objetivo de ser compensada por los servicios prestados en la expedición de Pedro de Mendoza al Río de la Plata, en la que se embarcó junto con otras cien mujeres. Al parecer, debido al hambre y a las dificultades que pasaron, los hombres que no perecieron tuvieron que ser asistidos por aquellas que los acompañaban. Según explica Isabel, ellas no sufrieron tanto porque en este tiempo, «como las mugeres nos sustentamos con poca comida no aviamos caydo en tanta flaqueza como los hombres».[62]

Lejos de limitarse a lavarles la ropa, hacerles la comida y curarlos, lo que por supuesto también hicieron «con tanto amor como si fueran sus propios hijos»,[63] Isabel de Guevara relata que guerrearon a su lado, haciendo de centinelas, rondando el fuego e incluso «sargenteando y poniendo en orden los soldados».[64] También armando las ballestas «quando algunas vezes los yndios les veníen á dar guerra» y animando a los hombres «con palabras varoniles que no se dexasen morir».[65] Es más, como le confiesa a Juana de Austria en un momento memorable de la carta, «si no fuera por la honra de los hombres muchas más cosas escriviera con verdad y los diera a hellos por testigos» ya que «fue tanta la soliçitud que tuvieron, que, si no fuera por ellas todos fueran acabados».[66] Pero fue sobre todo al subir el río Paraná donde, según Isabel, aquellas mujeres se convirtieron en heroínas:

> Después determinaron subir el Paran arriba, en demanda de bastimento, en el qual viaje pasaron tanto trabajo las desdichadas mugeres, que milagrosamente quiso Dios que biviesen por ver que hen ellas estava la vida dellos; porque todos los serviçios del navio los tomavan hellas tan á pechos, que se tenia por afrentada la que menos hazía que otra, serviendo de marear la vela y gouernar el navío, y sondar de proa y tomar el remo al soldado que no podia bogar y esgotar el navio y poniendo por delante a los soldados que no se desanimasen, que para los hombres heran los trabajos: verdad es que á estas cosas hellas no heran apremiadas ni las hazían de obligaçión ni las obligaua, si solamente la caridad. Ansi llegaron á esta çiudad de la Asunçión, que avnque agora está muy fertil de bastimentos, entonçes estaua dellos muy neçesitada, que fué necesario que las mugeres boluiesen de nuevo á sus trabajos, haziendo rozas con sus propias manos, rozando y carpiendo y senbrando y recogendo el bastimento, sin ayuda de nadie, hasta tanto que los soldados guareçieron de sus flaquezas y començaron á señorear la tierra y alquerir yndios y yndias de su serviçio, hasta ponerse en el estado en que agora está la tierra.[67]

9

«¿Por qué, entonces, Marina, la de la voz, nunca es dueña del relato?», se interrogó la escritora mexicana Margo Glantz en su libro *Malinche. Sus padres y sus hijos*.[68] ¿Por qué nos habla siempre en estilo indirecto, refiriendo las palabras de unos y de otros? Virginia Woolf diría que solo conocemos su figura a través de los ojos de los hombres y, además, únicamente, desde el punto de vista de su relación con el otro sexo.[69] Por mucho que busquemos en las crónicas y los códices, jamás escuchamos lo que ella tenía que decir no solo sobre sí misma sino sobre cualquier cosa. Los españoles la ensalzaron como *su* intérprete, como «lengua despojada de su cuerpo», «cuerpo esclavizado» en palabras de Glantz, para luego olvidarla rápidamente y devolverla a la penumbra de la que providencialmente había salido para ayudarlos en Veracruz. Su recuerdo, eso sí, seguiría sirviendo para legitimar incluso hoy la fantasía patriarcal de la *india* hipersexualizada, marcada como esclava, siempre disponible para el invasor o el turista extranjero. Por su parte, los propios mexicanos, en un relato especialmente ambivalente, primero la glorificaron como a una diosa en los códices, pues así fue como *ellos* la vieron, para después, con la Independencia, transformarla en el emblema mismo de la traición. Tanto es así que el término «malinchismo» se acabaría convirtiendo en un adjetivo frecuente para hacer referencia a quien tiene demasiado apego a lo extranjero y menosprecia la cultura propia.

El misterio que ha rodeado a Malinche desde que se subió a aquel navío español con las otras diecinueve esclavas entregadas en Potonchán sin duda también ha contribuido a que se desarrollen todo tipo de versiones románticas sobre los últimos años de su vida. Las fuentes concuerdan en algunos hechos como, por ejemplo, que siguió del lado de los españoles tras la derrota que sufrieron a manos de los aztecas el 30 de junio de 1520, durante la famosa Noche Triste, y también un año más tarde, en 1521, cuando Cortés y sus hombres regresaron a Tenochtitlán para conquistar definitivamente la capital de los aztecas. Concuerdan también en que unos años más tarde Malinche volvió a servir de intérprete a Cortés en la expedición a Las Hibueras, en la actual Honduras, y que vivió en México en una casa en Coyoacán. Sin embargo, según el cronista que leamos, varía el número de hijos que tuvo con Cortés e incluso algunos llegan a casar a Malinche con Aguilar, el otro intérprete, como si este fuera el final más redondo desde el punto de vista de la lógica narrativa de su vida. En todo caso, los historiadores contemporáneos, quienes han tratado de ser menos fantasiosos que los cronistas, apuntan que Malinche y Cortés solo tuvieron un hijo, a quien como vimos llamaron Martín, y que fue el capitán español quien favoreció que Marina se casara no con él, sino con otro de sus soldados, Juan Jaramillo, con quien tuvo una hija a la que, quizá para generar nuevos malentendidos, llamaron María. Se cree también que Malinche murió hacia 1528, debido a una epidemia de viruela traída por los europeos al Nuevo Mundo. ¿O quizá esta muerte trágica formó parte de la leyenda?

Traidora *y* diosa, madre *y* esclava, bruja *e* intercesora.... Así podría haber seguido Malinche para siempre, soñando con los mitos con los que unos y otros la envolvieron en la contradicción, como en el cuadro del pintor Antonio Ruiz, en el que su cuerpo dormido —fértil y disponible— se confunde con el paisaje y la historia de México. Ella yace horizontalmente, generando un espacio de relaciones y contigüidades, pero sobre su cadera se alza erguida, puntiaguda, una iglesia de época española semejante a Nuestra Señora de los Remedios, en Cholula, donde su destino quedó decidido para siempre.

Malinche podría haber seguido dormida por los siglos de los siglos, como una Blancanieves indígena, tan hermosa y callada como ella, a la espera del caballero conquistador, si no hubiera sido por escritoras como Margo Glantz, pero también por feministas chicanas como Norma Alarcón o Gloria Anzaldúa,[70] quienes a comienzos de los años ochenta del siglo pasado comenzaron a sospechar de la imagen de Malinche como madre-concubina responsable de la invasión extranjera.[71] «Estas carnes indias», escribe Anzaldúa en su celebrado texto *Borderlands. La frontera*, «que despreciamos nosotros los mexicanos, así, como despreciamos y condenamos a nuestra madre, Malinalli. Nos condenamos a nosotros mismos. Esta raza vencida, enemigo cuerpo».[72]

Fueron estas escritoras quienes cuestionaron y desmitificaron a la Malinche patriarcal, al igual que habían hecho las antropólogas de los setenta con la mujer prehistórica. ¿Madre de hijos ilegítimos? ¿Traidora de su pueblo? ¿Diosa funesta y hechicera? Malinche aparecía como espejo en el que mirarse ellas mismas como escritoras chicanas en Estados Unidos, viviendo en el espacio intermedio, liminal, entre dos culturas y dos lenguas. «Nosotras, *indias y mestizas*, vigilamos la india que hay en nosotras, la brutalizamos y condenamos. La cultura masculina ha hecho un gran trabajo con nosotras».[73] Con frases como esta, Anzaldúa sacó a Malinche de las profundidades del sueño en el que estaba sumida para convertirla no ya en una *intérprete* de los hombres sino en un personaje que permitiera *interpretar* la posición de las mujeres, y en especial las mujeres chicanas, en el seno de una sociedad patriarcal que sueña a las mujeres como esclavas, madres, intérpretes, brujas, diosas y traidoras.

Antonio Ruiz, *El sueño de la Malinche* (1939)

Quinientos años después de la llegada de aquellos conquistadores a la playa de Cozumel, fueron las escritoras chicanas quienes
por fin hicieron que se escuchara la voz que verdaderamente faltaba en el relato. La voz de la tercera en discordia. Y esto fue lo
que dijo la voz de Malinalli, Malintzin, Marina, Malinche en el
hermoso libro de Gloria Anzaldúa *Borderlands*:

Not me sold out my people but they me.[74]

No vender yo a mi pueblo. Ellos venderme a mí.

6
SOFONISBA ANGUISSOLA
MAESTRAS Y APRENDICES
CREMONA, C. 1535

1

No debería sorprendernos que todo empezase con una carta. El Renacimiento se ha convertido en un periodo tan identificado con emocionantes expediciones por mar, insólitos descubrimientos científicos y grandiosas obras de arte que hemos olvidado que también fue el siglo de las cartas. Un siglo *papelero* en el que un número cada vez mayor de europeos consideró que la comunicación humana no debía limitarse al estrecho círculo de familiares y amigos íntimos sino que había llegado la hora de abrir nuevos horizontes. Si navegantes como Hernán Cortés, Isabel de Guevara o Juan Sebastián Elcano habían sido capaces no solo de llegar a América sino de dar la vuelta al mundo, los hombres y mujeres de a pie también querían traspasar los muros de su casa y echar a volar, aunque fuera a través de palabras plegadas dentro de un sobre. Viajar por el mundo a través de cartas, «esos ángeles que van y vienen», como las definió mucho tiempo después la poeta Emily Dickinson.[1]

Escribir cartas, antaño un privilegio reservado a una élite, se convirtió en una fiebre que trastornó a los hombres y mujeres del cinquecento casi tanto como los relatos de la conquista o los descubrimientos científicos de Copérnico. La creciente movilidad y la alfabetización de nuevas capas de la sociedad son algunos de los factores que explican la verdadera furia epistolar que se apoderó no solo de los escribas profesionales como los que acompañaban a los conquistadores sino también de las personas con existencias más corrientes.[2] También el interés que, desde los albores de la Modernidad, comenzaba a suscitar el individuo, la primera persona del singular, el *yo* que Hernán Cortés se empeñaba en subrayar una y otra vez en sus *Cartas de relación*. Incluso publicarlas se volvió *trendy* gracias a la recién inventada imprenta, una moda que sin duda anticipó el gusto por airear las intimidades propio de nuestra cultura *instagramer*. Michel de Montaigne, por ejemplo, se quejaba de la ingente cantidad de correspondencias que publicaban los italianos,[3] carne de cañón para cualquier adicción que tuviera que ver en aquella época con la cultura escrita, igual que hoy con el *telefonino*; se trataba de una queja que quizá escondía una velada crítica a autores como Pietro Bembo, el gran humanista, cuya obsesión puntillosa por ordenar y conservar sus cartas, de herencia petrarquista, era por todos conocida.[4]

Pero no era el único. Por toda Europa encontramos ejemplos de hombres y mujeres seriamente *enganchados* a la pluma. Así, Mariano Caracciolo, gobernador de Milán en la época de Carlos V, decía que esperaba recibir las cartas de la corte española «con más ansia que los judíos la llegada del Mesías».[5] También Teresa de Jesús escribió decenas de miles a lo largo de su vida. Se trata de casos sin duda parecidos al del rey Felipe II, un auténtico fanático de la comunicación epistolar, motivo por el que en su época fue no solo conocido como el *Rey prudente*, sino también apodado con otros elocuentes sobrenombres como *papelero*, *escritófilo* o, el más gracioso de todos, *Rey de los papeles*.[6]

Algo parecido debía de sucederle a Amilcare Anguissola, un noble de la ciudad lombarda de Cremona adicto a llevar una frenética correspondencia cuando se atrevió a escribir la misiva con la que esta vez empieza nuestra historia. Iba dirigida nada menos que a Miguel Ángel Buonarroti.[7] Corría el mes de mayo de 1557 y había llegado a sus oídos que el maestro, la leyenda viva del arte italiano, había elogiado los dibujos de su hija mayor, Sofonisba. Por aquel entonces, Miguel Ángel tenía más de ochenta años y Sofonisba poco más de veinte. Sin embargo, las enormes diferencias que existían entre ellos no lograron intimidar a Amilcare, quien debió de decidirse al recordar que, si bien el *divino* Miguel Ángel era conocido por sus inesperados ataques de ira, también lo era por la gran generosidad que profesaba hacia los artistas más jóvenes, a quienes a menudo escribía abultadas cartas pobladas con su elegante caligrafía grande y redonda.[8]

«Excelentísimo y Magnífico», comenzaba su carta Amilcare, fechada el 7 de mayo de 1557, «tanto yo como toda mi familia nos sentimos agradecidísimos por el afecto que le ha mostrado a Sofonisba, mi hija». Seguía después una interminable sarta de elogios, que hoy nos resultan abiertamente pelotas, hacia el pintor de la Capilla Sixtina. Sin embargo, también llama la atención que, entre aquellos halagos rimbombantes, Amilcare tuviera la osadía de pedirle a Miguel Ángel, como quien no quiere la cosa, si sería tan amable «de enviarle un dibujo vuestro para que ella lo coloree al óleo con el compromiso de hacérselo llegar de vuelta terminado de su propia mano».[9]

¿Cómo reaccionaría hoy un artista octogenario consagrado como Miguel Ángel si recibiera un correo electrónico semejante? ¿Cuál sería su respuesta si el padre de una joven pidiera un dibujito de nada para que su hija *lo colorease*? Nuestro asombro ante tan atrevida petición refleja lo distintas que son hoy las relaciones entre maestros y aprendices así como la diferente consideración que envuelve actualmente las actividades que llamamos «arte».

Desconocemos si Miguel Ángel le llegó a enviar un dibujo a Sofonisba para que lo colorease, pero lo que sí sabemos con certeza es que contestó al padre de la joven de su puño y letra, pues un año después Amilcare volvió a la carga y le envió otra misiva aún más aduladora a Miguel Ángel en la que le decía que la carta que había recibido firmada por él le había resultado más preciosa que si le hubiera escrito el «serenísimo Rey» en persona. Que Amilcare aludiera a Felipe II, conocido como el *Rey de los papeles*, quizá añadía una nota de humor a su mensaje —una especie de broma entre adictos a la pluma— que hoy por desgracia se nos escapa.

Sea como fuere, la comunicación entre la familia Anguissola y Miguel Ángel no quedó ni mucho menos ahí, pues también sabemos que la joven pintora lombarda, espoleada sin duda por su padre, le hizo llegar sus dibujos y que Miguel Ángel los admiraba profundamente. Es de nuevo a través de una carta, esta vez escrita por Tommaso Cavalieri, el discípulo y posiblemente el gran amor de Miguel Ángel, como nos enteramos de este otro capítulo de la relación que existió entre el maestro y Sofonisba. La carta en cuestión está fechada el 20 de enero de 1562, dos años antes de la muerte de Miguel Ángel, y su destinatario no era otro que Cosme de Médici, el político y mecenas del Renacimiento.[10] Cavalieri le informa de que, junto con la carta, le hace llegar dos dibujos que aprecia mucho y de los que le cuesta desprenderse. Como cabía esperar, uno de ellos era del *divino* Miguel Ángel, un magnífico dibujo de Cleopatra, pero el otro que lo acompañaba sin duda debió de sorprender a Cosme de Médici, sobre todo si pensamos que los recibió juntos. Pertenecía a una tal Sofonisba y en él la joven pintora había retratado a su hermano pequeño, Asdrubale, llorando por la mordedura de un cangrejo.

Quizá para justificar que tan extraña pareja volara junta dentro de la misma carta —un dibujo de nuestra mítica Cleopatra firmado por Miguel Ángel y otro, mucho más de andar por casa, en el que podía contemplarse al hermano pequeño de Sofonisba—, Tommaso Cavalieri se tomó la molestia de explicarle a Cosme de Médici la historia que había detrás del dibujo de la joven, lo que de nuevo nos ofrece valiosos detalles sobre la relación entre ella y el maestro. Al parecer, cuenta Cavalieri, hacía algún tiempo que Miguel Ángel había visto un dibujo de Sofonisba en el que una

Sofonisba Anguissola, *Niño mordido por un cangrejo* (c. 1555-58)

joven reía junto a una anciana que aprendía a leer el alfabeto. Admirado por el hermoso rostro del retrato, Miguel Ángel había dicho que le gustaría mucho ver otra obra de Sofonisba en la que, en lugar de riendo, pudiera verse un rostro llorando, pues retratar el llanto le parecía harto más difícil que la risa. El dibujo que le envió Sofonisba como respuesta al desafío era el que Cavalieri a su vez hacía llegar a Cosme de Médici en su carta; una escena de lo más doméstica y familiar que sin embargo impresionó a Miguel Ángel, como prueba el hecho de que Cavalieri lo escogiera para enviarlo junto con el de Cleopatra al gran Cosme de Médici.

2

Pero lo cierto es que Sofonisba no era ninguna joven desconocida meramente aficionada a la pintura. Otro pope del Renacimiento y gran amigo de Miguel Ángel, Giorgio Vasari, no solo le dedicó varios párrafos en su famosísima *Vidas*, una obra originalmente publicada en 1550 que hoy se considera el primer manual de historia del arte,[11] sino que también se deshacía en elogios hacia ella. Para Vasari, quien admiraba y defendía con firmeza el arte realizado por mujeres, Sofonisba era sin duda la pintora que más había destacado entre sus contemporáneas por su manera de dibujar, pintar y utilizar el color en sus retratos tanto del natural como copiados de otros maestros. No solo dominaba la técnica que todo artista alcanzaba a base de un esforzado estudio, sino que, como subrayaba el propio Vasari en sus *Vidas*, era capaz de aportar «por sí misma» ese toque raro y maravilloso que hoy llamaríamos originalidad.[12]

Sofonisba había nacido en torno a 1535 en Cremona, la segunda ciudad del Ducado de Milán, situada por tanto en uno de los territorios clave del floreciente Imperio español. Su padre Amilcare y su madre Bianca Ponzoni procedían de dos familias de noble linaje aunque, seguramente, un tanto venidas a menos. Sofonisba fue la primera de seis hijas y un solo varón, Asdrubale, aquel niño llorón. Amilcare ofreció a sus hijas una educación humanística sofisticada y tuvo la audacia no solo de cartearse con las grandes cabezas de su tiempo sino también de enviar a Sofonisba y a su hermana Elena con apenas diez años a estudiar al taller del pintor Bernardino Campi. Se trata de un hecho completamente excepcional si pensamos que en aquella época las mujeres que se dedicaban al arte —como insistía Vasari las había y muy buenas— normalmente eran hijas, hermanas o esposas de artistas, como Artemisia Gentileschi o Lavinia Fontana. Las escasas excepciones a esta regla, como sor Plautilla Nelli, eran monjas autodidactas que se entregaban a sus cuadros en la inofensiva soledad del convento pero no jóvenes cortesanas con aspiraciones artísticas como Sofonisba.

A juzgar por los múltiples autorretratos que nos dejó —se ha llegado a afirmar que es la artista que más veces se pintó a sí misma entre Durero y Rembrandt—,[13] Sofonisba debía de ser una joven de aspecto extraño y al mismo tiempo fascinante, una belleza misteriosa y enigmática muy del gusto de aquella época, tan hechizada por las rarezas maravillosas que cada día descubrían los científicos y los exploradores. Tenía la frente despejada, la nariz recta, una boca pequeña y los ojos llamativamente grandes, incluso un poco saltones, como Juana de Arco, pero con las pupilas inquisitivas. Sin embargo, no eran las vivaces pupilas —tan importantes para los pintores— las que imprimían personalidad a su rostro ovalado, sino el espacio blanco que las rodeaba, más grande de lo normal, pues bañaba su expresión de sabia inteligencia. A quienes la vieran por primera vez les llamaría la atención su mirada, tan atenta a los detalles como la de una ardilla impertinente.

Autorretrato de Sofonisba Anguissola (1554)

En el esmero con el que Amilcare y Bianca educaron a sus hijas podemos intuir el influjo que debió de tener en ellos *El cortesano*, publicada originalmente en Italia en 1528, una obra que marcó profundamente tanto a la generación de nobles a la que pertenecían como a las siguientes. En su obra, el humanista Castiglione abordaba cómo tenía que ser el perfecto caballero renacentista así como las virtudes que debía poseer para comportarse correctamente en la corte. Entre estas destacaban la nobleza del linaje, la prudencia, la honestidad y, sobre todo, el equilibrio en el dominio armonioso de las armas y las letras. Dicho en otras palabras, *El cortesano* estableció el código de conducta aristocrático, la *etiqueta* del caballero, que habría de mantenerse intacta durante los siglos siguientes.

Uno de los aspectos interesantes de este libro radica en que, en medio de la querella de las mujeres, aquel debate sobre la virtud femenina que había comenzado Christine de Pizan defendiendo a mujeres como Juana de Arco al final de la Edad Media y que ahora continuaba en el siglo XVI, Castiglione dedicó el tercer volumen de su obra a exponer cómo debía ser la perfecta dama del Renacimiento. «Quiero que esta dama tenga noticia de letras, de música, de pintura y sepa danzar bien»,[14] leemos en sus páginas. Su intención sin duda era buena, pues de hecho encontramos una ardiente defensa de las mujeres en algunos diálogos de *El cortesano*, y no es poca cosa que apostara por su educación. Pero lo cierto es que Castiglione la concebía como un mero adorno del caballero, verdadero protagonista del tratado. De este modo su obra no solo sentó las bases del perfecto aristócrata sino también de la dama *aficionada* a la cultura —sin un verdadero compromiso profesional— que tanto daño haría a las artistas mujeres del futuro.

Una de las principales razones que movían a Castiglione a defender la educación de las mujeres era que consideraba esencial que pudieran participar con soltura en las conversaciones de la corte. Pasar el día charlando entre amigos con espíritu tolerante en los jardines de Urbino, la hermosa ciudad en la que transcurre la obra, era para él el plan más perfecto que pudiera imaginar. ¿Y quién no? Pero para que fuera verdaderamente perfecto las damas no debían ser ignorantes, sino «tener noticia de muchas cosas», es decir, tenían que poder decir algo «con sustancia» para entretener a los caballeros. Su habla, añadía, debía ser «abundosa», pero debía guardarse de ser pesada. De otro modo corría el riesgo de volverse vana y sus palabras «niñerías».[15]

Como vemos, detrás de la dama ideal de Castiglione, capaz de alcanzar la nada fácil «medianía» con la que «llegar puntualmente a cierto término» pero «con tan buen tiento que no le pase»[16] podemos ver asomar la naricilla de la mujer con la que han soñado muchos intelectuales, incluido Jean-Jacques Rousseau, quien en su *Emilio*, publicado más de dos siglos después, afirmaba que era necesario «frenar el parloteo de las niñas» imponiéndoles la ley de «no decir nunca sino cosas agradables a aquellos a quienes hablan».[17] Debían aprender muchas cosas, «pero solo las que les conviene saber».[18] Mujeres, en definitiva, dispuestas a dar la réplica al marido, seguir la conversación sin aportar demasiado, callar sus niñerías y abstenerse de ser demasiado pesadas cuando el caballero llegaba a casa y se quitaba la armadura, cansado después de una larga jornada de trabajo. No debe extrañarnos que ese sea precisamente el papel que concede Castiglione a las mujeres de su obra, nada menos que las nobles Isabel Gonzaga y Emilia Pía, quienes en *El cortesano* conducen la conversación y escuchan con paciente interés cómo los varones discuten sobre ellas, pero rara vez les conceden la palabra si no es para que arbitren y apostillen entre risas, y muy brevemente.

Aunque Amilcare quiso seguir a pies juntillas las recomendaciones de Castiglione para la educación de sus hijas, es bastante probable que su casa de Cremona, con siete u ocho mujeres hablando a la vez, se pareciera poco al tranquilo jardín de la corte de Urbino en el que con tanta cortesía se respetaban los turnos de palabra y todo en la conversación tenía verdadera sustancia. La parlanchina Cleopatra se habría sentido en su salsa. A juzgar por los múltiples retratos que hizo Sofonisba de sus hermanas, las Anguissola debían de pasar alegremente el día entre libros, pinceles y partidas de ajedrez, entre cháchara y bromas, como la que seguramente le gastaron a Asdrubale con el cangrejo. Con bastante seguridad sus cinco hermanas —Elena, Lucia, Minerva, Europa y Anna Maria, nombres que sin duda también reflejan el gusto humanístico del padre— fueron capaces de crear un ambiente divertido en el que hasta el llanto del pequeño —por fin un niño, debió de pensar Amilcare— podía parecer no solo gracioso sino digno de ser inmortalizado en un dibujo que había pedido el divino Miguel Ángel.

Aunque este ambiente familiar y femenino nos resulte alejado del mito del artista del Renacimiento que Giorgio Vasari estaba fraguando con sus *Vidas* precisamente en esa misma época, lo cierto es que de acuerdo con los cuadros de Sofonisba de esta etapa no solo fue el ambiente idóneo para que naciera una de las primeras artistas de renombre de las que se tiene constancia, sino que nunca más, ni siquiera en los años que pasaría después en el Madrid de la corte de Felipe II —el Manhattan de la época— como dama de la reina Isabelle de Valois, volvería Sofonisba a pintar obras tan geniales. Allí, rodeada de sus hermanas, debió de sentir que ella no era solo una *aficionada* a la pintura sino una auténtica maestra de otras artistas como sus queridas *sorelline*, a quienes se esforzaba en transmitir todos sus conocimientos. En este sentido, el grupo formado por las Anguissola recuerda a otros grupos de hermanas creativas, tanto reales como inventadas por la literatura o el cine, como las Brontë, las hermanas March de *Mujercitas* o las tres hermanas Polgár, mundialmente conocidas por haber sido entrenadas por sus padres para jugar al ajedrez en los años ochenta del siglo pasado.

Estas familias dominadas por chicas traen a la mente un estudio sorprendente que realizaron en los años setenta del siglo xx Margaret Henning y Anne Jardim sobre mujeres que habían alcanzado el éxito en el mundo empresarial. Para su gran asombro, estas investigadoras descubrieron que las veinticinco mujeres que habían entrevistado —un número nada desdeñable si pensamos lo complicado que lo tenían para alcanzar la cima— eran todas hijas primogénitas, como Sofonisba, y la mayoría pertenecía a familias sin hermanos varones.[19]

La fama de aquellas hermanas fue creciendo y llegó incluso a oídos del propio Giorgio Vasari, quien quiso conocerlas en persona. Así, en 1566, cuando el pope del Renacimiento andaba de viaje por Italia para actualizar la segunda edición de las *Vidas* de pintores no pudo resistir la tentación e hizo un alto en el camino para dejarse caer por Cremona, en la casa de los Anguissola, quienes lo recibieron con los brazos abiertos. Resulta delicioso imaginar las caras de Amilcare y Asdrubale al escuchar el *toc, toc* de la puerta y mirarse ansiosos el uno al otro. Sentirían una emoción semejante a la de los chefs culinarios de pueblos retirados cuando reciben la inesperada visita de un inspector de la guía Michelin.

Sofonisba, debieron de decirle enseguida con tono de disculpa cuando abrieron la pesada puerta para invitarlo a entrar, estaba en España como dama de la reina Isabelle de Valois, pero si aceptaba pasar y estar unas horas con ellos podría disfrutar de la conversación con la que él, Amilcare, su muy devoto servidor, le entretendría. También podría mostrarle con gran orgullo las obras de Sofonisba. Es evidente que Vasari, coleccionista de anécdotas y cotilleos varios, aceptó encantado y se sintió muy cómodo en aquella «casa de la pintura».[20]

Y lo cierto es que no se arrepintió en absoluto, pues fue precisamente durante esta visita cuando quedó completamente deslumbrado por un cuadro que le mostraron de Sofonisba, *La partida de ajedrez* (1555), hoy expuesto en el Museo Nacional de Poznań, en Polonia. En él vemos a tres de las hermanas de Sofonisba —Lucia, Minerva y Europa— jugando al ajedrez bajo la atenta mirada de una vieja criada.

Sofonisba Anguissola, *La partida de ajedrez* (1555)

3

La temática artística del ajedrez, que hoy ha vuelto a ponerse de moda gracias a la serie de televisión *Gambito de dama*, hunde sus raíces en la Edad Media, cuando el juego de origen asiático se

Fotograma de la serie *Gambito de dama*

difundió por toda Europa y numerosos pintores y escritores percibieron enseguida sus enormes posibilidades alegóricas. En la época de Sofonisba fue especialmente influyente el cuadro del pintor flamenco Lucas van Leyden, *La partida de ajedrez*, en el que puede verse a un caballero con gesto de aburrida superioridad mientras juega contra una dama seriamente enfrascada en la partida. Una muchedumbre los rodea escudriñando la partida y dando consejos sobre los movimientos que cada uno de ellos debería dar. La imagen de los dos jugadores que aparecen en el cuadro, un hombre y una mujer sentados frente a frente, hoy nos hace sonreír al pensar en algunas de las

Lucas van Leyden, *La partida de ajedrez* (1509)

escenas de la serie de televisión protagonizada por Anya Taylor-Joy en las que la joven pelirroja también debe aguantar los gestos de superioridad de sus oponentes masculinos. Sin embargo, en su época, el cuadro de Van Leyden era sobre todo interpretado como una alegoría de la castidad y el honor femeninos, auténticas obsesiones por aquel entonces. La dama, debían deducir los espectadores del cinquecento identificados con la propia muchedumbre que rodea a los dos jugadores, tenía que defender la virtud de sus piezas a toda costa, concentrarse en la partida, metáfora de la vida humana, y oponer resistencia a los embistes del ufano caballero.

Sofonisba apenas tenía veinte años cuando pintó su propia *Partida de ajedrez*. Seguramente había visto un grabado de la obra de Van Leyden gracias a su profesor de pintura y es posible que incluso fuera él quien propusiera a su aventajada discípula el ejercicio de pintar su versión de la partida para entrenarse, una práctica artística muy común en aquella época en la que no solo no existía el copyright sino que era completamente habitual, y una muestra de respeto, que los artistas se copiaran unos a otros.[21] En todo caso, si comparamos el cuadro que pintó Sofonisba con el de Van Leyden, también nosotros, espectadores del siglo XXI, nos quedamos igual de admirados que Vasari.

Como han estudiado críticos de arte como Arthur C. Danto o Flavio Caroli, existen varias razones por las que *La partida de ajedrez* debe considerarse no solo una obra maestra de la historia del arte occidental sino una pieza necesaria para comprender la evolución del retrato del rostro humano, del individuo, esa fascinante aventura moderna que toma impulso en los cuadros de Leonardo da Vinci y prosigue hasta llegar a Caravaggio pasando por el propio Miguel Ángel y tantos otros titanes del arte europeo. En esa liga galáctica se colaron por mérito propio las hermanas Anguissola, inmortalizadas por Sofonisba jugando al ajedrez observadas por una vieja criada, tan bromistas y habladoras como debían de ser en la realidad.[22]

Para empezar, hay que señalar que, si comparamos el cuadro con el de Van Leyden, veremos que la muchedumbre que rodeaba a los jugadores, quienes también jugaban la partida al aire libre, se ve reducida en el de Sofonisba solo a dos personajes, a saber, su hermana pequeña Europa y la criada; a su vez, el caballero y la dama han sido reemplazados por Lucia y Minerva, las otras hermanas Anguissola. Este juego de sustituciones sutil y lleno de significado —¿acaso para una joven de veinte años el mundo no se reduce a sus hermanas?— transforma *La partida de ajedrez* en una pintura en la que el sentido alegórico sobre la castidad femenina es desbancado, o al menos desplazado, por un esfuerzo mucho más moderno, el esfuerzo por capturar, como si fuera un regalo del azar, un instante familiar e irrepetible: Cremona, la vieja criada, los padres jóvenes que se adivinan no muy lejos de allí, el taller del maestro, las cartas de Miguel Ángel, las lágrimas del hermano, por fin un niño debió de pensar Amilcare, y las hermanas, siempre las hermanas.

Que Sofonisba intuyera que el arte podía ser también *eso*, un instante cotidiano revestido de inmortalidad, no solo hace de ella una de las madres del arte moderno junto con Leonardo o Caravaggio sino que la convierte en digna precursora de la estirpe de escritores a la que pertenecen Marcel Proust, Natalia Ginzburg y Virginia Woolf. Es más, al imaginarla tratando de captar ese momento único parece que podemos oír las palabras de Lily Briscoe, la pintora creada por Woolf en su novela *Al faro*, publicada en la misma época que el *Orlando* y *Una habitación propia*: «Lo que quería una, pensaba, cogiendo intencionadamente pintura con el pincel, era mantenerse a la altura de las experiencias ordinarias de la vida, sentir sencillamente que esto es una silla, que eso es una mesa, y, sin embargo, a la vez, quería sentir: esto es milagro, es un éxtasis».[23]

Pero ahí no termina la modernidad del cuadro. *La partida de ajedrez* de Anguissola es también un ejemplo memorable del interés que suscitaba desde hacía algunas décadas el estudio de los llamados «movimientos del alma», los estados de ánimo, un campo que había iniciado Leonardo da Vinci bajo el influjo de Leon Battista Alberti, lo que sitúa a Sofonisba en la vanguardia del arte de su época. «Cuando en la pintura aparezcan figurados movimientos conformes a los estados de ánimo de los personajes en cualesquiera situaciones, el sordo de nacimiento entenderá, sin duda, las acciones e intenciones de las figuras».[24] Con aforismos como este, anotados en su *Tratado de pintura*, Leonardo había revolucionado la historia del arte al señalar el camino por el que iba a discurrir una parte importante de la pintura hasta el siglo xx. Se refería a la exploración del alma humana y su dinámica expresiva.

Efectivamente, tal y como comenzó a poner en práctica el propio Leonardo en sus dibujos, la pintura podía convertirse en un instrumento privilegiado para el análisis psicológico, para captar todo aquello que convertía a una persona en única e irreemplazable; ahora bien, para lograrlo, debía basarse en una atenta observación de los rasgos del carácter humano a través de las expresiones del rostro. Así, como leemos en su *Tratado,* Leonardo animaba a los pintores a aprender anatomía para distinguir cada músculo y cada hueso, e incluso él mismo se atrevió a acompañar a los científicos a la sala de disección de cadáveres para mirar en el interior del cuerpo humano. Detrás de esta importancia del individuo singular, de aquello que lo hacía único, encontramos, en definitiva, el mismo interés que movía a los renacentistas a publicar sus cartas o a interesarse por las vidas de los pintores. El ser humano se colocaba en el centro del escenario, el lugar que había estado ocupado tantos siglos por Dios o la naturaleza, y su conocimiento se transformaba en la prioridad de todas las ciencias y actividades artísticas.

4

Pero volvamos ahora a *La partida de ajedrez* de Sofonisba para ver cómo se sitúa dentro de este contexto. Las tres hermanas están sentadas en torno a una mesa cubierta con un tapete de motivos geométricos, típico del arte flamenco, y encima de ella se emplaza el tablero con las piezas blancas y negras. La partida, deducimos, acaba de terminar en ese mismo momento. Lucia, la hermana mayor, nos mira de medio perfil y en su rostro se adivina una sonrisa cómplice, a lo Mona Lisa, de clara vencedora. Su expresión de cínica suficiencia no está lejos de la del caballero que pintó Van Leyden, pero aquí sirve para caracterizar la actitud de sobrada prepotencia de una hermana mayor hacia las más pequeñas. «Ha sido pan comido», casi podemos escuchar que dice por lo bajo. Frente a ella vemos a Minerva, la pequeña literata de la familia, de perfil completo. Levanta la mano con gesto contrariado y claramente le está diciendo algo a su hermana, algo así como «no vale, has hecho trampas»,[25] pues la expresión de su rostro refleja el mal perder típico de los niños de su edad. Si miramos atentamente y afinamos el oído podemos incluso imaginar lo que sucedió instantes después de la escena del cuadro: Minerva empujó el tablero, se dio la vuelta dándole la espalda a Lucia, y se cruzó de brazos enfurruñada mientras las piezas caían al suelo. Lucia había vuelto a ganar. «No es justo» oímos que murmura.

Como escribió Arthur C. Danto a propósito de *La partida de ajedrez*, las emociones que exploró Sofonisba en estos dos retratos de Lucia y Minerva sin duda son interesantes y se encuentran alejadas de la afectación que podría esperarse de una joven pintora de veinte años deseosa de pavonearse de su talento. Se alejan también de los sentimientos teatrales que reflejaban los rostros de otras pinturas religiosas e históricas del siglo XVI, pues Sofonisba no pintó en su cuadro grandes emociones a lo Miguel Ángel, como el rapto, la agonía, la piedad o la ira,[26] sino que inmortalizó sentimientos mucho más cotidianos, como la felicidad y la rabia infantiles en los últimos instantes de una partida de ajedrez. Sin embargo, como subraya Danto, lo que convierte el cuadro en una obra maestra importante para comprender la revolución que estaba experimentando el retrato de la época no son estos rostros de las dos jugadoras principales, Lucia y Minerva, sino el de la hermana más pequeña, Europa, situada en un segundo plano —se encuentra frente a nosotros y por tanto frente a la Sofonisba imaginaria que está pintando el cuadro—, única representante entre las hermanas de aquella muchedumbre que rodeaba a los jugadores en el cuadro de Van Leyden. A ella corresponde, simbólicamente, comentar la partida y seguramente fue con ella con quien se identificó la propia Sofonisba.

¿Cómo podríamos definir la emoción, el «movimiento del alma», que embarga a la pequeña Europa? Está claro que se está riendo de su hermana mayor, Minerva, porque ha perdido en el juego. Pero su risa, a diferencia de la sonrisa de calculada superioridad de Lucia, tiene una espontaneidad radical que refleja a la niña de forma natural a través de un instante captado con gran maestría. El rostro de Europa recuerda al de Asdrubale llorando, pues evidencia al igual que aquel la expresión espontánea de una emoción no contenida en la que el control de la razón se encuentra ausente. Justo el tipo de gesto que Leonardo y los artistas más avanzados de su época estaban buscando desde hacía décadas.[27] Como añade Arthur C. Danto, el hecho de que Sofonisba captara esa emoción en el rostro de su hermana pequeña y no en una Piedad o en María Magdalena a los pies de la cruz revela los límites de las artistas mujeres de su época pero también su extraordinaria capacidad para transformar dichos límites en una mirada única sobre la realidad; una mirada que, precisamente, solo podría tener una artista mujer que no ha estado, como Leonardo o Miguel Ángel, estudiando del natural la anatomía de hombres desnudos o colándose en la sala de disección de cadáveres sino prestando extrema atención a las «niñerías» vanas de sus hermanas pequeñas, a sus rostros amados. Prestando mucha atención, sobre todo, a los parloteos sin sustancia que sancionaba Castiglione en *El cortesano* y que siglos después prohibiría tajantemente Jean-Jacques Rousseau cuando opinó sobre la educación de las niñas.

Si en *La partida de ajedrez* de Sofonisba aún existen huellas de la alegoría que caracterizaba el cuadro de Lucas van Leyden, esta ya no nos habla de caballeros aburridos a lo *Gambito de dama* enfrentados a damiselas enfrascadas en cómo salvar la castidad en el siguiente arriesgado movimiento, sino de comunidades femeninas de artistas, de hermanas que compiten entre ellas para alcanzar las virtudes *intelectuales* en ese primer tablero de la vida que es la infancia, momento en el que el artista recibe sus influencias principales. El cuadro de Sofonisba, en definitiva, nos cuenta la historia secreta y olvidada en los libros oficiales de cómo las mujeres creativas a menudo han encontrado la inspiración en su círculo de hermanas, en esas conversaciones únicas e irrepetibles que ya no volverán jamás. En la épica y en el léxico familiar, como escribiría mucho tiempo después la también italiana Natalia Ginzburg.

No es extraño que, tras cerrar la pesada puerta de la casa de los Anguissola, cuando se despidió de Amilcare y Asdrubale para continuar investigando *on the road* sobre los pintores, Giorgio Vasari, el pope del Renacimiento, describiera con enorme admiración *La partida de ajedrez*. Sofonisba, podemos leer casi quinientos años después en su *Vidas*, había retratado con gran disposición y diligencia a sus hermanas, tanta, añade Vasari en uno de sus memorables e inconfundibles comentarios, que parecen vivas y... «solo les falta hablar».[28]

EN EL *ATELIER* CON LA REINA

5

Viajemos ahora en el tiempo. Demos marcha atrás y deshagamos parte del camino que hemos recorrido. Seguimos en Cremona, en la Lombardía italiana, pero algunos años antes, pues corre 1549. Sofonisba tiene apenas catorce años de edad y Vasari todavía no sabe que va a inventar la historia del arte con su libro. Es la mañana del 9 de enero y la ciudad se viste con sus mejores galas para celebrar una de las fechas más importantes de su historia. Los cremoneses esperan agitados a que el príncipe Felipe, hijo de Carlos V, entre triunfalmente en la ciudad para presentarse ante sus súbditos italianos. Este joven rubio y tímido es uno de los hombres más poderosos de la tierra. Es el legítimo heredero de los reinos peninsulares, de los territorios italianos que pertenecen a la corona española y del Ducado de Milán, también bajo el control de la monarquía española desde hace algún tiempo.

La plaza del Duomo debía de parecer aquel día un alegre y resplandeciente crisol con gente de todo tipo. Caballeros, damas y niños se mezclarían por una vez con los artesanos, las criadas y los campesinos, pues era un día de fiesta muy señalado.[29] Desde lejos podría verse el Torrazzo, la imponente torre de la catedral de 112 metros, la más alta del mundo por aquel entonces. La música sonaba en las calles de la ciudad por las que desfilaban nada menos que doscientos caballeros vestidos como si fueran figurantes de una ópera de Verdi. Lucían armadura con adornos dorados, jubón de raso, casaca de terciopelo encarnado y calzas con cordones también de color oro. Aunque era una corte pequeña comparada con la de Milán, no hay duda de que el 9 de enero de 1549 Cremona y sus habitantes se convirtieron en el centro de todas las miradas del Imperio.

Como era costumbre, el imponente séquito que acompañaba al príncipe se había quedado en la puerta de la ciudad. Estaba formado por una espléndida caravana ambulante, entre quienes se contaban cronistas, médicos, cocineros, pasteleros, escuderos, criados y, por su puesto, ilustres pintores y secretarios reales. Recordemos que el heredero era conocido no solo por su amor al arte sino también por llevar una frenética correspondencia. El espectáculo que ofrecía toda aquella marabunta a la entrada de Cremona —era un aparato de ostentación que escenificaba el poder— debía de ser digno de verse. Allí, a la puerta de la ciudad, fueron a recibir al príncipe Felipe doce caballeros, los más ilustres de Cremona, quienes encima de la armadura y la casaca de terciopelo portaban hermosas joyas y medallones. Entre los caballeros que tuvieron el honor de acompañar al rey se encontraba, como escribe Estrella de Diego, un hombre con visión de futuro: Amilcare Anguissola.[30]

Sin duda, el futuro rey y su súbdito no se acercaron mucho el uno al otro, pero los visualizo caminando por la vía principal de Cremona mientras intercambian palabras corteses con la cabeza ladeada y gesto caballeresco. Es muy posible que la imagen de su querido padre junto al poderoso príncipe impactara a su hija de catorce años, a quien podemos imaginar, de la mano de su hermana Elena, ensayando una reverencia junto a otros distinguidos vasallos. O podemos imaginarla asomando su carita de ardilla impertinente por el resquicio del portón de su casa, el mismo al que Vasari llamaría años después, tan nerviosa y contenta como los niños de hoy el día de la cabalgata navideña.

¿Se prometió aquella *ragazza* de mirada inquisitiva convertirse en *favorita* del rey cuando se hiciera mayor? ¿Pudo sentirse ya entonces seducida por la idea de pintar su retrato algún día? ¿Mencionaría algo Amilcare cuando, terminados los fastos de la recepción, regresó a casa y sus hijas lo acosaron a preguntas, subidas en sus rodillas y tirándole de la barba?

Lo cierto es que, tiempo después, cuando Sofonisba ya se había convertido en una veinteañera, vuelve a ser una carta, firmada por Amilcare y fechada en Milán el 17 de noviembre de 1559, la que nos ofrece todos los detalles. Está dirigida —imaginamos la emoción— al *Rey de los papeles* en persona y reza como sigue:

Sacra Católica Majestad: El Duque de Sessa, y el Conde Broccardo [Persico] me han pedido de parte de Vuestra Majestad que le conceda a Sophonisba, mi primogénita, para el servicio de la Serenísima nuestra Reina, vuestra consorte, a cuya voluntad como suyo devotísimo y obediente vasallo y súbdito he obedecido encantado;

aunque en mi ánimo haya sentido extremo duelo y dado a los míos disgusto grandísimo por ver tan lejos de ellos y de mí a ésta, mi tan querida hijita, por mí y por todos amada como la propia vida, y siendo por sus virtudes y buenas costumbres queridísima; y, sin embargo, cuando puedo, pienso que le he dado al mayor y mejor Rey del mundo.[31]

En otras palabras, una década después de la visita del por aquel entonces príncipe Felipe a Cremona, Sofonisba se marchó a la corte española como dama de la reina, uno de los destinos soñados por cualquier joven de origen noble. Pasaba a formar parte de la alegre comitiva que la había llenado de asombro cuando la vio en la puerta de su ciudad. Se unía en calidad de aristócrata, y no de pintora, pues recordemos que en aquella época los artistas gozaban de la consideración de un artesano y era impropio situarlos tan cerca de la realeza. En todo caso, el duque de Alba,[32] quien se dice que recomendó a Felipe II que la llamara a su lado, pensó en ella para entretener a Isabelle de Valois, de apenas catorce años, pues temía que la joven reina francesa se aburriera durante las largas horas que la esperaban en una corte que para ella era completamente extranjera. Además, argumentaba a favor de Sofonisba, a la reina también le gustaba pintar.

Así, en el mes de noviembre de ese mismo año, nuestra joven artista se separó de sus hermanas seguramente con una mezcla de tristeza y agitación. Puso rumbo a Génova, o tal vez a Savona, para embarcarse hacia España. Nunca volvería a verlas. En Guadalajara, donde se unió a la corte, la esperaba Isabelle, la tercera mujer de Felipe II, cuyo matrimonio acababa de sellar la paz que España y Francia habían firmado en el Tratado de Cateau-Cambrésis unos meses antes. Como si de nuevo fuera la figurante de una ópera de Verdi, Sofonisba llegó al palacio del Duque del Infantado justo a tiempo para abrir el baile de los esponsales reales el 29 de enero de 1560.

Felipe II, el *rey de los papeles*, se inclinó ante ella y enseguida se apresuró a informar por carta a Amilcare de que su querida hija había llegado sana y salva al centro del mundo.[33]

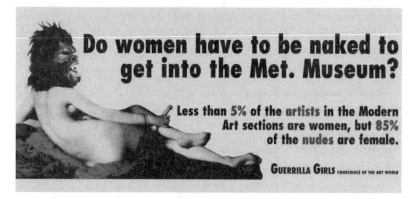

Guerrilla Girls

6

«¿Tienen que estar las mujeres desnudas para entrar en el Metropolitan Museum?». El calendario señalaba 1985 cuando el colectivo Guerrilla Girls comenzó a realizar sus intervenciones feministas escribiendo preguntas como esta en llamativos carteles para denunciar la ausencia de artistas mujeres en museos y galerías. El mercado, insistían, no era ni mucho menos universal, sino blanco y masculino, como los libros de historia del arte. «Solo el 5 por ciento de los artistas del Metropolitan son mujeres», podía leerse en sus pancartas de color amarillo, «pero el 85 por ciento de los desnudos del museo son femeninos». Definitivamente, razonaba el grupo de activistas con sus máscaras de gorila, había que desabrocharse el sujetador para entrar en el MET. Como había preguntado provocativamente la historiadora del arte Linda Nochlin unos años antes, ¿por qué no habían existido grandes mujeres artistas?[34]

El detonante que desató la rabia de este colectivo de creadoras norteamericanas, rabia que perdura hasta el día de hoy, fue la enésima exposición que se celebró a mediados de los ochenta en el MoMA en la que supuestamente se iba a cartografiar el panorama artístico sin sesgo de raza o género. *Supuestamente*, pues entre los doscientos artistas de la muestra, solo se expuso la obra de diecisiete mujeres, una cifra tan insignificante como la que por otro lado es habitual encontrar en la mayoría de museos del mundo incluso hoy y que desciende todavía más si buscamos nombres de artistas que no sean blancas. Como denuncia Peio H. Riaño en su libro *Las invisibles*, actualmente el Museo del Prado solo tiene expuestas de forma permanente en sus galerías once pinturas de cinco mujeres (entre ellas Sofonisba),[35] un dato sobrecogedor, casi tanto como recordar que la primera retrospectiva que dedicó a una artista mujer —Clara Peeters— fue en 2016 y hasta la fecha no ha existido nunca una directora del museo.[36] Como sostenían las Guerrilla Girls en aquella exposición del MoMA de los ochenta a la que se acercaron con sus carteles para protestar como las sufragistas de antaño con sus pancartas, lo intolerable es que pocas personas parecen escandalizarse por las flagrantes ausencias. Y lo que es peor, cuando recorremos el Prado, nadie parece darse cuenta de que en esa gran representación de la historia de nuestra cultura que es un museo faltan *ellas*, las artistas.

Los carteles de las Guerrilla Girls, que enseguida se hicieron famosos, evidenciaron de forma contundente la exclusión que las mujeres habían sufrido en el mundo del arte desde siempre, pero sobre todo desde el Renacimiento, pues fue en este periodo cuando la ideología que sostiene el mito del artista como individuo genial y masculino comenzó a formarse y se sentaron las bases de esa historia del arte que, como señala Estrella de Diego, «prioriza las excepciones».[37] Poco a poco la pintura dejó de ser considerada una actividad artesanal y se convirtió en un arte *intelectual*, elevado, a la altura de la poesía, la filosofía o la teología. Para llevarla a cabo era necesario tener vigor, fuerza e imaginación, virtudes que supuestamente escaseaban entre las damas. En este proceso sin duda fue determinante la creación de las Academias, poderosas instituciones que sustituyeron los gremios y talleres a lo largo de los siglos XVII y XVIII. Si bien garantizaron el reconocimiento y la formación de los artistas, las Academias también ahuyentaron a las mujeres, a quienes se obstaculizó o simplemente se prohibió el acceso.[38]

En este sentido, vale la pena echar un vistazo al cuadro *Los académicos de la Royal Academy*, pintado en 1772 por Johann Zoffany, para comprender la culminación de este proceso de progresivo rechazo hacia las mujeres por parte del mundo del arte. La estancia que aparece en la imagen reproduce una de las salas de la Academia británica y en ella vemos representados con hábil detalle a numerosos *académicos* rodeados de bustos y esculturas clásicas. Llama la atención que sean todo hombres. Van vestidos ricamente y están pintados con poses desenfadadas mientras mantienen una entretenida conversación —también sesuda, a juzgar por cómo alguno de ellos se mesa la barba— sobre una cuestión que parece del más vivo interés para todos ellos, el desnudo, pues no hay duda de que están hablando sobre *ese* tema apasionante, *el* temazo, a juzgar por los modelos masculinos, bien visibles a la derecha del cuadro, hacia los que se dirigen muchas de las miradas de los académicos. En el centro del cuadro vemos al pintor y primer presidente de la Academia, sir Joshua Reynolds, perfectamente reconocible porque lleva en la mano la aparatosa trompetilla acústica que necesitaba debido a su sordera, una prueba más de que allí se estaba hablando sobre temas dignos de oírse bien.

Como escribieron Rozsika Parker y Griselda Pollock en su libro clásico *Old Mistresses. Women, Art and Ideology*, el desnudo era uno de los cursos estrella en el plan de estudios de un académico pues el conocimiento anatómico constituía uno de los mayores logros que debía alcanzar un artista. La destreza a la hora de pintar la figura humana, para la que es imprescindible estudiar un cuerpo del natural, era absolutamente necesaria para poder llevar a cabo composiciones históricas o religiosas de gran formato, los géneros que se consideraban más prestigiosos. Sin embargo, precisamente la presencia de modelos desnudos en el aula era una de las principales razones que ofrecían las Academias para impedir la entrada de las aspirantes a pintoras. ¿Cómo iba a sentirse una chica honesta en aquel ambiente? En el siglo XVIII —clasicista y conservador— estaba completamente fuera de lugar que las jóvenes de buena familia asistieran a clases de este tipo en compañía de otros hombres, del mismo modo que en la época de Leonardo las hermanas Anguissola no podían acudir a la sala de disección de cadáveres. A pesar de los siglos que habían transcurrido, las cosas habían cambiado poco desde que Agnódice se disfrazase de hombre para estudiar con Herófilo en Alejandría.

Así debía de pensar también Johann Zoffany cuando pintó su cuadro *Los académicos de la Royal Academy*. «No era apropiado que hubiera mujeres en aquel ambiente», debió de decirse a sí mismo para salir del paso, pues lo cierto es que se había metido en un aprieto al querer que aparecieran *tantos* académicos, tantos caballeros perfectamente reconocibles en su composición pictórica, incluido sir Joshua Reynolds, su presidente. La foto de familia se estaba complicando. Sin duda, pintarlos a todos le permitía a él mismo lucirse en el dominio de la representación de grupos grandes de figuras humanas, pero, bien mirado, también le causaba un pequeño problemilla; de hecho, un *problemón* de solución complicada. Y es que en 1772 *sí* había mujeres entre los académicos de la Royal Academy; pocas, pero las había. Concretamente las artistas Mary Moser y Angelica Kauffmann, quienes de hecho no eran unas advenedizas sino miembros fundadores de la institución.

¿Qué podía hacer Zoffany para incluirlas en su cuadro y al mismo tiempo no mezclarlas con los caballeros de la clase de desnudo? ¿Cómo resolver el problema? Sin duda, debió de darle unas cuantas vueltas al asunto, tantas como hoy algunos políticos a la hora de planificar una fotografía complicada. ¿Meterlas?, ¿no meterlas? ¿Dónde podría ponerlas? Mary y Angelica eran un incordio.

Es posible que Zoffany preguntara incluso a sir Joshua Reynolds, si, por una vez, y solo por adecuación histórica, podía hacerse una excepción con las artistas mujeres. No se refería a dejarlas entrar en la clase de desnudo —hasta ahí podíamos llegar— sino a que apareciesen en el cuadro de alguna manera, aunque fuera en una esquinita poco visible sin llamar la atención, alejadas de los modelos

Los retratos de los académicos de la Royal Academy, Johann Zoffany (1771-72)

en pelota picada, protegidas de la conversación que mantenían los maestros y que habría conseguido que se sonrojasen.

Sea como fuere, a la luz de la solución a la que finalmente llegó Zoffany, una cosa debió llevar a la otra. Si miramos a la derecha del cuadro, justo encima de los modelos desnudos a los que apuntan todas las miradas, veremos colgados en la pared dos cuadros con dos retratos de perfil de mujer que parecen mirarse una a la otra. Se trata de Mary Moser y Angelica Kauffmann, quienes finalmente fueron incluidas en el cuadro, pero a través de su representación. Cuadros dentro del cuadro. Tal vez fue una decisión de último momento —suele ocurrir con los incordios— pues, como remarcan Rozsika Parker y Griselda Pollock, llama la atención el poco cuidado y detalle con el que el pintor dibujó sus rostros, sobre todo si los comparamos con algunos de los académicos, perfectamente reconocibles, como el propio sir Joshua Reynolds, a quien vemos con su trompetilla acústica en la mano.

El mensaje estaba claro: desnudas o vestidas, las mujeres solo podían aparecer en la Academia, y por extensión en los museos que se irían creando en Europa, como *objeto* de representación masculina, no como *sujetos* creadores, como artistas. Su lugar no estaba en el atelier, pintando y conversando, sino enmarcadas y colgadas como adorno en las paredes de las galerías.

7

Pero ¿dónde habíamos dejado a Sofonisba? ¿En qué punto del mapa entre Cremona y la corte española estábamos?

Acababa de llegar a Guadalajara, al palacio del Infantado, donde tuvo el honor de participar en el baile de la boda de Isabelle de Valois y Felipe II. Llegaba tras un largo viaje por mar y tierra no en calidad de pintora sino como futura dama de la reina. Aunque las biografías de los pintores empezaban a interesar al gran público y algunos, como Miguel Ángel, merecían el nombre de *divinos* precisamente para que su persona quedara elevada con respecto al trabajo manual de los artesanos, una dama de la reina no podía ponerse al nivel de un pintor, un trabajador que se ganaba el pan con las manos. Como vemos, tener noble linaje permitió a Sofonisba acceder a la educación artística, pero fue precisamente su condición noble lo que imposibilitó que figurase entre los pintores de cámara de la corte, como Alonso Sánchez Coello, o que dispusiera de un obrador —de nuevo el cuarto propio de Virginia Woolf— como el que tenía el retratista oficial en la Casa del Tesoro.[39] O al menos oficialmente. En España Sofonisba no firmó sus cuadros —lo que ha suscitado infinitos problemas para atribuir su obra— ni recibió dinero a cambio de las comisiones que le hicieron no solo los principales miembros de la realeza, como Felipe II, Juana de Austria o las infantas Isabel Clara Eugenia y Catalina Micaela, sino también el propio papa Pío IV desde el Vaticano, con quien por cierto también mantuvo un interesante intercambio epistolar.

¿Cómo se sintió Sofonisba a su llegada a la corte española? ¿Qué primeras impresiones le causaría la nueva y majestuosa realidad que se abría ante ella? ¿Se parecía aquel rey todopoderoso al joven príncipe a quien quizá vio caminando junto a su padre por la vía principal de Cremona con apenas catorce años?

Lo cierto es que su nueva vida, primero en Toledo y más tarde en el Alcázar de Madrid, donde Felipe II situó la corte y la capital del reino en 1561, debía de ser muy diferente de la que llevaba con sus hermanas en Cremona entre partidas de ajedrez. Al integrar la Casa de la Reina, todo lo que hacía Sofonisba desde que se levantaba hasta que se acostaba pasó a estar estrictamente vigilado por cientos de miradas que confluían en los ojos de la *camarera mayor*, un cargo ostentado primero por la condesa de Ureña y más tarde por la duquesa de Alba, Grandes de España, máxima autoridad de la corte femenina; los horarios de las damas, así como las comidas, paseos, juegos, bailes, relaciones y, por supuesto, futuros maridos, se regían por la más severa etiqueta de los Austrias.[40]

Ahora Sofonisba, la dama italiana, era una de las personas que conformaban el círculo más íntimo y de mayor confianza de Isabelle, «la reina de la Paz» que mediaba entre Francia y España. La función de la monarca era limar asperezas y hostilidades entre las dos potencias vecinas, lo que exigía que las influencias y consejos que pudiera recibir de sus damas se sometieran a un continuo escrutinio. Aunque la existencia de Sofonisba sería extremadamente cómoda —tenía sus criados, una mula y un caballo propio— lo cierto es que su día a día en Madrid debía de parecerse bastante a estar en un internado hispanofrancés para niñas bien.

Las damas no solo dormían y comían juntas sino que estaban siempre juntas, pues su principal función era distraer entre todas a la reina con juegos, mascaradas, meriendas al aire libre y paseos en litera. En este entorno Sofonisba conoció a *doñas* españolas como Magdalena Girón, Leonor de Toledo y a *madamiselas* francesas, como *madama* Ana de Borbón-Montpensier, íntima de Isabelle en su infancia, la entrometida *madama* de Vineux o la dominante *madama* de Clermont. Y, por supuesto, a otras mujeres importantes, como Juana de Austria, la hermana de Felipe II, fundadora del Monasterio de las Descalzas Reales de Madrid, una mujer extremadamente culta entre cuyas lecturas favoritas se encontraban los *Sonetos* de Petrarca o la *Diana* de Jorge de Montemayor,[41] y con quien Isabelle y sus damas se divertían imaginando comedias, acertijos y charadas. No es descabellado pensar que, en la intimidad de sus juegos y confesiones, Juana de Austria les contara los detalles de la carta que había recibido unos años antes de Isabel de Guevara sobre la conquista del Río de la Plata. Es posible que Sofonisba también frecuentara a la gran *influencer* de la corte, Ana de Mendoza de la Cerda, la enigmática princesa de Éboli, con quien santa Teresa, quien por aquellos mismos años estaba muy ocupada fundando conventos por toda Castilla y escribiendo miles de cartas, tuvo sus más y sus menos cuando la aristócrata, en un ataque de teatralidad tras la muerte de su marido, decidió «meterse a monja» en uno de los conventos fundados por la mística.

La Casa de la Reina, en definitiva, era un mundo tan cerrado como el de los académicos del cuadro de Zoffany, un microcosmos compacto, incluso asfixiante, con sus propias reglas, sus luchas de poder y sus estrictos protocolos, parecido a los *realities* a los que hoy van los famosos en islas remotas. Un gineceo que gozaba de cierta autonomía, pues era independiente de la Casa del Rey, una situación que se mantuvo hasta 1761, cuando Carlos III firmó un decreto para integrarla en esta última. En este mismo sentido, se permitía que, al menos los primeros años, la reina estuviera acompañada de personas de su entorno elegidas por ella misma, principalmente amigas, preceptores y guías espirituales que hablaban su idioma y le hacían más llevadera la integración en otro país.

La negativa a separarse de sus mejores amigas en el momento de casarse no era un capricho de niñas mimadas, pues el sistema que hacía circular princesas por toda Europa para sellar alianzas matrimoniales —las mujeres viajaban de reino en reino como «gaje de la paz» con tanta frecuencia como las cartas— no solo las ponía en clara desventaja a ellas, sino sobre todo al reino del que procedían y representaban. Las damas que acompañaban a su majestad en su nueva vida eran un mecanismo que compensaba la separación de su linaje de origen —el desarraigo— y al mismo tiempo garantizaba la influencia de sus nobles familias en la corte española.[42]

A las damas francesas de Isabelle las escogió celosamente su madre, Catalina de Médici, reina regente de Francia, una de las mujeres más poderosas del siglo XVI y, a juzgar por las frecuentes cartas que escribió a su hija, a las que por supuesto también era adicta, una madre controladora y *metomentodo* de mucho cuidado. A través de sus múltiples embajadores que actuaban como espías en Madrid no solo le hacía llegar a su hija mensajes constantes con opiniones y consejos de todo tipo —Isabelle se echaba a temblar cada vez que recibía una—, en los que se explayaba sobre las medicinas, las cremas y los ejercicios que debía hacer para mantenerse en forma en el país vecino, sino que le llegó a mandar a uno de sus médicos de cámara, Vincent Montguyon, pues desconfiaba de los españoles. Por algo era conocida como *Madame Serpent*.[43]

Como era de esperar, a Catalina le faltó tiempo para ponerse a opinar sobre las amigas de Isabelle en la corte española, un poco como les ocurre a todas las madres cuando sus hijas empiezan en un nuevo colegio y ven con horror que quieran abrir las alas por su cuenta. Isabelle no solo era su hija predilecta, sino que también se había tirado la casa por la ventana para su educación, cuyo liderazgo se disputaba Catalina con la amante del rey, su rival y archienemiga Diana de Poitiers. La reina quería transmitir a sus hijos el amor por las artes y la cultura propio de su estirpe y quizá por eso montó una especie de escuela para princesas en el bosque de Fontainebleau —como un *homeschooling* pero en versión *royal*— para Isabelle y sus otras hijas, las futuras reinas Margot y la duquesa de Lorena, así como María Estuardo, quien se educó desde muy pequeña con sus futuras cuñadas bajo la protección de la matriarca medicea.

En cuanto Catalina se enteró de que las damas francesas y las españolas se peleaban por controlar a Isabelle en Madrid, se apresuró a hacerle llegar un mensaje tan directo como el wasap que escribiría hoy cualquier madre a su hija adolescente: «Madame mi hija», le escribió tan rápido como llegó la noticia a sus oídos, «he oído por algunos que han venido de España que vuestras damas no se llevan bien, y que Madame de Vineux quiere intervenir a toda costa en vuestros asuntos, algo que encuentro increíblemente mal».[44] Lógicamente, Catalina estaba preocupada por la imagen que pudieran dar las francesas en la austera corte del católico rey, menos pomposa y artificial que la gala, por lo que no dudó en escribir también al embajador Limoges a propósito de *las niñas*: «quiero que vivan en paz y unión y no den a conocer a los extranjeros que están locas de la cabeza».[45]

Efectivamente, las damas francesas y españolas se disputaban la merced de la reina, y Sofonisba estaría en medio de todas ellas, mirando de reojo a unas y a otras, pues ella no era ni *doña* ni *madama*. En los documentos regios figura sin título, simple y llanamente como Sofonisba Anguissola, la última en la lista de las españolas y la primera entre las francesas, en tierra de nadie y con faltas de ortografía en el apellido, como si los contables del reino encargados de su estipendio y manutención no supieran muy bien dónde ponerla.[46]

No era para menos. Tener en Madrid una *pittora* como ella entre tantas *doñas* y *madamas*, una «hermana de Miguel Ángel», como habría podido escribir Virginia Woolf, debía resultar cuanto menos sorprendente.

8

Sin embargo, todo parece indicar que se integró perfectamente. Sofonisba permaneció en la corte española hasta 1573, es decir, casi quince años. Durante este periodo realizó numerosos retratos de la realeza —algunos de ellos colgados hoy en el Museo del Prado— y participó muy activamente en la vida de la corte en la que por aquel entonces danzaban personajes como don Carlos —a quien retrató— o la ya mencionada princesa de Éboli. Según consta en las crónicas, fue muy querida y admirada por todos, especialmente por la joven reina, a quien daba clases de pintura. Es más, en medio de aquella competición de egos por el favor de Isabelle parece que Sofonisba también supo seducirla, pues solo una semana después de la boda, el 19 de febrero de 1560, el embajador francés Limoges, el espía de Catalina de Médici —quien, por supuesto, tendría el ojo sobre la cremonesa— ya anota que ha visto a la reina tomando clases de pintura con su dama italiana. Al parecer, escribe Limoges, tiene talento y avanza rápido, y añade que Isabelle ha solicitado que por favor le hagan llegar algunos colores de París.[47]

Un año después, en febrero de 1561, la pasión por la pintura que muestra la reina sigue creciendo. Esta vez es el embajador Girolamo Neri quien informa al duque de Mantua de que la reina tiene ingenio y le encanta pintar; es más, según «la Sofonisba cremonesa, que es quien le da clases», añade, Isabelle pinta unos retratos al carbón en los que enseguida se puede reconocer a la persona; palabras que demuestran que Sofonisba volvía a ejercer de maestra, como en su día hizo con sus hermanas pequeñas de Cremona.

Catalina de Médici no tardó tampoco en enterarse de la afición de su hija por el arte a través de sus otras damas de compañía. En una carta firmada el 30 de septiembre de 1561, la entrometida *madama* de Vineux, quizá para sacudirse la imagen de amiga tóxica y «loca de la cabeza» que tenía ante los ojos de la superpoderosa reina de Francia, le escribió una lisonjera carta en la que señalaba que Isabelle pasaba «la mayor parte del tiempo pintando». En la misiva también incluyó un comentario tan extremadamente exagerado sobre las dotes artísticas de Isabelle como todos los comentarios que se debían a los monarcas en el Antiguo Régimen: «solo tardará un año en ser tan buena como su maestra, que se cuenta entre las mejores de todo el mundo».[48]

Como es lógico, el primer cuadro que pintó Sofonisba durante su estancia en la corte española fue el de la propia reina Isabelle. Vale la pena detenerse a imaginar la escena, pues en nuestra tradición cultural son muy poco habituales las imágenes de mujeres artistas pintando a otras mujeres poderosas. A Tiziano, Velázquez, Rubens, Goya e incluso a Andy Warhol, nos resulta sencillo imaginarlos inmortalizando a reyes o a presidentes de Estados Unidos, codeándose con la *jet set* y prometiéndoles sus minutos de fama, pero ¿y a una artista mujer? ¿Visualizamos tan fácilmente a una mandataria y a su retratista? ¿Poder político y sujeto creativo juntos y *en* femenino? ¿O, como en el cuadro de Zoffany, nos resulta más sencillo pensar en las mujeres como hermosos objetos de contemplación en lugar de maestras creadoras?

A la pintora y a su modelo les resultaría complicado encontrar un lugar apartado donde Isabelle pudiera posar tranquilamente, pues ya hemos visto que Sofonisba no disponía de un obrador ni de una cámara privada[49] para pintar e Isabelle tampoco podía ocultarse demasiado tiempo de las miradas de sus damas y espías, ni de los embajadores de su madre, quienes tomaban buena nota de todos sus movimientos. Así, podemos imaginar a Sofonisba un poco ansiosa, pues no tendría nada que ver coger los pinceles en Cremona bajo la mirada divertida de sus hermanas que hacerlo en una de las galerías del Alcázar de Madrid, detrás de una pesada cortina, sintiendo los ojos del embajador Limoges o los del propio Felipe II fijamente clavados en su espalda. Nada indica que fuera insegura, o que dudara de su maestría, pero lo cierto es que al pensar en esta escena viene a la mente de nuevo el personaje de Lily Briscoe, quien no soporta que los hombres fisguen por encima de su hombro lo que está pintando en el jardín de la casa de los Ramsay donde pasan el verano. Solo sirve para que aumente su sensación de incompetencia, su insignificancia,[50] y para que Lily, una solterona de ojos rasgados y carita arrugada, comience a escuchar aquella voz que decía que las mujeres «no sabían pintar, no sabían crear».[51]

El retrato oficial constituía, qué duda cabe, un género al que Sofonisba no estaba acostumbrada.[52] El mayor desafío que debía afrontar ya no eran la captación del instante y la retórica expresiva de las emociones sino ser capaz de mostrar la *majestad* del personaje sin por ello borrar completamente al ser humano que había detrás. La dificultad, rezaban los tratados de pintura, era hacer visibles el *ser* y el *aparecer* de los monarcas, símbolo de poder absoluto, enalteciéndolos si hacía falta pero sin ocultar a los espectadores la verdad de la persona. Por otro lado, a diferencia de lo que sucedía en Cremona, donde compartía las horas de estudio y taller con sus hermanas, los modelos consagrados que Sofonisba tenía en Madrid ante ella eran todos masculinos —el referente incuestionable era Tiziano, así como el flamenco Antonio Moro, cuyos cuadros pudo contemplar—, y debían de parecerle maestros grandiosos, igual que le ocurre a Lily Briscoe cuando mira a su alrededor en la casa de la familia Ramsey.

¿Podría estar a la altura de ellos una joven extranjera que se acercaba a la treintena, soltera aún como la propia Lily? ¿Sería capaz de crear obras que no fueran meros adornos de aficionada sino, como diríamos hoy, tan *serias* como las de Tiziano, Antonio Moro o Alonso Sánchez Coello? Tal vez Sofonisba se hacía estas mismas preguntas mientras escrutaba a la reina con su mirada inquisitiva, mientras trataba de no desconcentrarse al rematar el pliegue del vestido o la forma exacta en que se separaban los dedos de su mano. Como dice Lily Briscoe en *Al faro*: «Tenía que seguir mirando, sin relajar ni un segundo la intensidad de la emoción, la determinación de no dejarse desaminar, de no dejarse engañar. Había que sujetar la escena, así, como si estuviera en un torno de ebanista, y no podía consentir que nada lo estropeara».[53]

Aunque la mayor parte de la crítica coincide en que lo mejor de su producción artística lo encontramos en la etapa juvenil cremonese, como *La partida de ajedrez* o los múltiples autorretratos, también se ha señalado que Sofonisba no solo integró perfectamente las convenciones del retrato de estado de la corte española sino que también fue capaz de imprimir vida, realismo e historia personal a los personajes que inmortalizó, la mayoría femeninos. La cercanía que mantenía con ellos así como la simpatía que sentía hacia Isabelle, las infantas o la reina Juana seguramente contribuyeron a que, gracias a sus pinceles, el encorsetamiento propio del retrato oficial disminuyera. Sin duda, el entrenamiento que había recibido pintando una y otra vez a sus hermanas pequeñas fue también decisivo a la hora de retratar a una reina tan joven como Isabelle de Valois, a quien supo dotar de vivacidad pero también de una gran dignidad.

Isabelle de Valois sosteniendo un retrato de Felipe II, cuadro atribuido recientemente a Sofonisba Anguissola (1561-65)

Cuando hoy caminamos por las galerías del Museo Nacional del Prado y, en la sala 55, sale a nuestro encuentro el majestuoso retrato de la reina Isabelle de Valois, durante mucho tiempo atribuido a Alonso Sánchez Coello y por fin a Sofonisba Anguissola, nos parece escuchar el eco de las palabras finales de Lily Briscoe en *Al faro*, la novela de Virginia Woolf: «Se volvió hacia el lienzo. Ahí estaba, el cuadro [...]. Lo colgarán en alguna buhardilla, pensaba, lo destruirán. Pero, y eso ¿qué importaba? [...]. Sí, pensó, dejando el pincel, extraordinariamente fatigada, ésta ha sido mi visión».[54]

UN JOVEN PINTOR VIAJA A ITALIA

9

En 1621, mucho tiempo después de que Giorgio Vasari, el pope del Renacimiento, visitara aquella «casa de la pintura» habitada por mujeres artistas en Cremona, un jovencísimo Anthony van Dyck dirigió sus pasos hacia Génova. El discípulo más brillante de Rubens había decidido abandonar su taller de Amberes precisamente con la intención de despegarse del maestro y poder desarrollar su personalidad. Quería empezar a pintar «a su manera». Italia era un destino obligado para cualquier artista prometedor como él, pues era allí donde podría ver y copiar la obra de los magníficos artistas que le habían precedido. Antes de cerrar la bolsa con sus pertenencias, se aseguró de meter un cuaderno con unas doscientas páginas en blanco en el que tomar nota de las maravillas que vieran sus ojos.[55] La noche antes de partir podemos suponer que el pintor flamenco durmió tan agitado como cualquier mochilero con corazón de artista que se dispone a hacer el interrail.

Durante los siguientes seis años Van Dyck no perdió el tiempo. Se estableció en Génova, donde tenía importantes contactos, pero aprovechó la mínima oportunidad que se le presentó para visitar otras ciudades, como Roma, Venecia, Florencia, Milán y Padua. Allí le deslumbraron las obras de Leonardo, Carracci o Rafael, aunque seguramente fueron las de Tiziano las que le causaron una mayor atracción. Todo lo que veía lo apuntaba en su cuaderno, del que no se desprendía, con intención de poder usarlo después para sus creaciones cuando regresara a casa. En sus páginas en blanco realizó pequeños dibujos con tinta a pluma o carboncillo —le interesaban sobre todo las soluciones compositivas— pero también anotó los colores que se veían en la obra y, aquí y allá, dejó escritas algunas palabras dispersas de admiración que dan cuenta de sus preferencias artísticas.

En la página 110 encontramos la entrada más larga de todo el cuaderno, hoy cuidadosamente conservado en el Museo Británico como la joya inmensa que es. Fue escrita el 12 de julio de 1624 durante una jornada que, a juzgar por la extensión que le dedicó, quizá fue una de las que más marcaron a Van Dyck durante sus años de juventud en Italia. Uno de esos días que no se olvidan fácilmente y cuyo recuerdo tal vez le permitió fanfarronear ante otros pintores al volver a casa. «Estuve con ella. La conocí en persona», podemos imaginar que le dijo a Rubens guiñando el ojo izquierdo y chasqueando los dedos cuando regresó a Amberes.

Entrada del cuaderno de Van Dyck en el que relata su encuentro con Sofonisba y esboza su retrato

Y es que aquel día caluroso de verano, Anthony van Dyck, quien apenas tenía veinticinco años, pero llegaría a ser uno de los más importantes pintores del siglo XVII, fue a visitar a la pintora Sofonisba Anguissola a su casa de Palermo. Como anotó en su cuaderno, ella tenía por aquel entonces noventa y seis años.[56]

Es delicioso imaginar esta vez la cara de Sofonisba cuando escuchó el *toc, toc* de la puerta. Aunque cubierta de finas arrugas, seguramente continuaba siendo una ardilla impertinente de ojos atentos y despiertos; seguiría teniendo esa misma mirada bañada de serena inteligencia que se animó sin duda al sentir que el joven pintor flamenco se acercaba de puntillas a la estancia en la que ella, entre sombras, lo esperaba majestuosamente hundida en su poltrona como si fuera una diva de otro tiempo. Con un gesto amable pero firme, le indicó a Van Dyck dónde podía tomar asiento, frente a ella, y respondió afirmativamente con la cabeza cuando él, enseguida, sacó su cuaderno con intención de pintar su retrato del natural.

Como anotó después en la página 110, la anciana no pudo contenerse cuando comenzó a dibujar y se apresuró a darle «numerosos consejos acerca de la luz». En su opinión, le indicó a Van Dyck con su pequeña mano en la que no se adivinaba temblor alguno, no debía estar demasiado cerca o muy arriba, pues en caso contrario, razonó presumida esbozando una pícara sonrisa, provocaría «que sus arrugas se vieran demasiado». Hablaba la gran dama del retrato europeo. Como escribe la historiadora Frances Borzello, estas palabras sobre la luz y las arrugas anotadas con fino humor por Van Dyck en su cuaderno son el primer testimonio escrito del que disponemos en el que una mujer artista da consejos a un pintor hombre.[57]

No sabremos nunca cuánto tiempo pasaron juntos aquel día de verano la maestra y su discípulo. Tal vez unas horas, tal vez hasta la noche. En todo caso, tuvieron tiempo de conversar, pues Van Dyck dejó anotado en el cuaderno que la anciana, «con buena memoria, entendimiento claro y amabilísima», le contó muchas cosas mientras él pintó su retrato. «Me habló también de su vida, de que fue pintora del natural y muy buena. La mayor pena que tenía era no poder pintar más porque le falta la vista», escribió el flamenco, rodeando con su hermosa letra los espacios en blanco de la página en la que vemos dibujada una Sofonisba viejecita.[58] «Aunque su vista estuviese debilitada por la edad», añade, «le gustaba tener cuadros delante». Al parecer pegaba la nariz encima de ellos y todavía era capaz de discernir algo y disfrutarlo. La manera en que aparece retratada, con el cuello tendido hacia delante, todavía refleja la actitud de atenta curiosidad que la debió caracterizar de joven.

¿Qué le contaría exactamente Sofonisba?

Si fueran las Guerrilla Girls quienes imaginaran este encuentro no hay duda de que harían girar la conversación entre Sofonisba y Van Dyck sobre las principales ventajas que para ella había tenido ser una mujer artista. ¿Cuáles?, preguntaría el joven pintor flamenco mientras escrutaba su rostro para el retrato. Pues, por ejemplo, respondería Sofonisba arqueando las cejas, «trabajar sin la presión del éxito», «ser incluida en versiones revisadas de la historia del arte» y «no tener que pasar por la vergüenza de que se refieran a ti como un genio». Y también, por supuesto, «saber que tu carrera será revalorizada cuando cumplas ochenta años».

Sin embargo, es mucho más probable que Sofonisba le hablara de las cartas de Miguel Ángel, de sus hermanas y de las inolvidables partidas de ajedrez que jugaban juntas. Es posible que también le hablara de las clases de pintura que le dio a la reina, y de todos los retratos que hizo de los miembros de la realeza.

Si leemos entre líneas lo que anotó Van Dyck en su cuaderno —«me habló también de su vida»— incluso podemos fantasear un poco más e imaginar que también le contó que se casó dos veces, aunque nunca tuvo hijos, lo que habría hecho que Lily Briscoe aplaudiera satisfecha. El primer matrimonio fue con Fabrizio Moncada, un noble siciliano elegido por el mismísimo Felipe II para ella, quien murió en un barco asaltado por piratas; y, el segundo, contra la voluntad de todos, con Orazio Lomellino, un capitán de barco mucho más joven a quien conoció cuando viajaba por mar de vuelta a Cremona.

No, no se estaba inventando *niente*, debió de decirle a Van Dyck al ver su cara de asombro. Así fueron *esattamente* las cosas. Aunque es cierto que se organizó un buen escándalo y hasta Asdrubale, quien ya no era un niño llorón sino un hombre hecho y derecho, mostró su enorme preocupación y descontento. De hecho, como es posible que le confesara Sofonisba entre suaves risitas mientras iba cayendo la tarde en Palermo y se reclinaba en la poltrona, su hermano le reprochó muy serio que ese no era un matrimonio digno de una antigua dama de la reina. Aquel *signore* no estaba a la altura de su noble linaje, le dijo frunciendo el ceño con una expresión en la que ya no quedaba huella del chiquitín a quien picó un cangrejo. Así se lo hizo saber también por carta nada menos que el gran duque Francisco I de Médici, quien le dijo hablar en nombre del propio rey de España. Su majestad tampoco veía con buenos ojos el casamiento. Sofonisba debía entrar en razón, rechazar a Lomellino y escoger un sujeto digno de ella y de su casa.

—¿Y qué le dijiste? —le preguntó tal vez Van Dyck mientras remataba el retrato con una pequeña línea en el centro del vestido.

Silencio en la noche siciliana.

—Que los matrimonios primero se hacían en el cielo y luego en la tierra. Y que su carta —sonrió astuta Sofonisba— llegó demasiado tarde.

Al abandonar la casona de Palermo y enfilar sus calles empedradas, Van Dyck seguramente no pudo evitar recordar las palabras con las que Giorgio Vasari había concluido los admirados párrafos que les dedicó a las hermanas Anguissola en sus *Vidas*:

> Si las mujeres saben cómo hacer muy bien a los hombres vivos, ¿por qué nos maravilla que aquellas que quieren sepan también hacerlos igualmente bien cuando los pintan?[59]

7

MARY WOLLSTONECRAFT

LES DEBEMOS UN BUEN EJEMPLO

SPITALFIELDS, 1759

UN CASTILLO ENCANTADO

1

A finales del siglo XVIII se pusieron de moda los castillos. Las novelas góticas que leían a escondidas las jóvenes inglesas, llenas de escenas de terror y amores imposibles, poblaban su imaginación de viejas construcciones en ruinas, con vidrieras de intensos colores oscuros, largos pasillos abovedados y puertas secretas que iban a parar a habitaciones misteriosamente clausuradas. El medievalismo era el último grito entre las clases altas, seguramente porque las duquesas y los condes percibían que las viejas fortalezas en las que habían vivido durante siglos estaban a punto de desmoronarse. De Francia llegaba el clamor revolucionario y en los barrios de Londres, cada vez más pobres y violentos, se amontonaban las basuras hediondas. En todo caso, preferían pensar las niñas de clase alta, mientras llegaba el fin del mundo, lo mejor era sentarse cómodamente en un sillón de la biblioteca, encender una vela y zambullirse en una interminable novela ambientada en un escenario lejano y terrorífico.[1]

Con el paso del tiempo, la pasión del Renacimiento por las cartas había desembocado en la producción de novelas epistolares y ahora las jóvenes se encerraban a devorarlas dominadas por una nueva fiebre, la que les provocaba su lectura. Aún se podía escuchar el eco del disparo con el que Werther, el personaje de Goethe, se había saltado los sesos. En aquella novela epistolar publicada en 1774, que desató a su vez una ola de suicidios entre los jóvenes, el héroe trágico, enfundado en un frac azul y chaleco amarillo, se había quitado la vida sentado ante la mesa de escribir cuando apuraba un vaso de vino y leía un libro de Lessing.[2]

En el interior de los castillos que inventaban las novelas góticas no podían faltar ni las armaduras ni los retratos de antepasadas con mirada esquiva, tampoco una capilla con un altar solemne en el que oficiar matrimonios secretos o asesinatos. Los suelos debían estar revestidos de mármol, las habitaciones ser grandes y de techos altos, al reloj de la casa le correspondía dar las horas con el estremecimiento de una oscura profecía y las torres habían de alzarse hacia el cielo, repleto de nubarrones grises que anunciaban una terrible tormenta. A lo lejos, desde las ventanas cubiertas de pesadas cortinas, era imprescindible que pudiera divisarse la silueta melancólica de una abadía, rodeada de un bosque espeso. Y, más lejos todavía, una hilera de montañas, ribeteadas por riscos escarpados y coronadas por la luz de la luna.[3] Pero, sobre todo, en el interior de los castillos encantados había algo que no podía faltar. Una presencia recurrente y necesaria, un elemento indispensable para imprimir romanticismo a un buen relato de miedo: un fantasma. O, en el caso de que no se tuviera uno a mano, una pobre y pálida institutriz, lo que a finales del siglo XVIII venía a ser prácticamente lo mismo.

Mary Wollstonecraft tenía veintisiete años cuando desembarcó en Dublín procedente de Londres una mañana del mes de octubre de 1786. Faltaban menos de tres años para que estallara la Revolución francesa. Iba camino del castillo de Mitchelstown, situado en el condado de Cork, propiedad de lord y lady Kingsborough, los terratenientes ingleses más poderosos de Irlanda, quienes la habían contratado a través de unos conocidos comunes para que se ocupara de la educación de sus tres hijas mayores mientras los varones de la familia iban a Eton y a

Mary Wollstonecraft, por John Opie (c. 1797)

Oxford. Lady Kingsborough, una guapa aristócrata acostumbrada a elegir siempre lo mejor, la había escogido a conciencia, pues su marido se había *propasado* con la anterior institutriz —las novelas sentimentales de Samuel Richardson, como *Clarissa*, también eran superventas— y esta vez lady Kingsborough quería tener todo bajo control.

Mary parecía perfecta para el puesto. Así se lo había confirmado a la dueña del castillo su mayordomo,[4] quien escoltó a la joven sin revelar su identidad durante gran parte del viaje en carruaje desde Dublín, adonde la joven había llegado en barco procedente de Inglaterra. De moral intachable, sólidas ideas e inclinación filosófica, Mary Wollstonecraft había logrado ser quien era a pesar de las dificultades que había tenido que sufrir desde niña, con un padre violento, una madre distante y unas hermanas completamente dependientes económicamente de ella, la mayor de la familia. Sin embargo, había conseguido salir adelante, y formarse por su cuenta, e incluso había dirigido una pequeña escuela para niñas con su mejor amiga, Fanny Blood, en la que habían puesto en práctica avanzadas teorías educativas que sustituían la rígida pedagogía de la época. Es más, hasta se había animado a escribir un pequeño opúsculo, *Reflexiones sobre la educación de las hijas*, que pronto publicaría nada menos que Joseph Johnson, uno de los editores londinenses más audaces del momento. Para cambiar el mundo, pensaba Wollstonecraft, era necesario empezar por las madres y el tipo de educación que daban a sus hijas.

Seguramente lo que más llamó la atención de Mary mientras se aproximaba a la entrada del castillo por la larga avenida de árboles fue lo aislado que estaba.[5] Lo tendría difícil para entrar y salir a su aire o hablar con los aparceros, por quienes sentía una simpatía natural y cuyas modestas casas había visto en el último tramo del camino.[6] Con sus imponentes torres de piedra, Mitchelstown parecía sacado de una novela gótica de Horace Walpole o Ann Radcliffe, pero en una versión más moderna, pues los Kingsborough habían remodelado completamente el castillo hacía pocos años. Siguiendo la moda de la arquitectura palladiana, la mansión de planta cuadrada tenía numerosas columnas y galerías conectadas entre sí y los artistas que trajeron de Italia habían embellecido el edificio con molduras de escayola, frescos, chimeneas y elegantes escaleras.[7] En una de las torres había una gran biblioteca en la que podían leerse libros llegados de toda Europa y en los extensos terrenos que rodeaban el edificio se habían plantado hermosos jardines de diseño clásico, con simétricos parterres y terrazas adornadas con estatuas traídas de Francia. El toque romántico y salvaje lo ponían los bosques aledaños, el río y las siete azuladas montañas Galtee que remataban tan pintoresco escenario con su aire sublime.

Cualquier joven soltera con recursos limitados se habría sentido deslumbrada en Mitchelstown. Solo una generación más tarde Charlotte Brontë escribiría *Jane Eyre*, una novela en la que el huraño señor de la casa se enamora de la institutriz mientras tiene encerrada a su mujer en el desván. Pero Mary Wollstonecraft era diferente. Los últimos meses había estado leyendo filosofía política, fundamentalmente a pensadores liberales e ilustrados como Locke y Rousseau, y sus ideas eran cada vez más radicales. Cercana a los círculos de intelectuales británicos disidentes, simpatizaba con los gritos de libertad que llegaban de Francia, apoyaba la rebeldía de las colonias americanas, despreciaba la tiranía de las clases sociales altas y hasta la institución matrimonial —cuyos horrores había conocido a través de su padre violento— le causaba rechazo. Pero, sobre todo, Mary abominaba el modelo de feminidad que representaban lady Kingsborough y la corte de damas con extraños peinados que la recibieron en el vestíbulo del castillo. Mujeres vanidosas, ridículamente dedicadas a sus vestidos y adornos, que pasaban las horas jugando a las cartas y hablando a sus perros como si fueran niños pequeños. ¿Cómo iba a cambiar el mundo si la mitad de la población era educada para ser idiota?, se preguntaba Wollstonecraft mirando compungida a su alrededor, ¿cómo iban las mujeres a orientar la mente de las niñas si *ellas* apenas habían salido de la infancia?[8]

Por otro lado, Mary acababa de recibir uno de los golpes más duros de su vida. Su querida amiga Fanny Blood, con quien había dirigido la escuela, había muerto en Lisboa a los pocos días de dar a luz. Desgraciadamente, las cosas no habían cambiado mucho desde los tiempos de Agnódice, y el índice de mortalidad de niños y parturientas seguía siendo muy elevado. La pérdida de su amiga había sido un golpe durísimo para Wollstonecraft y si logró reponer el ánimo para aceptar el trabajo de institutriz solo fue por la falta que le hacía el dinero. Se prometió a sí misma que sería por un corto periodo de tiempo, pues su verdadera intención era convertirse lo antes posible en lo que de verdad quería ser. Deseaba llegar a ser una escritora independiente.[9]

Así, con el corazón encogido y un puñado de ideas todavía en estado embrionario pero ya altamente incendiarias, Mary se adentró en el castillo de Mitchelstown. «Atravesé la gran puerta con la misma sensación que si estuviera entrando en la Bastilla», escribió a su hermana Everina días después de su llegada.[10] En la gran estancia del recibidor principal, bajo una cúpula en la que estaba pintado el rapto de Perséfone, había alguien, una personita temerosa, que la esperaba con impaciencia. Su presencia debía de quedar desdibujada detrás de los ochenta criados —cocineras, camareras, mozos, mayordomos, niñeras y amas de llaves— que componían el personal de servicio y del séquito de elegantes damas de rostro coloreado y pelo empolvado que acudieron para escrutar a la recién llegada. Lady Kingsborough, le dijeron, no había podido bajar a recibirla personalmente porque estaba en cama con un fuerte dolor de garganta.

La niña desdibujada detrás del imponente comité de bienvenida era Margaret King, de dulces ojos azules y alta para su edad, quien miró a su nueva institutriz de arriba abajo con la misma expectación con la que Jane Banks habría mirado a Mary Poppins. Con sus ojos castaños y brillantes, su boca perfecta y su forma de hablar apasionada tan distinta a la de su propia madre, Wollstonecraft causó una honda impresión a Margaret desde el primer momento en que la vio. Debajo de sus ropas humildes saltaba a la vista su exquisita sensibilidad y la decisión de su carácter.[11] No había aparecido volando con un paraguas, ni traía tesoros imposibles escondidos en su maleta, pero con su llegada aquella mañana de octubre de 1786 entraron en el castillo de Mitchelstown verdaderos aires nuevos.

Mucho tiempo después, cuando la pequeña Margaret peinara canas, seguiría sintiéndose agradecida por la suerte que tuvo al tener una institutriz tan inteligente como Mary, quien la ayudó a liberar su mente «de todo tipo de supersticiones».[12]

2

A decir verdad, Wollstonecraft no tuvo la misma impresión la primera vez que vio a su joven alumna. Como escribió a su hermana a los pocos días de llegar, las tres niñas King que pusieron a su cargo le habían parecido criaturas salvajes imposibles de tratar, maleducadas y muy poco agradables.[13] En realidad todo el castillo le parecía envuelto en una solemne estupidez y siempre que podía esquivaba las invitaciones que le hacía lady Kingsborough, quien se había recuperado del dolor de garganta y siempre andaba rodeada de sus numerosos perros. Quería que la acompañara a bailes y a cenas —en aquella época la institutriz estaba en un ambiguo espacio intermedio entre la servidumbre y los señores de la casa— pero Mary se retiraba a hurtadillas siempre que podía a la biblioteca o a su habitación para leer ardorosamente el *Emilio* de Rousseau. Más adelante tendría tiempo de polemizar con él por sus opiniones misóginas pero, por aquel entonces, Wollstonecraft se sentía más cerca de las ideas ilustradas del autor de *El contrato social* que de las que formulaban los aristócratas del castillo. Con su canto a la sensibilidad, a la bondad innata del ser humano, y su confianza en la capacidad de los hombres para educarse a sí mismos y a sus semejantes, el *Emilio*, publicado en 1762, estaba cambiando profundamente la forma de entender la educación y la infancia en toda Europa.

Así pensaba también Mary, como bien había puesto por escrito en su propio libro, *Reflexiones sobre la educación de las hijas*, que pronto vería la luz. En sus páginas había defendido un modelo educativo en las antípodas del que era norma entre los aristócratas, quienes se desembarazaban de los hijos en cuanto podían encasquetándoselos a criados y preceptores. Sin ir más lejos, así había hecho lady Kingsborough, quien al poco de nacer Margaret la dejó al cuidado de una niñera y se marchó con su esposo a un largo viaje de dos años por el continente. Wollstonecraft se llevaba las manos a la cabeza con este tipo de actitudes, pues le parecía que rayaban el abandono. También le repelía que la sociedad se contentara con que las niñas tuvieran buenos modales, supieran cuatro cosas de francés y gramática y entretuvieran a las visitas tocando algunas piezas al piano o enseñando sus mediocres dibujos, en lugar de ofrecerles una «sólida estructura moral»,[14] lo que para Mary era el objetivo que debía perseguir toda educación. El influjo del modelo pedagógico *amateur* y diletante defendido por Castiglione en *El cortesano*, al que Sofonisba había sacado tanto partido, era aún más que patente en la formación que recibían las niñas de las clases acomodadas.

Al igual que Rousseau, Mary creía que la buena educación debía empezar desde la cuna, una idea que hoy nos parece evidente pero que en su época no lo era en absoluto. Gracias a la nueva visión del niño propia de los románticos, así como a la importancia que le otorgaba la Ilustración a la educación, la infancia estaba comenzando a ser vista por algunos intelectuales como una etapa de la vida no solo valiosa en sí misma sino decisiva tanto para los propios niños como para la sociedad en su conjunto. Para gran escándalo de sus lectores, Mary aconsejaba por ejemplo que las madres dieran el pecho a sus hijos, pues le parecía la forma de crianza más natural y la más amorosa. «El amamantamiento de un niño provoca asimismo una gran ternura; su situación de dependencia y desamparo provoca un afecto que puede calificarse de maternal».[15] Si todavía hoy las teorías de la *crianza natural* y *con apego* suscitan acalorados debates, podemos imaginarnos cómo eran leídos estos polémicos consejos en un tiempo en que el que las madres de clase alta como lady Kingsborough contrataban amas de cría profesionales y enviaban a sus hijos a inhóspitos internados, la mejor manera de perderlos de vista hasta que fueran presentables en sociedad.[16]

Más cerca de las ideas que siglos después defendería Maria Montessori, Wollstonecraft abogaba por educar a las niñas en entornos agradables como la propia casa o, si no era posible, en pequeñas escuelas profundamente reformadas como la que ella misma había fundado con su amiga Fanny. De hecho, Mary había querido empezar su libro sobre la educación de las hijas mencionando, precisamente, que «solo durante la infancia la felicidad de un ser humano depende completamente de otros [...] para granjearse el afecto debe mostrarse afecto, y siempre dar pruebas de él».[17] Estaba convencida de los beneficios que tenía incentivar la curiosidad de las niñas y responder de forma razonable a todas las preguntas que plantearan, y aconsejaba que se inculcara en ellas el amor hacia la naturaleza y los animales, lo que no solo ayudaría a que desarrollaran la empatía sino también que entendieran que el ser humano no era el único protagonista de la creación.

Pero, sobre todo, Wollstonecraft deseaba «que se les enseñara a pensar»,[18] a expresar en sus propias palabras las impresiones causadas por las historias que hubieran leído, a ordenar sus ideas y a conversar de forma racional, sin artificios. Tampoco creía en la educación memorística, cuyos resultados, que serían magistralmente ridiculizados por Jane Austen en las primeras páginas de *La abadía de Northanger*, no eran precisamente la creación de librepensadoras sino de pequeños monos de repetición que machacaban a las visitas con cuatro citas incomprensibles de Pope, Milton y Shakespeare. Por eso Mary defendía la lectura en profundidad como el mejor método para desarrollar el libre pensamiento; aunque pensaba que leer las novelas «tontas» de moda, como las llamaría George Eliot años después, no podía ser la base de una educación moral sólida, defendía, al igual que hará Jane Austen, cualquier tipo de lectura, y recomendaba que las niñas escogieran los libros por sí mismas, «ya que todo instruirá».[19] Sin duda, defender en 1786 que las niñas debían escoger sus lecturas y que tenían el mismo derecho que los hombres, como los alentaba Kant en aquellos mismos años, a *atreverse a saber*, a pensar por sí mismas, era la mejor prueba del carácter avanzado de sus teorías.

No eran precisamente las ideas de lady Kingsborough, quien había contratado a Mary por su experiencia y reputación, pero ni remotamente se le había pasado por la imaginación que al hacerlo hubiera invitado a vivir al tranquilo castillo de Mitchelstown a una feminista radical «dispuesta a encabezar una revolución».[20] Señora e institutriz se repartieron pronto los papeles de madrastra y cenicienta, con la diferencia de que Mary no se quedaba por las noches en la torre remendando sus vestidos con la ayuda de pequeños ratoncitos, sino que allí, en la soledad de su cuarto irlandés, con la vela encendida en el corazón del castillo embrujado, iba dando forma a su teoría política, basada en la igualdad radical entre hombres y mujeres. Las relaciones desiguales entre las personas de su entorno, el recuerdo de los sufrimientos de su madre, las pocas opciones que tenían en la vida las chicas como ella, con una educación por encima de lo normal pero sin dinero, la estupidez de las mujeres que poblaban su día a día o el desapego que veía entre madres e hijas fueron para ella la verdadera escuela de la que se nutrió su pensamiento. Miraba a su alrededor y daba vueltas y vueltas a sus ideas; como ella misma había escrito en su librito sobre la educación de las hijas, «una mente habituada a observar nunca puede estar parada y aprovechará para perfeccionarse en toda ocasión».[21]

Mientras tanto, la pequeña Margaret, regordeta y pecosa, esperaba con impaciencia ganarse su corazón.

3

La oportunidad no tardó en presentarse, pues al poco de llegar al castillo la niña cayó enferma. La fiebre alta le obligó a guardar cama durante muchos días y, para gran sorpresa de Wollstonecraft, lady Kingsborough, en lugar de inquietarse, prefería la compañía de sus perros y apenas iba a visitarla. Nadie mejor que Mary comprendía el daño que podía hacer a los hijos la falta de afecto de sus padres o el modo en el que a menudo descuidaban su salud de forma irresponsable. De hecho, ese sería siempre uno de los asuntos a los que dedicaría la energía de su pensamiento, a tratar de alertar a sus contemporáneos del peligro que para una sociedad suponía lo que hoy llamaríamos una paternidad o maternidad «fallidas» como la que ella misma había sufrido. No comulgaba con la rígida disciplina de los Kingsborough y pensaba que solo se podía gobernar a otro ser humano con afecto y bondad. Compadecía profundamente a las niñas King y puso todo de su parte para que la pequeña se recuperase lo antes posible.

Cuando por fin pudo regresar a la sala de estudio tras la convalecencia, Mary tuvo que reconocer que en realidad Margaret era una niña muy dulce y con grandes capacidades intelectuales.[22] Tenía defectos, por supuesto, pero tanto ella como sus hermanas pequeñas se mostraban muy dispuestas a poner en práctica todo lo que su atípica institutriz les proponía. Como cabía esperar de una de las pensadoras más radicales de su época, a Wollstonecraft le faltó tiempo para reformar completamente el sistema educativo que habían ideado los Kingsborough. Para empezar, echó un vistazo al plan de estudios, basado en clases de bordado, francés y música, y lo descartó dando un carpetazo sin ni siquiera ocultar su desdén ante sus pupilas. No creía en él, dijo, aquellas materias no eran más que «un montón de sandeces».[23] Seguramente las niñas se quedaron deslumbradas, con la boca abierta, pues nadie se había dirigido a ellas ni las había tratado dándoles tanta importancia en toda su vida. Para Margaret aquel primer día de clase debió de ser como entrar a formar parte, un par de siglos antes, en el club de las poetas muertas. Acto seguido Mary dio por restablecida la libertad y la lectura de novelas volvió a estar permitida.[24]

En lugar de enseñarles aquellas tonterías que había ideado su madre, Mary pidió permiso para salir con ellas a pasear al aire libre por los alrededores del castillo. Como los pedagogos de la Institución Libre de Enseñanza afirmarían muchos años después, sabía que el ser humano, y sobre todo los niños, piensan mejor en movimiento que sentados. Así, las llevaba de la mano a hablar con los labriegos, estructuraba las lecciones con preguntas y respuestas y trataba de explicarles las cosas en base a la experiencia que les ofrecía la naturaleza.[25] Hoy en día tenemos tan asumido que esta forma de enseñar es mucho mejor que la que se basa exclusivamente en la memorización que hasta tenemos que hacer un esfuerzo mental para comprender el carácter innovador de las metodologías pedagógicas que puso en marcha Wollstonecraft. Pero así era. En 1787 lo normal era que las niñas languidecieran en los salones de sus casas bordando y aprendiendo a decir cumplidos en francés, no que se las animara a reflexionar por sí mismas sobre la grandeza del universo mientras observaban con atención una colonia de hormigas en el camino que bordeaba el jardín.

Por otro lado, el deseo de salir a pasear también se avenía muy bien con la sensibilidad de la nueva generación de jóvenes a la que pertenecía Mary. De hecho, solo diez años más tarde, los poetas Coleridge y Wordsworth fundarían el romanticismo inglés mientras daban largas caminatas por los impresionantes bosques de la región de *Los lagos* en los que soñaban despiertos con un lenguaje más original que pudiera nombrar de nuevo la naturaleza. Aunque es raro que se recuerde su nombre, en aquellos míticos paseos por Grasmere los poetas *lakistas* no iban solos sino que a menudo los acompañaba una excelente y discreta diarista, Dorothy, la hermana de Wordsworth, quien consignaba todos los detalles de las excursiones con un estilo preciso y taquigráfico cuando regresaban a casa.[26]

No es difícil imaginar el resultado que tuvieron los métodos pedagógicos de Wollstonecraft. En poco tiempo las tres hermanas, y sobre todo Margaret, se sentían más unidas a ella que a su propia madre. La colmaban de abrazos y besos en el cuarto de juegos mientras trataban de pronunciar correctamente su complicado apellido. La afinidad era recíproca, pues Mary llegó a decir que estar allí con aquellas hijas adoptivas, lo que hacía a menudo para esconderse de los adultos, le había permitido descubrir el tipo de felicidad para el que estaba realmente hecha.[27] Finalmente, Margaret, la pequeña aristócrata que creció sin amor, había conseguido ganarse completamente el corazón de su profesora, la madre que realmente le hubiera gustado tener. Lo cierto es que ya en su libro sobre la educación de las hijas Wollstonecraft había escrito que, a pesar de defender la naturalidad de los vínculos filiales, también creía firmemente que un padre podía amar a un hijo adoptado y que el amor materno no era solo fruto del instinto sino también de la costumbre.[28] Ahora comprobaba por experiencia que estaba en lo cierto.

Lady Kingsborough, en cambio, no estaba tan contenta. Miraba con suspicacia a la orgullosa institutriz que rechazaba sus muestras de afecto y su presencia en el castillo comenzó a provocarle la misma inquietud que si hubiera sentido el frío aliento de un espectro al subir de madrugada por la escalera de madera. No le gustaban sus ideas extravagantes sobre las mujeres, de quienes Wollstonecraft decía que debían ser educadas para ser compañeras y no adornos de los hombres. No compartía su fervor revolucionario. Tampoco que afirmara que las mujeres deberían estudiar medicina para poder cuidar sin supersticiones de su propia salud y de la de los miembros de su familia. Seguramente lady Kingsborough imaginaba que por las noches Mary se encerraba en su cuartito para escribir sobre ella y, como diría Virginia Woolf, el sonido de su pluma rasgando el papel la ponía inmediatamente en guardia.[29] Perturbaba la paz de su hogar.

Un día perdió los nervios al escuchar que de la boca de su hija Margaret salían sapos y culebras sobre el atuendo femenino y su carácter opresivo. Estaba más interesada en instruirse que en casarse, añadió desafiante la adolescente.[30] Su madre se quedó más perpleja al oír que hablaba en esos términos que si uno de sus perros le hubiera preguntado a qué hora tomarían el té. ¿Acaso iba ella a tolerar que, como diríamos hoy, una *feminista* le metiera a su hija en la cabeza, en su propia casa, la extravagante idea de que los hombres y las mujeres eran iguales? ¡Menuda radical! ¿Qué sería lo siguiente? ¿Quemar el corsé?

De hecho, la gota que colmó el vaso y precipitó el despido de Mary fue una escena que montó Margaret cuando su institutriz se preparaba para disfrutar de unas vacaciones tras casi un año trabajando para la familia. Al verla hacer los preparativos para marcharse a visitar unos días a sus hermanas, la pequeña rompió a llorar desconsolada y entre hipos dijo que no podría estar tanto tiempo separada de su querida Mary. La quería demasiado, no podía.[31] Podemos imaginar que añadió lo que para ella eran algunos poderosos argumentos. ¿Quién le iba a susurrar al oído cuando se despertara eso de que hemos nacido para ser felices?[32] ¿Quién la ayudaría con afecto a pulir sus defectos? ¿A quién podría dirigirle sus preguntas sin temor a ser ignorada? Es más, ¿con quién iba ella ahora a hablar de los reclusos de la Bastilla, tan injustamente tiranizados por los monarcas franceses? Fue demasiado. Lady Kingsborough perdió definitivamente la paciencia. Y, sin querer escuchar ni una palabra más, puso a la institutriz de patitas en la calle.

Cualquier otra solterona sin demasiados recursos habría buscado una nueva casa en la que prestar sus servicios. Habría pedido disculpas o al menos se habría reprochado a sí misma su temeraria forma de actuar. Como mucho, habría despotricado contra lady Kingsborough con su nueva jefa en un nuevo castillo, con fantasma o sin él. Pero Mary Wollstonecraft no era una chica normal. En lugar de eso, se fue derechita a Londres, decidida a cumplir su sueño de ser escritora y de convertirse en una mujer independiente.

Lo primero que hizo Wollstonecraft cuando el editor Joseph Johnson le abrió amistosamente las puertas de su casa y la adoptó en el círculo de intelectuales *disidentes* que lideraba desde sus oficinas en St. Paul's Churchyard,[33] fue vengarse de su empleadora. Como le dijo a Johnson, traía bajo el brazo una novela autobiográfica, *Mary*, que había estado escribiendo a escondidas en el castillo, en la que podía identificarse la presencia de lady Kingsborough y sus perros en numerosas escenas.[34] Pero, además, Mary enseguida se puso a escribir un libro infantil, titulado *Original Stories From Real Life*, que publicó solo un año más tarde, en 1788. Los relatos que componían la obra estaban protagonizados por una institutriz, llamada Mrs. Mason, y dos niñas que *casualmente* eran idénticas a Margaret y su hermana Caroline King. En la ficción las niñas eran huérfanas de madre —imaginemos la cara de lady Kingsborough al leerlo— y el padre de las criaturas se sentía incapaz de ocuparse de su educación, razón por la que Mrs. Mason debía cuidarlas para tratar de erradicar de sus pequeñas ca-

Grabado de William Blake para ilustrar el libro de Wollstonecraft *Original Stories From Real Life*, 1788.

becitas las malas hierbas del prejuicio y la superstición. Los cuentos morales recogidos en el libro, sin duda inspirados en las clases que Wollstonecraft les había dado a las hermanas en la realidad, tuvieron un éxito enorme y durante años fueron reeditados y traducidos a otros idiomas. La literatura infantil empezaba a ser un verdadero filón y hasta el poeta William Blake realizó los grabados para una de las ediciones. Podemos imaginar que la pequeña Margaret King, quien debió de hacerse con el libro de forma clandestina para leerlo en el castillo a la luz de la vela, sonreía cuando su *alter ego* en la ficción confesaba en una de las escenas: «Deseo ser una mujer y parecerme a Mrs. Mason».[35] Seguramente era la frase que más le gustaba de toda la obra.

En todo caso, Margaret y Mary siguieron escribiéndose cartas a lo largo de los años. La antigua institutriz estuvo al tanto de los avatares que vivió su alumna favorita, pronto convertida en lady Mount Cashell y madre de siete hijos, a quien sin duda echaba de menos. En alguna ocasión, Wollstonecraft incluso se dejaría llevar por sus fantasías y acariciaría la idea de que quizá, algún día, Margaret cuidaría de una solterona sin hijos como ella.[36] Si es que llegaba a vieja, claro.

Al dejarse llevar por estos pensamientos, Wollstonecraft difícilmente podía imaginar que nunca más volvería a ver a su hija adoptiva. De hecho, se habría quedado muy sorprendida al saber que, finalmente, ella misma tendría dos hijas a las que demasiado pronto dejaría huérfanas y a cargo de un padre fallido. Una de ellas, la futura Mary Shelley, se acabaría convirtiendo en una de las autoras más importantes de la literatura universal. De su pluma saldría *Frankenstein*, «uno de los clásicos del terror de todos los tiempos»,[37] en el que relataría la historia de una criatura abandonada. Finalmente sería ella, Mary Shelley, Mary *junior*, quien, muchos años después, en 1820, viajaría a Pisa para encontrarse con Margaret, la alumna de su madre ausente, para cerrar un círculo.

Pero en 1788, cuando Wollstonecraft publicó *Original Stories*, todavía quedaba mucho tiempo para eso.

En 1788 todavía había que tomar la Bastilla y de paso demostrar a los revolucionarios, tan misóginos como los viejos aristócratas, que Rousseau se equivocaba en sus ideas sobre las mujeres. ¿Pensaban hacerle caso y construir un nuevo mundo sin ellas? Entonces, el mundo tendría poco de nuevo. Porque las mujeres, empezó a poner por escrito Wollstonecraft por aquel entonces, no habían sido creadas, como argumentaba el autor del *Emilio*, para dar placer a los hombres y ser sometidas, sino para ser sus amigas y sus compañeras. No tenían, como pensaba él, las mentes débiles para el estudio ni era inútil tratar de educarlas. Al contrario, debía considerarse a las mujeres en lo que de *común* tenían con los hombres, criaturas humanas como ellos, que no era otra cosa que haber venido a esta tierra para desarrollar sus facultades y perseguir la virtud. O, como tal vez le susurraba Mary a Margaret cada mañana al despertar en el castillo de Mitchelstown, habían sido creadas para ser felices, no esclavas.

En 1788 aún estaba todo por hacer.

REVOLUTIONARY ROAD

4

Cuatro años más tarde, en agosto de 1792, la imagen de Mary Wollstonecraft ya no tenía nada de fantasmal. Parecía que habían pasado varias décadas. Como escribió Virginia Woolf en el precioso texto sobre ella, la Revolución francesa no fue un acontecimiento que hubiera sucedido externamente, «estaba presente en su propia sangre».[38] En efecto, del mismo modo que los revolucionarios habían entrado en la Bastilla el 14 de julio de 1789 disparando contra los relojes, pues un nuevo tiempo debía dar comienzo, Mary también había decidido pasar de la teoría a la práctica y, en palabras de la propia Woolf, convertir su vida en un experimento revolucionario. Ahora era una escritora conocida que vivía sola en una casita de ladrillo en el lado sur del Támesis y sus amigos del círculo de Johnson, destacados artistas e intelectuales como Thomas Paine, Anna Laetitia Barbauld, William Blake o Henry Fuseli, la habían integrado en su grupo de librepensadores. En Londres se ganaba el sustento escribiendo críticas literarias en la recién creada *Analytical Review*, en las que por cierto se despachaba a gusto sobre novelas femeninas,[39] y participaba en las conversaciones de los cenáculos de St. Paul's Churchyard como una igual. Hablaban de sexo, de derechos humanos y de libertad.

Fue en ese círculo donde Mary conoció a William Godwin, uno de los filósofos políticos más importantes de su tiempo, quien años más tarde acabaría convirtiéndose en su marido y padre de la futura Mary Shelley. Sin embargo, por aquel entonces, tal y como anotó el propio Godwin en su diario, la tendencia de Wollstonecraft a interrumpir constantemente mientras los demás hablaban le había parecido francamente irritante. Godwin tenía los mismos reparos que Harold Bloom hacia las mujeres deslenguadas como Cleopatra. Además, no había leído nada de ella.[40] Y es que, lejos de quedarse callada o de contentarse apostillando las palabras de sus contertulios, Mary interrumpía, corregía y polemizaba con los *disidentes* que le habían abierto las puertas de su círculo. Como ella misma escribió en esa época, sus ideas estaban animadas por «deseos salvajes que volaban de su corazón a su cabeza» y no estaba dispuesta a reprimirlos.[41]

En otras palabras, cuatro años después de su salida del castillo de Mitchelstown, en agosto de 1792, Mary Wollstonecraft ya no era una institutriz espectral y atormentada sino la mujer independiente que siempre había querido ser. Tenía dinero, un cuarto propio y muchos lectores; todo lo que había deseado. Era, en sus propias palabras, la «primera de una nueva estirpe».[42] Además, a comienzos de año, había saltado al estrellato internacional al publicar *Vindicación de los derechos de la mujer*, una obra en la que afeaba a los dirigentes de la revolución que no consideraran a las mujeres, la mitad de la especie, ciudadanas de pleno derecho como los hombres. El libro había generado un gran revuelo y todavía daría mucho que hablar.

Aunque, para ser exactos, Mary tenía todo menos una cosa, puesto que no había pasado por un rito de iniciación que tampoco estaba dispuesta a perderse: ver la revolución con sus propios ojos. «Irse a París», como escribió Virginia Woolf, era para Wollstonecraft una auténtica obsesión por aquel entonces.[43]

Así, en agosto de 1792, Mary hizo los preparativos para un nuevo viaje, «una excursión veraniega a París de seis semanas»,[44] como informó a su hermana Everina por carta, quitándole importancia a lo que a todas luces parecía una imprudencia descomunal. Iría en compañía de Johnson, su editor, y del matrimonio Fuseli, de quien por cierto andaba enamorada, al menos, como aseguraba ella, platónicamente. Su idea era tomar buena nota de todo para poder contarlo a la vuelta en un artículo de la revista o en un nuevo libro.

Hoy diríamos que Wollstonecraft no podía esperar para unirse al cambio, pues lo cierto es que en aquellos meses París era el epicentro mundial de la revolución, una revolución que no era solo política sino también social. Como en el salón de la casa de Johnson, en la capital francesa se discutía abiertamente sobre la educación de las mujeres, el divorcio, los derechos del hombre y el futuro de la monarquía. Por toda Francia se multiplicaban los clubes femeninos, políticos como Condorcet defendían apasionadamente su admisión como ciudadanas y Olympe de Gouges había publicado en 1791 su *Declaración de los Derechos de la Mujer y la Ciudadana*. En aquellos años Francia se estaba convirtiendo, en definitiva, en la cuna del feminismo, un movimiento que sin duda debía mucho a los *salones* que habían dirigido en París mujeres intelectuales como Madame de Staël. En el que ella dirigía en la rue du Bac las grandes cabezas de la Ilustración discutían sus ideas y, a partir de 1789, tuvieron lugar debates políticos tan acalorados como los que se desarrollaron en la Asamblea Nacional sobre el futuro de la nación. Con la diferencia de que en estos también podían participar las mujeres.

Cuando el grupito londinense formado por Mary, Johnson y los Fuseli llegó a Dover, en el sur de Inglaterra, para cruzar en barco a Francia, los amigos de Wollstonecraft empezaron a tomar conciencia de lo temerarios que eran sus planes y comenzaron a dar signos de que querían echarse para atrás. Se bajaban del plan, dijeron, para gran desilusión de Mary. Del continente llegaban noticias preocupantes que ya señalaban el rumbo sangriento que tomaría la Revolución. El palacio de las Tullerías, donde se encontraba la familia real, había sido atacado y ahora los reyes estaban presos en la cárcel del Temple. Los radicales marcaban el nuevo rumbo de los acontecimientos, los moderados se estaban exiliando y se multiplicaban las masacres por las calles de la capital. Desde luego, París no era el mejor sitio para hacer «una excursión veraniega de seis semanas». Así que el grupo deshizo el camino y regresó a Londres. Mary les siguió a regañadientes. Se quedó con las ganas, varada en el borde del embarcadero con su pluma en alto mientras veía cómo el barco que la hubiera conducido a la soñada revolución se alejaba.

Cualquier otra joven se habría conformado leyendo en los periódicos el desarrollo de los acontecimientos. De hecho, nadie en su sano juicio habría salido de Inglaterra en otoño de 1792. Los presos políticos eran asesinados en las celdas de París, la violencia aumentaba en las calles y los turistas huían despavoridos. El clima en Europa era bélico. Esos mismos meses, María Antonieta, símbolo especialmente odiado por los radicales, había sido objeto de una venganza atroz cuando la obligaron a contemplar desde la ventana de su celda la cabeza de su mejor amiga, la princesa de Lamballe, clavada en una pica.

Pero ya sabemos que Mary no actuaba como una persona normal. Lejos de contentarse mirando la revolución desde la barrera, en cuanto regresaron a Londres habló de nuevo con Johnson y le convenció para que la apoyara en sus planes de viajar. Como a Cleopatra, le gustaba doblar la apuesta: esta vez iría sola. Sería una especie de corresponsal en el extranjero cubriendo una revolución. ¿No había sido precisamente ella quien había afirmado que las mujeres no eran seres desvalidos y dependientes sino que eran iguales que los hombres y podían asumir riesgos físicos como ellos? Pues había llegado el momento de dar ejemplo. Esta vez, sentenció con firmeza al cerrar la maleta la mañana del 8 de diciembre de 1792, nada ni nadie podría detenerla en Dover.[45] Su nuevo lema sería «vencer o morir».[46]

5

Así que allí estaba ella de nuevo, subida en el carruaje, recorriendo el mismo trayecto que unos meses antes, hacia la costa. Hay épocas de la vida en las que parece que estemos todo el tiempo rebobinando y Mary estaba atravesando una de ellas. La principal diferencia, pensaba seguramente mientras veía pasar veloz el mismo paisaje que el verano anterior, era que hacía mucho más frío. Doce horas por tierra y otras tantas en barco desde Dover a Calais en aquella época del año eran suficientes para acabar con el entusiasmo político de cualquiera. Menos con el de ella, claro. Aguantó estoicamente las incomodidades y tal vez aprovechó las horas de viaje, arrebujada bajo su abrigo, para hacer un nuevo balance sobre lo mucho que había cambiado desde que lady Kingsborough la despidió. Siempre volvía a ese momento de su vida, un verdadero punto de inflexión. Si lady Kingsborough la hubiera podido ver ahora, sentada en su asiento del carruaje, firme en su proyecto de ir a París aunque fuera sola, lo que habría visto no era ya una institutriz orgullosa sino una de las mujeres más célebres de Europa. Desde luego era una de las más cabezotas, casi tanto como Juana de Arco.

Mientras Londres iba quedando atrás, es posible que la mente de Mary volara hasta el día en que probó por primera vez el dulce sabor de la fama. Se lo debía a Edmund Burke, conocido escritor y político, quien tenía ideas liberales pero de carácter conservador, aunque suene paradójico. Burke había elogiado la independencia americana, pero los radicales británicos como Wollstonecraft, con sus ideas sobre cambios sociales profundos, le parecían enormemente peligrosos. *Too much*. No compartía su apoyo a la Revolución francesa y se había declarado su enemigo en un libro publicado en 1790, *Reflexiones sobre la revolución en Francia*, en el que atacaba directamente a los amigos de Mary.

A Wollstonecraft no hacía falta empujarla mucho para que entrara en una polémica, y menos aún si era para defender a un amigo. Aunque no se cansara de repetir en sus escritos pedagógicos que el objetivo de la educación era lograr el control del temperamento, no parece que se lo aplicara mucho ni a ella misma ni a su lengua, y la defensa apasionada de sus ideales era la marca genuina de la casa. En cuanto se puso a leer la obra comenzó a pergeñar su respuesta y antes de que hubiera pasado ni un mes desde la aparición de la obra de Burke ella misma dio a la imprenta su *Vindicación de los derechos de los hombres*, la primera de otras cincuenta respuestas a Burke que fueron apareciendo después firmadas por otros conocidos autores.

La respuesta a Burke trajo notoriedad a Wollstonecraft, pero también le valió para darse cuenta una vez más de lo arraigada que estaba la misoginia en la mente de la gente. Así, en el número publicado en febrero de 1791 de la revista *Gentleman Magazine*, en la que escribían las principales plumas masculinas del país, el crítico no pudo contener la tentación de reírse de ella:

> ¡Los derechos de los hombres reivindicados por una hermosa dama! La era de la caballería no puede haber acabado, o los sexos han cambiado de su base. Deberíamos arrepentirnos de reírnos a carcajadas de una mujer hermosa; pero siempre se nos enseñó a suponer que *los derechos de las mujeres* eran el tema propio del sexo femenino.[47]

La comparación de Mary con el Quijote no era en absoluto gratuita, de hecho, los llamados *quijotes femeninos* o *quijotes con enaguas* estaban de moda en la literatura anglosajona del siglo XVIII. Charlotte Lennox había creado el suyo en su novela *La mujer Quijote* (1752) y Jane Austen haría lo propio unos años después en *La abadía de Northanger*, publicada póstumamente. El caballero de la

Mancha no solo servía como imagen para caricaturizar el estereotipo de revolucionario idealista, sino ahora también a las ingenuas lectoras de novelas góticas y sentimentales; las mujeres, dada su precaria educación, eran a menudo representadas en estas ficciones como potenciales víctimas de la llamada «falacia quijotesca»,[48] es decir, se les advertía del riesgo de confundir la realidad con la literatura, al igual que le había sucedido al personaje de Cervantes tras empacharse con tantos libros de caballerías.

De hecho, entre los ilustrados y los románticos era tan habitual comparar a las mujeres con quijotes que, todavía en 1856, Elizabeth Barrett Browing escribiría en su obra *Aurora Leigh*:

> *La caballería masculina del mundo habrá muerto,*
> *pero las mujeres son caballeros andantes hasta el final;*
> *y si Cervantes hubiera querido ser más grande aún,*
> *habría hecho a su «don» «doña».*[49]

Si lady Kingsborough hubiera visto a Wollstonecraft cuando subió al barco con el que finalmente cruzaría el Canal para llegar a Calais en 1792, seguramente habría pensado que la antigua institutriz parecía una idealista *quijote con enaguas*. La cubierta estaba sucia y resbaladiza y, como todavía quedaban algunas horas para pisar Francia, Mary podía seguir rememorando los buenos tiempos.

6

Es posible que la crítica que recibió por haber defendido los derechos del hombre en lugar de los de la mujer consiguiera que una primera lucecita parpadease en su interior. Y es que, cuando se organizó toda la polémica con Burke, la revolución había mostrado el mismo desprecio del *ancien régime,* el mismo desprecio de siempre, hacia las mujeres. La verdad era que ella se había manchado las manos de tinta para defender los ideales ilustrados revolucionarios, pero ¿qué había hecho la revolución por ellas? A decir verdad, nada de nada. No había más que echar un vistazo a la Constitución de 1791, en la que las mujeres habían quedado excluidas de la ciudadanía. En aquellas páginas que prometían un mundo nuevo, sin tiranías, libre e igualitario, seguían faltando *ellas*, y este hecho había enfurecido profundamente a Wollstonecraft.

Fue entonces cuando las cosas se pusieron divertidas de verdad. Si a Burke había logrado responderle en menos de un mes, la *Vindicación de los derechos de la mujer*, publicado en 1792, lo terminó en seis semanas. Azuzada por su editor, a Mary le gustaba escribir bajo presión y debería pasar a la historia por su capacidad para publicar en un tiempo récord. Tuvo cuarenta y cinco días para ajustar las cuentas no solo con los revolucionarios que habían elaborado una Constitución sin mujeres, sino también con los políticos franceses, como Talleyrand, a quien dedicó la obra. Talleyrand había propuesto a la Asamblea Nacional una reforma educativa, supuestamente revolucionaria, pero en la que las mujeres serían *otra vez* educadas por separado, con clases orientadas hacia el aprendizaje de labores propias de la esfera doméstica. Segregadas.

Y, sobre todo, esos cuarenta y cinco días estuvo escribiendo como una loca y sin dormir porque quería ajustar las cuentas con Rousseau, su querido y admirado Rousseau, quien, mal que le pesara a ella misma, era uno de los máximos artífices del gigantesco error en el que incurrían aquellas ideas revolucionarias; era *él* quien en gran medida había inspirado a los padres de la Constitución al defender firmemente que las mujeres eran —y siempre serían— seres dependientes de los varones. Recordemos que, en el *Emilio*, Rousseau no había tenido reparos en afirmar que el hombre debía ser «activo y fuerte» y la mujer «pasiva y débil»,[50] que la mujer «estaba hecha especialmente para agradar y ser sometida al hombre» y por eso, *justement*, debía ella misma «hacerse agradable en lugar de provocarle».[51]

De hecho, Rousseau ni siquiera se había despeinado al afirmar que «el macho solo es macho en ciertos instantes, la hembra es hembra toda su vida».[52] Sencilla forma de decir que las mujeres están y siempre estarán encarceladas en la animalidad de su sexo particular y los hombres, en cambio, lucirán muy bien el traje de seres humanos. Ahora bien, continuaba Rousseau su razonamiento en el *Emilio*, él no tenía la culpa. *Ah non, pas du tout*. La culpa, si es que las mujeres tenían interés en saberlo, era de la naturaleza, de la *nature*, que las había hecho así. Como mucho, concedía unas páginas después, la culpa era de sus madres:

¿Y desde cuándo son los hombres los que se meten a educar a las chicas? ¿Qué impide a las madres educarlas como les place? [...] ¿Se obliga a vuestras hijas a perder el tiempo en estupideces? ¿Les hacen pasar la mitad de su vida, a pesar suyo, en el tocador, siguiendo vuestro ejemplo? ¿Os impiden instruirlas y hacerlas instruir a vuestro gusto? ¿Es culpa nuestra si nos agradan cuando son hermosas, si sus monerías nos seducen, si las argucias que aprenden de vosotras nos atraen y halagan, si nos gusta verlas vestidas con gusto, si les dejamos afilar a capricho las armas con que nos subyugan?[53]

Tampoco le faltaban ideas a Rousseau sobre los deberes que tenían las mujeres para con los hombres y el tipo de educación que debían recibir en consecuencia: «Agradarles, serles útiles, hacerse amar y honrar por ellos, educarlos de jóvenes, cuidarlos de adultos, aconsejarlos, consolarlos, hacerles la vida agradable y dulce: he ahí los deberes de las mujeres en todo tiempo, y lo que debe enseñárseles desde su infancia».[54] Tras leer parrafadas como esta, es lógico que a Wollstonecraft le saltaran todas las alarmas. Solo tenía que acordarse de su propia madre, sometida por su padre violento.

Sin embargo, a pesar de todo, a Mary debió de costarle alejarse de Rousseau, de quien había aprendido muchas de las cosas que la habían convertido en quien era. No le resultaría fácil, durante aquellos cuarenta y cinco días, tomar distancia de las ideas de uno de sus maestros intelectuales, de aquel «derviche en el desierto», en palabras de Isaiah Berlin, que había encandilado a los jóvenes europeos pregonando las bondades del buen salvaje y la necesidad de volver al estado de naturaleza anterior a la corrupción moderna.[55]

Sí, le debía de haber costado mucho, sobre todo si tenemos en cuenta que Wollstonecraft no se alejó de Rousseau para defender a algunas intelectuales como ella, sino a *todas* las mujeres, pobres y ricas, incluidas las estúpidas aristócratas que tan poca compasión le inspiraban *a priori*. Y, sin embargo, Wollstonecraft debió de ser una de las primeras mujeres de la historia que frunció el ceño y enarcó una ceja al leer los cantos de sirena de un *hippie* sentimental como Rousseau cuando leyó que en el *Emilio* él confesaba: «antes preferiría yo cien veces una muchacha simple y educada toscamente que una muchacha sabia e instruida que viniera a establecer en mi casa un tribunal de literatura del que ella se constituyera en presidente. Una marisabidilla es el azote de su marido, de sus hijos, de sus amigos, de sus criados, de todo el mundo».[56]

Al tomar verdadera conciencia de lo que su ídolo pensaba de las mujeres, Wollstonecraft debió de sentirse más cerca de las damas del castillo de Mitchelstown que del escritor ginebrino. Aquellas rousseaunianas fantasías *bio* en las que se entreveía un mundo bucólico donde los niños corretearían a sus anchas sin pañales[57] y la vida doméstica sería el colmo de la felicidad de los esposos[58] no podían despertar el menor interés de ninguna mujer verdaderamente intelectual, como escribiría otra escritora, Mary McCarthy, mucho tiempo después, ni tampoco de una filósofa, como se llamaba Wollstonecraft a sí misma; menos aún de una romántica bandolera e izquierdista como ella.[59] Aquellas fantasías sensualistas, con un tufillo a pachuli, *new age* a más no poder, delataban a Rousseau y dejaban entrever quién se escondía en realidad detrás de su pose de derviche del desierto: «una figura de la clase media en zapatillas», en palabras de McCarthy.

Ahora le tocaba a Wollstonecraft escribir sin cortapisas. Como explicó en la dedicatoria de la *Vindicación*, solo tenía cuarenta y cinco días ya que deseaba sacar a la luz algunas investigaciones para que en Francia, cuando se revisase la Constitución, los Derechos de la Mujer fuesen respetados y se hiciera justicia a la mitad de la especie humana.[60]

Precisamente porque no había tiempo que perder, Mary sacó enseguida la artillería pesada. «La madre que desea proporcionar dignidad verdadera al carácter de su hija debe proceder —afirmó a vuelapluma— sin prestar atención a los desprecios de la ignorancia, con un plan diametralmente opuesto al que Rousseau ha recomendado con todo el engañoso encanto de la elocuencia y del uso de sofismas filosóficos».[61] Las mujeres no eran *naturalmente* inferiores ni *naturalmente* sentían atracción hacia las muñecas, la debilidad y la conversación superflua. No eran vanidosas ni débiles. Ni siquiera era capaz de entender, confesaba Mary irónicamente, a qué se refería Rousseau exactamente con un término tan indefinido como *natural*.[62] Ese argumento solo había servido para justificar la dominación masculina y esclavizarlas. «Fortalezcamos la mente femenina ampliándola y concluirá la obediencia ciega».[63] El sistema de educación femenino, en definitiva, era falso y debía encauzarse hacia el uso de la razón, pues las mujeres eran seres igualmente racionales, capaces de aprender y ejercer la virtud del mismo modo que los hombres, quienes no debían ser sus amos sino sus compañeros y amigos. Es más, añadía entrando ya en calor, lo que había hecho a las mujeres débiles e inútiles no era la *nature* sino libros como los que habían escrito Rousseau y tantos otros educadores. Los esfuerzos de las mujeres para educarse y perseguir la verdad no debían llevarlas a convertirse en sonajeros de los hombres[64] como quería él sino a desarrollar sus propias facultades y adquirir la dignidad de la virtud consciente.

Pero el gran golpe de efecto de la *Vindicación* aún no había llegado. Imagino a Wollstonecraft remangándose la camisa y ajustando el pañuelo con el que recogía descuidadamente su rizado pelo de color rojizo cuando, a altas horas de la madrugada de la segunda o tercera semana, se acordó de las niñas de la escuela que dirigió y de su querida discípula Margaret King. Quizá el recuerdo de sus despiertos ojos azules hizo que se atreviera a escribir en el tercer capítulo que, *además*, por el modo en que Rousseau hablaba de las niñas y de sus mentes débiles, era evidente que no debía de conocer a muchas. «Probablemente yo he tenido la oportunidad de observar más niñas en su infancia que J. J. Rousseau», garrapateó en el papel con su pluma afilada. También, añadió acto seguido, «puedo recordar mis propios sentimientos y he observado detenidamente a mi alrededor».[65] Dicho de otro modo, saltaba a la vista que *él* nunca había sido una niña, aunque pareciera conocerlas mejor que nadie y se creyera en el derecho de sentar cátedra sobre su educación. Ni Mary Poppins habría sido más contundente con el señor Banks.

Una vez que Wollstonecraft se sentó en los hombros de la niña que fue y se puso a mirar lo que se veía desde esa altura lo demás ya fue coser y cantar. Desde el tercer capítulo la escritura de la *Vindicación* avanza rauda y veloz, como si su autora se dejara caer por una colina. «Es tiempo de efectuar una revolución en el comportamiento de las mujeres, tiempo de restaurar su dignidad perdida y de hacerlas trabajar, como parte de la especie, para reformar el mundo con su propio cambio»,[66] es una de las frases que leemos en sus páginas y que hoy, más de dos siglos después, sigue centelleando como si estuviera tallada en mármol. Es una frase que debería figurar en el frontispicio de nuestro imaginario Museo Feminista. Pero Wollstonecraft, excelente pedagoga, dejaba la última carga de su munición para el broche final: «Al afirmar los derechos por los cuales las mujeres deben combatir en común con los hombres, no he intentado atenuar sus faltas, sino probar que son el resultado natural de su educación y su posición en la sociedad. Si es así, es razonable suponer que cambiarán su carácter y corregirán sus vicios e insensatez cuando se les permita ser libres en un sentido físico, moral y civil».[67]

En otras palabras, Wollstonecraft acababa de matar al padre Rousseau y sus argumentos naturalistas para salvar el sexo al que pertenecía lady Kingsborough. Quizá, con el paso del tiempo, se había ido dando cuenta de que madrastras y cenicientas estaban encerradas *juntas* en el castillo patriarcal. Las mujeres no eran naturalmente inferiores, sino que su aparente debilidad era el efecto (este sí *natural*) de la opresión que se había ejercido sobre ellas, cuyo principal y más eficaz instrumento había sido la educación, o la falta de ella, ideada y mantenida por los hombres.

Como vemos, para escribir la *Vindicación*, Mary aplicó lo que había aprendido del propio Rousseau y de los ilustrados, a pensar por sí misma, pero en un gesto mental milagroso, *disidente*, fue capaz, al mismo tiempo, de pensar *contra* lo que él le había enseñando. Es más, fue capaz de pensar contra los prejuicios que incluso *ella* tenía sobre muchas mujeres. Cuando terminó, enfebrecida tras seis semanas de ardiente trabajo, se secó el sudor de la frente y puso su reloj a cero. El feminismo moderno, también llamado de la igualdad, acababa de dar comienzo.

El bullicio de los pasajeros al acercarse el barco a tierra firme sacó de su ensoñación a nuestra quijotesca amiga. Por fin había llegado a Francia. Wollstonecraft estaba lista para abrazar la revolución.

7

Pero las cosas que más hemos deseado rara vez se parecen a la realidad cuando se cumplen. Así debió de parecerle a la propia Mary, quien al entrar en París a mediados de diciembre de 1792 apenas pudo reconocer la ciudad con la que había fantaseado y cuyas descripciones en boca de sus amigos radicales la habían deslumbrado unos meses antes. Las calles sin aceras, embarradas y anegadas por la basura, trazaban un laberinto angosto por el que los cocheros avanzaban bruscamente para terror de los peatones que se atrevían a desplazarse caminando entre ellos. Desde el verano, además, el ambiente estaba enrarecido y la sensación que dominaba era sobre todo de gran inseguridad. A pesar de las insignias tricolores que portaban algunos parisinos, quedaba poco del ambiente festivo de los primeros días de la revolución. Así pudo comprobarlo Wollstonecraft cuando su carruaje avanzó por el boulevard Saint-Martin camino del número 22 de la rue Meslay, en el céntrico barrio de Le Marais, donde estaba previsto que se alojara en casa de unas conocidas de su hermana Eliza. El Temple, la prisión medieval donde estaban recluidos Luis XVI y María Antonieta, no quedaba lejos.[68]

Cuando Mary entró en la capital francesa, hacía ya algunos días que había comenzado el juicio al rey. Las calles cercanas a la rue Meslay estaban llenas de soldados, cuya sola presencia, solemne e intimidatoria, debió de causarle una honda impresión. La guardia nacional tenía que vigilar las entradas y salidas del rey de la prisión, acompañadas por los abucheos e insultos de la gente, para declarar en el proceso judicial. Mary no se atrevió a bajar a la calle durante los primeros días. Había pillado un buen resfriado durante el viaje desde Inglaterra y además se sentía completamente perdida. *Lost in translation*. A pesar de haber estudiado francés e incluso traducido importantes libros para la editorial de Johnson, no se entendía con los franceses ni lograba orientarse en la ciudad. No le habría venido mal tener a una Cleopatra o a una Malinche a su lado para que le hicieran de intérpretes. Además, los revolucionarios no solo habían inventado un calendario y bautizado con otros nombres los días de la semana, sino que incluso el sistema decimal que medía el tiempo había cambiado. Lo de disparar a los relojes no había sido una metáfora. Los días tenían diez horas, no doce, eso sí, *larguísimas*, pues cada una constaba de cien minutos y cada minuto de cien segundos.[69] No es extraño que a Wollstonecraft se le hicieran eternas, por muy revolucionarias que fueran.

Pero incluso encerrada en casa Mary era una testigo de excepción de los acontecimientos históricos. Así, solo unos días después de su llegada, el 26 de diciembre, se animó a subir al último piso del edificio en el que se alojaba para ver pasar a Luis XVI camino de la Convención Nacional, donde se le juzgaba. Desde lo alto, por fin pudo divisar el cielo azul de París, surcado sin duda por alguna de esas nubes grises que a menudo lo atraviesan, y poblado de pájaros venidos del mundo entero, como en la canción de Édith Piaf. Al bajar la mirada hacia la calle, lo que más conmovió a Mary fue el silencio que reinaba, interrumpido solamente por el sonido de unos tambores y el ruido que sobre el empedrado hacían las ruedas del carruaje en el que iba sentado el rey.[70] No se oía ni una voz.[71] La gente se agolpaba detrás de las ventanas para verlo, pero sin abrirlas. Los guardias nacionales, con sus uniformes azules, rojos y blancos, escoltaban el vehículo para evitar que a nadie se le ocurriera tratar de liberarlo.

Wollstonecraft no pudo evitar que se le humedecieran los ojos cuando el carruaje pasó por debajo de su ventana y pudo contemplar al rey. Una reacción inconsciente, que ni ella misma esperaba. Uno de los mayores símbolos vivos de la tiranía salía de su torre de inviolabilidad, de su propio castillo embrujado, para ser juzgado como un ciudadano más y ella, una radical revolucionaria, se echaba a llorar. Más tarde le explicó por carta a su editor Johnson que se había emocionado por verlo tan erguido en el carruaje, sentado con mucha más dignidad de la que ella le hubiera creído capaz. Es posible, pero también que Mary sintiera compasión por su suerte, más que echada en aquellos días de finales de 1792; siempre había afirmado que, por encima del amor propio, debía reinar la compasión hacia las personas que sufrían, independientemente de su condición.[72] Esa noche, todavía impresionada por la imagen del rey, a Mary le costó mucho dormirse. Tenía la sensación de que una mirada hostil se clavaba fijamente en ella y al cerrar los ojos veía manos ensangrentadas, como en una obra teatral de Shakespeare.[73] Las siguientes semanas, durante las que tuvo que contentarse con seguir el juicio por la prensa, sus temores se vieron confirmados. El rey había sido sentenciado a muerte.

El 21 de enero amaneció con el cielo cubierto de nubes. Mary, como el resto de los habitantes de París, tuvo que quedarse en casa con las ventanas cerradas. El rey depuesto, ahora convertido en un ciudadano como cualquier otro, al que llamaban Luis Capeto, llegó en carroza a las diez y cuarto de la mañana a la plaza de la Revolución, hoy llamada de la Concordia, en la que todo estaba preparado para su ejecución. Como Wollstonecraft oiría relatar más tarde, el último rey del Antiguo Régimen hizo el amago de dirigirse al pueblo francés desde el cadalso y se comportó de nuevo con una dignidad que asombró incluso a sus verdugos. Perdonaba a sus ejecutores, afirmó desde el patíbulo, se declaraba inocente de los delitos por los que le habían condenado y rogaba que la masacre terminase. La afilada cuchilla de la guillotina, considerada más democrática que otras formas anteriores de matar, como la hoguera en la que ardió Juana de Arco, rasgó el aire con su sonido y le cortó la cabeza. Acto seguido, mientras algunos exaltados se apresuraban a mojarse las manos en la sangre, se escucharon gritos que clamaban *Vive la République*. La gente que se había congregado comenzó a cantar la «Marsellesa». Cuando le contaron todos los detalles, Wollstonecraft volvió a llorar de nuevo.[74]

Mary odiaba profundamente la tiranía de la aristocracia, que tan bien conocía en primera persona, y era favorable a suprimir todos los privilegios de la monarquía. Sin embargo, al igual que muchos de sus amigos radicales, era contraria a las ejecuciones, no pensaba que el rey tuviera que morir y además veía con desilusión el evidente aumento de la violencia por parte de la propia Convención Nacional, el órgano que gobernaba la nueva y flamante república. Un año después de su llegada a Francia, al poco de la muerte de Luis XVI, *la Terreur* dio comienzo. Wollstonecraft odiaba a Robespierre,[75] el líder de los jacobinos radicales que dirigió el reino del Terror a base de ejecuciones, persecuciones y purgas, y se sentía mucho más cercana de los girondinos, a quienes consideraba más tolerantes y próximos a su manera de entender la revolución. Mary tomó buena nota para su libro de las numerosas ejecuciones perpetradas por el Comité de Salvación Pública, creado por el gobierno jacobino, entre ellas las de los antiguos líderes girondinos, como Jacques Pierre Brissot o Vergniaud, cuya muerte en la guillotina el 31 de octubre de 1793 no olvidaría nunca.[76] Era el principio de una nueva época, el inicio del soñado *Nouveau Régime*, aunque para Wollstonecraft iban todos derechos al desastre.

A la ejecución de Luis XVI siguió la de María Antonieta, y de nada sirvió la petición de clemencia de muchos intelectuales, entre ellos Madame de Staël. Desde el exilio, la insigne *salonnière* publicó un escrito en el que rogaba a las mujeres de todos los países y de todas las clases sociales que se identificaran con la antigua reina, puesto que su proceso, argumentaba, estaba revestido de misoginia. «Qué fácil es mancillar a cualquier mujer con calumnias», se lamentaba antes de proceder en su defensa.[77] Olympe de Gouges, pionera defensora de los derechos de la mujer, corrió la misma suerte y fue guillotinada el 3 de noviembre de 1793. Su muerte y la prohibición de los clubes femeninos fueron el golpe definitivo a la causa de las mujeres. Como apunta Claire Tomalin, «Francia aniquiló su propio movimiento feminista en sus orígenes».[78]

En este sentido, es muy simbólico el choque frontal que años después tuvo Napoleón Bonaparte con Madame de Staël bajo una nueva ola de conservadurismo. La antigua *salonnière*, pionera escritora, le resultaba, confesó, completamente insoportable. Tanto es así que le prohibió expresamente a la gran defensora del espíritu de las luces poner un pie en Francia.[79]

8

Al igual que otros expatriados británicos, Mary tuvo tentaciones de regresar a su país tras la ejecución de la familia real. La guerra llamaba a las puertas de Europa y temía que más tarde no fuera posible salir de Francia. Por otro lado, recordemos que ella solo había planeado quedarse seis semanas en su «excursión parisina». Sin embargo, finalmente venció el miedo y decidió permanecer en el centro del mundo para continuar observando los cambios que se producían. No regresaría a Inglaterra hasta 1795.

Durante aquellos tres años que también la marcaron profundamente, Mary culminó la revolución «en el comportamiento de las mujeres» que había comenzado en Londres. Muy pronto logró hacerse entender en francés y entró en contacto con los principales políticos franceses de la época. También era escuchada en los círculos de expatriados ingleses y enseguida hizo buenas amigas, como la escritora Helen Maria Williams, quien no solo había despertado su admiración sino también la del poeta William Wordsworth. Fue en ese ambiente liberal, en el que la defensa del amor fuera de «la tiranía del matrimonio» estaba a la orden del día, donde Mary conoció a Gilbert Imlay, hombre de negocios norteamericano con quien tuvo una hija a la que llamaron Françoise, Frances, en honor a la mejor amiga de su madre, Fanny Blood. Wollstonecraft, quien siempre se había imaginado como una vieja solterona, finalmente era madre de una niña.

Las cartas que escribió Mary así como el testimonio de quienes la frecuentaron en aquella época revelan una imagen de ella como madre que hoy, casi doscientos años más tarde, nos hace sonreír de ternura al recordarnos vivamente a las *maternofeministas* actuales. Para empezar, Mary saludó el parto como una nueva e interesante aventura, para la que se consideró perfectamente preparada por conocer su propio cuerpo. Dar a luz, argumentaba, era un acontecimiento natural y no una enfermedad.[80] Eso sí, se aseguró de dejar terminada su obra sobre la revolución francesa dos semanas antes. Como era de esperar, se negó a contratar un ama de cría y ella misma le dio orgullosamente el pecho a Fanny, como diríamos hoy, *a demanda*. Al parecer, según bromeó Imlay, mamaba con «tal vigor que pronto se pondría a escribir la segunda parte de la *Vindicación de los derechos de la mujer*».[81]

Lo cierto es que la niña crecía con salud y Wollstonecraft lo atribuía precisamente a la alimentación y a todo el tiempo que pasaba jugando con ella. Cuando se separaban, escribió, sentía que la pequeña se le había «metido en el corazón y en la imaginación» y, se le hacía tan extraño pasear sola, que veía bailar su pequeña figura delante de ella.[82] En realidad pasaban casi todo el tiempo juntas, pues Mary la llevaba con ella a los sitios más extraños, como cuando fueron juntas al Panteón para ver cómo exhumaban los restos de Mirabeau.[83] Si hoy en día sigue despertando sorpresa ver a las mujeres portar a sus bebés a los lugares de trabajo, podemos imaginar la cara de perplejidad de los intelectuales a quienes visitaba Wollstonecraft cuando la veían llegar con su hija a cuestas, como le pasó a Archibald Hamilton Rowan. En 1794, el expatriado irlandés dijo haberse quedado asombrado al ver a la autora de la *Vindicación* llevando a su niña de la mano a todas partes como si «fuera un reloj que acabara de comprar en una joyería».[84] Como muchas madres escritoras de hoy, Mary también convertiría a su hija en protagonista de alguno de sus escritos, como *Lecciones*, dedicado a ella, en el que recopila palabras, consejos y pequeñas enseñanzas para su vida. Es especialmente tierna la lección número IV, en la que Mary, en medio de sus instrucciones a la pequeña, menciona la tinta con la que está escribiendo su texto y prohíbe a Frances que agarre el bote con sus torpes manitas:

LECCIÓN IV

Deja que te peine. Pídele a Betty que te lave la cara. Ve a buscar un poco de pan. Bebe leche, si tienes sed. Juega en el suelo, dale a la pelota. No toques la tinta, te manchará las manos.

¿Qué quieres decirme? Habla despacio, no tan deprisa. ¿Te has caído? No llorarás, tú no. El bebé llora. ¿Pasearás por las praderas?[85]

Sin embargo, la hazaña definitiva que contribuyó a forjar la verdadera *leyenda Wollstonecraft* entre los románticos fue el viaje que hizo acompañada exclusivamente de la pequeña Frances y de una tímida niñera llamada Marguerite por Suecia, Noruega y Dinamarca el verano de 1795. Las circunstancias ya son de por sí dignas de una novela sentimental, pues fue Imlay quien le propuso que fuera a Escandinavia como su representante para resolver unos asuntos de negocios pendientes. ¿Cuántas mujeres se habrían atrevido a realizar ese viaje en compañía de un bebé de apenas un año durante aquel periodo tan convulso en Europa? Probablemente solo ella. Además, Imlay le hizo la propuesta nada menos que tras una primera tentativa de suicidio de Mary. Sucedió cuando, tras meses de excusas y abandono, Wollstonecraft descubrió que él tenía relaciones con otras mujeres y no tenía ninguna intención de formar un hogar con ella. Desesperada, había tomado una sobredosis de láudano para quitarse la vida. Sin embargo, finalmente sobrevivió y cuando se repuso se mostró muy dispuesta a emprender aquel viaje a Escandinavia cuyos detalles, plasmados en sus *Cartas escritas durante una corta estancia en Suecia, Noruega y Dinamarca,* deslumbrarían a sus contemporáneos.

En algunos momentos de su periplo, definido por las citas de negocios que le marcó Imlay, Mary dejó a la pequeña Frances con la niñera para así poder moverse más libremente. Aprovechó esta circunstancia para saborear la soledad, aunque también echaba de menos a su hija, a quien cariñosamente llamaba *Fanniquin*, tal y como leemos en una de las cartas:

> En Gothenburg abrazaré a mi *Fanniquin*, que posiblemente no me reconozca —hiriéndome si no lo hace—. ¡Qué infantil resulta esto! Pero es un sentimiento natural. No consentí abandonarme a los «sombríos temores» del afecto mientras estaba ocupada en los negocios. Sin embargo no hubo ternerillo que contemplara brincando en un prado, que no me recordara a mi pequeña traviesa. Una ternera, dirás. Sí: pero es una muy especial la que yo tengo.[86]

Como sabemos, Frances no sería su única hija. A su vuelta a Londres, separada definitivamente de Imlay tras una segunda tentativa de suicidio (en esta ocasión se lanzó al Támesis desde el puente de Putney) y convertida por el éxito de sus libros en toda una celebridad, Wollstonecraft volvió a encontrarse con William Godwin. Esta vez Mary ya no le pareció una feminista impertinente con tendencia a interrumpir a sus interlocutores, ni tampoco una incómoda marisabidilla, sino una mujer tan increíble como para saltarse a la torera sus propias teorías contra el matrimonio cuando supo que esperaban a Mary Godwin Wollstonecraft, la futura Mary Shelley.

Pero, como habría escrito Christine de Pizan, la Fortuna tuvo envidia de este matrimonio entre iguales que se proponía educar a sus dos hijas —Godwin apadrinó a Frances como si también fuera suya— siguiendo sus ideas libertarias. Solo once días después de dar a luz a Mary *junior* el 30 de agosto de 1797, una niña frágil, Mary Wollstonecraft, madre del feminismo ilustrado, murió víctima de las temidas fiebres puerperales. Esta vez fue Agnódice quien se revolvió en su tumba. Dejaba huérfanas no solo a Frances y a Mary sino a todas las hijas adoptivas que, en palabras de Virginia Woolf, seguirían escuchando su voz mucho tiempo después de su muerte. Eleanor, la hija de Karl Marx, Flora Tristán, la pensadora socialista o Margaret Sanger, pionera en el control de la natalidad, serían solo algunas de ellas. Se quedaban, como la criatura huérfana que crearía Mary Shelley en *Frankenstein*, «indefensas y desgraciadas». Abandonadas, «llenas de dolor», solo podían, como ella, «sentarse y comenzar a llorar».[87]

ENCUENTRO EN PISA CON EL DOCTOR FRANKENSTEIN

9

Mucho tiempo después, un miércoles del mes de enero de 1820, hacía su entrada en la ciudad italiana de Pisa uno de los tríos más famosos de toda la historia de la literatura. Estaba formado por tres indómitos rebeldes, el poeta Percy B. Shelley, su esposa Mary —aquel bebé llorón por quien nadie había dado un duro al nacer— y Claire Clairmont, la hija de la nueva esposa de William Godwin y por tanto hermanastra de Mary *junior*. Al atracar el barco, los tres jóvenes bajaron a tierra firme envueltos en un aura salvaje, como si regresaran de pasar el verano en Woodstock. No deja de ser irónico que el trío se alojara en un *albergo* de la orilla norte del Arno llamado Tre Donzelle[88] y podemos imaginar la cara que habría puesto el hospedero si alguien se hubiera atrevido a revelarle el historial del grupo que acogía, aparentemente inofensivo, mientras, con su acento toscano, trataba de hacerse entender sobre cómo calentar las habitaciones.

Para empezar, Percy Shelley, el caballero del grupo, había sido expulsado de Oxford por su ateísmo y sus ideas libertarias. Era vegetariano e iba proclamando a quien quisiera escucharle que los poetas eran los verdaderos legisladores del futuro. Por aquel entonces ya llevaba cinco años dando tumbos por toda Europa con Mary, la hija de sus dos intelectuales más admirados, el filósofo Godwin y la difunta Wollstonecraft. La pareja había dado esquinazo en Inglaterra a la esposa de Percy, Harriet, quien reaccionó ante el abandono de su marido como el Werther de Goethe, suicidándose. De este modo, la esposa de Percy Shelley repetía el destino de Frances Imlay, la primera hija de Wollstonecraft nacida en pleno fragor revolucionario, quien también se había quitado la vida unas semanas antes en una posada de la costa de Gales. Ella había escogido una sobredosis de láudano. Quienes recogieron el cuerpo de Frances, pues Godwin no lo reclamó y la joven tuvo que ser enterrada en una fosa común, dijeron que llevaba puesto un corsé en el que estaban bordadas las letras M. W., las iniciales de su madre, Mary Wollstonecraft, a quien habría pertenecido.[89] Teniendo en cuenta las ideas de Wollstonecraft sobre niñas abandonadas por sus padres, es fácil saber lo que hubiera pensado al conocer el trágico y solitario final de su propia hija, aquella *Fanniquin* a quien comparaba con un alegre ternerillo.

Percy y Mary *junior* se habían fugado para gran indignación de William Godwin —quedaba poco en él del ferviente defensor del amor libre— cuando ella solo tenía diecisiete años, los mismos que Juana de Arco al cruzar el umbral de su casa en Domrémy; además, se habían llevado con ellos a Claire, a quien por otro lado no les costó demasiado convencer. Juntos y revueltos habían recorrido Francia, Suiza, Alemania, Holanda e Italia con las obras de Wollstonecraft en la maleta, cuyas páginas leían con veneración; su periplo europeo había sido un auténtico *walk on the wild side*, una escapada que puso el listón muy alto a los escritores rebeldes de la posteridad. Aquella segunda generación de románticos consiguió que la historia de la literatura se desmelenase definitivamente.

Pero, sin lugar a dudas, el momento en el que se superaron a sí mismos lo protagonizaron en 1816, cuando el poeta lord Byron, el otro *malote* satánico de aquella pandilla, quien por cierto tuvo un sonado idilio con Claire, los acogió en Villa Diodati, cerca del lago de Ginebra, para pasar el lluvioso verano en su compañía. De aquel encuentro surgió *Frankenstein*, una novela epistolar escrita por Mary Shelley a la luz de la vela tras el juego que propuso el anfitrión a sus invitados después de pasar la tarde contando historias de miedo. ¿Quién de todos ellos escribiría el mejor cuento de fantasmas? ¿Quién sería capaz de contar la historia gótica más aterradora? ¿Percy? ¿Mary? ¿Su médico Polidori, quien también estaba con ellos? ¿Él mismo? Mientras Byron lanzaba el desafío a sus amigos, fuera de la gran casa, en la oscuridad de la noche, se escuchaba la persistente tormenta, un ambiente sin duda oscuro y aterrador que Mary trasladó a la novela que empezó a escribir pocos días después y que no dudó en dedicar a su padre. Los críticos aún discuten si se lo dedicó en serio o en plan irónico.

Así, aquel verano en Villa Diodati, cuando solo tenía dieciocho años, Mary Shelley había dado vida a uno de los personajes más célebres de la cultura occidental —la criatura desproporcionada y sin nombre creada en la novela por el doctor Víctor Frankenstein a partir de distintos cadáveres humanos— cuya fama pronto superó la de la propia novela, finalmente publicada en 1818 con gran éxito.

Frankenstein se convirtió inmediatamente en un clásico de la literatura romántica y Mary en una escritora que superó con mucho la notoriedad de sus padres.

Por si todos estos acontecimientos no fueran suficiente gasolina para alimentar el mito de ángeles caídos que les perseguía al llegar a Pisa en 1820, el famoso trío Shelley-Clairmont también estaba acosado por la desgracia. Percy y Mary no solo habían tenido que cargar sobre sus espaldas con el suicidio de Harriet y de Frances, sino también con las muertes prematuras de tres de sus hijos, quienes habían fallecido como consecuencia de distintas enfermedades. Por su parte, Claire tuvo una hija con Byron, Allegra, de quien la habían obligado a separarse, y también estaba atormentada por ello.

Grabado de WIlliam Blake para ilustrar el libro de Wollstonecraft *Original Stories From Real Life,* 1788

Pero, podemos preguntarnos, ¿qué hacía ahora aquel *ménage à trois* en Pisa un miércoles de 1820? ¿Qué tramaban esta vez los poetas más malditos de Europa al hospedarse en la posada Tre Donzelle después de su largo periplo? ¿Qué había traído al doctor Frankenstein y a su hermanastra Claire a la tranquila ciudad toscana?

Más de veinte años después de que Wollstonecraft cruzara la puerta del castillo de Mitchelstown en octubre de 1786, la niña que allí la había recibido mirándola de arriba abajo como si fuera Mary Poppins, la pequeña Margaret King de ojos azules y despiertos, esperaba a Mary Shelley y a Claire Clairmont en su tranquila Casa Silva en la orilla sur del río Arno. Ahora Margaret, o *Margaretta*, como firmaba sus cartas, se hacía llamar Mrs. Mason en recuerdo del personaje creado por Wollstonecraft, su institutriz, en el libro *Original Stories* en el que la había inmortalizado junto a su hermana. Margaret había escogido ese nombre para consumar su propia huida a Italia unos años antes. Había sido un homenaje al personaje y a la frase del libro que la había acompañado desde que la leyó de niña: «Deseo ser una mujer y parecerme a Mrs. Mason». Habían pasado más de veinte años y así seguía siendo.[90]

10

Como buenas románticas que eran y al igual que Dorothy Wordsworth, tanto Mary como Claire llevaban siempre un diario en el que consignaban todo lo que hacían. Gracias a esos cuadernos hoy podemos reconstruir algunos detalles del encuentro que tuvieron con Mrs. Mason al día siguiente, el jueves 27 de enero, el primero de una larga y sólida amistad. Según anotó Claire en el suyo, la mañana amaneció cálida y soleada, uno de *esos días azules* invernales y exquisitos típicos del sur de Europa,[91] y Margaret las recibió con los brazos abiertos en el jardín de su casa. Las hermanas, cansadas ya de vagar por Europa, debieron de ver en ella a un alma gemela —Margaret se definía a sí misma como «una vagabunda por la faz de la tierra»— pero también como a una madre comprensiva como la que les hubiera gustado tener cerca. Margaret era ahora una señora muy alta, musculosa, con unos brazos atléticos que dejaba descubiertos hasta los hombros. Unos brazos perfectos para sentirse protegida. Iba vestida con un amplio vestido gris, cómodo para pasear al aire libre, sin las apreturas que dictaba la moda y que ella consideraba nocivas para la salud. A pesar de que las dos familias se habían mantenido en contacto, seguramente fue en Casa Silva, en aquella *casetta* a las afueras de la ciudad, sentadas a la sombra de los nogales del jardín, donde las *tre donzelle* repasarían sus existencias de principio a fin, como si sus vidas, lejos aún del final, fueran ya novelas que merecían ser recordadas.

Mary Shelley había publicado su famoso libro apenas dos años antes, un hecho del que Margaret seguramente estaría al tanto por

Godwin, su padre, con quien había mantenido relación sobre todo a raíz de la muerte de Wollstonecraft, y por la prensa. En todo caso, podemos imaginar que Mrs. Mason dio las gracias a Mary Shelley por haber llamado Margaret a la hermana silenciosa de Robert Walton, el narrador epistolar de *Frankenstein*. Es posible que se sintiera identificada con la lectora y destinataria implícita que recibe las cartas de las que está compuesta la novela y cuya respuesta nunca llegamos a leer en la obra. Pocas veces un silencio se ha escuchado tanto en la historia de la literatura. De hecho, para ser precisos, Mary Shelley había bautizado a aquel personaje misterioso de *Frankenstein* con el nombre de *M*argaret *S*aville *W*atson, otra vez aquellas iniciales mágicas, MSW, como en el corsé bordado de Frances con el que la encontraron muerta, pero en esta ocasión con la S de Shelley, la S de su autora, entre la M y la W.[92]

Nadie mejor que ella, le confesó tal vez Margaret, había entendido aquella novela de fantasmas en la que una criatura monstruosa, sin madre ni amigos, era abandonada y dejada a solas con su educación[93] por un padre bienintencionado pero fallido. Nadie mejor que ella había sabido captar que el verdadero cuento de terror era el que proyectaba la novela por debajo de su helada superficie, un mundo sin madres, un mundo en el que las mujeres —ángeles silenciosos— son prescindibles para crear la vida. Aquella fantasía distópica en la que la mitad de la especie humana *falta* era la que había enfurecido a Wollstonecraft en su día y la había movido a escribir su *Vindicación*.

Seguramente, en aquellos encuentros en Casa Silva, Margaret tendría más cosas que contar que Mary y Claire, pues su trayectoria, tan silenciosa como la de su gemela en la ficción de *Frankenstein*, era menos conocida y pública que la de las jóvenes. Pero también ella había sido una muy digna hija adoptiva de Wollstonecraft, y la cara de asombro que pusieron las hermanastras cuando empezaron a escuchar el relato de Mrs. Mason nos recuerda a la del pintor Van Dyck cuando Sofonisba le contó la suya en Pérgamo. En esta ocasión, es irresistible imaginar a Mary Shelley, sentada en el jardín a la sombra de un nogal con una taza de té en la mano, en el momento exacto en el que Margaret, la *querida hermana* que recibía en silencio las cartas de su novela, tomó la palabra y por fin se decidió a hablar.

—¿Os contó vuestro padre que poco después de que lady Kings-borough echara de mala manera del castillo a Mary Wollstonecraft yo me tuve que casar y me convertí en lady Mount Cashell? —les preguntó Margaret para ir abriendo boca.

—Claro, claro, que nos lo contó —respondieron Mary y Claire asintiendo al unísono.

Aquella historia formaba parte de la épica familiar. También se habían enterado de que, al poco de irse Wollstonecraft del castillo, lady Kingsborough se había separado de su marido alegando malos tratos. Y que pasados los años, cuando Wollstonecraft se hizo famosa, presumiría de haberla conocido.

—Que me casaran a la fuerza con el vizconde Mount Cashell fue el principio de una vida infeliz —recondujo Margaret la conversación.

Según les fue relatando, enseguida se evidenció que su marido y ella no tenían absolutamente nada en común. Él era conservador, ella republicana; él carecía de intereses culturales, ella siempre estaba leyendo. Él no prestaba ninguna atención a sus siete hijos, ella pasaba el tiempo con ellos e incluso se había formado en medicina para cuidar mejor de su salud. Él se rodeaba de gente estúpida de la nobleza de provincias, ella no perdía ninguna oportunidad de estrechar lazos con cualquier radical que se le cruzase por el camino.

Ni siquiera el *grand tour* que emprendieron juntos por el continente, continuó contando Margaret, logró que acercaran sus posiciones y, una vez en Italia, Margaret protagonizó su propia fuga escandalosa con un irlandés, George Tighe, a quien había conocido en Roma y con quien prefirió quedarse en lugar de regresar a casa con su airado marido. No había querido volver al redil, concluyó. El precio que había tenido que pagar era la custodia de sus hijos, pues ya se sabía que las mujeres perdían todos sus derechos sobre ellos cuando actuaban fuera del matrimonio. Pero no solo, pues también había tenido que renunciar a todas las comodidades, al lujo de su vida aristocrática y a las amistades que le cerraron la puerta tras el escándalo.

—¿Y qué hiciste?, preguntó tal vez Mary sintiendo de pronto una gran simpatía por aquella mujer grandota a la que todos habían abandonado.

—Acordarme de mi institutriz —respondió Margaret con una sonrisa de oreja a oreja— y de que siempre había querido parecerme a ella. A menudo me decía que le debíamos un buen ejemplo a las que vendrían después. Así que no dudé en adoptar su nombre ficticio, Mrs. Mason, y traté de cumplir mis sueños, los que ella me había enseñado a tener cuando me decía eso de que habíamos nacido para ser felices y no esclavas. Aunque no os lo creáis, me disfracé de hombre para estudiar medicina en la ciudad alemana de Jena; lo curioso es que no fui la primera ni la última en hacerlo. Hay muchos más topos de los que creemos que se han colado en la sala de disección para ver de cerca cómo está hecho por dentro el ser humano.

11

A juzgar por las entradas del diario de Claire en las que dejó constancia de todas las visitas que le hicieron, las conversaciones como esta y los paseos por los alrededores de la ciudad se alargaron muchas tardes durante la época en la que la familia Shelley-Clairmont vivió en Pisa bajo la atenta mirada de Mrs. Mason. En Casa Silva las jóvenes también conocieron a sus dos hijas, Lauretta y Nerina, a quienes Margaret trataba de educar siguiendo los preceptos de Wollstonecraft. Mrs. Mason les hablaría del libro que había estado escribiendo los últimos años, un manual de crianza y medicina preventiva, en el que quería ofrecer información veraz a las madres para que no dependieran de los médicos, de quienes decía, como Agnódice, que rara vez sabían algo de madres o de niños. Quería escribir una guía con sencillas explicaciones sobre la salud de los niños basada en la experiencia e investigación que había ido acumulando ella misma a lo largo de los años. En sus páginas hablaría de lactancia, juegos al aire libre y pequeñas enfermedades. Y, sobre todo, trataría de destruir los prejuicios de las madres para que educaran niños libres y felices. El libro, que finalmente se publicaría con mucho éxito, no era su primera obra, pues tiempo antes Margaret también había imitado a su institutriz escribiendo cuentos para niños que le había publicado el propio Godwin, ahora dueño de una librería en Londres y una editorial destinada al público infantil.

Mrs. Mason siempre fue como una madre protectora para los Shelley-Clairmont, una auténtica «dama que cuidaba de un jardín de flores sensibles», en palabras de Percy Shelley. De hecho, años después de la trágica muerte de Percy en 1822, quien falleció ahogado al naufragar su barco en la costa italiana, y del regreso de Mary Shelley a Inglaterra al poco tiempo, Claire Clairmont vivió con Mrs. Mason y siempre consideró maravillosa esta etapa al lado de su madre adoptiva. Al final, quién iba a decirlo, de algún modo fue Claire quien cumplió el sueño que Wollstonecraft había tenido para su propia vejez.

Tras la muerte de Margaret en 1835, Mary Shelley y Claire siguieron escribiéndose cartas con Lauretta y Nerina durante el resto de su vida. Es posible que a las cuatro mujeres, separadas por la distancia, se les humedecieran los ojos al leer, de tarde en tarde, a la luz de una vela, las páginas finales de *Original Stories*, el libro de Wollstonecraft protagonizado por Mrs. Mason, sobre todo cuando leían las palabras de despedida de su institutriz cuando finaliza la educación de sus pequeñas alumnas:

Ahora habéis sido elegidas para ser mis amigas y mi opinión de vosotras dependerá en el futuro del progreso que vuestra virtud haga. Escribidme a menudo, que yo responderé a vuestras cartas puntualmente. Dejadme recibir el genuino sentimiento de vuestros corazones. Adieu! Cuando penséis en vuestra amiga cumplid sus preceptos. Dejad que sea el recuerdo de mi afecto el que dé peso a las verdades que os he tratado de inculcar. Finalmente, si queréis recompensar mis cuidados, que llegue a mis oídos que amáis y practicáis la virtud.[94]

8

JANE AUSTEN
LOS HOMBRES ME EXPLICAN COSAS
STEVENTON, 1775

UNA ESTUDIANTE DÍSCOLA

1

Durante las mismas semanas de 1791 en las que Mary Wollstonecraft se encerró en su casa de Londres para escribir la *Vindicación de los derechos de la mujer*, una quinceañera de pulso firme
llamada Jane Austen daba por terminados los que seguramente
son los deberes escolares más sorprendentes de todo el siglo XVIII.
«Esta Historia tendrá muy pocas fechas» son las palabras de
socarrona advertencia, escritas con cuidadosa caligrafía el sábado
26 de noviembre de 1791, que había escogido para poner fin a
las treinta y cuatro páginas que componen su deliciosa *Historia
de Inglaterra*.[1] Su risa, alegre como un cascabel, rasgó el silencio
de la tarde mientras ponía el manuscrito en orden y pensaba en
entregárselo a su hermana mayor, Cassandra, a quien por cierto
se lo había dedicado con grandilocuencia. Ya podía ilustrar sus
páginas con las miniaturas que le había prometido unos días
antes, mientras estudiaban juntas en la mesa del comedor de la
casa parroquial de Steventon,[2] a unos noventa kilómetros de
Londres. En esos mismos momentos, Wollstonecraft estaría remangándose la camisa para ajustarle las cuentas a Jean-Jacques
Rousseau.

A pesar de la risa —perfectamente audible ciento cuarenta años
después, según aseguró Virginia Woolf—[3] la joven a quien debemos la irreverente versión portátil de su libro de texto, la auténtica
Historia de Inglaterra: de los primeros tiempos a la muerte de Jorge II,

del doctor Oliver Goldsmith, un tocho de cuatro volúmenes publicado en 1771,[4] es una de las mujeres más desconocidas de nuestra cultura. Y es que Cassandra no solo cumplió con su promesa de iluminar el manuscrito con pequeños medallones en los que dibujó a Enrique IV, a María Estuardo o a la reina Isabel, sino que también llevó a cabo la que quizá fue una de las últimas peticiones que su hermana Jane le hizo un cuarto de siglo más tarde, esta vez en su lecho de muerte: quemar muchas de las cartas que ambas intercambiaron a lo largo de los años, al parecer una cantidad nada desdeñable si tenemos en cuenta los escasos periodos de tiempo en que vivieron separadas.

Jane Austen en un retrato de su hermana Cassandra

Esta última promesa —si es que la hubo— nos obliga a limitar la búsqueda de nuestra escurridiza historiadora a las páginas de sus seis novelas publicadas, a sus cuadernos de juventud —donde años más tarde copió su *Historia de Inglaterra*—, algunos manuscritos sin terminar y un buen fajo de cartas increíblemente aburridas que Cassandra tuvo a bien salvar de la quema; para desesperación de los historiadores —se lamentaba la propia Virginia Woolf—[5] estas misivas que sobrevivieron son puro parloteo sobre bailes y personas cuyos nombres hoy no nos dicen nada en absoluto. *Minucias* que se nos caen de las manos mientras nuestra imaginación vuela. ¿Qué se contaban en las cartas que no nos han llegado? ¿Por qué no eran aptas para la posteridad? ¿Desvelaban secretos de familia? ¿Confidencias sobre pretendientes? ¿O quizá debamos atribuir su desaparición a una última broma de las dos traviesas hermanas? Lo desearan o no, lo cierto es que, con ese último gesto, Jane y Cassandra expresaron definitivamente a la posteridad la poca confianza que tenían hacia los historiadores.

Como ella misma escribió sobre Catherine Morland, una de sus primeras heroínas novelescas, *nadie* que hubiera visto a Jane Austen durante su infancia y juventud habría podido imaginar que había nacido para ser una autora de fama universal. Todo estaba ciertamente en su contra. La educación que había recibido habría enfurecido a Wollstonecraft, sobre todo en comparación con la que recibieron sus hermanos varones, y en especial los tres mayores, quienes fueron a la universidad. Además, Jane Austen vivía relativamente aislada en la rectoría de Steventon, un pueblecito de apenas treinta familias en el condado de Hampshire, donde su apuesto padre era el vicario. Hoy diríamos que había poco que ver.

Rectoría de Steventon

Sin ir más lejos, su primer biógrafo, James Edward Austen-Leigh —un sobrino victoriano adulador y parcial a partes iguales—, al describir los atractivos del lugar, solo fue capaz de destacar la belleza de los setos que crecían en los alrededores de la casa parroquial.[6] Y, lo que es aún más sorprendente, a diferencia de Wollstonecraft, Austen no tenía ninguna relación con otros escritores o con editores, pues no conocía a nadie vinculado mínimamente al mundo del libro, una industria que, como vimos, en su época empezaba a engrasar con fuerza los motores gracias a las mejoras tecnológicas en el sistema de producción y distribución, así como en la alfabetización de nuevas capas de la población, incluidas las mujeres. Hoy diríamos que Jane carecía de contactos en el mundillo editorial.

No obstante, que no tuviera la suerte de Wollstonecraft de formar parte de un selecto club literario donde entablar conversaciones estimulantes con otros intelectuales de renombre —cosa que también hizo su parodiado doctor Goldsmith— no significa que Austen no dialogara con su mundo. De hecho, la carcajada que escuchamos en su *Historia de Inglaterra* es la herramienta más poderosa que encontraron las dos hermanas para apropiarse de un pedacito del universo y moldearlo a su manera. «Eres la escritora más graciosa de nuestro tiempo», llega a decirle Jane a Cassandra Austen, para nuestra sorpresa, en una de sus tediosas cartas. «Leyéndote», añade, «podría morirme de risa, como decían en el colegio».[7]

¿Pero qué joven —se preguntaba Virginia Woolf— no anda riéndose por cualquier tontería a los quince años?[8]

2

Posiblemente, las bromas habían empezado días antes, mientras estudiaban en el comedor de la casa parroquial bajo la intermitente supervisión de su madre, la señora Austen, una mujer menos atractiva que su marido y con tendencia a comunicarse con sus hijas a través de frases cortas y afiladas.[9] Como les había sucedido a las hermanas Kingsborough antes de caer en las manos de Wollstonecraft, las Austen recibieron una educación un tanto errática que incluyó, tomado de aquí y allá, un poco de gramática, francés, música, dibujo y, por supuesto, costura. De pequeñas asistieron a dos internados para niñas, pero pronto se decidió que era mejor economizar gastos y que se educaran en casa, pues no en vano su propio padre preparaba a jóvenes muchachos para las pruebas de la universidad, lo que les reportaba unas libras extra al año por cada alumno. En cierto sentido, se podría decir que las hermanas Austen ya vivían en un colegio.

Una de las disciplinas con las que se martirizaba a los jóvenes era la historia. El voluminoso libro escrito por Oliver Goldsmith se empleaba como manual de clase y, tal y como se aprecia en el ejemplar que guardaban los Austen en las vitrinas Hepplewhite de la biblioteca, su padre anotaba en el margen del mismo una fecha que señalaba hasta dónde tenían que leer cada día.[10] No es difícil imaginar a las dos jovencitas, con sus cabezas unidas encima del libro, burlándose de la prosa pomposa con la que el autor cantaba las vicisitudes de la humanidad desde los primeros tiempos hasta el reinado de Jorge II. De hecho, en los márgenes del libro, la propia Jane Austen no pudo resistirse a garabatear su indignación hacia los pasajes en los que el doctor Goldsmith dejaba mal parada a su reina preferida, María Estuardo,[11] aquella princesa que de niña había sido íntima amiga de Isabelle de Valois, la mecenas de Sofonisba, y que más tarde se convertiría en su cuñada.

Aunque en ningún caso se esperaba de ellas que tuvieran una educación como la de los varones, lo cierto es que a finales del siglo XVIII Wollstonecraft no era la única que animaba a las chicas para que aparcasen de vez en cuando las agujas de coser y se asomaran a los libros de historia para cultivarse. Hester Chapone, una conocida autora de manuales de conducta para jóvenes, no dudaba también en arengarlas desde las páginas de su bestseller *Cartas sobre la educación de la mente dirigidas a una joven dama* para que espabilaran: «El principal estudio que yo os recomendaría es *historia*. Es lo más adecuado que conozco para entretener e instruir al mismo tiempo». Además, añadía, la historia «da forma y fortalece vuestro juicio».[12]

Sin embargo, es probable que este consejo bienintencionado no terminara de calar en las dos adolescentes, seguramente escandalizadas ante la idea de tener que leer *enteros* los cuatro pesados volúmenes de Goldsmith sobre la historia de los ingleses contada a través de las vidas de sus monarcas, en las que, dicho sea de paso, apenas salían mujeres. María Estuardo era una excepción. Las Austen bien podrían haber dicho aquella frase que Jane pondría años después en boca de Catherine Morland cuando la protagonista de *La abadía de Northanger* ofrece su opinión sobre las obras históricas: «Francamente: me aburre todo ello, al tiempo que me extraña, porque en la historia debe de haber muchas cosas que son pura invención. Los dichos de los héroes y sus hazañas no deben de ser verdad, sino imaginados, y lo que me interesa precisamente en otros libros es lo irreal».[13]

UNA HISTORIADORA PARCIAL Y CON PREJUICIOS

3

Cuando en 1764 el pintor y futuro presidente de la Royal Academy of Arts sir Joshua Reynolds propuso crear el Literary Club, el resto de miembros fundadores dudaron seriamente si admitir a Oliver Goldsmith. Se trataba de un círculo muy selecto de intelectuales, estadistas y científicos, y Samuel Johnson —el aclamado crítico literario— había sido muy estricto a la hora de fijar las normas. El número debía limitarse a nueve personas, las mismas que en su día habían formado el entonces ya desaparecido Ivy Lane Club, impulsado por él unas décadas antes.[14] John Hawkins, viejo amigo del doctor Johnson y uno de los elegidos, recordaba que Goldsmith les despertaba poca confianza, pues lo veían como un mero chupatintas, más parecido a un traductor o a un reportero mercenario que a un pensador original de la talla de los demás.[15]

Por aquel entonces, Goldsmith era un bohemio trotamundos que, con treinta y cuatro años, aún no había sentado la cabeza y se ganaba la vida escribiendo encargos periodísticos. Aún no había publicado la obra que lo propulsaría a la fama, *El vicario de Wakefield*, ni tampoco su célebre *Historia de Inglaterra*. James Boswell, biógrafo del doctor Johnson y miembro posterior del club, le describía en aquella época como un don nadie manirroto, vulgar y corto de mente, conocido por haber escrito *El ciudadano del mundo*, una colección de cartas aparecidas en la prensa en las que se hacía pasar por un chino, un tal Lien Chi, en su viaje por Inglaterra.[16] Con todo, el pintor Joshua Reynolds propuso su nombre como potencial miembro del club y, para sorpresa del propio Hawkins, el doctor Johnson, quien por otro lado siempre había alabado el talento de Goldsmith, lo secundó.

Los miembros del club, entre quienes también se encontraba Edmund Burke —el mismo que sería objeto de los afilados dardos de Wollstonecraft— se reunían para cenar los lunes en el Turk's Head, situado en Gerrard Street, en el Soho londinense. Al principio, recordaba Boswell, Goldsmith se contentaba en sus intervenciones con imitar al gran Samuel Johnson, célebre por ser el mejor conversador del siglo XVIII. Sin embargo, según fue alcanzando notoriedad, los dos amigos se enzarzaban en duelos dialécticos cada vez más agrios, lo que, a decir de la señora Reynolds, esposa del pintor, habitualmente desembocaba en la humillación de Goldsmith por Johnson.

En agosto de 1771 apareció la *Historia de Inglaterra*, el libro en cuatro volúmenes con el que el reverendo Austen mortificaba a sus hijas en la rectoría de Steventon. En el prólogo, el autor se presentaba como un modesto sucesor de David Hume, quien había dado a la imprenta su monumental *Historia de Inglaterra* unos años antes (1754-1762). Asimismo, Goldsmith insistía en haberse guiado en su relato solamente por la verdad de los acontecimientos y por haber tratado de ser un historiador *imparcial*. No era la primera obra de contenido histórico que publicaba y, aunque recibió algunas críticas, en líneas generales fue bien recibida. Hubo quienes, incluso, llegaron a decir que la historia inglesa nunca había sido tratada de una manera tan útil, elegante y agradable. Otros alabaron su estilo narrativo, enraizado en la tradición de la literatura inglesa. Con el tiempo, se convirtió en un manual de referencia entre los jóvenes de su época, incluidos los pupilos y las hijas del reverendo Austen.

Valga como botón de muestra el siguiente párrafo, perteneciente al segundo volumen, que en el libro original se acompañaba de una ilustración en forma de medallón con la cabeza del monarca, en este caso Enrique IV:

Cap. XVI
Enrique IV

Rara vez se emplea el exceso de formalidad para otra cosa que no sea la de tapar la desconfianza o la injusticia. Enrique IV, consciente de la debilidad de su título, estaba decidido, al menos, a conceder a su coronación toda la solemnidad que fuera posible, y a hacer de la religión una capa con la que cubrir la usurpación que había llevado a cabo. Para ello, había puesto particular cuidado en conseguir un cierto aceite del que se decía que...[17]

Aunque Goldsmith se había presentado como un historiador *imparcial*, su estilo engolado se acercaba por momentos al de la novela sentimental, tan de moda en la época, caracterizada por artificiosas

A literary party at Sir Joshua Reynolds's. National Portrait Gallery

convenciones literarias de las que la propia Jane Austen se reiría algunos años después en sus propios libros.

Existe una imagen muy famosa, *A Literary Party at Sir Joshua Reynolds's*, en la que podemos observar a los miembros del club como si los espiáramos a través de una mirilla. Los nueve magníficos se encuentran sentados a la mesa, con ricas frutas y bebidas para su disfrute. Detenidos en el tiempo vemos conversar a Johnson y a Burke, mientras, a su derecha, Boswell registra mentalmente todo lo que dicen y Reynolds trata de entenderlos ajustándose su aparatosa trompetilla al oído. Sin duda, la presencia en el cuadro de ese instrumento de audición debe de interpretarse de nuevo como una prueba evidente de que todo lo que allí se estaba discutiendo era del máximo interés. ¿Hablarían ya por aquel entonces de las posibilidades artísticas del desnudo, como en el cuadro de Zoffany? Quién sabe. Lo cierto es que todos los demás invitados escuchan en silencio a Johnson, excepto Goldsmith, a quien vemos sentado en el extremo derecho de la mesa cuchicheando con Thomas Warton, un historiador literario. Aunque no sepamos de qué están hablando, no es descabellado imaginar que se trata de asuntos importantes y que estos nueve señores tan elegantes son la viva imagen del centro del mundo. Como escribiría muchos años después en su diario Katherine Mansfield, la única reacción posible ante un intelectual como Johnson consistiría en abrir desmesuradamente los ojos como haría una niña pequeña y aceptar *inmensamente* lo que dijera.[18]

Resulta difícil encontrar una imagen más alejada de esta reunión masculina que la que a su vez veríamos si, unas décadas más tarde, mirásemos por el ojo de la cerradura en la Rectoría de Steventon. Allí, sentadas en el comedor, hallaríamos a las dos hermanas Austen francamente aburridas y garabateando en el margen de su manual de historia. ¿Dónde estaban las mujeres en aquel libro? ¿Por qué apenas aparecían?

4

Podemos imaginar que Cassandra decidió tomarle la lección a su hermana una tarde de comienzos de noviembre. Habían estado leyendo juntas los párrafos señalados por su padre en el margen del segundo volumen de la *Historia* de Goldsmith —ese día tocaba a partir de Enrique IV— y ahora la hija mayor del reverendo quería asegurarse de que Jane, tres años más pequeña, había memorizado correctamente las fechas, los nombres y los acontecimientos más importantes de aquel periodo de Inglaterra. Así se lo había prometido a su madre, quien entraba y salía del comedor,[19] ocupada como estaba en la vaquería donde esa tarde tal vez estaría haciendo una deliciosa mantequilla.

Fue entonces cuando a Jane Austen se le debió de ocurrir la idea de crear, con la ayuda de Cassandra, una versión apócrifa de su libro de texto en la que pudiera ajustarle las cuentas al autor. Quería demostrar, de una vez por todas, «la inocencia de la reina de Escocia» y, de paso, contar su propia versión de los hechos. Ella escribiría los textos sobre los reyes y reinas, y su hermana se encargaría de dibujar pequeños medallones en los que, como en la auténtica *Historia* de Goldsmith, aparecerían los rostros de los monarcas en miniatura. Podía tomar a sus hermanos y a su propia madre como modelos.[20]

No tuvo que esforzarse mucho para convencerla. Esa misma tarde se pondrían las dos hermanas manos a la obra y, durante las siguientes semanas, lo pasarían en grande parodiando el manual. Jane Austen le llevó la contraria a su autor punto por punto, con la vehemencia que la caracterizaba a los quince años. Si él había necesitado cuatro volúmenes, ella se conformó con treinta y cuatro páginas; si él se declaraba «imparcial», ella anotó debajo de la dedicatoria de su pequeña obra «escrito por una autora *parcial*, con *prejuicios* e *ignorante*»; si él se eternizaba ofreciendo al lector todo tipo de detalles, ella iba al grano y aludía a los acontecimientos históricos —batallas, ascensión al trono, venganzas— como si fueran anécdotas cotidianas sin importancia. Si él se mostraba paciente con el lector y se dilataba en darle masticada toda la información, ella era una historiadora descuidada y negligente.

Entre las primeras semblanzas que escribió Austen, en la dedicada a Enrique VI, leemos: «Imagino que el lector ya lo sabe todo sobre las guerras entre él y el duque de York, que pertenecía al bando de los buenos; si no es así, debería leer algún otro libro de Historia, dado que yo no seré muy prolija en éste».[21] Y un poco más adelante, al hilo de la vida de Enrique VIII, «sería una ofensa para con mis lectores si no imaginase que están tan bien enterados como yo del reinado de este rey. Por eso les voy a ahorrar la tarea de leer de nuevo lo que ya han leído antes, y a mí misma la molestia de escribir lo que no recuerdo a la perfección».[22] Abundan los «no me acuerdo» y, de vez en cuando, remite a su lector a Shakespeare para que ahonde en la vida de tal o cual monarca. Sin embargo, es quizá en la última de las historias, dedicada a Carlos I, donde vemos asomar la sombra despiadada de la narradora en la que Austen se convertiría en el futuro: «Los sucesos del reinado de este monarca son demasiado numerosos para mi pluma, y el exponer tantos acontecimientos (excepto los que a mí me atañen) no me resulta interesante».[23]

También es muy llamativo su interés hacia las mujeres, a quienes incluye en el relato cada vez que se presenta la ocasión. Juana de Arco, leemos, «armó un buen lío con los ingleses», quienes, en todo caso «no deberían haberla quemado, pero lo hicieron»;[24] Elizabeth Woodvile, esposa de Eduardo IV, era «una pobre mujer» recluida injustamente en un convento;[25] Jane Shore, una de las amantes de Eduardo IV, tuvo el honor de que se escribiera una obra sobre ella, «pero es una tragedia y, por lo tanto, no merece la

pena leerla»;[26] Ana Bolena una «amable mujer completamente
inocente de los crímenes de los que fue acusada, de lo cual su belleza, elegancia y energía son pruebas suficientes»,[27] y Catalina de
Valois «una mujer muy agradable, según nos cuenta Shakespeare».
Muestra especial simpatía hacia lady Jane Grey, prima de María
Estuardo, una amable joven «famosa por leer griego mientras otros
andaban de cacería» y quien «conservó durante toda su vida la
misma apariencia de conocimiento y desdén por aquello que ge-
neralmente era considerado un placer». Al final de su vida la re-
trata camino del patíbulo «escribiendo una frase en latín y otra en
griego».[28] Pero, sin duda, las dos grandes protagonistas del relato
son María Estuardo, «una fascinante princesa»,[29] y la reina Isabel,
«la destructora de toda comodidad, la falsa traidora de la confianza
depositada en ella y asesina de su prima».[30] Jane Austen defiende
a la primera, aunque al final hasta se apiada de la segunda: «murió
tan miserablemente que, si no fuese un insulto a la memoria de
María, hasta yo misma la compadecería».[31]

La mañana del sábado 26 de noviembre de 1791 Jane Austen
puso punto final a su *Historia de Inglaterra*. El manuscrito ya estaba listo para leerlo en voz alta en las reuniones familiares, después de la cena. Tal vez los miembros del clan Austen no eran tan
selectos como quienes asistían a las fiestas literarias de Joshua
Reynolds, pero estaba segura de contar con su excelente sentido
del humor.[32]

Familia leyendo en grupo (siglo XVIII)

5

Dicen que la niña o el niño que un día fuimos sobrevive a menudo en la mirada adulta que dirigimos al mundo. Aunque la información fiable que nos ha llegado sobre Jane Austen sea tan escasa, afortunadamente sabemos algunas cosas sobre cómo se las apañó aquella niña para continuar existiendo en la figura esquiva de una mujer de la época georgiana. Sabemos, por ejemplo, que nunca se separó de su *Historia de Inglaterra*. Es más, sabemos que aquellos papeles tenían mucha importancia para ella desde el comienzo, pues no se conformó con guardar el primer manuscrito sino que, a lo largo del año siguiente, en 1792, mientras Wollstonecraft viajaba en barco a París para unirse a la revolución, Jane lo copió cuidadosamente en un cuaderno de piel que le había regalado su padre, hoy conservado en la British Library. Como le había prometido, Cassandra añadió después los trece retratos, muchos de ellos inspirados finalmente en los rostros del clan Austen según afirman algunos especialistas.[33] Algunos estudiosos han llegado a afirmar que Cassandra tomó a su madre como modelo para la imagen de la reina Isabel, fea y grotesca, y la de Jane para la de María, reina de los escoceses, a quien retrató hermosa y angelical. ¿Nos encontramos tal vez ante otra travesura de las *sisters*?

Pero la broma no se quedó ahí, bostezando entre las páginas del cuaderno de piel que fue pasando de mano en mano, de sobrina en sobrina, de generación en generación. La vemos reaparecer en la primera y en la última novela que escribió Austen. «Si alguna vez leo obras históricas es por obligación», les confiesa Catherine Morland a los hermanos Tilney en el capítulo catorce de *La abadía de Northanger*, terminada en 1798. «No encuentro en ellas nada de interés, y acaba por aburrirme la relación de los eternos disgustos entre los papas y los reyes, las guerras y las epidemias y otros males que llenan sus páginas». Y a renglón seguido añade: «Los hombres me resultan casi siempre estúpidos, y de las mujeres apenas sí se hace mención alguna».[34]

Dieciocho años más tarde, en las páginas de *Persuasión*, escrita en 1816, leemos que el capitán Harville le espeta a Anne Elliot: «Toda la literatura está en contra de lo que usted afirma, tanto en prosa como en verso. [...] No recuerdo haber abierto en mi vida un solo libro en el que no se aluda, de una manera u otra, a la inconstancia de las mujeres. Todas las canciones y todos los proverbios giran en torno a las flaquezas femeninas. Claro que usted me dirá que todo eso ha sido escrito por hombres». A lo que Anne Elliot, la heroína más madura creada por Austen, responde como si Christine de Pizan le dictara las palabras desde el convento de Poissy: «No tome usted ejemplos de los libros. Los hombres siempre han disfrutado de una ventaja, y esta es la de ser los narradores de su propia historia. Han contado con todos los privilegios de la educación, y, además, han tenido la pluma en sus manos. No, no admito que presente los libros como prueba».[35]

La lección aprendida de adolescente en la *Historia de Inglaterra*, en definitiva, acompañó a Jane Austen durante toda su vida y en cada uno de los libros que escribió.

6

El lunes 13 de noviembre de 1815, el reverendo James Stainer Clarke, bibliotecario y capellán del príncipe regente, recibió a Jane Austen en Carlton House, residencia real situada en St. James, Londres.[36] *Emma* estaba a punto de llegar a las librerías y su autora, a pesar de no haber firmado ninguna de sus cuatro novelas, comenzaba a ganarse cierto reconocimiento entre sus contemporá-

Carlton House

neos. Su nombre, lejos de permanecer bajo llave, hacía meses que estaba en boca de todos. El propio príncipe se había declarado su fan incondicional y, según le cotilleó después el señor Clarke a Jane Austen, guardaba ejemplares de sus obras en todas sus residencias.[37] Fue precisamente el príncipe quien, al enterarse a través de uno de sus médicos, el doctor Charles Thomas Haden, de que su autora preferida estaba en la ciudad, le había urgido a invitarla de inmediato a visitar la biblioteca de Carlton House. Podemos imaginar a nuestra autora, hasta hacía muy poco tiempo una perfecta desconocida más allá de los setos del jardín de su casa, subiendo con incredulidad los peldaños de la mansión palaciega.

En cuanto el mayordomo hizo las presentaciones entre ellos, el reverendo Clarke también se declaró un gran admirador de sus novelas, sobre todo de *Mansfield Park*, y la escoltó por las dependencias reales concediéndole todos los honores. No pudo evitar, eso sí, hacerle también algunas sugerencias y darle algunos consejos sobre lo que debería escribir en el futuro. Al fin y al cabo, carraspeó, le sacaba casi diez años. «¡Yo ya estaba estudiando en Oxford cuando usted no era más que una niña, pequeñita y buena, dedicada a su labor en casa!», podemos imaginar que le dijo dándole una palmadita en la espalda. Además, era hermano del conocido viajero y mineralogista doctor Clarke, célebre, entre otras cosas, por haber tenido la extravagante idea de lanzar un globo gigante en las nevadas llanuras de Enontekiö, Laponia, para gran regocijo de sus habitantes. Estaba claro que tenía *más mundo* que ella y por eso se atrevió a darle lo que, en su humilde opinión, era un puñado de buenos consejos. ¿Qué escritora con sus limitaciones no los aceptaría?

Unos días después de la visita a Carlton House la autora y su fiel admirador comenzaron un simpático intercambio epistolar. Tampoco por carta pudo resistirse el reverendo Clarke a expresar su opinión sobre lo que debería escribir ahora que *Emma* ya había visto la luz. En una de sus cartas, tan osada como las que escribió Amilcare Anguissola a Miguel Ángel, la animó a atreverse, nada menos, que con una novela histórica. Pensaba, como le decía, que en esos momentos —Leopoldo I estaba a punto de casarse con la princesa Carlota— sería muy bien recibida por los lectores una obra de esas características que tratase sobre la casa de Coburgo. Tenía que pensar en ello.

Sin duda, a Jane Austen se le debió quedar congelada la sonrisa ante semejante idea. Había dos posibilidades. O bien el reverendo Clarke le había mentido y no había leído sus novelas o bien se había vuelto loco de remate, como su hermano, el del globo gigante en Laponia. ¿Escribir una novela histórica precisamente *ella*? Como diría la escritora y activista Rebecca Solnit varios siglos después, «decirle a alguien, categóricamente, que él sabe de lo que está hablando y ella no, aunque sea durante una pequeña parte de la conversación, perpetúa la fealdad de este mundo y retiene su luz».[38] ¿Por qué, desde sus tiempos de estudiante, los hombres se empeñaban en explicarle cosas?

Habían pasado más de veinte años desde que pusiera punto final a su *Historia de Inglaterra*, pero su recuerdo le ofreció el tono exacto con el que escribir su respuesta al reverendo Clarke:

> Es usted muy amable al indicarme el tipo de composición que me recomendaría en este momento, y soy plenamente consciente de que una novela histórica basada en la Casa Sajonia-Coburgo sería de mayor provecho o popularidad que las imágenes de la vida doméstica en un ambiente rural que yo describo. Pero sería tan incapaz de escribir esa clase de novela como un poema épico. Sólo podría ponerme a escribir seriamente una obra así con el fin de salvar mi vida; y, si no tuviera más remedio que continuarla y no pudiera reírme nunca de mí misma o de los demás, estoy segura de que me colgarían antes de acabar el primer capítulo. No, tengo que mantener mi propio estilo y seguir mi propio camino; y, aunque no vuelva a triunfar así, tengo la certeza de que fracasaría por completo si no lo hiciera.
>
> Sigo siendo, señor, su agradecida y sincera amiga.
>
> J. Austen[39]

Aunque podamos escuchar el cascabel de su risa entre las líneas de la carta, la falta de interés que muestra Austen en ella hacia la novela histórica tiene también otra lectura más dolorosa, como bien advirtieron las profesoras norteamericanas Sandra Gilbert y Susan Gubar a finales de los años setenta en sus pioneros estudios sobre Austen. Al igual que en la *Historia de Inglaterra*, pero también en *La abadía de Northanger*, las palabras que le dirige la autora al reverendo Clarke reflejan excepcionalmente bien lo *irrelevante* que puede parecerles a las mujeres la historia del mundo cuando se construye como una guerra interminable entre reyes y papas en la que ellas nunca han participado. Al reconocer que «escribir una novela histórica me resultaría tan difícil como componer un poema épico», Austen, quien solo utilizaba en sus obras aquello que conocía por propia experiencia, venía a sugerir que los historiadores supuestamente *imparciales* dan por universales acontecimientos que las mujeres no han experimentado de primera mano y, en este sentido, solo pueden sufrir sus efectos, casi siempre devastadores.[40] Las palabras de Austen, en definitiva, evidenciarían el sentimiento de *outsiders* que experimentan las mujeres ante una historia cultural que las deja fuera por sistema, el mismo sistema que las alejaba de la educación formal y de los clubes literarios de su época.

PLAN PARA UNA NOVELA

7

Al poco tiempo de visitar Carlton House e iniciar el intercambio epistolar con el reverendo Clarke, en 1817, Jane Austen cayó enferma. A pesar de pertenecer a una familia muy longeva, murió a la corta edad de cuarenta y un años. Su amiga Mary Lloyd, a quien años antes había regalado aquel costurero para que nunca la olvidara, y su hermana estuvieron a su lado hasta el último momento. Quizá —solo quizá— Cassandra le prometió quemar todas las cartas que pudieran ofender a familiares o conocidos. Salvaría exclusivamente aquellas que no pudieran comprometerlas. La posteridad no entendería su extraño sentido del humor. Y en los historiadores no podían confiar. Eran sumamente *parciales*.

Como sabemos, Cassandra Austen cumplió su promesa. Sin embargo, entre los papeles que sobrevivieron se encontraba un manuscrito de extraordinario valor. Se trata del «Plan para una novela (en base a los consejos recibidos de varias personas)», un pequeño texto compuesto en la misma época en la que conoció al reverendo Clarke, que curiosamente recuerda a sus escritos de juventud, como la *Historia de Inglaterra*, por el tono burlesco que utiliza. Su valor reside en que es el único «proyecto» de la autora que poseemos; aunque lo cierto es que, más que un verdadero boceto de novela, el «Plan» es un compendio paródico de todos los consejos que le habían dado sus allegados a lo largo de su vida, incluido el reverendo.[41]

En todo caso, el proyecto refleja que Austen prestaba mucha atención a lo que sus lectores le decían —también a los hombres que le explicaban cosas—, aunque solo fuera para reírse de ellos. De hecho, también ha sobrevivido otra lista que ella misma elaboró con los comentarios y sugerencias que le habían hecho sus vecinos y familiares tras leer alguna de sus novelas.[42] Entre todos ellos el que se lleva la palma es un *gentleman* que, según le confesó, se había limitado a leer el primer y el último capítulo de *Emma*. Le habían dicho que el resto carecía de interés, así que había decidido no tomarse la molestia de inspeccionarlo.

Por desgracia, se lamentaba también Virginia Woolf,[43] Jane Austen murió joven, en plena madurez artística. Solo podemos imaginar lo que habría escrito, y lo que nos habríamos reído, si hubiera llegado a vivir, como su tío abuelo materno Thomas Leigh o como Sofonisba, cincuenta años más. Quizá hubiera escrito muchos libros y, tal vez, al final de sus días, al ver cómo las mujeres iban avanzando posiciones en la sociedad, se habría animado a seguir el consejo del reverendo Clarke, pero para escribir no una novela histórica sobre la Casa de Sajonia-Coburgo sino una nueva versión de su *Historia* en la que las mujeres volvieran a ser las protagonistas. Cassandra Austen podría haberla ilustrado otra vez. Habrían comenzado, como siempre, riendo un poco y enseguida ella habría bosquejado un divertido «Plan para una historia».

Sin duda, sería una historia parcial y con pocas fechas, en la que le ahorraría al lector «la tarea de leer de nuevo lo que ya había leído antes» y a sí misma «la molestia de escribir lo que no recordaba a la perfección». Trataría de sorprenderlo con historias nuevas y diferentes, ausentes en los libros de texto, silenciadas. En esta historia, negligente y descuidada, se daría la palabra a las mujeres, las que faltaban, para que contaran su propia versión de los hechos.

Esta vez, ellas sostendrían la pluma.

9

MARIE CURIE
EFECTOS DE SIMETRÍA
VARSOVIA, 1867

UN PACTO ENTRE HERMANAS, OTRA VEZ

1

El primer día del mes de enero de 1886, una joven con ojos penetrantes subió a un vagón de tren en la estación de Varsovia. Era Maria Skłodowska, quien por aquel entonces sentía un tímido orgullo por las medallas de oro que había recibido al terminar sus estudios, pero todavía ignoraba completamente que era un genio. Como Malinche, son muchos los nombres que rodearon su infancia antes de convertirse en *Madame Curie*. Mania, Maria, Anciupecio, Manyusya... la lista es larga, pero esta vez habla por sí misma de una infancia llena de afecto.[1]

Apenas tenía dieciocho años, una edad parecida a la de Juana de Arco y Mary Shelley cuando se fueron de sus casas, aunque la concentración que transmitía su mirada, así como el rictus serio que se dibujaba en su rostro de piel clara, probablemente hicieron pensar a sus compañeros de vagón que aquella joven solitaria con la frente ancha parecía haber sufrido una pena demasiado grande para su edad. Iba abrazada a sus pocas pertenencias y, una vez que tomó asiento en el interior del ferrocarril, miró hacia el andén para despedirse por última vez de su padre, el profesor Władysław Skłodowski, a quien quería mucho. Los dos eran personas reservadas y el profesor era conocido por la rigidez de su carácter, pero eso no impedía que entre ellos existiera un profundo vínculo afectivo.

El profesor Skłodowski se había formado en la Universidad de San Petersburgo y poseía una gran cultura científica y literaria que siempre se esforzó en compartir con su familia. Sin embargo, la muerte prematura de Bronisława, la madre de Maria, quien era directora de escuela y un ser excepcional, así como la de su hija mayor llamada Zofia, habían obligado al profesor, devastado por la pérdida, a sacar adelante a sus otros cuatro hijos en una situación económicamente precaria y políticamente hostil. Desde finales del siglo XVIII, Polonia se encontraba repartida entre Austria, Prusia y Rusia, y la Varsovia en la que ejerció Władysław estaba sometida bajo la dominación de esta última. Como profesor, él mismo había sufrido en carne propia los efectos represivos del control de las escuelas y la *rusificación* del país. Sin duda, la tristeza y las numerosas penurias de aquellos años también contribuyeron a hacer más fuerte la unión familiar.

En todo caso, al verla partir aquella fría mañana de enero, seguramente la culpa volvió a atormentar a Władysław. A pesar de lo mucho que había trabajado siempre, dando clases sin parar y acogiendo numerosos estudiantes internos en su propia casa, carecía de medios suficientes para ofrecer a sus hijas la educación que, a todas luces, merecían sus brillantes capacidades. Por ese motivo, lamentaba el profesor, no le quedaba más remedio que levantar la mano en gesto de despedida y ver alejarse de la ciudad a su hija favorita para que se ganara la vida antes de poder realizar los estudios universitarios con los que soñaba desde hacía mucho tiempo.

En 1886 hacía exactamente cien años que Mary Wollstonecraft había atravesado en carruaje las puertas del castillo de Mitchelstown para ocupar un puesto de institutriz entre los Kingsborough. Puede sorprender la simetría de su destino con el de Maria Skłodowska, quien aquella mañana invernal, justo un siglo más tarde, también se dirigía hacia la casa de campo de la familia Żorawski para ocuparse de la educación de sus hijos. Sin embargo, no se trata de una coincidencia, pues el trabajo de institutriz seguía siendo una de las escasas opciones que las empobrecidas jóvenes europeas de clase media tenían para ganarse la vida. Aunque Maria utilizara el tren en lugar del carruaje y aunque los recién inventados telegramas volaran mucho más rápido que las quejumbrosas cartas que Wollstonecraft, o Jane Austen, escribieron a sus hermanas, en lo que se refiere a las opciones profesionales, estas mujeres partían de limitaciones muy similares.

«Trabajillos en los periódicos, leer para viejas señoras, hacer flores artificiales, enseñar el alfabeto a niños pequeños en el *kindergarten*».[2] Estas eran, en palabras de Virginia Woolf, las principales profesiones, reducidas y mal retribuidas, que se permitían a las mujeres británicas antes de 1918. Lo cierto es que en la Varsovia rusa de mediados del siglo XIX en la que creció Maria no existían tampoco muchas más posibilidades, ni siquiera para una futura científica ganadora de dos premios Nobel. Para empezar, las jóvenes que querían realizar estudios universitarios debían marchar al extranjero ya que la Universidad de Varsovia no permitía el acceso a las mujeres. No es extraño que por aquellos mismos años John Stuart Mill, uno de los padres del liberalismo y convencido defensor de la causa de las mujeres, preguntara enfurecido en su obra *El sometimiento de la mujer*: «¿Estamos tan seguros de encontrar siempre al hombre apropiado para todo deber o función de importancia social que esté vacante, como para permitirnos el lujo de poner una barrera impidiendo el paso a media humanidad, rehusando de antemano servirnos de sus facultades, por distinguidas que sean?».[3] Como es lógico, a un utilitarista como él le enervaba la idea del talento derrochado durante siglos.

Para el mito que posteriormente se construiría en torno a la figura de Marie Curie podría parecer muy conveniente, al contar su historia, tomar como punto de partida este momento preciso, el momento justo en que subió al tren rumbo a la finca en la que vivían los Żorawski en Szczuki, a unos cien kilómetros al norte de Varsovia, donde el cabeza de familia se dedicaba a la explotación agraria de unas tierras que pertenecían al príncipe Czartoryski. El momento en que, por primera vez, Maria se separó de su padre y hermanos y, completamente sola, atravesó las vastas llanuras polacas preguntándose a sí misma qué experiencias le reservaba el destino.[4] Parecería conveniente porque la soledad que la acompañó durante aquel trayecto sería la misma con la que la vestirían después en los relatos legendarios y heroicos sobre su persona. En estos relatos con tanto potencial cinematográfico, Marie Curie constituye la representación por excelencia de una mujer sola que habita un mundo poblado de hombres. En las célebres imágenes que tenemos de ella, aparece sola entre sus aparatos del laboratorio, sola en el estrado de madera de la Sorbona y sola también, como única mujer, en las míticas conferencias científicas Solvay, celebradas en Bélgica desde principios de siglo xx. En la fotografía del encuentro de 1927, considerada la más importante de toda la historia de la ciencia, la vemos sentada en primera fila con las piernas cruzadas y su viejo sombrero redondo entre las manos. Se la ve muy seria, solemne, rodeada de gigantes como Max Planck, Albert Einstein, Erwin Schrödinger o Werner Heisenberg.

Esta Marie mítica y legendaria sería el perfecto ejemplo de lo que las mujeres pueden llegar a alcanzar si son inteligentes, pero también la prueba de su naturaleza excepcional, solitaria y única. A diferencia de aquella academia de artistas que pintó Zoffany en la que no sabían dónde poner a las mujeres pintoras o del club literario presidido por Joshua Reynolds en el que Austen y su hermana no hubieran sido admitidas, en esta ocasión no falta una mujer en el imponente grupo masculino, pero su presencia extraña parecería un milagro con pocas posibilidades de repetirse. Para captar el efecto que debía de producir esta imagen en una joven estudiante de ciencias de la época de Marie Curie solo habría que imaginar que la fotografía mostrara a veintiocho mujeres y a un solo hombre sentado entre ellas. En este sentido, separarse de los

Conferencia Solvay, 1927

seres queridos y renunciar a los vínculos familiares, como vemos hacer a Maria Skłodowska al subirse al tren en Varsovia con apenas dieciocho años una mañana de enero, parecería un primer rito, doloroso pero inevitable, por el que cualquier mujer que aspira a convertirse en Madame Curie y salir en una fotografía como esta debe pasar necesariamente.

Sin embargo, en aquella jornada de viaje de 1886, treinta años antes del famoso encuentro Solvay, nada podía ser más ajeno a los pensamientos de Maria que la idea de un triunfo en soledad. Es mucho más probable que, durante el trayecto que hizo en tren y horas después en trineo hasta llegar a la casa de los Żorawski, fuera pensando en su hermana Bronia y en el plan que habían tramado juntas tiempo antes.[5] Como ninguna de ellas tenía dinero para estudiar en el extranjero, habían decidido que Bronia, la mayor, iría en primer lugar a la Sorbona para estudiar medicina. Contaría con el apoyo económico de Maria, quien trabajaría de institutriz y ahorraría el sueldo de cuatrocientos rublos anuales para ello. Cuando se graduara, y pudiese abrir una consulta, sería entonces Bronia quien con su dinero apoyaría a Maria para estudiar en París. Esta última aún no había decidido si se inclinaría por una carrera literaria, de ciencias sociales o científica, pues todo le interesaba. El trato se les había ocurrido a las hermanas en un momento de inspiración, arrebatadas por la pasión de seguir aprendiendo, pero también desmoralizadas por el coste económico, imposible de asumir para su familia, que suponía estudiar las dos en Francia al mismo tiempo. Se trató de un pacto solidario, una promesa de apoyo entre dos hermanas que se definían a sí mismas como *idealistas positivistas*,[6] y que seguramente fue tan decisivo para el futuro científico de Maria como las partidas de ajedrez de las Anguissola lo fueron para el desarrollo artístico de Sofonisba o la complicidad de Cassandra para el olfato narrativo de Austen.

Pero lo que había parecido una idea genial un año antes, ahora, en medio de la oscuridad invernal, mientras esperaba a que los Żorawski le abrieran la puerta de la finca, comenzaba a pesar en el corazón de Maria. ¿Cuánto tiempo tendría que permanecer prisionera en aquella vida? ¿Cuánto debería esperar para hacer lo que de verdad deseaba? Entre las sombras de la noche le pareció vislumbrar un alto edificio cerca de la anticuada casa. Esta vez no era el pináculo de una iglesia gótica, ni las empinadas escaleras de una pirámide azteca, ni tampoco un viejo castillo envuelto de misterio. Era la chimenea de la finca de remolacha azucarera, en la que trabajaba la familia donde serviría de institutriz. Por eso, donde Marie quizá había esperado encontrar un paisaje agreste con prados y selvas,[7] se extendían hectáreas de cultivo de la remolacha, eficazmente explotadas por el agrónomo Żorawski. En todo caso, lejos de causarle desilusión, la imagen de la torre fabril seguramente le produjo curiosidad, pues, como mucho tiempo después escribiría su hija Ève Curie en la biografía de su madre, la generación a la que pertenecía Maria ponía «la química y la biología por encima de la literatura» y abandonaba «el culto de los escritores por el de los hombres de ciencia».[8]

Por fin, en medio de la gélida noche, se abrió la puerta de su nuevo hogar. Los Żorawski la estaban esperando con una humeante taza de té.[9]

2

... hace un mes que estoy en casa de los señores Z. He tenido tiempo, pues, de aclimatarme en mi nueva colocación. Hasta ahora estoy bien. Los Z. son excelentes personas. He hecho con la mayor de las hijas, Bronka, amigables relaciones que contribuyen a hacerme agradable la vida. En cuanto a mi discípula Andzia, que pronto tendrá diez años, es una criatura dócil, pero muy desordenada y mimada. Claro que no se puede pedir la perfección.[10]

Como se desprende de esta carta escrita por Maria en el mes de febrero de 1886, las primeras impresiones que recibió de la familia fueron muy buenas. Dormía en la parte alta de la vivienda, en una habitación agradable y espaciosa,[11] lo que sin duda era una novedad para una persona acostumbrada a la casa de su padre, más parecida a un pensionado bullicioso. Su carácter afable le permitió trabar amistad con la hija mayor y su amor por el trabajo bien hecho enseguida debió de resultar patente para los señores de la casa. En todo caso, la jornada era larga, pues pasaba cuatro horas al día trabajando con la pequeña Andzia y tres más leyendo con Bronka. Hasta para una estudiante infatigable como ella era «un poco demasiado», pero, como ella misma se consolaba «¡qué se le iba a hacer!».[12] Sin duda había sitios mucho peores. Cuando cerraban los libros, salía a pasear con su nueva amiga por los alrededores, patinaban alegremente sobre el río helado y montaban en trineo por caminos nevados. En una ocasión jugaron a construir una casa de nieve, como un iglú de cuento de hadas, en la que era posible entrar. Maria cuenta en sus memorias que nunca olvidaría el momento en el que se sentó en el interior de aquella casa helada y, desde allí, pudo contemplar maravillada las «irisaciones rosadas de la llanura cubierta de nieve».[13] Su descripción de esta visión parece una premonición de la que, más adelante, sería su gran pasión: las emanaciones, los rayos X y los destellos luminosos que producirían sus experimentos en la oscuridad del laboratorio.

Su ansia de conocimiento hizo que pronto se interesara por el funcionamiento de la fábrica azucarera, centro de todas las conversaciones de la casa, y que se familiarizara con los métodos de explotación agrícola que el señor Żorawski había puesto en práctica en la región.[14] Hoy nos hace sonreír el modo en que la inquisitiva científica del futuro quería conocer los distintos tipos de cultivo y los secretos del crecimiento de las plantas. Aunque nunca se le hubiera ocurrido darse importancia como a Wollstonecraft encerrándose en su habitación con mirada desafiante para leer a Rousseau, lo cierto es que esta otra atípica institutriz también dejó su huella bien pronto. Movida por aquellos *ideales positivos* que la unían a su hermana Bronia, para entonces instalada en París, Maria encontró tiempo para montar una pequeña escuela en su habitación a la que asistían los hijos de los campesinos del pueblo. Bajo el régimen ruso, carecían de educación y no sabían ni leer ni escribir. La iniciativa implicaba riesgos, pues si la hubieran descubierto prestando libros en polaco a los niños y sus familias probablemente la habrían deportado a Siberia.[15] Sin embargo, como se vería en el futuro, Maria no era lo que se dice una mujer miedosa.

Por las noches, a la misma hora a la que, cien años antes, Wollstonecraft solía encender su vela en el castillo y limpiaba su pluma para fantasear con sus historias sobre aristócratas malvadas, Maria sacaba los libros de matemáticas y física con los que estudiaba en solitario. No se resignaba a esperar su turno de ir a Francia y se propuso empezar cuanto antes a prepararse a conciencia por su cuenta. Para ello, pidió prestados algunos libros en el centro de ingenieros de la azucarera y los reunió al azar. No era precisamente tonta y se daba cuenta de lo precario del método, pero, como dirían otros famosos pedagogos de la misma época que animaban a los obreros a aprender por sí mismos, «todo estaba en todo», solo era necesario avanzar poco a poco, por una misma, de lo conocido a lo desconocido.[16] En este sentido, la imagen de la joven Maria estudiando con el primer libro que cayó en sus manos en medio de la solitaria llanura polaca refleja bien la confianza que la nueva generación de jóvenes *positivistas* habían depositado en las posibilidades de la ciencia para reformar la sociedad.

A pesar de todo, con el paso de los meses y después de los años, las cartas de Maria reflejan una impaciencia cada vez mayor, tanta, que quienes se asoman a estos textos, aun conociendo el desenlace final, temen y se impacientan también con ella. Así, por ejemplo, Maria se lamentaba en una carta enviada a su prima de que no siempre encontraba interlocutoras interesantes entre las jóvenes de su nuevo entorno. A diferencia de las hermanas Austen, para ella los chismorreos sobre vecinos, bailes y reuniones, no suponían ningún acicate intelectual, y lamentaba que palabras tales como «positivismo» o «cuestión obrera» fueran auténticas bestias negras.[17]

Hay algo de triste dignidad en la imagen de Maria haciéndose mayor con un libro de química prestado en la mano, temiendo que sus facultades se oxidaran con el tiempo, prisionera en la azucarera, lejos de los avances científicos de su tiempo. Cuando pasaban por su mente pensamientos lúgubres como estos escribía a su hermano, quien también estudiaba medicina como Bronia, para que nunca se encerrase en la provincia:

> Todo el mundo está de acuerdo sobre el hecho de que ejercer en un pequeño pueblo te privará de desarrollar tu cultura y de hacer investigaciones. Te envilecerás en un rincón y no tendrás carrera. Sin farmacia, sin hospital, sin libros, se embrutece uno, a pesar de las más firmes decisiones. Y si esto te llegara a suceder, yo sufriría enorme-

mente, puesto que ahora he perdido la esperanza de llegar a ser algo y toda mi ambición se limita al porvenir de Bronia y al tuyo. Es necesario que vosotros dos, por lo menos, encaminéis vuestra vida según vuestros dones. Es necesario que estos dones, que sin duda alguna existen en nuestra familia, no desaparezcan jamás, y que triunfen a través de alguno de nosotros.[18]

La joven Maria empezaba a temer que ella, la pequeña de una pobre familia polaca bajo el dominio ruso, no tendría ninguna oportunidad de ser independiente. La promesa que se habían hecho las hermanas comenzaba a parecer imposible de cumplir. ¿Cómo pudieron pensar que con el sueldo de Maria financiarían su plan? ¿Cuánto tiempo habría que seguir esperando? Deseaba con todas sus fuerzas viajar a Francia para estudiar. Quizá fue la impaciencia de aquellas noches solitarias lo que la empujó, antes de haber pisado nunca un laboratorio, a decidir tajante su vocación. Se inclinaría por las ciencias. Concretar su sueño tal vez fue una manera de impedir que se desvaneciera como se habían desvanecido las luces rosadas del atardecer que vio desde la casa construida en la nieve.

En el ánimo de Maria también pesaba la historia de amor frustrada que tuvo con el hijo mayor de la familia, Kazimierz Żorawski, pues sus padres, a pesar de valorar enormemente a Maria, montaron en cólera al ser informados de que pretendía casarse con una *simple* institutriz como ella. ¡Solo faltaba!, le reprendieron. ¡Él, un joven de buena familia, no se podía casar con una institutriz![19] A diferencia de Wollstonecraft, tras el desencuentro con sus patrones, Maria no se marchó airada dando un portazo, sino que siguió en su puesto estoicamente durante quince meses más, hasta que su alumna terminó los exámenes. En todo caso, el rechazo de la futura científica por parte de los Żorawski hoy resulta tan grotesco como el olvido de Hernán Cortés de Malinche. ¿Una *simple institutriz* como Maria Skłodowska? Esta frase debería figurar en letras doradas en la sección de «Agravios» de nuestro imaginario Museo Feminista. El hecho de que, años más tarde, Kazimierz se convirtiera en uno de los matemáticos más famosos de Polonia y por tanto supiera valorar perfectamente lo que se había perdido solo añade un poco más de morbo a la historia.

Mientras tanto, el tiempo pasaba y Maria seguía desmoralizándose. En 1888 escribió de nuevo a su hermano:

> Miro con melancolía mi calendario: este día me cuesta cinco estampillas sin contar el papel de cartas. Pronto no tendré nada que deciros.
>
> Figúrate que aprendo la química en un libro. Te imaginas lo poco que esto me enseña, pero ¿qué quieres que haga, puesto que no tengo donde hacer los trabajos prácticos y los experimentos?
>
> Bronia me ha enviado desde París un álbum muy elegante.[20]

Unos meses después, la desesperanza aumenta, y esta vez es su prima Enriqueta quien recibe las noticias de Maria:

> Si las cosas se presentan factibles abandonaré Szczuki —lo que no puede hacerse antes de algunos meses—, me instalaré en Varsovia, me haré cargo de una plaza de profesora en un pensionado y ganaré el complemento con lecciones particulares. Es todo lo que deseo. La vida no merece que una se preocupe tanto.[21]

Su sueño de independencia, en definitiva, le parecía difícil de cumplir incluso aunque lograse salir de la finca de Szczuki. A diferencia de Sofonisba, ninguna reina adolescente pensaba llamarla a su lado para sufragar su trabajo como mecenas. Tampoco había escogido Maria una vocación barata, como la de Jane Austen, para la que sería suficiente, como escribe Virginia Woolf, un poco de papel y una simple pluma para escribir.[22] Convertirse en física requería educación formal universitaria y libros especializados, así como aparatos y espacio para desarrollar experimentos. Para no desmoralizarse, Maria trató de mantenerse activa escribiendo largas cartas a su padre en las que, como si siguiera un curso a distancia, discutían sobre problemas matemáticos. Aun así, sentía que perdía el tiempo y por eso se levantaba a la seis de la madrugada para volcarse en sus libros, que leía en polaco, francés y ruso. Cuando se cansaba, resolvía problemas de álgebra y trigonometría o pedía a un anciano que estaba de visita que le enseñara a jugar al ajedrez. Sin embargo, a diferencia de las hermanas Anguissola, Maria sentía que los juegos de mesa le quitaban un tiempo precioso para el estudio.

Finalmente, cuando parecía que ya nunca lo haría, en 1890 llegó la esperada carta de su hermana Bronia:

> Si todo marcha como esperamos, podré casarme durante las vacaciones. Mi novio ya será doctor y yo no he de hacer más que mi último examen. Nos quedaremos todavía un año en París, durante el cual terminaré mis exámenes, y luego iremos a Polonia...
>
> Y ahora tú, querida Marie. Es necesario que hagas algo de tu vida. Si reúnes este año algunos centenares de rublos, el año próximo podrás venir a París y vivir con nosotros, en donde tendrás cama y comida.[23]

Pero, en el momento decisivo, a Maria le asaltan las dudas. Al leer la respuesta que escribió a su hermana es imposible no contener la respiración:

> Querida Bronia:
> He sido tonta, soy tonta y seguiré siendo tonta durante todos los días de mi vida, o mejor aún, para decirlo en estilo corriente, no he tenido nunca, no tengo y no tendré jamás suerte alguna.
>
> Había soñado con París como la redención, pero desde hace mucho la esperanza del viaje me había abandonado. Y ahora que esta posibilidad se me ofrece, no sé qué hacer...[24]

Maria necesitará un año y medio más para escribir por fin estas palabras:

> Ahora, Bronia, te pido una contestación definitiva. Decide si verdaderamente puedes tenerme en tu casa, pues estoy dispuesta a ir. Tengo con qué pagar mis gastos. Si, sin privarte de mucho, puedes darme de comer, escríbeme...
>
> Estoy tan nerviosa ante la perspectiva de mi viaje que no te puedo hablar de nada más antes de tener tu contestación. Te ruego que me escribas inmediatamente, y os envío a los dos mis cariños...
>
> Me podéis colocar donde sea y no os importunaré. Te prometo no daros ningún disgusto, ni produciros ningún desorden. Te imploro una contestación, pero muy franca...[25]

UN CUERPO NUEVO

3

El único lujo que se permitió Maria Skłodowska al preparar su equipaje para viajar a París fue la compra de un gran baúl en el que grabó sus iniciales, M. S.[26] Todas las demás decisiones que tomó se orientaron a economizar gastos, como llevarse de Varsovia su propio colchón o las sábanas blancas con las que hacer la cama.[27] En el mes de noviembre de 1891, después de un largo viaje en un vagón de cuarta clase, finalmente llegó a París cuando estaba a punto de cumplirse un siglo de la llegada a esa misma ciudad de Wollstonecraft, es decir, cuando acababan de celebrarse los fastos que conmemoraron el centenario de la toma de la Bastilla por los revolucionarios franceses. La Torre Eiffel, inaugurada dos años antes con motivo de la Exposición Universal, reflejaba paradigmáticamente el optimismo que desprendía la alianza entre la ciencia y la industria. Lo primero que hizo Maria al llegar a la ciudad de las luces fue afrancesar su nombre. De ahora en adelante, la joven polaca sería *Marie*.

Como ella misma reconocería más tarde, los siguientes cuatro años que pasó en la capital francesa fueron de los mejores de su vida. Después, en 1895, llegaría la vida conyugal con Pierre Curie, años también felicísimos hasta que sucedió el trágico accidente que le quitó abruptamente la vida al científico francés. Sin embargo, los cuatro primeros, cuando Marie Skłodowska no era más que una estudiante polaca soltera en una buhardilla del Barrio Latino desprenden la misma magia que aquellos que pasó Agnódice en Alejandría, la magia de una nueva y desconocida narrativa para la historia de las mujeres. Esta vez, a diferencia del tiempo que la joven ginecóloga helena disfrutó estudiando con Herófilo, de la época de Marie como alumna de la Sorbona conocemos numerosos detalles.

Sabemos, por ejemplo, que pasaba todo su tiempo entre el laboratorio de la facultad de Ciencias y las salas de estudio de la Bibliothèque Sainte-Geneviève, en la place du Panthéon, la primera que había sido construida específicamente con estos fines y que había abierto las puertas de su moderno edificio de hierro en 1851. Sabemos también que, al igual que Cleopatra, Malinche o Wollstonecraft, Skłodowska se perdió numerosas veces en la traducción, pues durante los primeros tiempos no fue tan sencillo seguir las clases en francés de eminencias como Gabriel Lippmann que circulaban por la Sorbona. Estudiar en París parecía más fácil cuando no era más que un sueño, ligero y rosado como una pompa de jabón, en la llanura polaca.

En todo caso, Marie ponía todo su empeño en aprender el idioma para hablarlo y escribirlo como una francesa, lo que logró, pero su manera de pronunciar el sonido *r*, el mismo que tantos malentendidos había generado en torno a Malinche, delató siempre su origen eslavo.[28] Sabemos, además, que durante esos años se fue convirtiendo en una joven decidida, obstinada incluso, que no se conformó con ser la primera de promoción de una licenciatura, la de ciencias físicas de 1893, sino que enseguida decidió pasar también los exámenes de ciencias matemáticas en 1894. En poco tiempo se había puesto al día en todos los avances de la ciencia moderna, realizaba sofisticados experimentos y se interesaba por la imantación del acero; aunque por las calles de París también se rumoreaba que Marie, la polaca de pelo desordenado y mirada penetrante, no sabía cocinar ni un plato de sopa.[29] Vivía muy modestamente, alimentándose de chocolate caliente, huevos y fruta, vestida con trajes gastados que confeccionaba ella misma y sin ningún tipo de lujo parisino. El agua de la jofaina con la que se lavaba se helaba en las noches invernales y, cuando se metía en la cama después de apagar su lámpara de petróleo, debía poner encima de las mantas toda la ropa que tenía para entrar en calor. Era feliz, pero la anemia la visitaba a menudo.

También sabemos que, aunque se mantuvo muy cerca de su hermana Bronia, ahora casada con el médico polaco Kazimierz Dłuski, Marie enseguida prefirió alquilar su propia vivienda cerca de la universidad, situada en la rue des Écoles. Si Virginia Woolf hubiera subido las escaleras de madera que conducían a su buhardilla del sexto piso y hubiera echado un vistazo dentro, seguramente se habría frotado la manos satisfecha. La joven científica por fin había conquistado un cuarto propio. En todo caso, con su tono esnob, no habría podido dejar de añadir también con flema británica que todavía se encontraba llamativamente vacío. *This freedom is only a beginning–the room is your own, but it is still bare.* Aún tenía que ser amueblado, decorado e incluso compartido.[30] ¿Con quién pensaba hacerlo Marie Skłodowska y en qué términos? Sin duda, estas serían algunas de las preguntas interesantes que Woolf habría dejado flotando en el aire al despedirse de ella en el quicio de la desvencijada puerta.

Pero lo cierto es que la joven polaca ya lo sabía. Primero en casa de un amigo común y más tarde en la Sociedad de Física a la que acudía para escuchar conferencias sobre avances científicos, Marie entró en contacto con Pierre Curie. Aunque este ya era profesor de la Escuela de Física y Química Industriales de París y gozaba de cierto reconocimiento internacional por su trabajo, su personalidad, soñadora y amable, le resultó muy cercana. Le recordaba a la de su propia familia. A diferencia de los Żorawski, a los padres librepensadores que eran los Curie, la estudiante polaca de la buhardilla les pareció perfecta. «A la señorita Skłodowska, con el respeto y la amistad del autor» fueron las prometedoras palabras que, al poco de conocerse, Pierre Curie escribió en la dedicatoria del ejemplar que le regaló a Marie de su obra *Simetría de los fenómenos físicos*.[31]

El título de la obra ya era una declaración de intenciones además de una elegante carta de presentación. Desde pequeño, Pierre Curie había destacado por su espíritu geométrico y tenía gran facilidad para la visión espacial.[32] «Todo es cuestión de simetría» es una de las frases que le gustaba repetir cuando contemplaba admirado las formas plurales del universo. Junto con su hermano Jacques Curie, a quien estaba muy unido, se había maravillado desde muy joven por los patrones de repetición y semejanza que encontraban en la naturaleza. En sus largas caminatas juntos por los bosques de las afueras de París, las disposiciones regulares[33] que a menudo presentaban los minerales, los animales y las plantas del camino absorbían completamente la atención de los dos hermanos entregados a la física. Incluso el cuerpo humano parecía gobernado por relaciones de simetría en su aspecto externo y mentalmente resultaba posible dividirlo en dos partes, como si se tratara de dos mitades que se reflejan en un espejo.[34] Sin embargo, de entre todas aquellas correspondencias que percibían a su alrededor, fueron las relaciones de simetría presentes en la materia cristalina las que más los cautivaron. No resulta sorprendente, pues, como escribiría años después Marie Curie, «la regularidad se vuelve más perfecta cuando se trata de minerales cristalizados».[35] Los cristales se convirtieron entonces en su objeto de devoción y estudio.

Cuando en 1883 Jacques Curie se marchó a Montpellier para ocupar una plaza de profesor de mineralogía en la Universidad, su hermano continuó reflexionando sobre el principio general de la simetría, cuya formulación, el célebre *principio Curie*, sencillo y perfecto en palabras de Marie,[36] enunció en distintos escritos publicados entre 1893 y 1895, precisamente el periodo en el que se conocieron:

> Cuando ciertas causas producen ciertos efectos, los elementos de simetría de las causas deben encontrarse en los efectos producidos.
>
> Cuando ciertos efectos revelan cierta disimetría, esta disimetría debe encontrarse en las causas que la han originado.
>
> La reciprocidad de estas dos preposiciones no es cierta, al menos en la práctica, es decir que los efectos producidos pueden ser más simétricos que las causas.[37]

No deja de ser curioso que el mismo hombre que había dedicado su vida a determinar los elementos de simetría, es decir, de repetición, que son compatibles con la existencia de un fenómeno y que había escrito en sus diarios que «son raras las mujeres de genio»[38] fuera capaz de salir al encuentro de un ser tan aparentemente novedoso e irrepetible como Marie Skłodowska. Aunque estaba obsesionado por la geometría y la regularidad de las formas que veía en la naturaleza, Pierre Curie fue capaz de ver en la joven polaca, tan asimétrica e imposible de clasificar, no una criatura monstruosa como la de *Frankenstein* sino una auténtica compañera a quien escribió estas líneas el verano que se conocieron:

> ... sería muy hermoso, aunque no me atrevo a creerlo, pasar la vida uno junto al otro, hipnotizados por nuestros sueños; *su sueño* patriótico, *nuestro sueño* humanitario y *nuestro sueño* científico... Le aconsejo vivamente que regrese a París en octubre. Me entristecería mucho si no viniera este año, pero no le digo que regrese por egoísmo, sino porque creo que aquí trabajará mejor y llevará a cabo una tarea más sólida y más útil.[39]

Afortunadamente, la pasión de Pierre Curie por los patrones de semejanza y por las equivalencias no le produjo ningún grave trastorno de contigüidad, por seguir empleando la fórmula de Jakobson, más bien sucedió lo contrario. Las memorables fotografías del matrimonio Curie en el laboratorio, bien visibles uno junto al otro, y la aparición de sus dos firmas, juntas pero separadas, en las publicaciones que realizaron y en la recepción del Nobel son la prueba de ello.[40] Como prueba también el hecho de que, al poco de conocerse, Pierre Curie se alejara del estudio de los cristales y se dejara arrastrar por el tema de investigación doctoral que había escogido ella. De nuevo, su amor por la repetición no le impidió, llegado el momento, tomar un camino nuevo. La disciplina aún no tenía un nombre preciso, pues Marie se proponía estudiar un conjunto de extraños fenómenos nuevos que el físico Henri Becquerel había descubierto en las sales de uranio. Ella, inventora insaciable como Agnódice, acertaría a ponérselo. Estaban a punto de descubrir y de emplear por primera vez el término *radioactividad*.

Pierre y Marie Curie trabajando en el laboratorio

Como se vería después, aquella investigación sobre un elemento que aún faltaba por nombrar y describir les acabó conduciendo a lo que la propia Marie Curie afirmaba que solo podía suceder en algunos momentos afortunados, *estelares* diría Stefan Zweig, del pensamiento científico. De forma inesperada, les llevó a descubrir un fenómeno muy diferente al que buscaban.

4

«Una vez restablecida del parto, regresé al laboratorio con la intención de preparar una tesis doctoral».[41] Con estas palabras gloriosas, dignas también de figurar en la sección «Hazañas» del imaginario Museo Feminista, comienza Marie Curie el fascinante relato sobre cómo descubrieron el radio. Sucedió en los hangares de la Escuela de Física y Química que el director de la misma les facilitó para que pudieran utilizarlo como laboratorio. A Agnódice le habría encantado saber que aquel cochambroso hangar antes había servido como sala de disección de la facultad de Medicina.

Pierre y Marie Curie se habían casado dos años antes, el 26 de julio de 1895, en una íntima ceremonia civil en la que ella iba vestida con un traje de color oscuro, regalo de su familia, que solo aceptó a condición de que fuera práctico y así pudiera usarlo también después para ir al trabajo.[42] Con el dinero que les regaló un pariente los recién casados se compraron dos bicicletas.[43] El *velocípedo* causaba furor en los años noventa del siglo XIX y era visto como un gran aliado para la emancipación de las mujeres. De hecho, el mismo año en el que Pierre y Marie Curie pasaron su luna de miel pedaleando, Annie Londonderry, una inmigrante letona establecida en Estados Unidos, se convirtió en un auténtico símbolo de la lucha femenina al dar la vuelta al mundo en bicicleta llevando consigo tan solo una muda de ropa y un revólver. Los Curie no llegaron a tanto, pero también realizaron largas excursiones por Auvergne, Cévennes y por las hermosas carreteras de Île-de-France.

Además de pedalear, el joven matrimonio también encontraba tiempo para dar largos paseos a pie. En primavera, se sentían especialmente hechizados en el bosque de Compiègne, a unos sesenta kilómetros al norte de París, tapizado de malvas y anémonas blancas, rojas y moradas. Pierre y Marie Curie volvían de esas ex-

Pierre y Marie Curie con sus bicicletas delante de su casa de Sceaux en 1895

cursiones con las energías renovadas para el trabajo y también con grandes ramos de flores silvestres con los que decoraban su modesta casa.[44]

Como otros jóvenes de su época, los Curie estaban entusiasmados con el hallazgo de los rayos X. Los había descubierto pocos años antes el físico alemán Wilhelm Conrad Röntgen mientras se encontraba experimentando con un tubo de rayos catódicos. Su descubrimiento, que pronto había dado la vuelta al mundo, abría infinitas posibilidades a la investigación, por no hablar de las aplicaciones médicas posteriores. Aquellos misteriosos rayos invisibles podían atravesar prácticamente cualquier cuerpo, como por ejemplo la mano de la esposa de Röntgen, Bertha, con la que el físico alemán experimentó, aunque no penetraban los huesos o una sortija, cuya sombra podía reconocerse en la superficie de una placa fotosensible. Esta placa con una mano de mujer, no tan distinta de las pinturas prehistóricas que nos saludaban hace miles de años, fue el embrión de nuestras radiografías actuales.

Asombrada por aquellos potentes rayos invisibles, Marie Curie se preguntaba si sería posible que los cuerpos fluorescentes, es decir, capaces de emitir efectos luminiscentes, no proyectasen bajo la luz otros rayos parecidos a los descubiertos por Röntgen. A su vez, el físico francés Henri Becquerel, cuyas investigaciones tanto le interesaban, había descubierto que las sales de uranio emitían de forma espontánea unos rayos de naturaleza diferente, capaces de atravesar el papel negro. Además, según parecía, esa *radioactividad* no se debía a los efectos de la luz.[45]

La pregunta, entonces, era la siguiente: si no era un efecto de la luz, ¿de dónde procedía la energía de aquellos compuestos de uranio descubiertos por Becquerel? ¿Qué elemento, de nuevo invisible a los ojos como lo habían sido los rayos X, pero esta vez presente en el propio átomo, provocaba la emisión de radiaciones? Los primeros resultados de sus investigaciones fueron muy alentadores, tanto, que, al igual que Vivian Slon al analizar el ADN del huesecito que nos dejó Denny, Marie repitió a menudo los experimentos para asegurase de que no se había equivocado en las mediciones.[46]

¿Había otros metales, además del uranio, que se comportaban de manera semejante? Marie Curie formuló pronto la hipótesis que lo cambiaría todo: la única explicación al extraño comportamiento de aquellos metales que observaba era la existencia de una sustancia desconocida.[47] Debía de estar presente en ínfimas cantidades, pero su actividad era enorme... Esta suposición impresionó poderosamente a Pierre Curie, quien no solo le dio la razón a su mujer, sino que aceptó unir sus fuerzas para descubrir de qué se trataba.

Resumiendo al máximo, este fue el fenómeno, y el tipo de preguntas, a las que Marie Curie decidió dedicar su tesis doctoral para ampliar los descubrimientos de Henri Becquerel.[48] Y esta fue la ciencia, la *radiología*, a la que, sin saberlo en un principio, el joven matrimonio consagraría el resto de su vida. En 1898, tras meses de trabajo, pudieron anunciar el descubrimiento del polonio, bautizado con este nombre en homenaje al país de Marie, y también del radio.[49] En 1902, tras aislarlos y describir sus principales propiedades, pudieron anunciar oficialmente que las sustancias revelaban «todas las características de un cuerpo químico puro».

Un año más tarde, el mismo en el que se doctoró, el matrimonio Curie recibía el premio Nobel junto con Becquerel por el descubrimiento de la radioactividad. Poco después nacía Ève, su segunda hija, y la Sorbona creaba una cátedra de física para que Pierre Curie la ocupase. Justo en aquella época, cuando la vida y las investigaciones del matrimonio parecían alcanzar velocidad de crucero, el 19 de abril de 1906, un coche de caballos como los que asustaban a Wollstonecraft al llegar a París, atropelló a Pierre Curie cuando cruzaba la calle. La Fortuna, como ya dijo Christine de Pizan, con frecuencia tiene envidia de los amantes jóvenes. El accidente, ocurrido en la rue Dauphine, en el barrio de Saint-Germain-des-Prés, fue mortal y sumió a Marie en una pena que ella misma calificó como «inenarrable».

5

«A menudo me han preguntado, en especial otras mujeres, cómo he logrado conciliar la vida familiar con una carrera científica», escribió Marie Curie en sus notas autobiográficas de 1923, tres décadas después de marcharse a estudiar a París desde Varsovia.

Acababa de regresar de Estados Unidos, donde había recibido el generoso apoyo de las mujeres norteamericanas, quienes en un acto solemne en la Casa Blanca le habían hecho entrega de un gramo de radio, valorado en cien mil dólares, para que pudiera proseguir sus investigaciones. A comienzos de los años veinte, quince años después del accidente en el que murió su marido, Curie era ya un auténtico icono y sus logros encajaban a la perfección con el espíritu de las feministas norteamericanas como Marie Meloney, quien lideró la campaña de recaudación de fondos. Según contó la propia Marie Curie, en Estados Unidos se llevó a las mil maravillas con las alegres jóvenes de Vassar y Smith College, las universidades femeninas que visitó acompañada de sus dos hijas.

Es muy posible que hoy, cien años después de aquel viaje a Norteamérica, si Curie volviera a ser recibida en una universidad de ciencias, la pregunta que le harían las estudiantes al tratar de mirarse en su espejo volviera a ser exactamente la misma. ¿Cómo había logrado conciliar aquella polaca desconocida y sin recursos económicos la vida familiar con una fulgurante carrera científica? ¿Dónde estaba el secreto para criar dos hijas como Irène (¡también premio Nobel!) y Ève, pasear con su marido en bicicleta por las carreteras de Île-de-France y, además, al mismo tiempo, ganar juntos el premio Nobel por sus estudios revolucionarios sobre la radioactividad? Y, lo más asombroso de todo, ¿cómo se las había ingeniado después del trágico accidente en el que Pierre Curie perdió la vida, cuando Irène y Ève solo contaban con ocho y dos años respectivamente, para continuar la investigación que habían emprendido? «La verdad es que no ha sido nada fácil; me ha exigido mucha voluntad y un sinfín de sacrificios», contestó Curie honestamente a aquellas mujeres que se interesaron por lo que hoy llamaríamos «conciliación familiar».[50]

Lo cierto es que su hazaña había sido heroica, una palabra que a menudo se asocia con su recorrido vital y científico. A pesar del profundo dolor que le causó la pérdida de Pierre Curie, su «mejor amigo», un año más tarde, en 1907, Marie prosiguió con sus investigaciones y logró determinar de nuevo el peso atómico del radio, cuyo descubrimiento se reveló mucho más importante que el del polonio y, en 1910, por fin pudo «contemplar el misterioso y blanco metal».[51] Le propusieron ocupar el lugar de su marido en la Sorbona, un hecho absolutamente excepcional dado que ninguna mujer había ocupado un puesto semejante hasta entonces. Es inevitable preguntarse qué habría ocurrido con la carrera universitaria de Marie si Pierre no hubiese dejado un puesto vacante en unas circunstancias tan trágicas. ¿Habría subido al estrado de la Sorbona?

En todo caso, en 1911, esta vez en solitario, Marie Curie recibió el segundo premio Nobel por el descubrimiento del radio y el polonio. Era la primera persona del mundo en alcanzar este doble galardón, un hito que se ha repetido en escasas ocasiones desde entonces. Gracias a su contribución, la tabla periódica daba la bienvenida a dos nuevos elementos, Po y Ra, con el número atómico 84 y 88 respectivamente.

A pesar de las revolucionarias aplicaciones médicas que enseguida reveló el radio, y del elevado coste que implicaba su extracción dada la ínfima cantidad en la que el metal se encuentra presente, el matrimonio Curie y luego ella se negaron a patentar o sacar provecho material de los descubrimientos. Creían firmemente en que, al hacer públicas sus investigaciones, contribuían a que la industria del radio se desarrollase sin obstáculos.[52] La utilización de la radioterapia para el tratamiento del cáncer, en Francia conocida como *curieterapie*, ya le parecía una gran recompensa por los años de trabajo; como le habría parecido también reconfortante saber que gracias a la utilización médica de elementos radioactivos hoy se pueden examinar y estudiar el cuerpo humano por dentro y sus enfermedades. En todo caso, Marie siempre temió que la humanidad hiciera uso de las propiedades destructivas del radio, como en las bombas nucleares, pero lo que quizá no previó fue el efecto maligno que tendría en su propia salud. Se considera que la causa de su muerte, en 1934, fue precisamente la exposición continuada y sin protección a los efectos radioactivos del metal.

Volviendo a sus problemas de conciliación familiar, afortunadamente, cuando le preguntaron cómo lo había logrado, a Marie Curie no se le ocurrió responder a lo Hernán Cortés, ocultando las dificultades que había atravesado y afirmando que ya en sus años en la azucarera presentía que en el olimpo de la ciencia la estuvieran esperando para laurearla. Como su marido, tampoco fue víctima del trastorno de contigüidad que como vimos atacaba a algunos exploradores en las tierras americanas. De hecho, fue muy clara no solo al evidenciar las dificultades sino también a la hora de explicar cómo lo había conseguido: «mientras yo estaba en el laboratorio, Irène se quedaba a cargo de su abuelo, que la adoraba y cuya vida iluminaba. La estrecha unión de nuestra familia me permitió cumplir con mis obligaciones».[53]

A juzgar por los recuerdos de Marie, Eugène Curie, su suegro, era un hombre tan excepcional como lo había sido su propio padre, Władysław Skłodowski.[54] Tenía unos hermosos ojos azules, la expresión infantil a pesar de su edad y una personalidad que cautivaba a quien lo conocía. Era muy alto y su carácter, en palabras de Marie, reflejaba bondad e inteligencia a un mismo tiempo. Había educado a sus dos hijos de acuerdo con sus ideas anticlericales y libertarias, y a ambos les había transmitido también una gran pasión por la ciencia, a la que lamentaba no haberse podido consagrar por completo debido a las cargas familiares a las que tuvo que hacer frente cuando nacieron. De padre y abuelo médicos, Eugène Curie desarrolló a su vez una modesta carrera en la medicina en lugar de continuar investigando, lo que le habría gustado mucho. Como le dijo a Marie, «renunció a su sueño»[55], aunque este hecho no le agrió el carácter, sino más bien lo contrario, pues a lo que dedicó su tiempo libre fue a dar largas caminatas por el campo y hacer excursiones en las que descubría las maravillas de la naturaleza primero a sus hijos y luego a sus nietas. Fue él quien enseñó a Irène a recitar poesías y quien a menudo jugó con ella en el jardín. También le escribió cartas, como esta que le hizo llegar cuando apenas tenía ocho años:

> Mi querida Irène:
> Está muy bien que le escribas todos los días unas líneas a tu abuelo. Eso tiene dos ventajas: primero, a él le gusta mucho recibir tus cartas, segundo, así te ejercitas escribiendo, lo que te viene muy bien, porque te hace falta.
> Me dices que tu hermana comienza a andar a cuatro patas. Pero no me has dicho si anda hacia delante como los perros, hacia atrás como los cangrejos de río, o de lado como los cangrejos de mar. Dado que ya lo ha logrado, le dirás «¡Bravo!» de mi parte.[56]

La ayuda del abuelo Eugène, sin duda una solución insólita en la época, no terminó cuando su hijo Pierre Curie falleció. Hoy a Madame Curie seguramente le habría llegado algún *meme* en Twitter por haber sido un poquitín *explotabuelos*. Y es que, a partir de 1906, el apoyo de Eugène Curie fue más necesario para ella que nunca, pues no solo se había quedado sin su marido y sin el padre de sus hijas de un día para otro, sino también sin su principal colaborador científico. Así, Marie Curie encontró en los extraordinarios brazos de su padre político el sostén necesario para proseguir su vida:

> El cuidado de mis hijas requería gran atención, pero el padre de mi marido, que seguía viviendo con nosotras, y cuyo único consuelo tras la muerte de su hijo era ocuparse de las niñas, me ayudaba tanto como podía. Nos afanamos para que las niñas crecieran en un hogar alegre, pero para nuestros adentros estábamos desolados, aunque ellas eran demasiado pequeñas para darse cuenta.[57]

Como vemos, lejos de afirmar que fueran exclusivamente sus capacidades las que la encumbraron al éxito, Curie fue sabia incluso al reconocer explícitamente la importancia que habían tenido las expectativas y el apoyo de su entorno familiar para que una mujer como ella —en realidad cualquier persona— sacase adelante su carrera, que presenta además como una obligación y no como un camino de superación personal. El apoyo que había recibido de su familia, primero de su padre, luego de su hermana y su marido, y más tarde del entorno de los Curie al completo. Sin contar con las niñeras, a las que también dedicó palabras de reconocimiento y cariño en sus escritos. Como apunta Xavier Roqué en la introducción a los escritos biográficos de Curie, estos comentarios sorprendentes sobre el sistema de conciliación de la prestigiosa familia que llegó a sumar cinco premios Nobel son muy relevantes para entender las relaciones entre género y ciencia[58] así como para evidenciar la importancia que tiene para cualquier persona, y especialmente las mujeres, a quienes se ha alejado históricamente de los estudios científicos, sentir el apoyo de la comunidad que las rodea. Y es que no hace falta ser Premio Nobel de Física para saber que mientras se logra medir el peso atómico del radio alguien tiene que encargarse de cocinar la sopa para que cenen las niñas.

Me atrevería a añadir que estos comentarios al margen que Marie Curie introduce en sus escritos sobre conciliación no son solo relevantes sino también tan novedosos como el cuerpo que logró aislar y contemplar en 1910 en la soledad no elegida de su laboratorio parisino. Sería absurdo sugerir que no fueron sus capacidades extraordinarias las que le permitieron aparecer en aquella fotografía de 1927 tomada en la conferencia Solvay, la más famosa de la historia de la ciencia, en la que la veíamos con su viejo sombrero entre las manos; sin embargo, también lo sería negar que la presencia de su rostro femenino entre aquellos veintiocho genios masculinos fue posible gracias a haber tenido un padre y un suegro igualmente extraordinarios. En una última y maravillosa simetría, aquellos dos hombres a quienes unía la pasión por la ciencia, no solo habían sacrificado sus sueños para sacar adelante a sus respectivas familias, sino que también, cuando llegó el momento, no dudaron en poner todo de su parte para que quien lo acabara cumpliendo a gran escala fuera *ella*.[59]

BUSCAR LA MANERA DE SER ÚTILES

6

A finales del mes de julio de 1914, unos años después de haber recibido su segundo premio Nobel, Marie Curie se encontraba trabajando tranquilamente en su laboratorio de París. Como cada verano, las niñas estaban con su institutriz en Bretaña, bañándose en la playa y disfrutando de sus vacaciones. Con seguridad la echaban de menos, pero estaban más que acostumbradas a que *maman* siempre tuviera cosas importantes que hacer. Como la mayoría de las madres y padres trabajadores de hoy, Curie también debía hacer malabares en la época estival. «En general», reconocería tiempo más tarde en sus escritos autobiográficos, «mi trabajo no me permitía irme de vacaciones con ellas sin interrupciones».[60] Hoy diríamos que *madame* estaba de «rodríguez» en la ciudad, entregada a su trabajo, pero también a los encantos que París mostraba en aquellas fechas a quienes se quedaban en sus calles semivacías; sobre todo aquel año, 1914, en que el buen clima hizo que sus tesoros arquitectónicos resplandecieran más que nunca.

Sin embargo, el cielo azul parisino, *glorioso* en palabras de la propia Curie, pronto se cubriría de amenazantes nubarrones. A principios de agosto, Alemania declaró la guerra a Francia y la mayoría de los hombres que, como ella, trabajaban en el laboratorio o en la universidad fueron movilizados para ir al frente. Comenzaba así la Primera Guerra Mundial.

Es muy conocida la anotación que hizo Franz Kafka en su diario el 2 de agosto de 1914. «Hoy Alemania ha declarado la guerra a Rusia. Por la tarde fui a nadar». Marie Curie podría haber escrito en el suyo una frase igualmente sorprendente: «Hoy Alemania ha declarado la guerra a Francia. Por la tarde fui a Burdeos cargada con una maleta radioactiva».

Efectivamente, la preocupación que le asaltó de inmediato al oír los gritos de *guerre* por las calles de París fue doble. Por un lado, la posibilidad de quedar aislada de sus hijas en el caso de que la ciudad fuera ocupada de forma inminente, como se insistía en que ocurriría; por otro, que las costosas reservas de radio que tenía en el laboratorio pudieran ser dañadas. Así que, en la misma época en la que Kafka se enfundaba su bañador, Marie Curie cargaba una pesada maleta en un tren que transportaba personal y equipaje del gobierno para ponerla a salvo en un lugar seguro de Burdeos.[61] A su vuelta a la capital se enteró de que la batalla del Marne, en las inmediaciones de París, acababa de comenzar. Seis días más tarde, el 12 de septiembre, coincidiendo con el cumpleaños de su hija Irène, sin duda un buen augurio, se proclamó la victoria aliada de la batalla y Marie pudo traer de vuelta a París a sus hijas.

Como cabía esperar, Curie no se encerró en su nuevo laboratorio del Instituto del Radio a esperar a que terminara la guerra, y ya desde los primeros días de la contienda estaba obsesionada, como le escribió a su hija Irène, por encontrar la manera de ser útil. Así que, después de darle algunas vueltas, hizo lo que mejor sabía hacer, que no era otra cosa que mirar a su alrededor y enunciar con su voz suave, arrastrando el sonido de la letra *r*, lo que faltaba y fallaba. No en vano había sido aquella misma actitud la que la había conducido al Nobel. «Intenté pensar qué podía aportar yo, con la intención de que mi trabajo científico resultara útil».

Hasta la gente de a pie se daba cuenta de que existían «graves errores en la organización de la sanidad pública» y que «la defensa prevista era a todas luces insuficiente».[62] Así que Madame Curie no tardó en darse cuenta de cuál debía ser su ocupación, a la que dedicó mucha energía y horas de trabajo hasta el final de la guerra: «mi labor consistía en la organización de los servicios de radiología y de radioterapia de los hospitales militares».[63]

7

Cuando empezó la Primera Guerra Mundial, el Comité de Sanidad Militar francés así como la mayoría de los hospitales civiles, aún no habían desarrollado auténticos servicios de radiología. Por ese motivo, los nuevos hospitales que se levantaron por todo el país al comienzo de la contienda carecían de instalaciones de rayos X. En otras palabras, si un soldado o un civil era alcanzado por un proyectil no era posible hacerle una radiografía. Curie se dio cuenta enseguida de la enorme utilidad que supondría para los cirujanos y médicos contar con rayos X para examinar con gran precisión a los heridos. «Los rayos X permiten descubrir el lugar exacto de los proyectiles que se han introducido en un cuerpo, y resultan de gran utilidad para extraerlos. Por otra parte, los rayos X revelan las lesiones de los huesos y de los órganos internos, y permiten seguir el proceso de curación de las heridas internas», escribiría más tarde recordando el conflicto bélico.[64] En otras palabras, los mismos rayos que la habían cautivado en su juventud constituían ahora una esperanza de salvación enorme.

Para resolver esta carencia de medios que lastraba a los servicios de salud, Curie actuó de la misma manera en que lo había hecho en la azucarera cuando se puso a estudiar química juntando al azar algunos libros prestados. Esta vez no fueron libros, sino todos los aparatos que pudieron servirle y que fue encontrando en laboratorios y tiendas entre los meses de agosto y septiembre de 1914. De esta manera, gracias a la colaboración de algunos voluntarios, a quienes ella misma formó, Curie pudo crear desde el comienzo mismo de la guerra varias unidades de radiología que prestaron un enorme servicio en la batalla del Marne.

Pero la *gesta*, como
ella misma se refería
a su iniciativa duran-
te el conflicto, no se
quedó ni mucho me-
nos en una interven-
ción puntual. Con el
apoyo de la Cruz Roja
también montó ense-
guida una unidad mó-

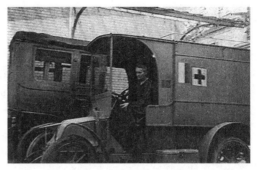
Marie Curie en la Primera Guerra Mundial

vil de radiología para poder atender las necesidades de los hospitales de la región de París:

> Se trataba de un sencillo coche acondicionado para el transporte de
> un aparato radiológico completo, con una dinamo puesta en movi-
> miento por el motor del coche que proporcionaba la corriente eléc-
> trica necesaria para producir rayos. Aquel coche respondía a la llama-
> da de cualquier hospital —por grande o pequeño que fuese— de los
> alrededores de París. Por aquel entonces abundaban las urgencias, ya
> que los hospitales parisinos debían tratar a todos los heridos, y no
> cabía la posibilidad de trasladarlos a otro hospital.[65]

En realidad no era más que el principio de la impresionante tarea
que llevó a cabo en colaboración con su hija Irène, que acababa de
cumplir diecisiete años, uno menos de los que tenía ella cuando se
subió en el ahora lejano tren de Varsovia y, con la mano levantada,
se despidió de su padre camino de la azucarera.

«Los primeros resultados», afirmó Madame Curie como si su
iniciativa para ser útil en la guerra fuera también un experimento científico, «pusieron de manifiesto que aún era necesario hacer más».[66] Para saber dónde era más necesario el servicio radiológico no dudó entonces en desplazarse por toda Francia y
Bélgica, recorriendo los puestos militares de Amiens, Calais,
Dunkerque, Verdún, Nancy, Lunéville, Belfort y Villers-Cot-
terêts. Y, por supuesto, Compiègne,[67] con su bosque cubierto de
malvas y anémonas blancas, rojas y moradas por el que, tiempo
antes, había paseado despreocupadamente con Pierre Curie. El
mismo lugar en el que Juana de Arco, a quien por cierto los

soldados franceses juraron ver aparecerse, fue apresada en la guerra de los Cien Años:

> Solía viajar al frente a raíz de alguna petición de un cirujano. Me desplazaba en un coche radiológico destinado a mi propio uso y, al examinar los heridos en el hospital, descubría las necesidades particulares de cada región. De regreso a París, reunía el equipo necesario y volvía al frente para instalarlo yo misma, ya que en general nadie sabía. Tuve que buscar y formar a conciencia a gente competente que se encargara de utilizar los aparatos... En muchos viajes me acompañó mi hija mayor, Irène.[68]

Con este método agotador, los siguientes cuatro años Curie crearía más de doscientas estaciones radiológicas que se destinaron al frente francés y belga y veinte coches radiológicos para el ejército. También, cuando hacía falta, se ponía al volante de los vehículos, aunque para ello tuvo que aprender a conducir, *así*, sobre la marcha. A su vez, con sus característicos ademanes de profesora, Curie también creó el departamento de radiología en la escuela de enfermería del hospital Edith Cavell, donde formó a mujeres para que aprendieran a manejar correctamente los aparatos. Si Agnódice o Mary Shelley hubieran estado entre aquellas enfermeras, con seguridad habrían recibido encantadas la noticia de que ya no hacía falta abrir un cuerpo para poder ver lo que había en su interior. Por otro lado, como es posible imaginar, gracias a esta inmensa labor desarrollada durante la guerra, numerosos cirujanos descubrieron por primera vez la gran utilidad que suponía realizar un examen radiológico con fines médicos.

A pesar de los peligros que vivieron, las dificultades de la tarea que se impusieron, y las condiciones angustiosas en las que les tocó llevarla a cabo, Curie decía que ella y su hija conservaban grandes recuerdos del personal de los hospitales en los que trabajaron. «Pero nada era tan conmovedor como cuidar a los heridos», afirmaba. «Para erradicar la guerra, bastaría con que la gente viera una sola vez lo que tuve que ver en tantas ocasiones a lo largo de aquellos años atroces».[69]

Como recuerda Adela Muñoz en su biografía, cuando terminó la Primera Guerra Mundial, madre e hija ya no se separaron nunca más. Irène se convirtió en ayudante de Curie en el Instituto del Radio de París, donde a partir de ese momento la vemos ocupar en las fotografías el lugar en el que años antes aparecía su padre. Al contemplar a madre e hija volcadas en sus experimentos, es imposible no pensar en lo distinto que fue el camino que una y otra mujer tuvieron que recorrer para aparecer juntas en esta fotografía, tan importante

Marie e Irène Curie

para la historia de la ciencia como aquella otra, la que se tomó en 1927 en la conferencia Solvay. Al poco tiempo de terminar la Primera Guerra Mundial, en septiembre de 1919, Marie le escribió esta carta a su hija mayor con motivo de su cumpleaños:

> Querida mía, si no estoy contigo el día de tu cumpleaños, recibe de antemano mi cariño más vehemente. Piensa en qué regalo te gustaría para tus veintidós años. Nunca podré hacerte ninguno que valga tanto como el que me haces tú a diario con tu hermosa juventud, tu alegría de vivir, de trabajar y también el afecto que le tienes a tu madre. Bonita mía, te bendigo desde el fondo de mi corazón por lo que eres y por lo que serás, y ojalá seas tan feliz como deseo y espero.
>
> Querida mía, te mando un beso y pienso por adelantado en esa gran intimidad nuestra que va a reanudarse pronto.
>
> TU MADRE.[70]

A pesar de lo asimétricos que habían sido sus comienzos, qué semejantes fueron al final los destinos de Irène y Marie Curie. Al igual que su madre, en 1935 Irène recogería el Premio Nobel de Química, compartido con su marido, Frédéric Joliot-Curie, por su descubrimiento de la radioactividad artificial.

Ya lo había dicho su padre en su famoso *principio Curie*: «los efectos producidos pueden ser más simétricos que las causas».

Unos años antes de que le fuera concedido a Irène el premio Nobel, Marie Curie recibió una invitación para viajar a Madrid en el mes de abril de 1931.[71] En la Residencia de Estudiantes, donde su amigo y colega Albert Einstein ya había estado explicando su teoría de la relatividad hacía algunos años, estaban muy interesados en que dictara una conferencia sobre el radio y sus propiedades. Le ofrecían que se alojara en la sección femenina, conocida como Residencia de Señoritas, una institución avanzada y moderna que con toda seguridad sería de su más vivo interés.[72] Las estudiantes admiraban su figura y sus logros científicos y la directora, María de Maeztu, se comprometía a instalarla en unas confortables habitaciones ubicadas en su propio pabellón. Sin duda, la perspectiva de alojarse en una residencia con jóvenes estudiantes semejante a las que había conocido en Norteamérica debió de terminar de convencer a Curie, quien sentía aversión hacia los hoteles; pero también el hecho de que Ève, su otra hija, pudiera acompañarla en su viaje.[73] En todo caso, los días previos a su marcha debieron de ser bastante ajetreados tanto en la casa parisina de las Curie como en la Residencia de Señoritas de Madrid. Y es que, solo una semana antes de la fecha prevista para la conferencia, el 14 de abril, se declaró en España la II República. Esto explica que María de Maeztu, quien estaba muy ilusionada con la llegada de la científica, al mismo tiempo estuviera muy ocupada durante su estancia en Madrid. Sintió mucho no poder acompañar a Madame Curie a todos los homenajes que le hicieron en la ciudad. Como le explicó por carta al embajador francés, una de sus primeras estudiantes y más fieles colaboradoras de la Residencia había sido nombrada directora general de Prisiones por el nuevo gobierno republicano. Ella no podía faltar al homenaje que le habían organizado justamente el mismo día en que la Embajada de Francia pensaba agasajar a Madame Curie con motivo de su estancia en Madrid. Y bien que lo sentía ella, como podemos leer en una carta fechada el 24 de abril de 1931:

Excmo. Sr. Embajador de Francia en España

Muy señor mío y de mi consideración más distinguida: No sé decirle cuánto siento no poder aceptar su amable invitación para almorzar mañana sábado en la Embajada con Mme. Curie. Pero a la misma hora el Instituto Escuela ofrece un banquete a la Srta. Victoria Kent por haber sido nombrada Directora General de Prisiones y yo como Directora del mencionado Instituto no puedo faltar a ese banquete.

Lamento muchísimo que esta coincidencia de fecha y hora me impida tener el placer de asistir al almuerzo que ofrecen ustedes a nuestra ilustre huésped Marie Curie, y esperando que en otra ocasión seré más afortunada quedo de usted afectísima con el mayor respeto.

María de Maeztu[74]

La idea de acompañar a la premio Nobel a la comida en la Embajada de Francia era sin duda muy atractiva, pero seguro que Marie Curie comprendería que María de Maeztu se debía a sus chicas por encima de todo. Aunque se hicieran mayores, se marchasen de la casa e incluso se convirtieran en destacadas políticas, como Victoria Kent, para ella siempre seguirían siendo sus alumnas.

No, María de Maeztu no podía faltar al homenaje a Victoria Kent.

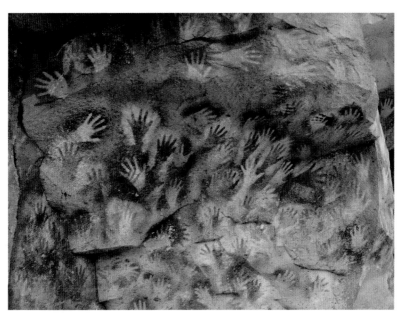

Pinturas rupestres en la cueva de las Manos de Argentina. ¿A quiénes pertenecieron? ¿Serán las huellas de nuestras remotas antepasadas?

A MIDWIFE GOING TO A LABOUR.

Pub.ª Feb.ª 12 1811 by Tho.ª Tegg N.º 111 Cheapside - Price One Shilling

Una matrona camina bajo una tormenta para acudir a un parto a primera hora de la mañana. Lleva en sus manos una linterna para iluminar el camino y una botella, tal vez un regalo para la parturienta, a quien era común ofrecer un buen trago para sobrellevar con coraje los dolores del alumbramiento. Aguafuerte coloreado de Thomas Rowlandson (1811).

Monedas con los reyes de Mauritania, Juba II (izquierda) y Cleopatra Selene (derecha). Puede apreciarse la inscripción que rodea el busto de esta última, «BACI ΚΛΕΟΠΑΤΡΑ BACI ΚΛΕΟΠΑ ΘΥΓΑ», cuyo significado es «Reina Cleopatra, hija de Cleopatra». La moneda está fechada el 20-19 a. C. y fue hallada en Caesarea Mauretaniae, actualmente Cherchell, en Argelia.

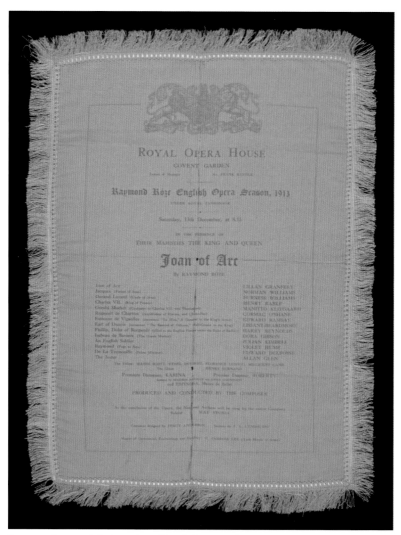

Programa de mano de la ópera *Joan of Arc* de Raymond Rôze estampado en seda (Royal Opera House, Londres, 1913). Se imprimieron para la representación de gala, a la que acudieron el rey Jorge V y la reina María. El crítico del periódico *The Times* escribió en su maligna reseña del espectáculo que «un drama en el que aparecen personajes cantando y hay una orquesta que los acompaña no es necesariamente a una ópera».

El 3 de marzo de 1913, un día después de que Woodrow Wilson tomara posesión como presidente de Estados Unidos, miles de mujeres marcharon juntas en Washington D. C. para denunciar la falta de derechos políticos. Las sufragistas emplearon atuendos llamativos, algunos inspirados en Juana de Arco, que anticipan la utilización de elementos teatrales en los movimientos de protesta contemporáneos.

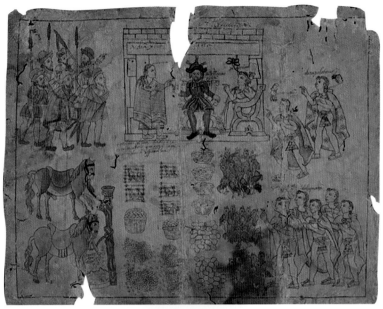

Vista completa y detalle del «Fragmento de Texas» del Lienzo de Tlaxcala. Podemos ver distintas escenas de los encuentros entre los conquistadores españoles y los indígenas a comienzos del siglo XVI. Los zapatos rojos que lleva Malinche, así como su peinado, despreocupadamente suelto, han sido objeto de numerosos y encendidos debates. Se ha querido ver en ambos detalles, y sobre todo en los zapatos, inusuales en las mujeres nahuas, una influencia negativa de las costumbres europeas. Las huellas que se ven detrás de Malinche representan los caminos que recorrieron los españoles en su ruta hacia Tenochtitlán. No solo se aprecian pisadas humanas sino también de caballos, animales que impresionaron a los indígenas amerindios.

Sofonisba Anguissola, autorretrato en miniatura (óleo sobre pergamino, c. 1556). La inscripción latina que rodea el escudo que sostiene la pintora, «La doncella Sofonisba Anguissola, representada por su propia mano, desde un espejo, en Cremona», afirma su autoría e identidad de mujer artista. Se ha especulado mucho sobre el mensaje que esconden las letras que aparecen en el centro del escudo, seguramente un homenaje al nombre de su padre, AMILCARE. Como escribió el crítico Arthur C. Danto, en estos autorretratos de juventud parece que Sofonisba va a sacarnos burlonamente la lengua en cualquier momento.

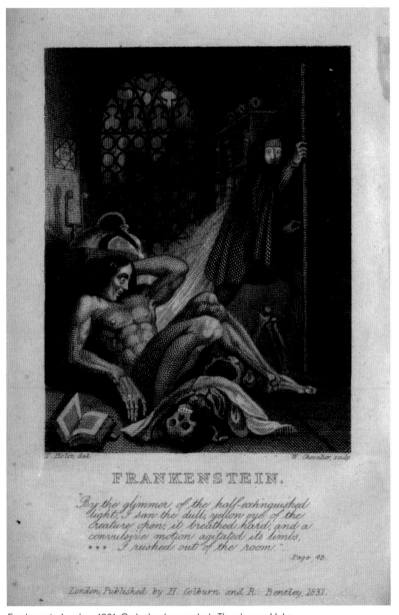

FRANKENSTEIN.

*"By the glimmer of the half-extinguished
light, I saw the dull, yellow eye of the
creature open; it breathed hard, and a
convulsive motion agitated its limbs.
∗ ∗ ∗ I rushed out of the room."*

Page 43.

London, Published by H. Colburn and R. Bentley, 1831.

Frankenstein, Londres, 1831. Grabados de portada de Theodor von Holst.

DONNA QUIXOTE.

["A world of disorderly notions *picked out of books*, crowded into his (her) imagination."—*Don Quixote.*]

Donna Quixote, Punch or the London Carivari, 1894. Con la consolidación del hábito de la lectura en silencio las mujeres eran vistas como potenciales «quijotes con enaguas» muy propensas a confundir realidad y ficción.

Cuaderno manuscrito con *La Historia de Inglaterra* e ilustraciones de Cassandra Austen. Las hermanas tramaron la broma en 1791, cuando todavía eran unas adolescentes indisciplinadas. En su texto parodiaron sobre todo el volumen cuarto de la *Historia* de Goldsmith. Parece que la madre de las Austen inspiró el nada agraciado medallón de la reina Isabel.

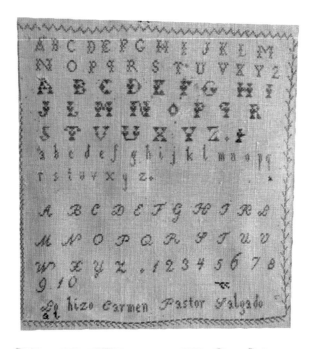

Dechados o muestras de bordado. Coser las letras del alfabeto era parte de la educación femenina, ya que servía para ejercitarse con la aguja, pero también para practicar caligrafía. Son auténticas joyas artesanas que evidencian materialmente la educación de las mujeres. Se precisaba de destreza y mucha paciencia. ¡Por eso más de una decidió escribir mensajes en los que expresaba su aburrimiento!

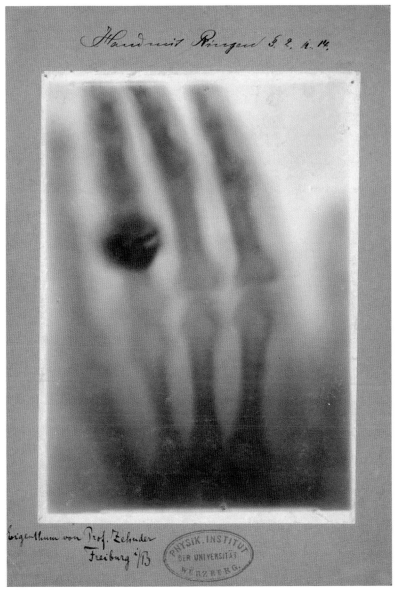

Primera radiografía, realizada por Röntgen el 8 de noviembre de 1895. Utilizó la mano de quien tenía más cerca, su esposa Bertha, quien quedó asombrada por el descubrimiento.

Carrera de velocípedos en París, un sábado por la tarde (*Harper's Weekly*, 1868). La bicicleta fue todo un símbolo de la emancipación femenina con consecuencias en la moda y en las posibilidades de movimiento de las mujeres por la vía pública.

Durante la Primera Guerra Mundial los soldados mandaban mensajes desde el frente a sus seres queridos en postales bordadas a mano por mujeres francesas y belgas. Son frecuentes los símbolos patrióticos junto con mensajes de cariño.

Reinterpretación del mítico cartel de «Rosie la remachadora», creado durante la Segunda Guerra Mundial.

Anna se convierte en estatua de hielo al salvar a Elsa en la película *Frozen*. Su imagen evoca representaciones de Juana de Arco, como la que precisamente aparece al inicio de la película en la sala de los retratos.

10
VICTORIA KENT
MUDANZAS
MÁLAGA, 1892

NO PUEDE SER UN COLEGIO

1

Al igual que a Marie Curie, a María de Maeztu tampoco le gustaban demasiado los hoteles. Es posible que incluso se lo comentara personalmente a la científica cuando le mostró las excelentes instalaciones de la Residencia de Señoritas, situada en las tranquilas calles de Fortuny y Miguel Ángel, al recibirlas a ella y a su hija Ève en Madrid el 21 de abril de 1931. De hecho, como solía contar Maeztu a menudo, la idea de crear un colegio universitario para chicas había comenzado a rondarle la imaginación precisamente desde que tuvo que alojarse en una pensión mugrienta de la calle Carretas, en el centro de la ciudad, cuando en los años diez había llegado a la capital para completar sus estudios de Filosofía y Letras.[1] Los gritos que se oían por las escaleras, decía, así como los chinches, las discusiones y los ruidos constantes que subían de la calle, le impedían concentrarse en su trabajo como hubiera querido. Menos mal que la familia Ortega, quien conocía a su hermano Ramiro, la había rescatado pronto para invitarla a comer con ellos.[2]

Aquella pesadilla le costaba a María de Maeztu un duro al día, pero la mala experiencia le había servido también para darse cuenta de que no habría muchas chicas de provincias que se animasen a estudiar en Madrid en esas condiciones lamentables. Sus padres no lo verían con buenos ojos y ellas seguramente tampoco. No todas las jóvenes estaban hechas de la misma pasta que Marie Curie ni por tanto estarían dispuestas a dormir en una cocham-

brosa buhardilla con toda su ropa encima. Y si las buenas estudiantes de provincias preferían ahuecar los almohadones de sus hogares burgueses para recostarse en ellos, ¿de qué había servido
entonces que se hubiesen eliminado en España los obstáculos que
impedían a las mujeres acceder a la Universidad? Para culminar
aquella importante conquista lograda en 1910, pensaba Maeztu,
era imprescindible que las «futuras intelectuales» tuvieran un «hogar limpio, cómodo, cordial y barato, semejante a los que ya fun-
cionaban en el extranjero».[3]

Así debía de pensar también el sastre malagueño José Ken Román
cuando en 1916 su amigo Alberto Jiménez Fraud, director de la
sección masculina de la Residencia de Estudiantes,[4] le aseguró que
era una buena idea permitir que su hija Victoria viajase a Madrid
para vivir en la Residencia.[5] A diferencia de Władysław Skłodowski,
el padre de la futura abogada y política republicana no se despidió
de su hija agitando el pañuelo en la estación de Málaga, sino que
la acompañó él mismo a la ciudad para vigilar de cerca su instala-
ción. La Residencia de Señoritas se había inaugurado tan solo un
año antes gracias al empeño de la propia María de Maeztu, quien
había sido designada para dirigirla por los miembros de la Junta
para Ampliación de Estudios (JAE),[6] organismo dependiente del
Ministerio de Instrucción Pública vinculado a la Institución Libre
de Enseñanza. Esta última había sido fundada por un grupo de
profesores universitarios en 1867 bajo la dirección de Francisco
Giner de los Ríos.[7] Formaban parte de la Junta intelectuales como
Ramón y Cajal, Menéndez Pidal o Américo Castro. Como pensaba la propia Maeztu, facilitar la educación de las mujeres debía
ser una prioridad para ellos, pues la Junta había sido creada en 1907
para promover la modernización cultural, científica y educativa de
España.[8]

Lo cierto es que los miembros de la Junta tenían dónde inspirarse no solo en Estados Unidos sino también en Europa. Si querían que las mujeres españolas se pusieran a la altura de sus vecinas
europeas y norteamericanas, razonaba Maeztu, ya era hora de que
se inspirasen en los *college for women*,[9] como Vassar y Smith, aquellos alegres colegios universitarios para chicas que no solo encan-
taron a Marie Curie sino también a Concepción Arenal,[10] una de
las primeras universitarias españolas que, como Agnódice, tuvieron

que vestirse de hombre para entrar en clase. O también podían inspirarse en los *college* de Girton y Newnham, en la Universidad de Cambridge, que la propia Maeztu había conocido cuando viajó a Inglaterra. La Residencia de Señoritas, concluía al defender el proyecto, sería la *causa* y no la *consecuencia* de que las mujeres comenzaran a estudiar en España.[11]

Efectivamente, los *college* de Girton y Newnham habían abierto sus puertas a mediados del siglo XIX con un espíritu semejante al que María de Maeztu quería imprimir a la residencia madrileña de la calle Fortuny. Siempre fue una gran admiradora del sistema educativo anglosajón así como de su tradición feminista.[12] Una de sus fundadoras, la británica Emily Davis, había argumentado a la hora de diseñar la arquitectura de Girton que las mujeres que residieran en su *college* seguramente encontrarían que tener un cuarto para ellas solas era igual de novedoso que el hecho mismo de poder seguir cursos de enseñanza superior. «Cada estudiante tendrá una pequeña salita», escribió mientras preparaba la apertura del colegio, «donde podrá estudiar libremente sin que la molesten, y donde podrá disfrutar como mejor le convenga de la compañía de las amigas que ella misma escoja».[13]

En los planes de Davis también estaba que las estudiantes pudieran ejercitarse físicamente dando paseos por los alrededores del *college*, montando en bicicleta, jugando al bádminton e, incluso, aprendiendo a nadar en una pequeña piscina.[14] Como afirma la investigadora Maria Tamboukou, parece que tener «un cuarto propio» fue un potente deseo que ya formularon aquellas jóvenes inglesas varias décadas antes de que la propia Virginia Woolf visitara Girton en 1928 para hablar sobre las mujeres y la novela y escribiera su libro. Así, por ejemplo, es divertido leer en las cartas y memorias de las primeras residentes de Girton, cuidadosamente estudiadas por Tamboukou, cómo una de ellas, dominada completamente por el novedoso entusiasmo que le provocaba tener su propio espacio, había llegado a poner nombre a su habitación, como si en lugar de un cuarto universitario fuera una lujosa casa de campo con caballerizas; o cómo otra de aquellas inglesas se había apresurado a colgar en la pared un retrato de la escritora George Eliot, a quien anhelaba parecerse, como haría hoy una adolescente con un póster de Emma Watson. El deseo de poseer un espacio

propio, un lugar que poder decorar, amueblar, escoger las cortinas
y la tapicería de las butacas que manifestaban estas jóvenes británicas de finales del diecinueve era, en definitiva, un sinónimo evidente de su ansia de libertad y de la poderosa necesidad que tenían
de conocerse y afirmarse a sí mismas.[15]

2

Idéntica emoción debió de sentir Victoria Kent cuando llegó a
Madrid procedente de Málaga en 1916. Era una joven de pequeña estatura y expresión reservada, pero debajo de las facciones serias
y enjutas, incluso severas, escondía una amplia sonrisa que mostraba a quienes la conocían. Su mayor pasión era el trabajo, al que se en-

Victoria Kent

tregaba en cuerpo y alma, y
ya por aquel entonces tenía
profundas inquietudes so-
ciales que sintonizaban bien
con los intelectuales liberales del entorno de la Institución Libre de Enseñanza.
Como recuerda Zenaida
Gutiérrez Vega, amiga personal y excelente biógrafa
de Victoria, enseguida hizo
buenas migas con María de Maeztu, con quien compartía el espíritu de entrega humanista, aunque más adelante se revelarían también sus diferencias ideológicas.[16] Juntas fundarían en 1926 el
Lyceum Club Femenino, al que pertenecieron centenares de liceís-
tas como Carmen Baroja, Clara Campoamor, Zenobia Camprubí,
Concha Méndez o Elena Fortún, entre otras muchas, interesadas
en el progreso cultural y social de las mujeres, y cuyo principal
objetivo era seguir la estela de los clubes femeninos que se estaban
creando en toda Europa con idénticos propósitos.

Por otro lado, al llegar Victoria Kent a la ciudad, los elegantes
y modernos chalés de la calle Fortuny debían de parecerle muy
distintos a la casa familiar de dos plantas del barrio malagueño de
la Victoria en la que había crecido junto con sus hermanos bajo

los mimos y cuidados de su madre, María Siano, a quien adoraba.[17] El edificio de Fortuny, con un precioso jardín y una galería acristalada, estaba al lado del inmueble de Miguel Ángel 8, el International Institute for Girls, una institución norteamericana fundada por Alice Gulick, misionera congregacionista y feminista convencida, destinada a la educación femenina, con el que la Residencia había tejido profundos lazos de colaboración.[18] No solo compartían objetivos, sino también profesorado, espacios y actividades. El edificio, con una imponente fachada al estilo de los campus norteamericanos y una doble escalera interior con una gran claraboya por la que se colaba a raudales la luz madrileña, era verdaderamente impresionante.

Tanto es así que se cuenta la anécdota de que una tarde llegó en su coche por la calle Miguel Ángel la condesa de Pardo Bazán para asistir a un acto que se había organizado. Imagino perfectamente a Emilia con sus quevedos colgando del cuello y su abanico blanco sobre el regazo. Al acercarse al Instituto y ver el edificio, no pudo contener una mueca de sorpresa antes de soltarle incrédula a su cochero: «No puede ser aquí, es demasiado elegante para ser un colegio».[19]

Pasados los nervios de los primeros días, Victoria enseguida debió de sentirse en su salsa, pues en el fondo siempre le gustó la idea de moverse, e incluso de cambiar de piel, como evidencia el hecho de que, a los pocos años de llegar a Madrid, decidiera añadir una *t* a su verdadero apellido, Ken,[20] o que, durante toda la vida, cuando le preguntaban por la fecha de nacimiento, afirmara tener cinco años menos de los que en realidad tenía.[21] ¿No era sastre su padre? A ella también le gustaba cambiar de vestido. Pronto se puso a estudiar inglés en el International Institute, aunque nunca llegó a dominar el idioma del todo.[22]

A pesar de lo avanzada que era su visión de la vida, a Victoria no le gustaba montar en bicicleta, pues, a diferencia de Marie Curie, consideraba que esta nueva moda era incómoda y poco elegante.[23] Pero, en todo lo demás, Kent era una *sinsombrero* tan vanguardista como la pintora Maruja Mallo o la tenista Lilí Álvarez, quien en los años veinte cosechaba éxitos en Wimbledon y Roland Garros.[24] Al llegar a Madrid, Kent ya poseía un título de maestra y en la Universidad Central pensaba estudiar Derecho, una carrera nada femenina, pues normalmente las mujeres preferían decantarse por estudios de magisterio o, si tenían vocación científica, de medicina o farmacia, carreras que se consideraban más apropiadas para ellas.[25]

Pero Victoria no quería ser ni profesora ni enfermera, lo que deseaba era poner fin a los acuciantes problemas sociales de su época y creía que para ello era esencial afrontarlos desde un punto de vista jurídico. También pensaba ocuparse de la biblioteca de la Residencia, tarea por la que había acordado con María de Maeztu recibir una beca. En consonancia con las ideas de la Institución Libre de Enseñanza querían que la biblioteca creara un espacio tolerante en el que se intercambiaran ideas avanzadas. Victoria, quien siempre se tomaba sus responsabilidades muy seriamente, desempeñó el cargo de bibliotecaria con la misma devoción con la que Cleopatra desenrollaba papiros en la Biblioteca de Alejandría.

Durante aquellos primeros cursos, las dependencias de la Residencia de Señoritas se ubicaban en unos inmuebles que había ocupado la sección masculina antes de trasladarse a los altos del Hipódromo, al mítico edificio en la colina de los Chopos, tal y como la bautizó Juan Ramón Jiménez, en la calle del Pinar, del que ya no se movería hasta su clausura y desmantelamiento en la Guerra Civil.[26] Alicia Moreno y Carmen de Zulueta, quien asistió de niña al Instituto-Escuela, también fundado por la ILE, cuentan en *Ni convento, ni college. La Residencia de Señoritas* que la ubicación de los hotelitos de Fortuny se consideraba muy apropiada para una residencia y los padres veían con muy buenos ojos que sus hijas, en lugar de habitar en pensiones cochambrosas, estuvieran en un entorno en el que se ejercía cierto control y disciplina. María de Maeztu, «pequeña y vivaz», siempre corriendo de un lado para otro con su sombrerito *cloche* y su abrigo de *petigrís*, recordaba Zulueta, les inspiraba un gran respeto y admiración.[27]

Biblioteca de la Residencia de Señoritas

Volviendo a sus orígenes, el hecho de que la Residencia de Señoritas comenzara su andadura en un espacio que «dejaba libre» la Residencia de Estudiantes es de por sí bastante simbólico, como lo es también que, hasta tiempos relativamente recientes, la masculina haya sido mucho más célebre que la femenina, aunque en ella también vivieron numerosas intelectuales de la Edad de Plata. Efectivamente, es simbólico, sobre todo si tenemos en cuenta que aquellas estudiantes vinculadas de una u otra manera a la Residencia y al Lyceum Club, como María Zambrano, Zenobia Camprubí, Josefina Carabias, Maruja Mallo, Elena Fortún, María Teresa León o María Lejárraga, entre otras muchas, no se limitaron a llenar un vacío que dejaron *ellos* al mudarse a la calle del Pinar, sino que crearon una auténtica revolución cultural semejante a la de Lorca, Dalí, Buñuel o Alberti, célebres *residentes* en la sección masculina. Incluso más novedosa, si tenemos en cuenta lo que supuso la irrupción de dicha generación de mujeres en la vida pública española. Ellas fueron las primeras en acceder a las aulas universitarias, las primeras en desarrollar carreras profesionales, las primeras en poder votar y las primeras también en divorciarse. Y, por supuesto, también fueron pioneras en ocupar cargos políticos.[28]

En este sentido, si Virginia Woolf y María de Maeztu pasearan hoy entre los edificios de las calles Fortuny, Rafael Calvo y Miguel Ángel, seguramente les llamaría la atención no encontrar ningún cartel con indicaciones para llegar a la Residencia de Señoritas. Solo queda una placa donde antaño estuvo su esplendorosa sede. Cuando se terminó la Guerra Civil pasó a llamarse Colegio Mayor de Santa Teresa de Jesús y fue dirigido por Matilde Marquina, de la Sección Femenina de Falange Española de las JONS. Hoy se conserva, eso sí, un magnífico archivo con más de treinta mil documentos albergados en la Fundación Ortega-Marañón.

Pero si continuasen paseando por el paseo de la Castellana hasta llegar a la calle del Pinar, Virginia Woolf y María de Maeztu comprobarían, en cambio, que la Residencia de Estudiantes abrió de nuevo sus puertas con ese mismo nombre en los años ochenta del siglo pasado y que hoy vuelve a ser uno de los principales centros culturales de España. Si actualmente es una institución mixta, ¿por qué no incluir también la palabra «Señoritas»?

Ante tales diferencias, es muy posible que Woolf le acabase preguntando a Maeztu lo mismo que se preguntó a sí misma en 1928 al reflexionar sobre el evidente contraste que existía entre los *college* masculinos y femeninos de Cambridge: «¿Qué habían estado haciendo nuestras madres para no tener bienes que dejarnos? ¿Empolvarse la nariz? ¿Mirar los escaparates?».[29]

PEDALEAR POR PARÍS

3

Pero lo cierto es que nuestras madres estuvieron muy pero que muy ocupadas durante las primeras décadas del siglo XX. Si husmeamos en la correspondencia de Maeztu, por ejemplo, descubrimos que a finales de abril de 1931, veinticuatro horas antes de que Marie Curie aterrizase con su hija Ève en la Residencia, la directora estaba incluso estresada. No solo le agobiaban los preparativos que quería hacer en su pabellón para recibir a la científica sino también la organización de las conferencias de Bergamín, Zulueta, Fernando de los Ríos y la periodista María Luz Morales con las que cerraría el curso ese año.[30] Aun así, en medio de tanta actividad,[31] Maeztu encontró un minuto para escribir esta carta a Victoria Kent:

> 20 de abril de 1931
> Srta. Victoria Kent
> Marqués de Riscal, 5
> Mi querida amiga: No he ido a verla con motivo de su nombramiento porque supongo que estará usted llena de gente y agobiada de trabajo estos primeros días; pero no quiero que pasen más sin enviarle mi más sincera felicitación por el alto honor recibido y más aún por el placer que todas debemos sentir al ver que ha sido encumbrada una mujer a tan alto cargo.
> Muy afectuosamente la saluda su buena amiga
> MARÍA DE MAEZTU[32]

El nombramiento de Victoria Kent como directora general de Prisiones se había producido a los pocos días de proclamarse la II

República. Como le aseguraba Maeztu en su carta, era un honor muy alto, pues era la primera mujer que iba a ocupar un puesto de poder semejante. No en vano, Kent, la niña malagueña que prácticamente inauguró la Residencia, había logrado convertirse en la primera abogada colegiada en España que además tenía un bufete propio, situado a escasos pasos de la Residencia, donde había seguido viviendo nada menos que hasta 1930. También había sido la primera mujer del mundo en ejercer como abogada defensora ante un Tribunal de Guerra unos meses antes de su nombramiento. Fue en el célebre juicio en el que Álvaro de Albornoz, Niceto Alcalá-Zamora, Francisco Largo Caballero y Fernando de los Ríos, entre otros, se sentaron en el banquillo, acusados de conspirar contra la Monarquía. Pocas semanas después, tras el éxito del republicanismo en las elecciones, estos mismos políticos integrarían el gobierno de la II República; y en agradecimiento por su brillante defensa, nombrarían a Kent directora de Prisiones.

Como es lógico, que una de las antiguas alumnas de la Residencia fuese elegida para un alto cargo causó un buen revuelo entre sus amigas y conocidos. En el Lyceum se tomaron el nombramiento con la misma alegría que recibió Christine de Pizan en el convento de Poissy las noticias que llegaron a sus oídos sobre los éxitos de Juana de Arco. Tanto es así que la propia Victoria comentaría años más tarde que había tenido que irse al campo unos días tras la proclamación de la República, pues entre unas cosas y otras, agobiada con tantas reuniones «estaba que ya no podía más, en la calle se abrazaba uno hasta con los guardias».[33]

Precisamente a abrazarla fue Josefina Carabias, una de sus amigas

Josefina Carabias entre dos guardias de asalto en 1934

de la Residencia, abogada como ella, aunque en su caso no deseaba ejercer la abogacía sino el periodismo. En cuanto supo que habían nombrado a su querida Victoria, la joven reportera agarró papel y lápiz y echó a correr hasta su casa-bufete, situada en la calle Marqués de Riscal número 5, para hacerle una entrevista para la revista *Estampa*. Era uno de los primeros encargos que recibía y Pepita Carabias, nombre con el que firmó la entrevista, esperaba que se convirtiera en un trampolín para su propia carrera. Mientras corría al encuentro de Victoria iba dándoles vueltas en su cabeza al titular y a la entradilla. ¿Qué debía poner? No quería caer antipática a los lectores, pero pensaba arriesgarse y empezar haciendo un chiste. Comenzaría diciendo que, desde que aterrizó en la abogacía, Victoria había enseñado a los graves señores del Palacio de Justicia que «*eso del feminismo*, no era ninguna broma».[34] Se le escapaba la risa al pensar lo que dirían los jueces.

«¡Ya era hora de que los gobernantes se acordaran de las mujeres para algo más que para piropearnos!», iba pensando Carabias mientras corría a toda velocidad a casa de Victoria. Tal vez, María de Maeztu la distinguió desde la ventana de la residencia mientras organizaba los últimos detalles de la visita de Curie. ¿A dónde iría tan deprisa Josefina?, se preguntaría la directora al verla pasar corriendo como una flecha con el pelo cortado a lo *garçonne* y un vestido marinero con el sombrero a juego. ¡Ah! Seguro que iba a ver a Victoria. Eso le recordaba que debía escribirle unas palabras de felicitación cuanto antes. Qué orgullosa estaba de aquellas chicas a cuya educación se había entregado como si fuera una obra religiosa. Qué ganas tenía de enseñarle a Madame Curie todos sus logros.

Aunque iba muy emocionada a la entrevista, Josefina se desinfló como un globo al llegar al antedespacho de Marqués de Riscal. Estaba lleno de hombres impacientes, el teléfono no paraba de sonar, y seguramente se sintió más pequeña que nunca entre tanto griterío. Se le hizo un nudo en el estómago. De buena gana se habría marchado si no hubiera sido por los deseos que tenía «de estrechar la mano de esta compañera», a quien tanto admiraba.[35]

Tras un buen rato esperando, se abrió la puerta y por fin apareció Victoria Kent, serena y tranquila como siempre. No parecía que el poder fuese para ella una incómoda novedad sino, más bien, el traje que siempre había deseado vestir. Le quedaba bien. Sus ojos y los de Josefina se cruzaron una milésima de segundo, el tiempo justo para que Carabias adivinara la sonrisa cómplice de su amiga debajo de sus facciones severas. La nueva directora de Prisiones le hizo un gesto para que entrara la primera. El resto de los periodistas miraron a la novata con ojos asesinos al ver cómo se adelantaba, menuda y pizpireta, hacia la puerta. «Solo será un momento», acertaron a disculparse las dos amigas cuando un murmullo de indignación las envolvió al cerrar la puerta tras sus espaldas.

Después del mal rato pasado en el antedespacho, Josefina se sintió inmediatamente aliviada en la intimidad de aquella habitación luminosa llena de libros. Eso *sí* que era un cuarto propio, habría silbado admirada Virginia Woolf si hubiera entrado con ellas. «Estoy en presencia de un director general nada menos», escribiría después Josefina en su entrevista, «un director general, que es amiga mía».[36] Victoria la animó para que tomara asiento a su lado.

—¿Muy contenta, Victoria?

—Sí, mucho; pero, más que por mí, por lo que esto representa para todas las mujeres españolas. ¡Hemos vivido en un atraso tan lamentable!... Afortunadamente, ya se ha roto el hielo. Las mujeres hemos trabajado por la República y esté usted segura que la República no ha de negarnos uno solo de los derechos que ya han conquistado las mujeres de todos los países.[37]

La entrevista se publicó el 18 de abril de 1931. «La primera mujer española que ocupa un cargo público: Victoria Kent, Director General de Prisiones» fue el titular que Pepita Carabias escogió. Al leer todos los temas sobre los que hablaron, es posible imaginar la indignación de los periodistas, que seguirían agolpados en el antedespacho, pues la conversación entre las dos amigas sin duda se alargaría

Victoria Kent y Josefina Carabias durante la entrevista

bastante más de unos minutos. Tal y como era su deseo, la publicación supuso un espaldarazo para la carrera de Josefina, quien con el tiempo se acabaría convirtiendo en una leyenda del periodismo, entre otras cosas por ejercer de corresponsal en países como Estados Unidos. En el caso de Victoria, la entrevista también sería solo el principio de la exposición mediática que tendría por su cargo como directora de Prisiones, pero también por ser una de las tres mujeres elegidas como diputadas a Cortes ese mismo año. Aunque las mujeres aún no podían votar, sí podían figurar y ser escogidas en las listas electorales. Margarita Nelken y Clara Campoamor fueron las otras dos candidatas que obtuvieron un escaño.

La figura de Victoria Kent se volvió tan célebre que, en 1931, aparecía nombrada en el famoso chotis «El Pichi» de la revista musical *Las Leandras*:

> *Anda, y que te ondulen con la «permanen»*
> *Y pa' suavizarte que te den «col-crem»*
> *Se la* pues *pedir a Victoria Kent*
> *Que lo que es a mí no ha nacido quién*

Resulta difícil creer que la misma persona que al ser elegida directora de Prisiones agradecía el honor en nombre de todas las mujeres, la misma persona que reconocía el atraso en el que *ellas* habían estado sumidas *por ser mujeres*, años más tarde, al hacer balance de su vida, renegara abiertamente del feminismo. Declaraba no haber «necesitado ningún *Women Liberation*», pensaba que se había liberado, «yo y los amigos, los hombres...», de quienes aseguraba haber tenido siempre «ayuda, amistad y respeto».[38] Pero resulta más difícil todavía de comprender que la misma Victoria que el 18 de abril de 1931 le aseguraba a su amiga reportera que la República traería a la mujer todos los derechos que históricamente le habían sido negados, el 1 de octubre de 1933, apenas unos meses más tarde, se levantara de su escaño de diputada por el Partido Republicano Radical Socialista para pedir que no se concediera el voto a las mujeres. En aquella sesión que quedaría para la historia, Victoria insistió en lo «peligroso» que sería que las mujeres votasen y pidió a las Cortes que se aplazase su concesión:

> Señores Diputados, pido en este momento a la Cámara atención respetuosa para el problema que aquí se debate, porque estimo que no es un problema nimio, ni problema que debemos pasar a la ligera; se discute, en este momento, el voto femenino y es significativo que una mujer como yo [...] se levante en la tarde de hoy a decir a la Cámara, sencillamente, que creo que el voto femenino debe aplazarse. Que creo que no es el momento de otorgar el voto a la mujer española. Lo dice una mujer que, en el momento crítico de decirlo, renuncia a un ideal.[39]

Como ella misma matizó en su discurso, su petición no se debía a que las mujeres careciesen de capacidades, sino a que pensaba que lo que verdaderamente les faltaba era preparación y, lo que era más grave, lealtad a la República. Victoria temía que, si les era concedido el voto, las mujeres votarían lo que les dijesen sus maridos, sus padres o, peor aún, sus confesores. El futuro de la República peligraba, por lo que era partidaria de aplazar dicha concesión hasta que la mujer española estuviese lista para ejercer con verdadera libertad los derechos políticos que ya disfrutaban los hombres.

No es difícil de adivinar que el rechazo de Victoria Kent hacia el movimiento feminista, así como su controvertida posición respecto al sufragio femenino, eclipsó todo el trabajo que había realizado y siguió realizando en favor de las mujeres. Al igual que María de Maeztu, quien acabaría abrazando la extrema derecha tras el fusilamiento de su hermano Ramiro por las milicias republicanas a comienzos de la Guerra Civil, Kent es un personaje complejo, con muchas aristas, lo que quizá explique parte de las dificultades que ha tenido la recuperación de su memoria en la España democrática.

Pero, sobre todo, la Victoria en blanco y negro de la República, enfrentada desde su escaño a Clara Campoamor, quien defendió a capa y espada la concesión del voto femenino,[40] oscureció a la Victoria de *después* de 1936, la que se exilió en Francia, México y Nueva York, donde llevó una vida completamente moderna, muy distinta a la de las mujeres que se quedaron en España bajo la dictadura franquista. No deja de ser sorprendente que la misma persona que había pensado que las mujeres no estaban preparadas para votar y que, a pesar de sus ideas avanzadas, estaba convencida de que su función más sagrada era la de ser madres y esposas, siguiera ocupando cargos políticos en el exilio, nunca tuviera hijos y recorriera medio mundo acompañada de otras mujeres con las que estableció profundos lazos sentimentales. Victoria quiso para ella, en definitiva, unas libertades que no se atrevió a conceder a todas las mujeres españolas.

Pasado el tiempo, Kent siempre siguió defendiendo que su postura había sido la acertada respecto al sufragio femenino. Nunca se arrepintió. De hecho, el triunfo de la derecha en las elecciones de 1933, en las que las mujeres españolas votaron por primera vez en su historia, fue para ella la prueba irrefutable de que tenía razón al considerar que aún no estaban preparadas para hacerlo.

Sin embargo, en 1977, durante la Transición, también declaró en una entrevista que las cosas habían cambiado mucho y que ya no pensaba lo mismo que en 1931. En su opinión, la mujer española había tenido mucho tiempo para formarse y estaba lista para votar.[41]

No fue la única idea que cambió con el paso de los años.

4

A mediados del mes de junio de 1937, un año después del estallido de la Guerra Civil, Victoria Kent llegó a París nombrada por el Gobierno de la República como secretaria de Embajada para organizar la evacuación de los niños españoles refugiados que procedían de las provincias del norte del país. Tenía cuarenta y cinco años, aunque si le pedían que lo escribiera en un impreso oficial, se quitaba edad. Como tantos otros exiliados, Victoria llegó a Francia prácticamente con lo puesto, con unas fotografías familiares en la maleta y poco más. No volvería a España hasta 1977, cuatro décadas más tarde.[42]

La principal función por la que había sido enviada a París era la de servir de intermediaria entre las familias españolas y las colonias en las que instalaba a los niños evacuados, colonias situadas en distintos puntos del país vecino, como Biarritz, Asnières o Compiègne, el mismo lugar al que Marie Curie había llegado durante la Primera Guerra Mundial con sus unidades de radiología móvil y Juana de Arco había sido apresada durante la guerra de los Cien Años. También pudo ayudar a sacar de los campos de concentración del sur de Francia a los refugiados españoles que tenían familiares en América dispuestos a acogerlos. Victoria Kent hablaba correctamente francés, aunque, al igual que les había sucedido a Curie o a Wollstonecraft cuando llegaron a París, el acento malagueño enseguida delataba su origen extranjero. Como Malinche durante la guerra de la conquista, la brillante oradora republicana tuvo entonces que acostumbrarse a escuchar atentamente a los demás mientras guardaba un pudoroso silencio.

Una fría noche del mes de febrero de 1939, Victoria fue una de las pocas personas que se acercaron a la Gare de Lyon para despedir a Manuel Azaña, el último presidente de la II República española, quien había llegado a Francia cruzando a pie la frontera, y quien enviaría su dimisión pocos días después. Allí estuvo ella junto a otros políticos republicanos que nunca volverían a verse tras la partida de Azaña hacia Collognes-sous-Salève.[43] Sin saberlo, estaban despidiendo al símbolo de toda una época. Ese mismo mes Gran Bretaña y Francia reconocieron el Gobierno de Franco, un gesto con el que no solo condenaron a España a una trágica y larga dictadura, sino que también anticiparon la gran catástrofe que se cerniría sobre toda Europa apenas un año más tarde.

Terminada la Guerra Civil, tras la derrota de la República, el futuro de Kent se tornó completamente incierto. La joven estudiante que había llegado a Madrid veinte años antes dominada por el deseo de cambiar de piel y hasta de apellido se transformó de pronto en una refugiada política perseguida por la dictadura de Franco. La joven que había disfrutado de un cuarto propio se había convertido en un abrir y cerrar de ojos en una fugitiva. Mudar de identidad ya no era un juego sino una exigencia impuesta por las circunstancias. Sin embargo, aunque en ese momento hubiera podido utilizar sus contactos para salir de Francia, como el de su amiga Gabriela Mistral,[44] quien tanto hizo por los refugiados españoles, Kent prefirió quedarse en París, al igual que habían hecho Curie o Wollstonecraft en su día, buscando como ellas la manera de ser útil. Permaneció en la ciudad, donde continuó trabajando para ayudar a encauzar el destino del casi medio millón de exiliados españoles que llegaron a Francia durante aquellos meses.[45]

Fue entonces, en un París cada vez más peligroso por la inminencia de una nueva guerra, cuando la vida obligó a Victoria a cambiar una de sus viejas ideas. Su amiga Adèle de Blonay, dirigente de la Cruz Roja en París y uno de sus mayores apoyos, debió de decirle que la mejor manera de desplazarse por la ciudad era en bicicleta, pedaleando.[46] No solo era la forma más rápida de llegar a los sitios, sino también la menos peligrosa, pues resulta complicado reconocer a una persona que atraviesa la calle encorvada encima de dos ruedas. Por no hablar del placer que producía sentir el viento en la cara al bajar, cogiendo impulso, una calle empinada o una carretera de las afueras. Es posible que Victoria al principio se resistiera, pero después de aprender a utilizarla acompañada de Adèle por los alrededores de la ciudad, se rindió completamente al *velocípedo* que años antes le había parecido tan incómodo y poco elegante. Es imposible no sonreír al imaginar a la vieja dama republicana, contraria al voto femenino, pedaleando por las calles de París subida en uno de los mayores símbolos del *Women Liberation* al que ella misma afirmaba sentirse tan ajena.

A pesar de los paseos en bicicleta, la situación pronto se volvió verdaderamente dramática. En otoño de 1939 lo único que tenía Victoria en el bolsillo era un pasaporte diplomático expedido por la República que solo servía para delatarla. Al igual que a otros destacados políticos, la policía franquista y la Gestapo la buscaban para llevarla de vuelta a España y juzgarla. Sin darse cuenta, ayudando a unos y a otros, atareada con Adèle en organizar la ayuda humanitaria, a Victoria Kent se le había echado el tiempo encima, y se quedó encerrada en París sin escapatoria posible. Aunque lo intentó por varias vías, era demasiado tarde para salir de Europa. Si la hubieran capturado aquellos días es muy probable que la hubieran fusilado, como ella misma escuchó por la radio que le había sucedido a Lluís Companys, presidente de la Generalitat de Cataluña, y a Julián Zugazagoitia, ministro del gobierno republicano, ambos detenidos también en París.

Sin embargo, Victoria tuvo más suerte. Un diplomático franquista del que nunca sabría su nombre dio la voz de alarma y le hizo llegar un mensaje en el que la urgía a abandonar inmediatamente la casa en la que vivía con Adèle. Debía buscar cuanto antes un refugio en el que esconderse. El aviso de aquel diplomático, a quien Victoria siempre estuvo profundamente agradecida, fue providencial. Esa misma noche, la policía franquista y la Gestapo realizaron una redada en la ciudad y entraron en su casa con intención de apresarla. Pero Victoria ya no estaba allí. Dormía en la Embajada de México en París, adonde se había trasladado de noche, tal vez usando su bicicleta, con una pequeña maleta como todo equipaje. México, el país de Malinche, le abrió aquella noche sus puertas hospitalariamente no solo a ella sino, durante los siguientes años, a los miles de refugiados españoles que lograron escapar y cruzar el Atlántico para instalarse en el país de los volcanes. Fue un nuevo encuentro entre dos mundos, esta vez guiado por la solidaridad y la comprensión entre los dos pueblos.

Al día siguiente, el presidente mexicano Lázaro Cárdenas en persona envió un telegrama a la Embajada en el que concedía asilo diplomático a Victoria y daba orden de que se quedase todo el tiempo que fuera necesario. Es bastante emocionante pensar que el telegrama llegaba con remite del Palacio Nacional de México, el mismo lugar desde el que Hernán Cortés dictaba sus cartas cuando conquistó Tenochtitlán. La estancia se alargó nueve meses, nueve largos meses durante los que Victoria solo abandonaba su escondite para dar pequeños paseos, disfrazada de criada, del brazo de la portera.[47]

Cuando parecía que las cosas no podían empeorar... los nazis ocuparon París el 14 de junio de 1940. Tras los primeros bombardeos, fue declarada *ciudad abierta* y el ejército invasor entró sin apenas resistencia. Solo unos días más tarde se firmó el Armisticio con Alemania y el mariscal Philippe Pétain instauró el régimen de Vichy, colaboracionista con la Alemania nazi. Cuando entraron en la ciudad aquel 14 de junio Victoria los vio desfilar con sus tanques en fila india sentada en el banco de un parque.[48] Ese mismo día, del otro lado del Canal de la Mancha, Virginia Woolf visitó Penshurst, la mansión isabelina de la familia Sidney en compañía de Vita Sackville-West y Leonard Woolf. Decidieron emplear el día de aquel modo incongruente para tratar de ahuyentar la catástrofe con sus risas.[49]

La Embajada mexicana, pensó Victoria Kent, no tardaría en cerrar sus puertas y ella tendría que buscar otro escondite. El enemigo estaba en casa. París se había convertido en una ratonera.

Se imponía, pues, una nueva mudanza.

5

Fue otra vez Adèle quien se encargó de todo. Encontró un apartamento vacío en el que Victoria pudiera ocultarse para estar a salvo. Como en una ciudad fantasma, numerosos edificios habían sido abandonados ya que gran parte de los parisinos habían huido ante la amenaza de la ocupación alemana. El piso que le encontró su amiga estaba situado en el número 120 de la avenida Wagram, cerca del Bois de Boulogne, a corta distancia de los Campos Elíseos.[50] Entre sus cuatro paredes vivió confinada Victoria hasta 1944, cuando, con más de cincuenta años, por fin vio cómo entraban en París las tropas de la división Leclerc para liberar la ciudad de los nazis. Durante aquellos largos años, sin pasaporte ni tarjeta de racionamiento, Victoria Kent solo abandonó su refugio para dar pequeños paseos a pie o en bicicleta. Si sobrevivió, fue gracias a su amiga Adèle, al apoyo de la Cruz Roja y a la colaboración de la Resistencia.[51]

¿Qué hizo Victoria durante aquellos años encerrada entre cuatro paredes? ¿Rebobinar mentalmente una y otra vez? ¿Viajar con la imaginación a la Málaga de su infancia, al Madrid de la Edad de Plata, al frente de la Guerra Civil al que había ido acompañada de otros dirigentes de la República? Al igual que Wollstonecraft durante la Revolución francesa, también ella decidió poner por escrito sus impresiones en un diario, convertido más tarde en *Cuatro años en París. 1940-1944*, un libro semejante a otros escritos durante el cautiverio que vieron la luz al terminar la Segunda Guerra Mundial. «En aquellos días, semanas, meses, años de soledad inmersa en un clima de tragedia y de sangre, mi ánimo tendía espontáneamente a la reflexión, a la abstracción»,[52] escribió en la introducción de la que fue su primera y única obra literaria.

Más allá de su indudable valor testimonial, e incluso literario, *Cuatro años en París* también es una obra muy interesante desde una perspectiva de género. En sus páginas, Victoria Kent construye un *alter ego* masculino al que llama Plácido:

> Plácido gustaba de pasear por entre las calles de la ciudad, pero aquella tarde su paseo no tendría vuelta. Plácido pasaba, es decir, Plácido sabía que caminaba. Y le dolía aquella separación, le dolía porque el día de la catástrofe la había visto abandonada, exhausta después de una semana de sangría ininterrumpida [...].[53]

El motivo que Victoria Kent ofreció más tarde para explicar por qué había construido un narrador autobiográfico masculino fue que temía que el diario pudiera ser confiscado si era capturada por la Gestapo. Le daba miedo que, si escribía en femenino y con su propio nombre, pudieran descubrirlos a ella, a su amiga Adèle, y también al diplomático franquista anónimo que la había avisado para que se escondiera. Sin embargo, al leer el texto, enseguida se evidencia que Plácido fue mucho más que una coartada o un disfraz narrativo. Mucho más que un ingenioso artificio para dar esquinazo a los nazis. Sobre todo si tenemos en cuenta la compleja relación que han mantenido históricamente las mujeres con los pseudónimos, la función autorial y la firma de la propia obra, incluidas otras mujeres de la generación del 27 a la que perteneció Victoria, como Elena Fortún o María Lejárraga.

De hecho, es llamativo que no nos sorprenda que Kent crease un *alter ego* masculino en tercera persona para volcar sus recuerdos durante la ocupación. ¿Acaso no nos asombraría que Manuel Azaña hubiera escrito sus memorias bajo el nombre de Olivia? Sandra Gilbert y Susan Gubar, especialistas en detectar este tipo de mecanismos en la narrativa de mujeres, probablemente dirían que, debajo de Plácido, late la típica «ansiedad de la autoría» que a menudo ha acompañado a las autoras, sobre todo al enfrentarse al peso de la pluma por primera vez.[54] Nuria Capdevilla-Argüelles, especialista en las escritoras del 27, añadiría que Victoria Kent se convierte en este texto en una «autora incierta» como inciertas, ambiguas y a menudo confusas eran también las autorías de sus compañeras de generación.[55]

En todo caso, leyendo con atención algunos párrafos, parece que Victoria Kent tomó esa decisión literaria también por otros motivos. Parece que también aprovechó la oportunidad que le brindaba aquel encierro entre cuatro paredes para explorar su propia identidad de género a través de la escritura:

> Pero ¡aquella habitación tan grande! Él no necesitaba una habitación tan grande, ni aquellas butacas, ni aquellas cortinas ni azules ni verdes, indefinidas, ni aquellos espejos. Qué absurdo, estarse viendo siempre, tener constantemente delante de sí su imagen y no poder olvidarse nunca de sí mismo. ¡Y aquellas butacas!
>
> Plácido recorría a grandes pasos su habitación. Se detuvo, abrió la ventana y respiró un poco. El aire era más fresco, el cielo seguía lleno de amenazas, pero aquellos árboles robustos, altos, frondosos, filtraban el calor de la tierra, y por encima de sus copas corría un viento más ligero [...].[56]

Como leemos, Plácido fue un vestido que le brindó la escritura para ocultarse, un doble fantasmal, como dirían Gilbert y Gubar, para sentirse autorizada como escritora, pero también un disfraz para *avanzar*, para emprender un viaje de autoconocimiento semejante a los que, antes que ella, habían llevado a cabo bajo ropas masculinas Agnódice, Juana de Arco, Margaret King o Vita Sackville-West:

> Fue derecho al espejo; no vio su palidez. Miró sus zapatos, examinó detenidamente su traje; todo le pareció bien deslucido. Se quitó la chaqueta; iba a sacudirla por la ventana y tropezó: ¡una maleta! ¿Sorpresa amarga, gratitud...? ¿Cuándo y cómo había su amigo hecho venir aquella maleta? Sonrió: era providencial. La abrió; en ella encontró justo lo que necesitaba para un corto viaje. Encendió un cigarrillo [...].
>
> Aquel era el único cuarto habitable. [...] No se le presentó, pues, a Plácido el problema de elegir; aquella habitación era la única que podía habitar.[57]

Al igual que aquellas muchachas inglesas de la época victoriana decoraban sus cuartos universitarios de Girton, en Cambridge, como forma de descubrir por primera vez en su vida quiénes eran ellas realmente, parece que Victoria Kent encontró una ocasión semejante para interrogarse a sí misma al abrir aquellas maletas y aquellos armarios[58] en una habitación solitaria del París ocupado:

> El diván tenía buenas dimensiones; tendido en él, Plácido examinaba el decorado de su habitación. No había muchos cuadros, no; pero aquel fondo se tragaba materialmente todo lo que pudiera colgar en él. El papel que tapizaba las paredes era una masa de flores; las unas se enlazaban a las otras sin que se pudiera llegar a distinguir una rosa de una anémona, una anémona de una peonía. Flores, hojas y tallos se confundían en aquella orgía de rojos, morados, rosas, verdes, azules y blancos.[59]

Durante todo aquel tiempo que pasó encerrada, Victoria siguió escribiendo su diario en masculino. La ciudad de París estaba ocupada, la voz con la que narraría sus recuerdos también. Una nota escrita de pasada evidencia que durante aquellos días pensaba en Virginia Woolf.[60] La escueta mención que le dedica, en la que hace referencia a lo absurdas que son todas las guerras, aparece en las entradas que se corresponden con 1941, el mismo año en que la escritora inglesa, creadora del personaje de *Orlando* y de sus juegos carnavalescos con la identidad de género, llenó los bolsillos de su abrigo con piedras y se suicidó tirándose al río Ouse, en Sussex. Encontraron su cadáver tres semanas más tarde, cuando unos niños lo vieron flotando en el río.[61] ¿Le llegaría a Victoria la noticia al piso del Bois de Boulogne? Tal vez.

Ella seguía esperando. Escribía, daba un pequeño paseo, regresaba, escribía, seguía esperando. Meditaba sobre lo absurdas que eran todas las guerras. Se miraba en el espejo, recorría con la mirada sus facciones oscuras, su traje anticuado. Quizá se llamaba a sí misma Plácido al contemplar su reflejo. Recordaba a Virginia Woolf, sobre la que tuvo oportunidad de hablar con María de Maeztu a finales de los años veinte en la biblioteca de la Residencia. ¿Dónde estaría ahora María?, pensaría dejando volar sus recuerdos hasta la calle Fortuny de Madrid. Estaría en América, seguro, tan pequeña y vivaz como siempre, soñando con fundar allí una nueva Residencia, protegida por Victoria Ocampo y Gabriela Mistral, consolada por ellas por la muerte del hermano. Qué absurdas todas las guerras.

Victoria miraba las cortinas, las paredes, el diván. Seguramente sentía que se asfixiaba al fijar la vista en el papel floreado de la pared. Como le había sucedido medio siglo antes a la escritora Charlotte Perkins Gilman, quizá Victoria veía a otras diminutas mujeres atrapadas entre sus flores,[62] confinadas como le ocurría ahora a ella en el espacio doméstico, en aquellos hogares que años antes le habían parecido un lugar sagrado. Salía de estas ensoñaciones para preocuparse por el destino de sus camaradas políticos, por sus amigas, por su familia. En sus recuerdos se mezclaban los heridos, los refugiados, los campos de concentración. Vuelta a empezar. Esperaba, escribía, daba un pequeño paseo, regresaba, escribía, seguía esperando. Fumaba un cigarrillo mirándose nuevamente en el espejo. Un año, otro año, uno más. «Bien dispuesto el ánimo, continúa mi vagar. El paisaje va transformándose, transformándose hasta confundirse todo; ya no sé si mis pies continúan recorriendo las avenidas o si me muevo en un mundo interior».[63]

Los últimos días de agosto de 1944, tras cuatro largos años de cautiverio, por fin llegaron a sus oídos buenas noticias. París iba a ser liberada. Los últimos alemanes se marchaban de la ciudad. Victoria podía abandonar su disfraz, despedirse de su doble masculino que la había acompañado durante tantas horas de soledad. Es emocionante leer en las últimas páginas del diario cómo Plácido sale del encierro doméstico en la bicicleta y se apresura a abrazar la ciudad y la libertad subido en el *velocípedo*.

Al final de *Cuatro años en París*, quien narra en el diario ya no es una tercera persona distanciada y fantasmagórica sino un *yo* que se afirma sin tapujos:

Rueda mi bicicleta, rueda como nunca. Yo no sé si ella tiene alas o las tengo yo. Hoy vuela… Avenida Versailles, calle de Mirabeau, Quai Louis Blériot. Hago este recorrido con una alegría de corazón nueva, no siento mi peso ni el de la bicicleta, mi corazón. Mi corazón quizá. No lo sé ni me importa. Voy sin documentación, no la tengo; llevo la de la bicicleta, que no está a mi nombre, claro está. Mi bicicleta rueda, rueda por las calles como si el mundo se hubiera hecho para ella. […].[64]

En una de las últimas entradas del diario, la que se corresponde con el 24 de agosto de 1944, Victoria dejó anotada, llena de esperanza, la llegada de los tanques con soldados españoles a París. Confiaba en que la victoria aliada significaría el restablecimiento de la República en España:

> De todos lados se confirman las noticias; la «Resistencia» tiene ya todas las Alcaldías; las tropas del General Leclerc entran en París. La radio continúa: «Tanques de la división Leclerc han entrado en la Place de l'Hôtel de Ville. Estos tanques van servidos por españoles».
>
> Ellos, los españoles de la división Leclerc, son los primeros que entran en el Hotel de Ville a las nueve y quince de la noche.[65]

A renglón seguido, como si la liberación de la ciudad de París significara también la liberación de su propia voz femenina, añade: «¡De cuántas cosas me siento compensada!».[66]

Virginia Woolf consideraba que la mente andrógina era la que necesitaba un artista para mirar la realidad, una idea similar a la que Victoria Kent dejó por escrito en su diario al negarse a despedirse de Plácido una vez que recuperó la libertad:

> La libertad, la libertad. ¿Qué es la libertad?
>
> ¿Quién me llama por mi nombre, por mi verdadero nombre? ¡Ah! ¡Plácido! No podía ser otro. ¿Que si quiero dar contigo una vuelta? Pero ¿puedes dudarlo? Sí, así, así, no temas nada; ahora soy yo la que dice «no temas nada». Monta, monta conmigo en la bicicleta, hagamos esta ronda de la libertad. [...]
>
> Qué bien vamos hoy y qué felices, unidos para siempre. Tú y yo somos una sola persona, ya lo ves, es lo irremediable, y tan perfecta es esta unión, que yo comencé hablando por ti y tú terminas hablando por mí, sin que tú ni yo nos hayamos dado cuenta.
>
> Qué bello es París, ¿verdad? Qué bello es París cuando en él se respira la libertad.[67]

Lamentablemente, como bien sabemos, Kent se equivocaba. La liberación de París no supuso el fin de la dictadura franquista y ni siquiera el triunfo de los aliados sobre Hitler significó para ella, como pronto comprendería, un cambio en sus perspectivas de regresar España. En 1944 aún quedaba mucha dictadura y mucho exilio por delante.

UN APARTAMENTO EN LA QUINTA AVENIDA DE NUEVA YORK

6

Existen algunos lugares en los que previsiblemente podría haber encontrado refugio Victoria Kent tras el final de la Segunda Guerra Mundial. Seguramente, quienes se quedaron dentro de España pensaron que su suerte habría sido semejante a la de otras intelectuales exiliadas, como María de Maeztu, Elena Fortún, María Zambrano o Maruja Mallo. Debieron de creer que estaría, como ellas, en Argentina o México, sobreviviendo a la nostalgia del país perdido, dando clases y conferencias bajo la protección de Gabriela Mistral y las hermanas Ocampo. Quizá supusieron que estaba en Nueva York, cerca de las familias García Lorca y De los Ríos, utilizando aquellos viejos contactos que hizo a principios del siglo XX la Institución Libre de Enseñanza con los *college* americanos a través del International Institute for Girls fundado por Alice Gulick. Y no se habrían equivocado del todo, pues en parte fue así como ocurrió. Los pasos que dio Victoria tras la Segunda Guerra Mundial se parecen mucho a los que también dieron sus propias compañeras de generación. En París y México encontró sus primeros hogares y, más tarde, en 1950, llegó a Nueva York nombrada por la ONU como experta en asuntos penales.

Era tan previsible que durante el franquismo se refugiara en aquellas ciudades modernas y cosmopolitas como el hecho de que su nombre se fuera borrando poco a poco de la memoria colectiva española. Según fueron pasando los años y las décadas, primero por el cerrojo que puso España hacia el exterior y más tarde, en los setenta, por la urgencia que tuvieron las siguientes generaciones de mirar hacia delante y pasar página, el recuerdo de Victoria Kent y de sus compañeras de generación fue perdiendo cuerpo, solidez. Sin ir más lejos, cuando en España se cantaba «El Pichi» su nombre no podía pronunciarse y, cuando en el chotis llegaba el momento en que se decía aquello de «*se lo pues pedir a Victoria Kent*» las palabras prohibidas se sustituyeron por «*se lo pues pedir a un pollito bien*». No hay que ser muy sentimental para que la comparación de las dos versiones produzca, como mínimo, desconsuelo. El *pollito bien* recuerda a la cruz que los tlaxcaltecas pusieron en su lienzo donde un día había estado, bien visible, la imagen de Malinche.

Como había sucedido con Wollstonecraft tras su muerte, la memoria de aquellas mujeres vivaces y resueltas de los años veinte se fue haciendo cada vez más difusa, fantasmal e incluso escalofriante. Recordarlas a ellas no solo removía las heridas de la Guerra Civil sino también el sueño de una España feminista, por muy controvertidas que hubieran sido las posturas de algunas mujeres de la Edad de Plata, como Victoria, respecto al feminismo. Cuando María Teresa León, Maruja Mallo o la propia Victoria pudieron regresar a España ya eran muy mayores y había que hacer un verdadero esfuerzo para unir sus rostros ancianos con los de aquellas estudiantes de la Residencia, congelados en blanco y negro con toda su energía y arrojo. Y lo mismo ocurría con sus voces, onduladas por acentos chocantes, transatlánticos, bizarros. Hablaban la lengua que habían dejado en 1936.

Efectivamente, en las imágenes de su regreso, León, Mallo y Kent parecen unas reinas inválidas llegadas de otro tiempo. Debían de resultar tan frágiles y extrañas como el recuerdo fantasmal de lo que España pudo haber sido y no fue. Como ocurría con las pintoras en el cuadro de Zoffany, durante la Transición nadie sabía muy bien dónde ponerlas y su incómoda presencia fue transformándose en un incordio. Por un lado eran indudablemente modernas, tal y como prueba una fotografía de Maruja Mallo en la que aparece junto a Andy Warhol en los años de la Movida madrileña,[68]

Maruja Mallo con Andy Warhol
en los años de la Movida madrileña

pero, por otro, debían de pensar los jóvenes españoles, eran demasiado mayores y su recuerdo resultaba un tanto trasnochado. Aquellas viejecitas estaban bien como objetos de museo, como exóticas caracolas que el mar hubiera escupido de vuelta, pero en carne y hueso, con sus arrugas y su hablar tembloroso, Mallo o Kent resultaban excesivas para una generación que solo quería mirar hacia delante.[69]

En todo caso, si queremos encontrar a la Victoria Kent de *después* de la Segunda Guerra Mundial, una Victoria Kent que no aparezca en blanco y negro sino en tecnicolor y a todo volumen, es mejor que no la busquemos en los lugares previsibles, manidos y trillados donde la imaginó la dictadura o la colocó, mal que bien, la Transición. Es mejor seguir el ejemplo de Cleopatra Selene, aquella reina exiliada de un imperio perdido, quien perseguía el recuerdo de su madre en lugares diferentes a los que imaginaron sus enemigos. Siguiendo su ejemplo, y su método, podríamos acabar encontrando a Victoria en el lugar más sorprendente del mundo, donde difícilmente habríamos esperado que estuviera.

Podríamos encontrarla, nada más y nada menos, que en una de las últimas fiestas de cumpleaños que Marianne Moore, la gran poeta americana, celebró en Nueva York el 15 de noviembre de 1969. Se la había presentado su amiga Louise Crane, quien mantuvo una relación afectiva con Victoria durante treinta y siete años.

7

Louise y Victoria se habían conocido en los años cincuenta cuando la familia De los Ríos las puso en contacto para que hicieran un intercambio de idiomas.[70] Aunque es posible que sus caminos se hubieran acabado cruzando tarde o temprano en Manhattan, pues tenían numerosas amigas en común, como las hermanas Ocampo, fueron los idiomas los que reunieron a estas dos mujeres bajo los rascacielos de Nueva York. Louise deseaba mejorar su conocimiento del español, una cultura de la que estaba enamorada, y Victoria necesitaba perfeccionar el inglés, una lengua que se le resistía desde sus tiempos como alumna del International Institute de Madrid. Su primer encuentro, que imagino coloreado de momentos cómicos provocados por los malentendidos de la traducción, fue el inicio de una duradera relación afectiva que se prolongaría casi cuatro décadas.

Louise pertenecía a una de las familias más acomodadas de Estados Unidos. Su madre, Josephine, había sido una de las cinco mujeres que fundaron el Museum of Modern Art de Nueva York y había dedicado toda su vida a labores de filantropía relacionadas con la cultura y la educación. En su casa colgaban pinturas de Carracci, Tiepolo o Dalí, y se organizaban a menudo salones literarios por los que habían desfilado escritores como Truman Capote o Dylan Thomas.[71] Entre clase y clase, cabe suponer, Louise y Victoria darían paseos por Central Park o irían a visitar el MoMA para ver exposiciones en las que la propia familia Crane a menudo cedía piezas de arte de su colección privada, una de las mejores del país. Todavía faltaban algunos años para que las Guerrilla Girls montaran escándalo con sus pancartas amarillas en la puerta. Con seguridad Victoria y Louise se acercarían a los clubes de jazz que encantaban a Louise, pues no en vano era una amiga muy cercana de la cantante Billie Holiday. A juzgar por los testimonios de otras amigas, como Rosa Chacel, Victoria disfrutaba mucho aquellas salidas nocturnas y lograba estar perfectamente en forma a pesar de que bebía como «un auténtico marinero».[72]

Es interesante que Victoria, una de las primeras alumnas de la Residencia de Señoritas de Madrid, viviera la segunda parte de su vida al lado de una mujer como Louise, quien a su vez había sido alumna del Vassar College, aquel colegio universitario femenino que había encantado a Marie Curie cuando visitó el campus con su hija, pero también a Concepción Arenal o a María de Maeztu. Además, Louise no fue una alumna cualquiera, sino que perteneció a la misma promoción que Elizabeth Bishop, otra gran poeta americana protegida por Marianne Moore,[73] con quien Louise recorrió Europa en los años treinta y vivió en Key West, Florida, donde tenían como vecinos a Dos Passos y a Hemingway. Louise y Elizabeth pertenecían a la misma promoción que la escritora

Mary McCarthy, quien inmortalizó a todas sus amigas en la novela *El grupo*, un bestseller de 1963 con adaptación cinematográfica incluida. Como ha estudiado Carmen de la Guardia en su libro *Victoria Kent y Louise Crane en Nueva York*, Louise no solo abrió las puertas de Nueva York y de su grupo de amigas a Victoria sino que también fue la persona que la apoyó material y humanamente en la creación de la revista *Ibérica*, dirigida por Kent desde los años cincuenta hasta 1974 para servir como altavoz de la lucha antifranquista en el exilio.

Fue Louise, en definitiva, quien conectó a Victoria con un grupo de amigas no muy alejado de lo que en su día había sido el Lyceum Club femenino vinculado a la Residencia de Señoritas. Fue en este ambiente donde Louise le presentó también a Marianne Moore.

En los años sesenta, Moore había dejado de vivir en Cumberland Street, en Brooklyn, para mudarse de nuevo a Greenwich Village, el barrio donde ya había residido en los años veinte, convertido ahora en uno de los centros de la bohemia mundial.[74] En las décadas de los cuarenta y cincuenta, mientras Kent debía apañárselas para llegar al continente americano, Marianne había sido una leyenda para los jóvenes neoyorquinos. Alta, delgada y con facciones perfectas, iba vestida como si aún viviera a principios del siglo XX: falda negra larga, camisa blanca abotonada hasta el cuello y chaqueta de sastre impoluta. Completaba el atuendo una capa negra y un sombrero con forma de tricornio bajo el que se adivinaba una maravillosa melena trenzada. Su aspecto imponente no eclipsaba su personalidad, tan original como fascinante.

Marianne Moore

A pesar de ser un icono de la poesía modernista, especialmente en los círculos neoyorquinos, Marianne siempre vivió con su madre, a quien idolatraba tanto como las jóvenes poetas Elizabeth Bishop o Sylvia Plath la idolatraban a ella, y mantenía un estilo de vida más interesado en sus propios gustos que en la opinión de los demás. Era una apasionada de los animales, sobre los que escribía hermosos poemas y a quienes visitaba en el zoológico de Prospect Park. También le encantaban el béisbol y el boxeo, y a menudo asistía a los campeonatos con su extravagante atuendo. Entre sus manías estaba excederse en las correcciones de los textos que sus amigos escritores, como la propia Elizabeth Bishop, le dejaban para leer. Era un vicio que le había quedado de sus tiempos de editora en la revista de poesía *The Dial*.

Menos el Nobel, Marianne obtuvo en vida todos los premios importantes de poesía, como el Pulitzer o el National Book Award for Poetry. Hasta la revista *Life* había realizado un reportaje con fotografías de ella tomadas en el zoológico del Bronx. Hablamos de una época, los años cuarenta y cincuenta, en la que los escritores de Nueva York eran pequeñas celebridades. Tanto es así que, antes de morir, Moore acabaría vendiendo su archivo personal y, lo que es más impactante, el *living room* de su propio apartamento de Greenwich Village, situado en el número 35 West 9th. Street, junto con todos sus objetos personales, tazas, sofás y lámparas incluidas, a la Rosenbach Foundation para que fuera trasladado intacto y convertido en un museo en Filadelfia. Las estudiantes victorianas que un siglo antes habían celebrado la conquista de un espacio propio en Girton y Newnham lo habrían comprendido perfectamente. El *living* de Marianne Moore, una poeta con cuarto propio, merecía sin duda ser trasformado en un santuario abierto a peregrinas fetichistas.

De hecho, si en 1969 Marianne no hubiera tenido las fuerzas mermadas por la edad, lo cierto es que podría haber festejado su ochenta cumpleaños en el aquel *living room* de Greenwich Village destinado a convertirse en mausoleo, pero debió de pensar que estaría mucho mejor, con su preciosa camisa verde, en el gran apartamento de Louise Crane, una de sus viejas amigas. Louise era veinte años más joven que ella y una de las millonarias que mejores fiestas organizaba en todo el país.[75]

En aquel salón de la Quinta Avenida de Nueva York, Victoria Kent no solo asistió al cumpleaños de Marianne Moore, sino a otras muchas veladas y encuentros, tantas, que finalmente se acabó mudando cuando Josephine Crane, la madre de Louise, murió y esta última la convenció para que se instalara definitivamente a vivir con ella. Allí, recibiendo visitas constantes de amigas como Elizabeth Bishop, Victoria Ocampo, Rosa Chacel,

Victoria Kent y Louise Crane

Carmen Conde, Ana María Matute o su querida Adèle de Blonay, Victoria se quedaría hasta el final de su vida.[76] Allí escribiría las siguientes líneas antes de morir a los noventa y cinco años, los mismos que rozaba Sofonisba cuando la visitó Van Dyck: «No tengo otra persona que más quiera ni más admire que Louise Crane. [...] A ella debo, moral y materialmente, la tranquilidad y bienestar de que gozo en esta última etapa de mi vida. Mi cariño y gratitud quedarán vivos para siempre».[77]

Zenaida Gutiérrez Vega recuerda que una de las cosas que pidió antes de morir como consecuencia de un paro cardíaco en el hospital Lenox Hill fue que la llevaran a una de las terrazas para poder contemplar la ciudad. Quería ver una última puesta de sol, tan distinta de las de su infancia malagueña o a las de su juventud, resguardada en aquella biblioteca de la calle Fortuny de Madrid. Desde la terraza del edificio del hospital se divisaban los altos rascacielos, una de las últimas visiones que tuvo Victoria antes de morir el 25 de septiembre de 1987.[78]

Cuánto espacio, debió de pensar recorriendo con la mirada los rascacielos acristalados que daban sobre Central Park. Todas aquellas ventanas, con sus cortinas abiertas, parecían invitarla a mirar dentro y a perderse en el interior de las habitaciones, en las que tal vez se vería, al estilo de un cuadro de Edward Hopper, a una mujer silenciosamente sentada en un diván con una maleta a sus pies. El empapelado de flores de la pared, dorado por el reflejo de los rayos del sol otoñal, enmarcaría quizá la silueta de aquella mujer desconocida. Cuánto espacio, debió de repetirse a sí misma Victoria bajando sus ojos casi centenarios hacia la calle. Cuánto espacio para que Plácido y yo subamos a la bicicleta y emprendamos un último viaje en libertad.

11

SIMONE WEIL
ÚLTIMOS MENSAJES
PARÍS, 1909

UN CORAZÓN CAPAZ DE LATIR A TRAVÉS DEL UNIVERSO ENTERO

1

Los mismos rascacielos neoyorkinos que Victoria Kent quiso contemplar por última vez antes de morir, habían recibido a Simone Weil a comienzos del mes de julio de 1942. En aquel tiempo, cuando la filósofa francesa descendió del barco en compañía de sus padres, Bernard y Selma, y puso un pie en la isla de Manhattan, Kent aún estaba lejos de imaginar que algún día acabaría viviendo en la Quinta Avenida; todavía se encontraba en pleno encierro en el piso parisino del Bois de Boulogne y confiaba erróneamente en que la victoria aliada supondría el fin de la dictadura española. Es probable que para Simone, quien sí escapó a tiempo de París, también fuera una sorpresa encontrarse al fin en suelo americano, pues nunca había llegado a creer del todo que sus padres lograrían hacerse con los pasajes para salir de la Francia ocupada por los nazis. «Solo la idea de haber dejado Francia es para mí un pensamiento desgarrador...»,[1] leemos en una de sus cartas escritas durante la travesía por mar. Ahora, a la vista de los edificios gigantescos, casi intimidatorios, no cabía duda de que habían llegado a Nueva York.

Aunque los rascacielos le resultaron a Simone igual de maravillosos de lo que se lo parecerían a Victoria, de una «belleza caótica» semejante a «los acantilados o las rocas»,[2] y las calles de la ciudad muy simpáticas e interesantes, lo cierto es que, al desembarcar, Weil pensaba exclusivamente en una cosa. Regresar a Europa urgentemente, lo antes posible, como fuera. De hecho, en cuanto llegó a la casa de Riverside Drive, en Harlem, donde vivirían los Weil, comenzó a arrepentirse de haber hecho caso a su hermano André. Mientras miraba desde la ventana las vistas del río Hudson, Simone se mortificaba por haberse dejado convencer por él, quien era profesor en una universidad de Pensilvania, para que abandonara Francia junto a sus padres ante el evidente peligro que corrían de acabar sus días en un campo de concentración por sus orígenes judíos.

Lo que ella anhelaba desesperadamente era regresar a Europa para volver a unirse a la Resistencia. Como expresaba con insistencia a todo el que pareciera poder ayudarla a cumplir su objetivo, quería participar a toda costa y al precio que fuera en los sufrimientos y en las desdichas de quienes se habían quedado bajo la ocupación alemana. Se veía a sí misma como una desertora y no era capaz de soportar la tristeza que le producía esta idea. ¿Por qué se habría marchado?, se preguntaba una y otra vez. Le obsesionaba el recuerdo de su país y volvía a su memoria el 13 de junio de 1940, cuando París se había declarado ciudad abierta y a los Weil no les había quedado más remedio que hacer las maletas a toda prisa y abandonar su casa en la rue Auguste Comte, cerca de los jardines de Luxemburgo, para poner rumbo a Marsella.[3] Dentro habían quedado los muebles estilo Imperio, el eco alegre de sus voces, el piano Bechstein y un gran espejo.[4] Fue al día siguiente, el 14 de junio, cuando Victoria Kent vio desfilar los tanques alemanes, mientras, del otro lado del canal de la Mancha, Virginia Woolf y Vita Sackville-West trataban de evadirse del horror visitando Penshurst. En Marsella, los Weil todavía tuvieron que esperar dos años hasta lograr embarcarse rumbo a América, dos años que Simone Weil empleó para escribir algunas de sus obras más profundas y para colaborar con la publicación clandestina de la Resistencia *Les Cahiers du Témoignage Chrétien*.[5]

A quienes la vieran por las calles de Nueva York aquel otoño de 1942, Simone Weil debía de parecerles una persona realmente extraña. Es cierto que la ciudad siempre había estado llena de locos originales y excéntricos que hablaban solos; no olvidemos, sin ir más lejos, a la poeta Marianne Moore, que se dedicaba a recorrer con su sombrero de tricornio los zoológicos de la ciudad durante esos mismos años para componer hermosos poemas sobre pájaros y pangolines. Pero la impresión que causaba Simone Weil a quien la viera debía de ser aún más marciana. Aunque tenía una boca hermosa dispuesta a sonreír y aunque detrás de sus gafas de metal asomaran unos ojos inteligentes, llenos de burlona sabiduría, lo cierto es que, como escribió su amiga Simone Pétrement en una magnífica biografía sobre ella, la joven de treinta y tres años parecía hacer verdaderos esfuerzos por afearse a sí misma con un aspecto estrafalario.[6]

Extremadamente delgada, iba vestida con una falda recta y larga y llevaba una gran boina negra calada hasta las orejas. Si hacía frío se ponía cualquier jersey que tuviera a mano, a menudo del revés, o su capa oscura abotonada hasta el cuello. La torpeza que caracterizaba sus movimientos al andar, los zapatos planos que siempre llevaba, la pequeñez de sus manos, evidente cuando las movía al hablar con su típica insistencia, así como las habituales manchas de tinta que por descuido solía tener en la nariz completaban su extravagante imagen.[7] Quien la viera caminando por uno de los pasos de cebra de la Séptima Avenida o entrando en la iglesia católica Corpus Christi que frecuentaba en Harlem dudaría si se encontraba ante una pobre santa enviada por los extraterrestres o frente a una agitadora extremista del Lower East Side. De hecho, Simone Pétrement, al recordar la impresión que causaba a los demás, la comparó una vez con los marcianos de Wells, «únicamente cerebro y mirada».[8] En definitiva, la «Virgen Roja», como también la llamaban, era un personaje difícil de clasificar e incluso Marianne Moore se habría girado a observarla si se hubieran cruzado sus caminos en las calles cercanas al edificio Rockefeller, donde la despistada

Simone Weil

de Simone, asombrada por su moderna belleza,[9] solía pararse para mirar hacia la parte alta del rascacielos.

Se había dado un mes para salir de Nueva York.[10] De nada sirvió que todas las personas con quienes habló, incluidos sus padres y su hermano, le dijeran que iba a ser completamente imposible que volviera a cruzar el atlántico para entrar en Inglaterra. Debía quitarse esa idea de la cabeza. Pero Simone no cejaba y pasaba los días yendo a visitar a mandos militares, escribiendo cartas a políticos y acosando a todo el que pareciera poder ayudarla a pasar a Londres, desde donde quería unirse a las actividades de la Francia Libre. Su sueño era que la tirasen en paracaídas en la zona ocupada. No parecía importarle su origen judío o su torpeza natural, que ya le había jugado una mala pasada en la Guerra Civil española cuando se había unido a las milicias anarquistas. En aquella otra ocasión, había sido gravemente herida, pero no en medio de una misión peligrosa sino porque metió el pie en una gran sartén con aceite hirviendo al preparar la comida.[11]

Esta insistencia suya en llegar a Inglaterra, alocada pero resuelta, recuerda a la de Juana de Arco, en quien a menudo pensaba la propia Simone, pues sentía que era Dios quien le había encomendado también a ella una misión que no podía desatender. «Padre», escribía en sus cuadernos de Nueva York con su letra aplicada e infantil, «arranca de mí este cuerpo y esta alma para hacer de ellos cosas tuyas».[12] Su sed de martirio era tan conmovedora como inexplicable. ¿Cómo encajarla con su pacifismo convencido? ¿Y con la fe insobornable que tenía en que Dios no participaba en los asuntos de este mundo?

Sus aparentes contradicciones eran un misterio incluso para sus padres, quienes no dudaban en seguirla a todas partes, como si fueran sus más devotos apóstoles, pero quienes nada tenían que ver con esa pasión exaltada de Simone hacia la madera en la que Cristo había sido crucificado. En su afán de protegerla no solo la habían seguido a la guerra de España sino también a Alemania en 1932, donde se reunieron con ella para vigilar si comía bien y se ponía el jersey correctamente mientras estudiaba de primera mano las verdaderas intenciones de Hitler y los nazis. A sus padres, su apoyo incondicional, debía de dejarles con la boca abierta que Simone, en cuanto oía las campanas del peligro, dijera de inmediato «voy». Una vez hasta tuvieron que intervenir sin que ella lo supiera para que no se marchara a Indochina. ¿De dónde vendría esa necesidad que tenía de responder a la llamada del desdichado y compartir su sufrimiento? ¿Por qué esa urgencia con la que a menudo exigía respuestas? ¿No había sido una niña feliz en el pequeño núcleo familiar en el que creció?[13] Bernard Weil, su padre, era un médico sencillo y afable originario de Alsacia, siempre preocupado por dar pequeños consejos a sus hijos sobre su salud.[14] Selma era una madre teatral y divertida que envolvía a sus hijos en un «capullo mágico y protector»[15] y cuya obsesiva fijación era que fueran felices. Había creado un universo único en torno a André y a Simone en el que incluso hablaban un idioma diferente, con palabras y expresiones que solo ellos entendían. Entre estas palabras estaban Mime y Biri, los nombres por los que siempre llamaron a Selma y Bernard.

En una hermosa fotografía tomada en la década de los años diez vemos a Biri con Simone, su hijita a la que él llamaba cariñosamente Simonette, sentada en su regazo. Le gustaba hacerla reír. Como reflexionaría años después Sylvie Weil, la sobrina de Simone, al rememorar su historia familiar, cuesta imaginar lo que pensaría el doctor al leer que aquella Simonette acabaría escribiendo frases como esta en sus diarios de Nueva York:

> Que todo esto me sea arrancado, devorado por Dios, transformado en sustancia de Cristo, y sirva de comida para los desgraciados cuyo cuerpo y alma carecen de cualquier tipo de alimento. Y que yo quede paralizada, ciega, sorda, idiota y podrida.[16]

Efectivamente, las intensas relaciones de Simone Weil con el «Padre» celestial eran muy difíciles de entender y de clasificar, pues ella no era, ni mucho menos, una creyente al uso. Para empezar, sus orígenes eran judíos, pero había recibido de sus padres una educación agnóstica, ajena a la fe judía de sus ancestros, de la que también ella se esforzaba en separarse. Desde luego no era de Mime y Biri de quienes le venía la vocación de santa. Había sido ella solita, formada en filosofía, quien se había interesado profundamente por la teología y la historia de las religiones, sobre todo en los últimos años, y quien había vivido experiencias místicas reveladoras.

Simone Weil de niña con su padre, Biri

Simone Weil con su madre, Mime

Simone y André en el verano de 1922

Una de ellas, memorable, había tenido lugar en Portugal ante la visión de una procesión marinera. «Allí tuve de repente la certeza de que el cristianismo era por excelencia la religión de los esclavos, de que los esclavos no podían dejar de adherirse a ella, y yo entre ellos», escribió más adelante.[17] Se sentía muy próxima espiritualmente al cristianismo, al que encontraba hondas conexiones con la filosofía y la literatura griegas, pero tenía numerosos reparos hacia la Iglesia católica, tanto hacia su doctrina como hacia su historia marcada por la violencia, así que no terminaba de dar el paso de bautizarse, lo que por otro lado deseaba más que nada. Este dilema la atormentaba tanto como encontrar un barco con el que cruzar a Londres cuanto antes. De hecho, aquel otoño de 1942, su otra gran preocupación cuando vagaba por las calles de Nueva York era saber si debía recibir el agua del bautismo o si, por el contrario, su vocación y su destino eran permanecer para siempre como una cristiana fuera de la Iglesia.

Los días y las semanas se sucedían. El calor húmedo de finales del mes de julio se dejaba sentir en las calles del sur de Harlem sin que Simone hubiera podido cumplir con el plazo que se había dado a sí misma. Tampoco llegaba a una conclusión sobre su fe y por eso escribía cartas y mantenía conversaciones interminables con religiosos. «No puedo seguir viviendo así», le dijo a su madre, «si esto continúa, me iré a trabajar al Sur con los negros».[18] Desesperada, también escribía a los dirigentes de la Resistencia, e incluso a un capitán inglés, rogando que la enviaran a Londres con una misión lo más peligrosa posible. Les tranquilizaba diciendo que el hecho de ser mujer no la convertía en una cobarde y que podían confiar en su valor en el momento decisivo.[19] No delataría a nadie y esta vez, lo prometía, no metería el pie en una sartén con aceite hirviendo. El tiempo que le dejaban sus obsesivas gestiones para cruzar a Londres lo dedicaba a visitar iglesias, a tomar notas en la biblioteca sobre Krishna, Zeus y Moisés y a continuar atormentándose con sus preguntas sobre la fe cristiana. También realizó un curso de primeros auxilios, pues pensó que esta formación la ayudaría a cumplir su plan de volver a Europa.

A finales de mes, cuando el plazo que se había dado a sí misma estaba a punto de vencer, apareció un rayo de esperanza en el horizonte. Simone se enteró de que Maurice Schumann, su antiguo compañero en el instituto Henri IV de París, estaba en Londres y se había convertido en una de las personas con mayor responsabilidad en las actividades de la Francia Libre. No en vano, mucho más adelante, Schumann acabaría desempeñando puestos como secretario de Estado y ministro, aunque eso Simone aún no podía saberlo. Enseguida tomó la decisión de escribirle para explicarle los detalles de la misión que quería llevar a cabo y los motivos de su urgencia. El día 30 de julio le envió su carta a través del servicio postal de correos.

Ahora solo había que esperar una respuesta.

2

Tal vez dudó con qué fórmula comenzar la carta. Anotó la ciudad, el día, el año. Qué raro le resultaba escribir la palabra Nueva York en el encabezado. Se decantó por un sencillo *Querido amigo*.[20] Era necesario, debió de concluir, comenzar por aludir a los vínculos que les habían unido años atrás, cuando ambos eran jóvenes estudiantes en el Lycée, para así tejerlos de nuevo. Por eso, las primeras palabras que le dirigió fueron de elogio, haciéndole saber lo mucho que le alegraba oír hablar de él en Francia y la enorme popularidad que tenía en la Resistencia. «Cada vez que se hablaba así de usted», le escribió en las primeras líneas, «me daba mucha alegría y me acordaba del instituto Henri IV y de los bancos de la sala en la que escuchábamos a Chartier».[21]

Sin duda pretendía que estas palabras le permitieran recordar de inmediato a la Simone de entonces, cuando ambos asistían a las clases de Émile Chartier, conocido como Alain, un profesor que ejercía sobre ellos un magnetismo sin igual. En aquellos años, y a juzgar por sus compañeros, Simone daba la impresión de ser «absolutamente intelectual», como si su cuerpo no le interesara lo más mínimo y solo prestara atención a sus ideas y a lo que leía. Frágil, delgada, al hablar era muy intensa y expresiva pero sus gestos mostraban su torpeza natural.[22] Fue por aquel entonces cuando su admirado Alain, antes de conocerla a fondo y considerarla una de sus alumnas más brillantes, le puso el apodo de «la Marciana», pues para él saltaba a la vista que no tenía nada en común con los demás.[23] Ya entonces se vestía con su estilo monacal, como si quisiera rechazar todo aquello que de femenino pudiera haber en ella, e incluso, al igual que haría Victoria Kent en su diario durante la ocupación, hablaba de sí misma en masculino en las cartas que escribía a sus padres, llegando incluso a firmar «Simon».[24] Ellos no solo no se escandalizaron por ello sino que le seguían el juego, devotos apóstoles ya entonces, igual de maravillados con su hija sobrenatural que Christine de Pizan con Juana de Arco. Tanto es así que, ante la negativa de Simone de vestirse con traje de noche para ir a la ópera, llegaron a confeccionarle un *smoking* con falda y chaqueta.[25]

De aquellos años en el Liceo Henri IV se conserva un trabajo que compuso Simone para su adorado Alain. Unos deberes escolares, alejados de la socarronería de los de las Austen pero que sin duda también anticipan, como aquellos, algunos elementos centrales de su obra de madurez. Se trata de un comentario del cuento tradicional *Los seis cisnes* de los hermanos Grimm en el que una joven tiene que salvar a sus hermanos, convertidos en aves por su malvada madrastra, cosiendo en silencio seis camisas de anémonas para que recuperen la forma humana al ponérselas. Escribía Simone en el comentario:

Actuar nunca es difícil: siempre actuamos demasiado derramándonos demasiado constantemente en actos desordenados. Hacer seis camisas con anémonas en total silencio: [...] Quien se ocupa durante años en coser anémonas blancas no se distrae nada [...]. La única fuerza y la única virtud es la de retenerse en la acción.[26]

Como vemos, ya en este texto de juventud Simone Weil planteaba que la virtud moral no se alcanzaría por medio de acciones *afirmativas* sobre el mundo sino a través de una paciente, y agotadora, atención silenciosa.[27] «Hay una alianza natural entre la verdad y la desdicha, porque la una y la otra son implorantes mudos, eternamente condenados a vivir entre nosotros sin voz», leemos en *La persona y lo sagrado*, uno de sus últimos textos.[28] La salvación se encontraba para ella siempre del lado del amor y de la aceptación, nunca del poder.

Pero volvamos a la carta que le escribió a Maurice Schumann el 30 de julio de 1942. Después de evocar su juventud compartida,

Simone le puso rápidamente al día de sus penas, haciéndole un resumen de su estancia en Marsella, su huida a Nueva York después de casi dos años y también su activa colaboración con la publicación clandestina *Cahiers du Témoignage Chrétien*. Al leer el modo en el que le expresa su impaciencia por actuar, es imposible no sonreír pensando en la hermana silenciosa que cosía camisas de anémonas blancas. Lejos de comportarse como ella, antes de terminar la primera página de la carta, Simone le dijo a Schumann a bocajarro que deseaba entregarse muy activamente a la lucha. «La partida ha sido para mí un desgarro. Me he impuesto este desgarro solo con la esperanza de lograr de esta manera tomar una parte mayor y más eficaz en los esfuerzos, en los peligros y en los sufrimientos de esta gran lucha».[29] Pero en el fondo Simone no se estaba contradiciendo, pues del mismo modo que pensaba que la salvación exigía aceptación antes que afirmación, es decir, cierto «retenerse en la acción», también creía firmemente que una vez que los conflictos, o las guerras, habían comenzado, no quedaba más remedio que actuar, tomar partido y escoger siempre el bando de los afligidos.

La pasión política de Simone ya era muy conocida en sus tiempos de estudiante en el liceo y más tarde en la École Normale Supérieure y la Sorbona, donde también Maurice Schumann cursó estudios de letras. Según contó Simone Pétrement en su biografía, en el liceo se rumoreaba que Simone Weil era comunista y el profesor de latín no dudaba en afirmar que desde su llegada al aula la clase había «enloquecido».[30] Frecuentaba grupos de izquierda y se implicaba activamente en las reivindicaciones de los trabajadores. Un día, cuando iba en el metro con su amiga, señaló a unos obreros y le dijo: «No solo les quiero por espíritu de justicia. Les quiero naturalmente, me parecen mucho más apuestos que los burgueses».[31] Ese mismo amor hacia los obreros haría que en 1934 pidiera un año sabático para poder trabajar en distintas fábricas, una experiencia que volcó en su libro *La condición obrera*, y que terminaría de un modo anticlimático, semejante a como lo haría su experiencia en la Guerra Civil, pues su constitución frágil y la torpeza manual que siempre la acompañó enseguida revelaron que era una obrera muy mediocre. En todo caso, tratándose de Simone Weil, su comentario sobre lo *sexis* que le parecían los obreros es realmente sorprendente, pues no se le conocieron más amores que los místicos y, como ella misma le escribiría años después a una de sus alumnas, había tomado la decisión de no pensar en el amor hasta el momento en que supiera exactamente qué era lo que le pedía a la vida.[32]

Su afecto lo reservaba para los más desfavorecidos. En este sentido es conocida la anécdota que contó Simone de Beauvoir en sus *Memorias de una joven formal* sobre la impresión que le causó cuando la conoció en la Sorbona, pues ambas filósofas pertenecieron a la misma promoción universitaria. Al parecer, a Beauvoir le intrigaba enormemente la fama que tenía Simone Weil de gran intelectual y le sorprendía, a ella que era tan elegante, la forma tan estrafalaria que su compañera tenía de vestirse. Le habían contado que un día, al enterarse de una hambruna que había devastado China, Weil se había puesto a llorar. Estas lágrimas habían conmovido a Beauvoir, pues envidiaba aquel corazón, «capaz de latir a través del universo entero», como escribió en sus memorias.[33]

Sin embargo, el respeto parece que no era recíproco, pues también es conocido el desprecio que Weil le mostró a la pensadora existencialista en una de las pocas conversaciones que tuvieron. Según contó ella misma, sucedió un día en el que Beauvoir por fin pudo acercarse a ella y entablar una conversación. Weil enseguida dijo de forma tajante que la única cosa que importaba era hacer una revolución que permitiera «comer a todo el mundo». Beauvoir, de quien ya conocemos algunas de sus opiniones sobre las molestas necesidades biológicas de los seres humanos, respondió de modo igualmente tajante que el problema no era lograr la felicidad de los hombres, sino «encontrar un sentido a su existencia».

Simone de Beauvoir en noviembre de 1945

Simone Weil, quien rara vez se retiraba de una conversación, replicó una vez más. Mientras escrutaba el hermoso y femenino rostro de su compañera de clase le espetó que saltaba a la vista que ella nunca había tenido hambre.[34] Con esta última respuesta las dos Simones liquidaron para siempre su relación, ahorrándose muchas conversaciones sobre existencialismo y feminismo, pues de forma bastante significativa jamás volvieron a dirigirse la palabra.

En todo caso, los mismos reparos que le imposibilitaron adherirse a una Iglesia oficial también impidieron que Simone Weil se identificase completamente con el marxismo, con el que fue muy crítica. Nunca se afilió al partido comunista y fue extremadamente dura con los partidos y sindicatos, a los que objetaba que exigieran a sus miembros una adhesión ciega, doctrinal. Dadas sus críticas furibundas al estalinismo, a comienzos de los años treinta los comunistas la consideraron trotskista, aunque tiene gracia pensar en este calificativo si tenemos en cuenta las peleas que tuvo con el propio Trotski cuando lo conoció en persona en París a finales de 1933. De hecho, no solo lo conoció sino que lo alojó en el edificio de la rue Auguste Comte, donde vivía con sus padres.

Primero tuvo la delicadeza de preguntárselo a Bernard y Selma. Se había enterado de que Trotski iba a tener un encuentro secreto con sus amigos y con otros dirigentes políticos, les dijo. ¿Qué les parecería si le ofrecían el piso de arriba, que estaba vacío, para que pudieran hospedarse y celebrar la reunión allí tranquilamente? Así ella podría hablar con él, tenía algunas cosas que preguntarle. A Biri y Mime seguramente les hubiera resultado más sorprendente que Simone les pidiera un vestido nuevo para la fiesta de fin de año que su permiso para alojar a un revolucionario ruso en la planta de arriba. Así que, como siempre, aceptaron enseguida y ni siquiera rechistaron cuando el dirigente político apareció con su mujer Natalia Sedova, su hijo, y una pequeña corte de guardaespaldas «con sombreros calados y cuellos levantados hasta la nariz».[35] Al inspeccionar las habitaciones, Trotski pidió a los Weil unas butacas extra para que sus acompañantes pudieran pegar ojo mientras vigilaban.

En todo caso, es posible que Biri y Mime sintieran cierto embarazo cuando uno de aquellos días Simone se encerró con Trotski en una de las habitaciones de su casa para tener una charla a solas con él. Natalia Sedova se quedó con el matrimonio Weil en la habitación contigua, sentada muy recta en el sofá, cerca del piano, con los muebles estilo Imperio a la vista y el gran espejo al fondo de la estancia. Enseguida empezaron a escucharse los gritos de Trotski. Al otro lado de la pared respondía vociferando con acento ruso a las preguntas que Simone, calmada pero irritante, le hacía sobre la Revolución de Octubre, las condiciones de los obreros en la Unión Soviética y la clase dominante. Biri y Mime, tratando de quitarle hierro a la situación, entre risitas, debieron de ofrecer un poco más de café a la mujer de Trotski conforme el volumen de los chillidos fue subiendo. Existe constancia de que Natalia, con su melenita corta y su pequeño sombrero revolucionario, les dijo compungida: «¡Y que esta criatura se las tenga tiesas con Trotski!».[36]

Afortunadamente, Simone tomó nota de la conversación que mantuvieron aquel día de finales de 1933, por lo que es posible hacernos más o menos una idea de lo que ocurría al otro lado de la pared. Lo malo es que sobre todo anotó las cosas que dijo Trotski, no ella. Faltan sus palabras, sus preguntas y sus argumentos, que solo podemos imaginar o inferir de las respuestas de él. El hecho de que Simone conservara esas anotaciones, repletas de críticas hacia su persona, recuerda a aquella lista con los comentarios de los lectores que guardó Jane Austen y que también ha llegado hasta nosotros. Aquí van algunas cosas que le dijo Trotski a Simone a grito pelado y que ella apuntó con su caligrafía infantil:

—Es usted una completa reaccionaria...
—¡Tenía que estar usted en Rusia, aislada como sigue estando!...
—Tiene usted un espíritu jurídico, lógico, idealista.
—Usted es el idealista, que llama clase dominante a una clase dominada.
—La dominación no es eso que usted piensa, desde un Olimpo...

Hacia el final, una última nota en forma de pregunta:

—¿Y por qué duda usted de todo?[37]

EN EL LUGAR DE MAYOR PELIGRO

3

Volvamos a Nueva York, a los días finales del mes de julio de 1943. En la última parte de la carta enviada a Maurice Schumann, Simone le explicó que también incluía en el sobre su «Proyecto de una formación de enfermeras de primera línea» para que él pudiera leerlo y considerar seriamente su aplicación. Este proyecto, esbozado en apenas algunas páginas, desarrollaba una de las dos ideas fijas que tenía Simone Weil en la cabeza desde que había empezado la guerra; la otra, ya lo sabemos, consistía en que la tirasen en paracaídas en la zona de combate. Como ella misma aclaraba en la primera parte del escrito, ya había intentado que su «Proyecto» se aplicase en 1940, pero no había tenido éxito. En todo caso, como argumentaba, seguía estando convencida de que si se aplicaba se salvarían las vidas de muchos soldados. Sus muertes, continuaba Weil, a menudo eran causa de la exposición a la intemperie durante un tiempo excesivo, del *shock* o la de la hemorragia, lo que podría ser remediado creando una formación especial de enfermeras que prestasen auxilio en primera línea de fuego.

Si contemplamos el conjunto de la obra filosófica de Simone Weil, que incluye libros sobre grandes cuestiones políticas, morales y religiosas, puede parecer que este proyecto de apenas algunas páginas que envió a Schumann carece del interés que tienen sus obras mayores, como *Echar raíces*, *Reflexiones sobre las causas de la opresión y la libertad*, *A la espera de Dios* o *La gravedad y la gracia*. Sin embargo, este escrito en apariencia modesto, elaborado con la intención práctica de convencer a un alto mando de la Resistencia para que lo pusiera en marcha, tiene la virtud de recoger de forma admirable gran parte de la esencia del pensamiento weiliano.

La idea fundamental que Simone se esforzó en transmitirle a Schumann fue que las enfermeras no solo serían fundamentales para asistir a los heridos en pleno combate sino que también constituirían un poderoso símbolo moral para golpear con fuerza la imaginación. En su opinión, uno de los factores que habían llevado a Hitler a la victoria en Alemania, y a su superioridad ofensiva durante la guerra, era precisamente el hecho de que nunca había perdido de vista «la necesidad de golpear la imaginación de todos».[38] Ni la de los suyos, ni la de los soldados enemigos ni la de los espectadores del conflicto. En este sentido, continúa Weil, su herramienta más poderosa había sido la creación de fuerzas especiales como las SS, cuya visión lanzándose en paracaídas poseía de por sí una gran fuerza propagandística. Las SS, formadas por hombres indiferentes al sufrimiento y a la muerte tanto de sí mismos como del resto de la humanidad, representaban para Weil la expresión perfecta de la inspiración hitleriana, brutal y salvaje, pero también peligrosamente eficaz.[39] Era necesario, en definitiva, que los aliados crearan también sus fuerzas especiales, sus símbolos morales, pero con unos objetivos y una valentía procedentes de una inspiración totalmente diferente a las SS. Unas fuerzas especiales nuevas, cuya sola existencia negase la voluntad de poder y destrucción que animaba a aquellas.

Esa otra inspiración, prosigue Weil en su explicación a Schumann, estaría representada por un pequeño núcleo de voluntarias desarmadas, mujeres dispuestas a sacrificar su vida acompañando a los soldados bajo el fuego. Al igual que las unidades radiológicas de Curie, esta formación de enfermeras que imaginaba Weil «sería muy móvil y debería en principio encontrarse siempre en los lugares más peligrosos, para prestar *first aid* en plena batalla».[40] La presencia de estas mujeres no solo sería esencial para evitar que se perdieran vidas gracias a la aplicación de cuidados inmediatos a los caídos para frenar el *shock* y la hemorragia, sino que también tendría un gran poder reconfortante. «El consuelo moral que llevarían a todos aquellos de los que pudieran ocuparse sería igualmente inestimable». Y es que una de sus funciones sería acompañar a los soldados en su agonía, «recogiendo los últimos mensajes de los moribundos para sus familias». Además, gracias a su presencia y a sus palabras, las enfermeras reducirían «los sufrimientos del periodo de espera, a veces tan largo y doloroso, que transcurre entre el momento de la herida y la llegada de los camilleros».[41] La fuerza de su imagen en el campo de batalla, creía Weil, ofrecería una inspiración enorme, semejante a la que, como le ponía de ejemplo a Schumann, había conducido a Juana de Arco a la victoria:

Ningún símbolo puede expresar mejor nuestra inspiración que la formación femenina propuesta aquí. La simple persistencia de algunos servicios humanitarios en el centro mismo de la batalla, en el punto culminante de la salvajada, sería un desafío explosivo hacia esa salvajada que el enemigo ha elegido y que a su vez nos impone. El desafío sería tanto más chocante cuanto que esos servicios humanitarios serían llevados a cabo por mujeres y envueltos de ternura maternal.[42]

Como seguía razonando, la existencia de una valentía alentada no por la voluntad de matar sino por la de cuidar amorosamente al caído, al moribundo, al herido, como de hecho harían estas enfermeras, sería no solo moralmente antagónica a las SS sino de una cualidad más rara de encontrar que la de los jóvenes nazis fanatizados. La capacidad de ese pequeño grupo de enfermeras, cuyo número se iría ampliando si el proyecto tuviera éxito, de sostener en el momento de mayor peligro «el espectáculo prolongado de las heridas y las agonías» tendría la fuerza de un poderoso símbolo.[43] «Su alcance simbólico sería captado en todas partes. Ese cuerpo por un lado y las SS por el otro harían, gracias a su contraste, un cuadro preferible a cualquier eslogan. Sería la representación más notoria de las dos direcciones entre las cuales la humanidad debe hoy elegir».[44] Finalmente, concluía Weil, la presencia de estas mujeres junto a los soldados bajo el fuego del combate sería esencial para que ellos no olvidaran por qué luchaban. «Ese cuerpo femenino constituiría precisamente esa evocación concreta y exaltante de los hogares lejanos».[45] Serían la expresión viva de sus familias, por lo que su compañía en el campo tendría el efecto de hacerles sentir que no los habían abandonado.

Por último, en el mismo sobre en el que envió su carta y su proyecto, Weil añadió unos extractos del *Bulletin of the American College of Surgeons* en los que la revista se hacía eco de un informe de la Cruz Roja americana que reflejaba los beneficios de aplicar cuidados inmediatos en el campo de batalla, como las inyecciones de plasma, en casos de *shock*, quemadura o hemorragia.

Como era de esperar, Simone minimizó completamente en su escrito los detalles prácticos que era necesario resolver para que el proyecto pudiera realizarse y no dudó en ofrecer argumentos que recuerdan más a los que utilizaría una iluminada, o una marciana enviada del futuro, que a los que emplearía un estratega militar: «Este proyecto puede parecer impracticable a primera vista porque es nuevo. Pero un poco de atención permite reconocer que no solo es practicable sino muy fácil de ejecutar».[46] Solo harían falta algunos conocimientos elementales de enfermería, como hacer curas con apósitos, aplicar torniquetes y poner inyecciones. Según insistía, no era necesaria ninguna organización, solo había que buscar diez mujeres de valentía suficiente para empezar. «Ciertamente, esas mujeres existen. Es fácil encontrarlas»,[47] aseguró en las últimas líneas.

Sin duda, estaba pensando en sí misma.

4

A mediados del mes de septiembre Simone Weil por fin obtuvo una respuesta de Maurice Schumann. Su antiguo compañero de liceo había leído su carta con interés y estaba dispuesto a ayudarla para que lograse pasar a Inglaterra y unirse a la Resistencia. Había hablado con André Philip, un importante cargo en el comité nacional de la Francia Libre, quien se había mostrado favorable a la idea de asignarle en Londres alguna tarea. Aunque eran buenas noticias para Simone, pues significaban que la posibilidad de ir a Londres iba a materializarse, su respuesta también debió de suponer un pequeño jarro de agua fría para ella. Schumann le advertía

Salvoconducto de Simone Weil

que la opinión de Philip sobre el proyecto de formación de enfermeras no era muy favorable; de hecho, pensaba que era completamente impracticable. Estaban dispuestos a asignarle algún trabajo administrativo, pero ni hablar por ahora tampoco de tirarla en paracaídas o de enviarla a una misión especialmente peligrosa en una operación de sabotaje, como ella quería. Tendría que conformarse con hacer informes o redactar textos de propaganda. Esta actitud cauta de Schumann y Philip sería expresada de forma mucho más explícita por Charles de Gaulle, líder de la Resistencia y futuro presidente de Francia, quien al ser informado sobre su proyecto respondió sin contemplaciones: «¡Esa mujer está completamente loca!».[48]

Durante los siguientes dos meses que pasó en Nueva York Simone empleó el tiempo en dos cosas. La primera fue elaborar listas interminables con los argumentos a favor y en contra de bautizarse; la segunda, despedirse de su familia. A pesar de su edad, de sus orígenes judíos y de las enormes dificultades que habían atravesado huyendo de los nazis para llegar a América, Biri y Mime enseguida dijeron que querían acompañarla de vuelta a Londres. ¿Cómo se las iba a apañar sin ellos? Se mostraron muy dispuestos a dejar las comodidades de Riverside Drive y las alegrías que les daban sus nietos, los hijos de André, a quienes siempre que podían visitaban en Pensilvania. Lo decían de verdad y es más que probable que hubieran aceptado gustosos que les tirasen también a ellos en paracaídas junto a su hija. Pero Simone se lo quitó rápidamente de la cabeza. Esta vez era imposible.[49]

En cuanto a la fe católica, fue durante aquellas semanas cuando Simone Weil escribió su famosa *Carta a un religioso*, dirigida al padre dominico Jean Couturier, con quien tuvo ocasión de verse y charlar durante el periodo previo a su salida hacia Europa. Poco podía imaginarse Simone que esta carta no solo sería publicada años más tarde, sino que llegaría a ser considerada un texto con un valor excepcional por la manera tan auténtica en la que expresa las tensiones entre la profunda fe que sin duda sentía y el dogma de la Iglesia.

En las primeras líneas, Simone explica claramente que su motivo al escribir su largo mensaje no es el de que Couturier y ella discutan a fondo los argumentos —esto le haría feliz, aclara, pero pueden dejarlo para más adelante— sino la urgente necesidad que tenía de obtener respuestas firmes «sobre la compatibilidad o incompatibilidad de cada una de estas opiniones con la pertenencia a la Iglesia»[50]. Como siempre, Simone no solo formulaba interrogantes sino que también buscaba, intensamente, obtener respuestas verdaderas. «La reflexión sobre estos problemas está lejos de ser un juego para mí», añadía en su carta, pues consideraba que en ella no solo estaba comprometida su propia «salvación eterna», sino mucho más. «Pienso en estas cosas desde hace años con toda la intensidad del amor y la atención de que dispongo. Esta intensidad es miserablemente débil, pues mi imperfección es muy grande; pero tengo la impresión de que va siempre en aumento».[51]

La lista se compone de treinta y cinco opiniones, que podemos considerar como potenciales objeciones que ella misma planteaba para su bautizo. Con su humildad característica, Simone pide perdón antes de comenzar a enumerarlas por haber empleado en su escrito el modo indicativo. Creía que en realidad deberían ir acompañadas de un signo de interrogación. «Si las expreso en indicativo es solo por la pobreza del lenguaje; necesitaría que la conjugación contuviera un modo suplementario. En el dominio de las cosas santas, nada afirmo categóricamente».[52]

Las treinta y cinco opiniones versan sobre distintas materias que van desde cuestiones de orden propiamente doctrinal a la historia del cristianismo. Algunas de sus reflexiones recurrentes a lo largo del escrito son que Dios es «bueno antes que ser poderoso»[53] y que Cristo «está presente en esta tierra, a menos que los hombres lo expulsen, allí donde hay crimen y desdicha».[54] Cree también que el Verbo ha tenido encarnaciones anteriores a Jesús, y que Krishna y Osiris estarían entre ellas.

Es interesante también, recordando a Malinche, leer cómo Simone Weil insiste en que, teniendo en cuenta los numerosos frutos malos que la Iglesia ha producido a lo largo de su historia, es necesario presuponer que los apóstoles «comprendieron mal las órdenes de Cristo». «Es completamente seguro», escribe sin temor esta vez a resultar afirmativa, «que hubo incomprensión por su parte sobre ciertos puntos».[55] Asimismo, reprocha a la Iglesia las atrocidades cometidas en América y en otros lugares y lamenta enormemente todas las formas de culto que han desaparecido por culpa de la actividad misionera. Es muy crítica también con la violencia del Antiguo Testamento así como con los vínculos entre el cristianismo y el Imperio romano. «Israel y Roma han impreso su marca en el cristianismo. Israel haciendo entrar en él el Antiguo Testamento como texto sagrado; Roma haciendo del cristianismo la religión oficial del Imperio, que era algo semejante a lo que Hitler soñaba».[56] Como añade en otro momento, para ella la idea básica por la que se reconocería a los cristianos solo tendría que ver con el amor al prójimo y la aceptación del orden del mundo. «Se reconocen por su actitud de respeto a las cosas de este mundo. Todos los que poseen en estado puro el amor al prójimo y la aceptación del orden del mundo, incluida la desdicha, todos esos, aunque vivan y mueran aparentemente ateos, son, sin duda, salvados».[57]

Pero, quizá, el pasaje más conmovedor de la *Carta* es donde Simone muestra la profunda ternura que le producía la desdicha de Cristo durante la Pasión. Las palabras que emplea recuerdan a las que utilizaba aquella niña que componía redacciones para Alain sobre la hermana del cuento de los Grimm que cosía en silencio camisas de anémonas blancas para salvar a sus hermanos convertidos en cisnes:

> La prueba, lo verdaderamente milagroso, es para mí la perfecta belleza de los relatos de la Pasión, unida a algunas palabras deslumbrantes de Isaías: «Injuriado, maltratado, no abría la boca» y de San Pablo: «Siendo de condición divina, no se aferró a su categoría de Dios. Se vació... obedeciendo hasta la muerte y muerte de cruz... Fue hecho maldición». Es esto lo que me obliga a creer.[58]

El 10 de noviembre de 1942 Simone se embarcó junto con otros diez pasajeros en el carguero sueco que la conduciría a Londres. Unos días antes, envió su carta al padre Couturier, seguramente con la esperanza de recibir su respuesta ya en Europa. Al embarcadero la acompañaron Biri y Mime, a quienes no permitieron subir a bordo. Le dijeron adiós desde un hangar. A diferencia de los padres de Juana de Arco, ellos sí sabían a dónde iba su hija. «Si tuviera varias vidas», les susurró Simone al abrazarlos, «os dedicaría una». «Pero», añadió mientras se daba la vuelta, «no tengo otra más que ésta».[59]

UN DEPÓSITO DE ORO PURO

5

La travesía hasta Liverpool duró dos semanas. Durante el trayecto, Simone y sus compañeros de viaje a menudo salían a cubierta para contar historias bajo las estrellas. Cuando llegaron, tuvo que pasar algunos días en un centro de retención ubicado en Londres, donde las autoridades la obligaron a permanecer unos días para asegurarse de que no era una espía o *persona non grata*. Una noche, para subir la moral de quienes estaban retenidos como ella, se disfrazó de fantasma para gastarles una broma. Finalmente, el 14 de diciembre de 1942 la liberaron y pudo dirigir sus pasos al cuartel de los voluntarios franceses.[60] Estaba eufórica y no se arrepentía en absoluto de haber abandonado América: «Estoy infinita e íntegramente feliz de haber cruzado el océano», escribió a sus padres en cuanto pudo.[61]

Pero enseguida comenzarían las decepciones. En lugar de enviarla a una peligrosa misión, una idea a la que Simone de ninguna manera había renunciado, le asignaron, como por otro lado estaba previsto, un pequeño y tranquilo despacho en el número 19 de Hill Street. Allí le encomendaron tareas de redactora. Su trabajo consistía en leer los proyectos que elaboraban los comités de resistentes en Francia, estudiarlos y escribir sobre ellos. Con obediencia, ella se puso manos a la obra y aprovechó el tiempo para dar rienda suelta a su propia pluma. La cantidad de textos, notas y apuntes que escribió los siguientes meses resulta tan abrumadora que sus biógrafos creen que debía de escribir sin descanso, noche y día. A esta época pertenecen, entre otros, sus *Escritos de Londres*, *Echar raíces* y numerosos artículos sobre temas históricos y políticos.

Por supuesto, interiormente no se resignaba ni se conformaba con realizar un trabajo administrativo. La escritura no era consuelo suficiente. Como nuestra Agnódice, ella quería sacrificarse, acudir a la primera línea de fuego, inmolarse defendiendo una idea. Deseaba, como las enfermeras con las que había soñado, «sostener en el momento de mayor peligro el espectáculo prolongado de las heridas y las agonías». No tardó en conseguir un manual de aviación para estudiarlo con detenimiento. También logró hacerse con un casco de paracaidista. Al igual que Curie durante la Primera Guerra Mundial, incluso trató de aprender a conducir automóviles, aunque seguramente con mucha menos habilidad que la científica.[62] Los altos mandos de la Resistencia se desesperaban con su insistencia en que la enviasen a Francia, una obsesión que encontraban temeraria por el peligro que podía acarrearles a todos dados su origen judío y su torpeza. Maurice Schumann la trató con mucho cariño e incluso la acompañaba a misa los domingos, pero también sabía que las ideas camicaces de su antigua compañera de liceo eran totalmente irrealizables.

Simone trataba de recuperar la alegría dando paseos por Hyde Park, mientras escuchaba a los oradores y contemplaba los árboles y las flores que fueron brotando con la llegada de la primavera. A finales del mes de enero acudió al teatro a ver *Noche de Reyes* y *El rey Lear*, de Shakespeare. Quedó tan hechizada por sus personajes, a quienes contemplaba a la luz de la guerra, como Wollstonecraft lo había estado cuando su recuerdo también la había acosado durante la Revolución francesa. Simone escribió en una carta a sus padres:

> Cuando vi aquí *Lear*, me pregunté cómo es que desde hacía tiempo no había saltado a la vista de la gente (yo incluida) el carácter intolerablemente trágico de estos locos. Su dimensión trágica no consiste en las cosas sentimentales que se dicen respecto a ellos; sino en esto:
>
> En este mundo solo los seres caídos en el último grado de la humillación, muy por debajo de la mendicidad, no solo sin consideración social, sino mirados por todos como desprovistos de la primera dignidad humana, la razón – solo ellos tienen de hecho la posibilidad de decir la verdad. Todos los otros mienten.[63]

De sus padres le llegaban noticias de vez en cuando, pero de Couturier, el dominico a quien había mandado su *Carta a un religioso* antes de salir de Nueva York, no sabía nada. Es posible que durante una de sus melancólicas caminatas por Londres Simone se cruzase con Leonard Woolf, quien también tendría el rostro sombrío. A comienzos de 1943 una fuerte tormenta había derribado uno de los dos olmos con ramas entrelazadas de su casa en Rodmell bajo los que había enterrado las cenizas de Virginia dos años antes.[64]

La frágil salud de Simone empezó a empeorar. Por solidaridad hacia sus compatriotas que seguían en la Francia ocupada, decía, se negó a comer. Tosía y tenía horribles dolores de cabeza. Estaba tensa, agotada e infinitamente triste. Anhelaba la desgracia, pues creía que solo quien la ha experimentado se acerca a la verdad: «Tengo miedo de que eso no llegue a sucederme. Incluso cuando era niña, y creía ser atea y materialista, tuve siempre temor a fallar no en mi vida, sino en mi muerte...»,[65] anotó en sus cuadernos.

La realidad es que desde hacía tiempo padecía tuberculosis.

6

El ingreso en el hospital se produjo el 15 de abril. Estaba muy frágil, extremadamente delgada y seguía sin querer comer. Maurice Schumann tenía que decirle, para que aceptara sorber un poco de leche, que no se preocupara por los niños franceses, que estaban en una economía de guerra y que ellos tendrían reservada su parte.[66] Con el tiempo se fue quedando tan débil que apenas tenía fuerza para levantar la cuchara o asearse ella misma. Hablaba en voz baja y con tono monocorde. Lloraba pensando en lo lejana que parecía ahora la realización de sus proyectos. Ella, que siempre había querido morir heroicamente como Juana de Arco, tuvo que aceptar que su destino fuera hacerlo silenciosamente, como la hermana de los Grimm, «reteniendo la acción» mientras cosía con atención su propia camisa de anémonas blancas.

Enseguida debió de decidir que mentiría a Mime y a Biri. No soportarían pensar que su Simonette, despistada y angelical como la vieron al despedirse en Nueva York, estaba agonizando en Inglaterra lejos de ellos. A quienes iban a visitarla al hospital, un reducido número de amigos y colaboradores, les prohibió tajantemente que les avisaran. Les obligó a prometer que no les dirían ni una palabra de su enfermedad. A partir de entonces, con la boca tan cerrada como el Cristo humillado de la Pasión que tanto la había conmovido, empezó a escribirles cartas llenas de amor y mentiras. Cartas que llegaban a Nueva York sin referencias al hospital, ni a la tuberculosis, como si no pasara nada. Eran los últimos mensajes de una moribunda, aunque Simone tratara de ocultárselo a sus padres con todas sus fuerzas. En sus cartas hablaba de sus compañeros, de su trabajo, de sus amigos. Todo mentiras. Qué esfuerzo debió de costarle ese silencio, ella que siempre había preferido la verdad del loco a la felicidad del cobarde. «En Londres hace calor como en verano. Los parques están verdes. Las masas felices en las horas de ocio. Sed vosotros también felices, *darlings*. Procuraos todas las alegrías posibles y saboreadlas [...]. *And for you, my two darlings, fondest love and kisses*»,[67] escribió el 22 de mayo desde el hospital, donde seguía sin ningún signo de mejoría. «Nada de teatro interesante desde hace tiempo. Pero me han dicho que pronto van a representar *As you like it* al aire libre en un parque. Espero no perdérmelo. Conservad un poco de alegría en el corazón, si podéis, *darlings*. *Fondest love*»,[68] escribía en otra carta unos días más tarde.

Deseaba que fueran felices, que se consolaran, que no perdieran la risa con la que los habían rodeado a ella y a su hermano André en aquel capullo mágico y protector que había sido su infancia. En una carta fechada el 15 de junio, solo unas semanas antes de su muerte, Simone añadió al final del mensaje una postdata que resulta completamente enigmática a quienes conocen sus sesudas referencias filosóficas: «¿No le divertiría Jane Austen a B.?».[69]

Desde luego, no deja de ser enternecedor que uno de los últimos mensajes que escribió Simone Weil, la filósofa de los desdichados, fuera para aconsejar a su padre que leyera a Jane Austen. Solía citar a Platón, Homero, Spinoza, san Agustín... pero ¿a Jane Austen? ¿Tal vez Simone hojeó sus libros en el hospital, durante sus últimos días? ¿Se los llevaría uno de los pocos amigos ingleses que la visitaron? Desde luego no consta nada parecido en la biografía que escribió Simone Pétrement, pero imaginarla riendo con las aventuras de Catherine Morland o Emma quizá no traicione del todo su recuerdo. Al fin y al cabo, los Weil, como las hermanas Austen, solían emplear habitualmente expresiones como «partirse de risa».[70] De hecho, era Simone quien no se cansaba de decirle a sus padres en sus cartas de aquellos días: «¡Ojalá pudierais ambos sentiros felices de vivir!».[71]

El 24 de agosto entró en coma. Hacia las diez y media de la noche, murió de una parada cardíaca mientras dormía. Su aspecto era apacible. Fue enterrada el 30 de agosto, el mismo día en el que Mary Shelley habría cumplido ciento cincuenta años. Estaba previsto que un sacerdote católico oficiara la ceremonia del entierro, pero, en el último momento, perdió el tren y no llegó a tiempo. Fue Maurice Schumann quien leyó unos fragmentos de un misal. El padre dominico a quien Simone había mandado su *Carta a un religioso*, nunca la llegó a responder, por lo que debió emprender su marcha al más allá sin aquellas «respuestas firmes» que buscaba incansablemente.

Su hermano André Weil estaba en Pensilvania cuando recibió el telegrama en el que se anunciaba la muerte de Simone. Enseguida viajó a Nueva York para comunicarle la noticia a sus padres. Cuando atravesó la puerta del edificio de Riverside Drive, en Harlem, Biri estaba bajando en el ascensor. Se encontraron en el portal. En ese momento, le dijo el doctor Weil a André, iba a mandar un telegrama a Simone para ver qué tal estaba.

«Ha muerto. No quería que supierais nada». Padre e hijo volvieron a subir para decírselo a Mime.[72]

Simone le había escrito a su madre en otra de sus últimas cartas, fechada en julio:

Darling M., crees que tengo algo que dar. Está mal formulado. Pero yo también tengo una especie de certeza interior creciente de que hay en mí un depósito de oro puro que es para transmitirlo. Pero la experiencia y la observación de mis compañeros me persuade cada vez más de que no hay nadie para recibirlo.[73]

A pesar de que en el momento en el que escribió estas palabras era cierto que pesaba sobre Simone la sensación de no haber podido participar completamente de las penas de la humanidad ni haber podido contribuir con su propia vida y su muerte a lograr un mundo más amoroso y menos dominado por la voluntad de poder, a largo plazo se equivocaba. La influencia de sus ideas no dejaría de crecer. Fueron sus padres, sus apóstoles desde siempre, quienes recogieron sus cuadernos y, durante los siguientes años, copiaron y volvieron a copiar pacientemente las palabras de su

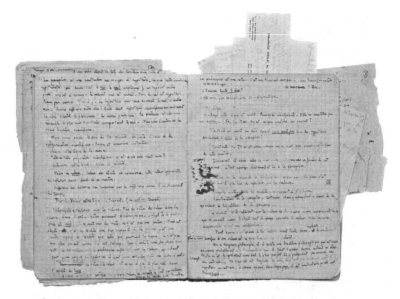

Cuadernos de Simone Weil conservados en la Bibliothèque Nationale de France

hija. Uno frente al otro, sentados en una gran mesa de madera, primero en Nueva York y luego en París, reprodujeron hasta las tachaduras.[74]

Si hoy accedemos a ese depósito de oro puro que es el pensamiento de Simone Weil en gran parte se lo debemos a ellos. Aunque falten sus nombres en la página con los créditos de sus obras, son Mime y Biri quienes todavía sostienen para nosotros las últimas palabras de su hija.

12
ROSA PARKS
CAMBIAR LA LEY
ALABAMA, 1913

NO SEGUÍ LAS NORMAS

1

Durante ese mismo invierno de 1943, mientras Simone Weil escribía a sus padres cartas llenas de amor desde Londres y Victoria Kent se miraba en el espejo de Plácido en el apartamento parisino, Rosa Parks se subía a un autobús de la ciudad de Montgomery, Alabama. Quería inscribirse en el registro de la ciudad, lo que constituía un requisito imprescindible para poder votar. A diferencia de Kent, quien ya vimos que era partidaria de retrasar la concesión del sufragio a las mujeres, para Rosa Parks no había en aquella época ninguna causa que le pareciera tan importante como lograr que las personas negras, incluidas las mujeres como ella, pudieran ejercer el derecho al voto.[1] Era una lucha en la que su marido, el activista Raymond Parks, se había volcado incluso antes de que se hubieran casado diez años antes, en 1932. Al igual que él, Rosa pensaba que el derecho al voto, la capacidad de elegir a los representantes políticos, era un paso esencial para que mejorara la situación, todavía extremadamente violenta y discriminatoria, en la que vivía la población afroamericana. La esclavitud se había abolido en 1865, pero las leyes segregacionistas y las propias costumbres y tabúes sociales seguían manteniendo prácticamente intacto el sistema supremacista blanco.

Como la propia Parks comentaría muchos años después en su autobiografía, la mayoría de las personas negras del sur de Estados Unidos no podían ejercer el derecho al voto. Los defensores de la segregación racial habían ideado un eficaz y desmoralizante sistema de trabas para impedirlo. La primera de ellas era la dificultad que tenían simplemente para lograr censarse con éxito en el registro, es decir, para cumplir con el objetivo por el que Rosa había tomado el autobús aquel día de invierno de 1943. Al principio tenían que contar con avalistas blancos que acudieran con ellos y lo autorizaran, lo que era difícil de conseguir, además de resultar humillante para muchas personas, como el propio Raymond Parks, quien se negó a pedírselo a ninguno de sus conocidos.[2]

Cuando este aval dejó de ser imprescindible, las dificultades no disminuyeron: aunque llevaran generaciones en suelo norteamericano, las

Rosa Parks en 1955

personas negras debían pasar un examen de alfabetización y demostrar que sabían leer, escribir y entender la Constitución. La alternativa era ser propietario, lo que representaba una excepción entre la población afroamericana. Las personas blancas que debían realizar el examen y lo superaban recibían inmediatamente el certificado, a diferencia de las afroamericanas, quienes debían esperar a que les llegara por correo. En el caso de que les fuera denegado, las autoridades no tenían por qué ofrecer una explicación. Pero ahí no terminaba la carrera de obstáculos, pues lo más complicado de todo el proceso era saber cuándo se abrirían los libros del censo del registro.[3] No se publicaban los horarios y, además, cuando se abrían, solía ser en horario laborable, lo que evidentemente impedía a los trabajadores negros llegar a tiempo para inscribirse. El resultado de todo esto no es difícil de imaginar. En los años cuarenta había muy pocas personas en la comunidad afroamericana que estuvieran censadas en el registro para poder votar.

Cuando en 1943 Rosa Parks subió al autobús de Montgomery, era la segunda vez que trataba de registrarse. La primera había fracasado sin que le dieran motivo alguno. Pero en realidad no hacía falta que nadie le explicara nada, pues bastaba con subirse a un autobús para constatar la perversidad inherente al sistema: la segregación racial hablaba por sí misma. En el transporte público, así como en otras muchas esferas de la vida, las personas negras tenían que seguir unas reglas un tanto especiales. Unos carteles indicaban si las fuentes públicas eran para blancos o para «personas de color», aunque el agua fuera idéntica; las escuelas para niños afroamericanos no solo eran peores sino que también el curso escolar duraba menos, para que pudieran trabajar en las plantaciones. Los salarios no eran los mismos ni tampoco el acceso a la sanidad. Tampoco acudían a las mismas iglesias. Otra de aquellas retorcidas reglas obligaba a los afroamericanos a subir por la puerta delantera del autobús para comprar el billete pero, una vez que adquirían el título de transporte, en lugar de pasar directamente hacia la zona de los asientos del autobús, tenían que bajar y volver a subir por la puerta trasera. Los conductores a menudo aprovechaban estos segundos para arrancar el vehículo velozmente y dejar a los viajeros en tierra antes de que tuvieran tiempo de subir de nuevo.

Si conseguían entrar al autobús, lo que debían hacer al menos dos veces al día para ir y volver al trabajo, también había reglas muy estrictas para organizar la ocupación de los treinta y seis asientos. Los diez primeros estaban reservados para los pasajeros blancos y se sobreentendía que los diez del fondo eran para los afroamericanos. Si faltaban asientos para un viajero blanco, las personas negras debían cederles el suyo; en sentido contrario, aunque no hubiera viajeros en las diez primeras filas, ninguna persona negra podía ocupar dichos asientos. Los conductores llevaban pistola y tenían plena libertad para administrar los asientos centrales y para reorganizar el autobús como mejor les pareciese. Una de las quejas constantes de la comunidad negra era el mal trato que recibían de los conductores, lo que ocurría a pesar de que los afroamericanos representaban la mayoría de los viajeros y, por tanto, eran los principales clientes de la línea de transporte. «Creo que no había ley de segregación que enfureciera más a las personas negras de Montgomery que la de la segregación en los autobuses», escribiría Parks años más tarde, «sufrir la indignidad de tener que utilizar autobuses segregados dos veces al día, cinco días a la semana, para ir al centro y trabajar para blancos era muy humillante».[4]

Cuando Rosa Parks subió al autobús en 1943, aquel día, como tantos otros, se encontraba repleto de gente. Hombres y mujeres afroamericanos se agolpaban de pie incluso en los peldaños de la puerta de atrás. Al ver que en la parte delantera había sitios vacíos, Rosa decidió saltarse las normas, subir por la puerta de delante y caminar directamente hacia la zona de los asientos. El conductor, un hombre alto y corpulento con actitud intimidatoria, reaccionó con rapidez.[5] Se puso de pie, la miró de frente y le ordenó que se bajara de inmediato. Debía subir por la puerta trasera. Rosa le respondió que ya estaba en el autobús, que la puerta trasera estaba llena de gente y que no veía necesidad de bajar y volver a subir. Además, ¿cómo iba a hacerlo con tantas personas como había allí de pie? «Si no puedes subir por la puerta de atrás, tendrás que bajar de mi autobús»,[6] fueron las palabras con las que le respondió el conductor. Rosa permaneció inmóvil. Él se acercó y la agarró de la manga del abrigo para forzarla a bajar.

Antes de descender del autobús, Parks tiró a propósito el bolso que llevaba al suelo. Pero, en lugar de agacharse para recogerlo, se sentó tranquilamente en el primer asiento, a la vista de todo el mundo, para recoger las pertenencias que se habían desparramado una a una. En el autobús se empezaron a escuchar murmullos, pues la gente estaba cansada y harta del esperar. «Tendría que haber subido por detrás», decían unos. «¿Por qué no ha bajado para entrar por detrás?», mascullaban otros.[7] El conductor volvió a acercarse, con pinta de querer pegarla. «Baja de mi autobús», volvió a repetirle. Rosa respondió que sí, que se bajaría. «Le diré algo», añadió con su voz suave pero firme, «más le vale no golpearme».[8]

A partir de ahora, se prometió Rosa a sí misma cuando por fin bajó y vio alejarse por la calle de Montgomery el autobús lleno de gente, me fijaré bien en quién conduce antes de subir. «No quería más incidentes con ese conductor tan desagradable».[9]

2

Cuando aquel conductor corpulento obligó a Rosa Parks a que se bajase de *su* autobús, ella ya no era ninguna niña, aunque por su aspecto dulce pudiera parecerlo. De hecho, tenía treinta años y la discriminación no era en absoluto una realidad que le resultase desconocida. Descendiente de esclavos, Rosa descubrió a través de los relatos que le contaba su abuelo Sylvester, hijo de una costurera esclava y el propietario blanco de una plantación, historias terribles sobre el maltrato y la violencia que había sufrido al quedar huérfano. «El capataz lo golpeaba, intentó matarlo de hambre, le prohibió llevar zapatos y lo trató tan mal que mi abuelo desarrolló un odio intenso y apasionado hacia las personas blancas», recordaría al escribir su autobiografía. «Fue él quien instiló en mi madre y en sus hermanas, y en los hijos que ellas tuvieron, que no hay que tolerar el maltrato, venga de donde venga».[10] Desde que era muy pequeña, la propia Rosa fue muy consciente del racismo que imperaba en la sociedad estadounidense y, durante su infancia, los juegos con su hermano o las buenas horas pasadas en la escuela a la que su madre se empeñó en que fuera pronto se mezclaron con el temor hacia el Ku Klux Klan, cuyos miembros hacían todo lo posible para intimidarlos y someterlos. También se mezclaron con la dureza del trabajo que tuvo que realizar en las plantaciones de algodón desde que tenía siete años, recogiéndolo en otoño y escardándolo en primavera. «Jamás olvidaré cómo me quemaba el sol. Y la tierra abrasadora nos quemaba los pies tanto si llevábamos el calzado de trabajo como si no».[11]

Durante los primeros años había sido una niña enfermiza y los médicos que trataron de curarle las constantes amigdalitis que padeció sin duda se hubieran sorprendido mucho al saber que, al igual que Sofonisba y Victoria Kent, la pequeña Rosa llegaría a ser nonagenaria. Efectivamente, las duras experiencias y enfermedades de la infancia no lograron borrar la delicadeza de sus facciones, la sonrisa perfecta con la que aparece en todas las fotografías y el brillo de dignidad y esperanza que asoma en su mirada detrás de sus inconfundibles gafas de metal, muy parecidas a las que llevaba Simone Weil en esa misma época. Cuando la obligaron a bajar del autobús, iba vestida con la sencillez que la caracterizaba; siempre escogía recatados trajes rectos y oscuros, sobre los que se ponía un abrigo gris. En ocasiones especiales completaba el atuendo con un sombrerito de terciopelo negro con perlas por encima, un pequeño bolso y unos guantes blancos.[12]

El conductor del autobús, cegado por su malhumor, no debió de fijarse en nada de eso. Obviamente no captaría ningún rasgo de su delgada silueta, elegante y orgullosa. A diferencia de Rosa, a quien le dio tiempo en aquellos breves segundos que duró el encontronazo a registrar mentalmente que aquel racista grandullón tenía un lunar cerca de la boca. Con el tiempo, reconocería que había tenido especial mala suerte, ya que no todos los chóferes eran tan detestables como él. No era la primera vez que le había visto obligar a una joven a bajarse del autobús para volver a subir, humillada, por la puerta trasera. La actitud racista de los conductores saltaba a la vista de todos los pasajeros, pero quizá para Rosa era aún más llamativa, pues, durante los últimos años, poco a poco y de la mano de su marido, se había ido implicando en el activismo por los derechos civiles. De hecho, cuando la obligaron a bajar del autobús, era miembro de la NAACP (Asociación Nacional para el Progreso de las Personas de Color), una organización nacional en la que participaban afroamericanos y blancos para protestar contra la discriminación racial, los linchamientos y la desigualdad educativa.

Merece la pena detenerse unos momentos en la anécdota que envolvió el ingreso de Rosa Parks en la NAACP, pues si sus encontronazos con los conductores de autobús son hoy un símbolo mundial del flagrante racismo que existía y por desgracia sigue existiendo en muchos lugares del mundo, las muestras de sexismo que vivían las mujeres negras no solo por parte de la población blanca sino incluso por los activistas afroamericanos de los que fueron importantes aliadas son mucho menos conocidas. Las mujeres como Parks o sus abuelas esclavas sufrían una discriminación no solo por la raza sino también por el sexo, y lo más doloroso de esta última es que sus *hermanos*, perfectamente conscientes de los mecanismos de opresión racial del supremacismo blanco estadounidense, no parecían ser muy conscientes de la responsabilidad que tenían ellos mismos en la perpetuación del sexismo que también campaba a sus anchas en sus propias organizaciones.

Como muchos hombres de su época, en un principio Raymond Parks no había querido que Rosa se afiliara a la NAACP porque creía que era demasiado peligroso para ella. Era habitual recibir represalias y amenazas. De hecho, ella no supo que la organización admitía mujeres hasta que vio una imagen de Johnnie Carr publicada en el *Alabama Tribune*. Johnnie, quien también llegaría a ser una líder del movimiento por los derechos civiles, era una vieja amiga y compañera de clase de Rosa, por lo que en cuanto vio su fotografía en el periódico se propuso dejarse caer por la NAACP algún día para volver a verla. La ocasión se presentó en diciembre de 1943, en las mismas fechas en las que Simone Weil llegaba por fin a Inglaterra y se disfrazaba de fantasma para subir el ánimo de sus camaradas. Ese año, Marianne Moore dejaba de escribir sobre pangolines para publicar «In Distrust of Merits», un poema antimilitarista y comprometido. En aquellos días de diciembre de 1943, se celebró en Montgomery la reunión anual de la NAACP para elegir a los distintos miembros de la junta directiva y Rosa Parks decidió acercarse para ver a su amiga.

Sin embargo, al entrar en la reunión, Parks enseguida pudo comprobar que Johnnie no había ido y solo había una docena de hombres a la vista.[13] Cuando llegó la hora de empezar, imagino que se miraron los unos a los otros de reojo preguntándose quién podría servirles de secretaria dado que Johnnie, la única mujer con quien contaban en sus filas, no había asistido en esa ocasión. Necesitaban una para la reunión. ¿Quién podría tomar nota del acta?, se debieron de preguntar unos a otros mientras canturreaban suavemente «We Shall Overcome». Por supuesto era una pregunta retórica, pues enseguida resultó evidente que Rosa se ocuparía de hacerlo. Es posible que ella se preguntara para sus adentros si aquellos activistas se habían lesionado la mano todos a la vez, de golpe, quizá como gesto de protesta por algo que ella ignoraba, pero era demasiado tímida para hacer cualquier objeción. «Me encargué de registrar el acta y así fue como me eligieron de secretaria. No me pagaban, pero el trabajo me gustaba y Parks me apoyaba mucho».[14]

En aquella reunión sin duda destacaba la presencia de Edgar Nixon, uno de los líderes más relevantes del movimiento y presidente de la NAACP. Con el tiempo, Rosa recibiría felicitaciones de su parte por su trabajo, ya que se esforzaba mucho como secretaria y asistía a todas las reuniones. Entre ellos reinaba la camaradería y el afecto mutuo era muy profundo. Sin embargo, él no podía evitar reírse de ella a menudo. «El lugar de las mujeres es la cocina», le decía. Cuando ella le preguntaba entonces qué pintaba allí, él respondía sin dejar de sonreír: «Bueno, necesito una secretaria y tú lo haces bien».[15]

Nixon era un hombre muy activo y respetado que en la década de los años veinte ya había fundado una sucursal del sindicato de trabajadores ferroviarios, pues él mismo era conserje de los coches cama. En las fotografías en las que le vemos junto a Rosa parece un hombre con una gran presencia de ánimo, muy carismático, de complexión fuerte y gestos serios. Trabajaba incansablemente por los derechos de las personas negras, animándolas a que se inscribieran para votar y liderando protestas constantes. Diez años después de conocerla, en 1950, se había apegado tanto a Rosa que a menudo le decía que ella era «la secretaria de todo lo que él hacía».[16] No era para menos. Cuando salía de su trabajo como costurera en una sastrería en los grandes almacenes Montgomery Fair iba derechita a su despacho, donde le prestaba sus servicios como voluntaria en las acciones del movimiento que él encabezaba. «Respondía al teléfono y a las cartas y llevaba el registro de los distintos casos de personas que acudían en busca de ayuda».[17]

Como recuerda la feminista negra bell hooks, diferentes sociólogos e historiadores a menudo han disculpado o justificado las actitudes sexistas entre los activistas, argumentando que la lucha afroamericana contra la opresión blanca fue acompañada de la adopción por parte de sus cabecillas de posiciones de liderazgo fuertes, patriarcales, porque la esclavitud había despojado a los hombres negros de estos roles, relegándolos a posiciones sociales «femeninas».[18] Como ocurría con la justificación del olvido de Hernán Cortés, seguro que hay parte de verdad en este argumento, pero ¿acaso no vuelve a sonar un poco a «la vieja excusa», pero esta vez en versión Black Power? Si las mujeres nunca hubieran sido ninguneadas por las organizaciones y los movimientos políticos, se podría dar crédito a la explicación, pero las genealogías culturales parecen evidenciar que se trata más bien de un patrón que no conoce barrera racial o ideológica.

Cada tarde Rosa también le llevaba a Nixon un sándwich a la oficina. Alguien tenía que pensar en el almuerzo en medio de una lucha política como la que estaban librando.

3

La necesidad de acabar con la segregación en los autobuses y con la mala educación que los afroamericanos recibían por parte de los conductores era un tema de conversación habitual entre los miembros de la NAACP de Montgomery. A menudo llegaban historias sobre conductores violentos o sobre su negativa de respetar las paradas establecidas. Una de las reivindicaciones históricas que hacía la comunidad afroamericana sin éxito era que la empresa de transporte contratase conductores negros. Como secretaria de la organización, Rosa tomaba nota de todos los incidentes y sabía que Nixon, quien a menudo se acercaba a protestar a las oficinas de la empresa de transporte, quería presentar una demanda a la ciudad. Pero también sabía por él que se trataba de una operación muy delicada. Para poner una demanda colectiva, era preciso encontrar primero a alguien que quisiera actuar como demandante. No era sencillo, pues significaba jugarse la vida. Las personas que lo hacían sufrían acoso y amenazas violentas, por no mencionar que nadie les aseguraba que el caso culminara con éxito. Además era muy difícil encontrar al demandante ideal; Nixon prefería que fuera una mujer, ya que creía que despertaría «más simpatías que un hombre». «Y la mujer tenía que ser absolutamente irreprochable, tener una buena reputación y no haber hecho nada malo a excepción de haberse negado a ceder su asiento», repetía a menudo.[19]

En la primavera de 1955, doce años después de que obligaran a Rosa Parks a descender del autobús por primera vez, se produjo un altercado en Montgomery que estuvo a punto de empujar a Nixon a impulsar al fin la demanda contra la segregación en el transporte. Una joven de quince años llamada Claudette Colvin y una mujer mayor se negaron a ceder sus asientos a unos pasajeros blancos en la parte central del autobús. Cuando llegó la policía, la anciana ya se había marchado, pero Claudette seguía allí, negándose en redondo a moverse de su asiento. Rosa Parks, Nixon y Jo Ann Robinson se reunieron con ella después de su arresto para tratar de llevar su caso al tribunal federal. Estaba dispuesta a actuar como demandante, les dijo. Sin embargo, Nixon pronto descubrió que la joven estaba embarazada sin estar casada y los planes se fueron al traste. Según contaría después la propia Parks, Nixon pensaba que si la prensa blanca se hubiera enterado, se habrían cebado con ella y con el caso. Habrían perdido toda credibilidad y los esfuerzos de tantos años no habrían servido de nada. Habría sido como dar la razón a la población blanca, obsesionada con estereotipos sexuales degradantes sobre la mujer negra.[20] Sin duda, el *affaire* Colvin es otro ejemplo emblemático de la doble discriminación que soportaban las afroamericanas, sistemáticamente devaluadas no solo por el color de la piel sino también por el sexo. De un modo un tanto perverso, sus propios camaradas como Nixon decían preferir una mujer, pero no dudaron en apartarla de la primera línea cuando supieron que estaba embarazada.

Al salir de su trabajo el jueves 1 de diciembre de 1955 Rosa Parks se encaminó hacia Court Square. Quería coger el autobús de Cleveland Avenue para regresar a su casa. Eran unas semanas muy estresantes, pues además de su trabajo como costurera se encontraba inmersa en la organización de varias actividades del movimiento. Sin ir más lejos, esos mismos días estaba preparando unos talleres de la NAACP y la siguiente semana se celebraría la elección de delegados en la propia organización. Tenía muchas cosas en la cabeza. Quizá por ese motivo, incumplió la promesa que se había hecho a sí misma doce años antes y no miró bien antes de subir quién conducía el autobús. Cuando sus ojos se clavaron en el lunar cercano a la boca del chófer, ya era demasiado tarde. Había abonado su billete y no le quedaba más remedio que viajar en ese autobús. Seguramente él no la reconoció, pero ella sí. Era el mismo que la había obligado a bajar en 1943.

Rosa vio que en la zona central había un asiento libre. Sin pensárselo dos veces, pues estaba cansada después de todo el día de trabajo, fue hasta él para sentarse. En la siguiente parada, Empire Theater, subieron personas blancas y algunas se quedaron sin asiento. Entonces el conductor miró hacia atrás y dijo: «Dejad libres esos asientos». Tras unos segundos de silencio volvió a insistir: «Más os vale hacerlo por las buenas y que dejéis libres esos asientos».[21] Los otros pasajeros que estaban en la misma fila que Rosa se movieron y cedieron su sitio. Rosa se cambió al asiento de la ventanilla, el que el hombre negro de su lado había dejado libre al abandonar la zona central del autobús. El conductor le preguntó entonces a Rosa si tenía intención de levantarse, pues de lo contrario haría que la arrestasen. Lo que pasó después, ya es historia. Lo único que dijo ella es que ya sabía que él podía hacer que la arrestasen. No se movió ni un milímetro. Al llegar la policía, Rosa no se opuso y solo acertó a preguntar a los agentes cuál era el motivo de que les tratasen así. Esta vez era ella quien formulaba una pregunta retórica. El policía respondió: «No lo sé, pero la ley es la ley y estás detenida».[22]

Como es lógico, muchas personas le preguntaron después si al negarse a abandonar su asiento de algún modo estaba buscando protagonizar el caso que la NAACP llevaba tanto tiempo buscando y del que ella estaba perfectamente al tanto. O, para decirlo en otras palabras, si detrás del gesto aparentemente espontáneo de resistencia en realidad se escondía una estrategia premeditada para encabezar la demanda colectiva. La verdad es que no había una demandante más ideal que Rosa Parks. No tenía ni una sola mota de polvo en su expediente y la única razón que la prensa podría esgrimir para explicar que la hubieran arrestado era el color de su piel. Nixon, quien no pudo ni creerse la suerte que habían tenido con el incidente, no dudó en declarar a los periodistas: «Rosa Parks llevaba doce años trabajando para mí antes de esto. Había sido la secretaria de todo lo que había puesto en marcha: la Hermandad de los Conserjes de Coches Cama, la NAACP, la Liga de Votantes de Alabama..., todo eso».[23] Solo le faltó añadir que Rosa era perfecta registrando las actas y siempre se acordaba de llevarle un sándwich para el almuerzo.

Pero lo cierto es que ella siempre negó rotundamente que fuera un acto premeditado.[24] De hecho, como no se cansaba de repetir a quienes le preguntaban, de haber prestado atención no se hubiera subido al autobús y de haber meditado lo que podría ocurrirle si desafiaba la autoridad, seguramente se habría bajado. Siempre negó también que el cansancio fuese la única razón por la que no cedió el asiento. «No estaba cansada físicamente o, al menos, no más cansada de lo que solía estar al salir del trabajo. No era mayor, aunque hay quien cree que entonces era mayor. Tenía cuarenta y dos años. No, de lo único que estaba cansada era de rendirme».[25]

Cuando unas horas después del incidente Rosa Parks abandonó la cárcel a la que la condujeron en coche patrulla, la primera persona a la que vio al cruzar la puerta de la prisión fue a su amiga

Virginia Durr, una mujer blanca que pertenecía también al movimiento por los derechos civiles. Aunque había crecido en un ambiente racista e incluso su abuelo había sido miembro del Ku Klux Klan, Virginia y su marido eran activistas comprometidos y buenos amigos de los Parks. No les importaba que la sociedad blanca de Alabama les hubiera dado la espalda por ello. Como contaría Rosa en su autobiografía, cuando sus ojos y los de Virginia se cruzaron, las lágrimas caían por el rostro de piel blanca de su amiga. Saltándose todos los tabúes sociales vigentes durante la segregación, fue ella quien se apresuró a abrazarla y besarla como si fueran hermanas.[26]

CUÉNTALES LO DEL SUEÑO, MARTIN

4

La feminista Gloria Steinem ha reconocido en sus memorias que tardó un tiempo en darse cuenta de que apenas había mujeres entre las caras más visibles y mediáticas del movimiento por los derechos civiles.[27] No fue la única que, a pesar de percibir los paralelismos existentes entre la lucha afroamericana y el movimiento de liberación de la mujer, paralelismos que se remontaban a las alianzas entre los movimientos sufragistas y abolicionistas del siglo XIX, no detectó a primera vista la doble discriminación, racista y sexista, que padecían las mujeres negras de su propio país. Como Steinem, muchas activistas veían la simetría existente entre la dominación ejercida sobre las mujeres y la que también padecían las personas negras, pero, a menudo, se sobrentendía que por mujeres se hablaba de «mujeres blancas» y por personas negras, de «hombres afroamericanos».[28] ¿Dónde estaban entonces *ellas*? Como diríamos hoy, la *intersección* entre raza y género era a menudo invisible durante los años cincuenta y sesenta del pasado siglo.

La propia Rosa Parks solo fue consciente mucho tiempo después del liderazgo tan masculino que ejercieron sus camaradas de la NAACP. En sus memorias solo recuerda de aquellos primeros días la gran impresión que le causaron las reacciones que provocó su incidente en el autobús entre la comunidad afroamericana de

Montgomery. Como diría Martin Luther King, aquel gesto fue «la gran fuerza que impulsó la marcha moderna hacia la libertad». Pero la realidad es que, junto a Rosa, había otras muchas mujeres que hicieron posible el famoso «boicot de los autobuses» que siguió a su arresto y que se considera el origen del movimiento por los derechos civiles norteamericano. Es más, esas otras mujeres que trabajaron en la sombra para impulsar el boicot fueron las que, en gran medida, favorecieron que emergiera la propia figura de Martin Luther King como líder indiscutible y magnético de la lucha por la libertad. Como escribiría Charles Payne tiempo después, *ellos* lideraron el movimiento, pero fueron *ellas* quienes lo organizaron.[29]

En este sentido, Virginia Durr no fue la única mujer que la noche del 1 de diciembre de 1955 se acostaría tarde y dejaría a sus cinco hijos sin cenar para acudir a la cárcel a esperar a su amiga Rosa Parks. Esa misma madrugada, Jo Ann Robinson recibió la llamada de Fred Gray, el abogado afroamericano del movimiento, para explicarle lo que había sucedido. Jo Ann era una activista que, junto con otras mujeres como Mary Fair Burks, dirigía el Women's Political Council, una asociación creada en los años cuarenta para luchar por el avance y los derechos de la comunidad negra.[30] Entre

Virginia Durr y Rosa Parks

sus miembros originales había sobre todo mujeres afroamericanas profesionales, en su mayoría profesoras de la Alabama State University, donde a menudo organizaban sus actividades, y de los colegios públicos de Montgomery. Es bastante significativo que una de las primeras cosas que hizo Fred Gary la noche del 1 de diciembre fuera llamar a Jo Ann y a las profesoras del Women's Political Council. Creo que a Simone Weil le habría encantado conocerla y es muy posible que, si su cabezonería no la hubiera conducido a Londres en 1943, la filósofa francesa hubiera dirigido sus pasos hacia el sur de Estados Unidos para unirse a su lucha, como de hecho amenazaba a sus pobres padres con hacer cuando se desesperaba en Nueva York. Es también muy posible que aquellas mujeres se hubieran negado a encargarle una misión muy peligrosa y la hubieran sentado en un pupitre de la Alabama State para que pegara sellos en los sobres en los que introducían sus cartas de protesta. Quizá Simone se habría vuelto a sentir como la hermana del cuento de los hermanos Grimm.

Pero volvamos al 1 de diciembre de 1955. Tras recibir la llamada de Fred Gray, Jo Ann se puso en contacto con las activistas del Women's Political Council para reunirse esa misma madrugada en la Alabama State. Cabe suponer que aquel mítico 1 de diciembre muchos niños afroamericanos se quedarían también sin cenar. Tras conocer los detalles del incidente y del arresto, Jo Ann y el resto de mujeres rápidamente tomaron la decisión de llamar al boicot de los autobuses a partir del lunes 5 de diciembre, el día que tendría lugar el juicio de Rosa Parks.[31] Era una idea que el Women's Political Council había propuesto y valorado realizar numerosas veces, pues la denuncia de los malos tratos en los autobuses era una de las luchas que desde hacía muchos años habían priorizado las activistas de la asociación. Sin embargo, del mismo modo que en 1955 Nixon no había encontrado todavía a su demandante ideal para montar un caso sólido contra la segregación, las mujeres del Women's Political Council tampoco se habían decidido a llamar al boicot por miedo al fracaso. Sabían que la población negra necesitaba utilizar el autobús para llegar al trabajo y que carecían en su mayoría de vehículos privados o de recursos económicos para acudir en taxi. Además, intuían que el boicot generaría una reacción violenta por parte de la empresa de transporte, pues los afroamericanos constituían casi un setenta por ciento de su clientela.

Pero, al igual que Rosa, el 1 de diciembre de 1955 aquellas mujeres estaban cansadas de rendirse. Esa misma noche imprimieron treinta y cinco mil panfletos como este:

> Esto es para el lunes 5 de diciembre de 1955.
>
> Otra mujer negra ha sido arrestada y metida en la cárcel porque se ha negado a levantarse de su asiento en el autobús para cedérselo a una persona blanca.
>
> Es la segunda vez desde el caso de Claudette Colvin que una mujer negra ha sido arrestada por el mismo motivo. Esto tiene que parar.
>
> Los negros también tienen derechos, y si los negros dejasen de usar los autobuses, estos no podrían seguir circulando. Tres cuartas partes de los usuarios somos negros y, sin embargo, nos arrestan o tenemos que permanecer en pie aunque haya asientos libres. Si no hacemos algo para poner fin a estos arrestos, seguirá sucediendo. La próxima vez puedes ser tú, tu hija o tu madre.
>
> El caso de esta mujer se juzgará el lunes. Por lo tanto, pedimos a todos los negros que el lunes no usen los autobuses, para protestar por el arresto y el juicio. No uséis los autobuses para ir a trabajar, a la ciudad, a la escuela o a ningún otro sitio el lunes.
>
> Puedes permitirte no ir a clase un día. Si trabajas, ve en taxi o a pie. Pero, por favor, niños y adultos, no uséis el autobús el lunes. Os pedimos por favor que no uséis ni un solo autobús el lunes.[32]

A la mañana siguiente, con ayuda de sus estudiantes, Jo Ann Robinson cargó los panfletos en su coche y los llevó para repartirlos entre todos los colegios de primaria y secundaria de la zona. En palabras de su amiga Mary Fair Burks, trabajó con la energía de diez mujeres juntas.[33] Esa tarde debían llevárselos a sus padres y madres para que pudieran leerlos. Aquellos mensajes en los que se llamaba a la acción colectiva volaron de mano en mano, yendo y viniendo como auténticos ángeles, tal y como habría podido escribir Emily Dickinson. Por su parte, Edgar Nixon se puso en contacto con los ministros religiosos afroamericanos para que apoyaran el boicot y hablaran de la protesta desde sus púlpitos de la Iglesia el domingo 4 de diciembre. También tuvo tiempo para reunirse con un periodista en la estación de ferrocarril antes de subir al tren de la ruta Montgomery-Atlanta-Nueva York, donde era conserje de los coches cama, para que publicaran el panfleto en el periódico. Tampoco se olvidó de telefonear a sus compañeros para dar órdenes precisas de lo que debían hacer durante el fin de semana, mientras él estuviera ausente de Montgomery por su trabajo en el tren.

5

La mañana del 5 de diciembre nadie sabía realmente lo que sucedería. Los panfletos se habían recibido, los ministros habían hablado desde el púlpito, los periodistas se habían hecho eco de la noticia y

Llegada de Rosa Parks al juicio el 5 de diciembre de 1955

las reuniones de la comunidad afroamericana no habían parado de producirse. Pero en realidad nada de eso garantizaba que el boicot fuera a tener éxito. Para mayor incertidumbre, el cielo amaneció nublado, lo que sembró dudas en los propios organizadores sobre si finalmente los trabajadores negros podrían prescindir de utilizar el autobús. Rosa Parks no se levantó aquella mañana especialmente nerviosa, a pesar de que ella no solo era una de las personas al frente del boicot sino que además debía acudir al juicio para dar la cara por toda la comunidad afroamericana. No le dio muchas vueltas a lo que se pondría y escogió uno de sus sencillos vestidos oscuros de manga larga, con el cuello y los puños blancos. Como la ocasión era especial, se puso también su sombrerito de terciopelo negro con perlas por encima y los guantes blancos. Es imposible no sentir ternura al ver su fotografía de aquel día subiendo las escaleras del juzgado con sus zapatos de tacón, escoltada por Nixon y su marido, vestida como si fuera a la Iglesia o a un concierto de góspel en lugar de a un aberrante juicio racista. Una multitud que gritaba su apoyo rodeaba el edificio. Desde luego que Nixon tenía razón cuando decía que ella era la demandante ideal.

El juicio fue muy corto. Solo testificaron como parte de la acusación el conductor de autobuses, James P. Blake, y una mujer blanca que llamaron como testigo y que mintió diciendo que en la parte trasera había un asiento libre que Rosa Parks se había negado a ocupar cuando le ordenaron que cediera el suyo. A Rosa no la llamaron al estrado para defenderse y por tanto no pudo hablar. Su silencio respondía a la estrategia de sus abogados, quienes la habían declarado «no culpable» pero sabían que era necesario que la condenaran para poder llevar su caso a un tribunal superior, el único que tenía capacidad para modificar las leyes de la segregación de los autobuses, el verdadero objetivo que querían alcanzar con la demanda.[34] Sin embargo, como luego se vería, esta no sería la única vez aquel día que los líderes del movimiento considerarían innecesario que ella tomara la palabra.

Mientras tanto, en las calles de la ciudad, el boicot de los autobuses estaba siendo un éxito rotundo. El propio Nixon estaba asombrado. Desde por la mañana los trabajadores acudieron a las paradas de autobús pero, en lugar de subir, esperaron tranquilamente a que llegaran los taxis que los conductores afroamericanos habían puesto al servicio del boicot. Otros compartieron coches o fueron al trabajo a pie, caminando. El resultado fue que los autobuses quedaron vacíos, circulando como coches fantasma por las calles de Montgomery. Aunque aún no podían saberlo, aquella acción de resistencia no violenta protagonizada por la comunidad negra estaba sentando las bases no solo del movimiento por los derechos civiles de los afroamericanos sino de otros muchos movimientos sociales y políticos, entre ellos el feminismo de

Foto tomada durante el boicot de los autobuses, que arrancó en diciembre de 1955 y se prolongó más de un año

los años sesenta, que vendrían después. La fuerza de su recuerdo llegaría hasta el movimiento Black Lives Matter, fundado en 2013 y especialmente activo en 2020 tras la muerte de George Floyd en Minneapolis como consecuencia de la brutalidad policial.

Al terminar el juicio aquel día, Rosa no regresó a su casa. Al igual que Curie, Kent y Weil, ella no quería retirarse en los momentos álgidos de la acción y necesitaba sentirse útil. Su abogado Fred Gray le dijo que podía quedarse en su despacho, para coger el teléfono, algo a lo que por otro lado estaba muy acostumbrada, pues a menudo también le servía a él de secretaria. Esa parte del 5 de diciembre fue sin duda la más graciosa, pues Rosa Parks estuvo varias horas respondiendo al teléfono, que sonaba sin parar, atendiendo todas las llamadas que preguntaban por su caso sin decir en ningún momento que la telefonista con quien hablaban *era* Rosa Parks, la misma persona por la que todo el mundo se interesaba y preguntaba sin cesar.[35]

Por la noche aún tuvo energía para acudir a la reunión que se iba a celebrar en la iglesia baptista de Holt Street. Estarían presentes todos los líderes del movimiento, como Nixon y Fred Gray, así como un nuevo reverendo joven e inteligente recién llegado a Montgomery del que le habían hablado muy bien. Se llamaba Martin Luther King y esa misma tarde, mientras Rosa cogía el teléfono sin desvelar quién era, lo habían elegido para que fuera la nueva cara visible del movimiento por los derechos civiles. Para que el boicot y la demanda tuvieran éxito, argumentaban los líderes como Nixon, era necesario que un rostro nuevo, capaz de ilusionar a la gente y sin demasiados compromisos entre los blancos, representara la protesta. El del reverendo King parecía perfecto. Sospecho que a nadie se le ocurrió proponer que la portavoz fuera una mujer. O, si alguien lo hizo, la idea no tuvo éxito.

Cuando Rosa Parks entró en la iglesia de Holt Street, estaba llena hasta los topes. Le costó llegar hasta el estrado y hacerse con un asiento. Al final, consiguió que le dieran una silla, lo que no deja de ser un final curioso para aquel 5 de diciembre de 1955. El asunto principal que iba a debatirse era si el boicot de los autobuses debía continuar. ¿Había fuerza para aguantar algunos días? ¿Toda la semana? Los líderes tenían miedo a la reacción de los blancos si se prolongaba, pero también albergaban muchas dudas de que pudiera llevarse a cabo. ¿Cómo se las apañarían para ir al trabajo? ¿Y los niños a la escuela? Y las criadas y las cocineras y las costureras, ¿cómo harían para llegar a las casas de sus señoras blancas?

Nixon fue el primero en hablar. Dio un gran discurso en el que avisó a todos los que estaban allí escuchando que el camino que debían recorrer sería largo, muy largo. Pero que ya estaba harto de las indignidades sufridas. Quería disfrutar de la libertad. Después de su intervención, presentaron al reverendo King. Todavía era una persona desconocida en Montgomery, pues al no llevar mucho en la ciudad aún no había tenido tiempo de establecer grandes relaciones. Cuando tomó la palabra, enseguida hipnotizó a la audiencia con su magnetismo, como ya no dejaría de hacerlo hasta el día de su trágica muerte una década después. Su voz inolvidable, con su inconfundible cadencia de predicador, lenta y electrizante, que repicaba como la libertad con la que soñaba, llenó de esperanza la iglesia de Holt Street. «Si protestáis con valor», les dijo a los allí presentes, «pero también con dignidad y amor cristiano, cuando las generaciones futuras escriban los libros de historia, los historiadores se detendrán y dirán: "Entonces vivió un gran pueblo, el pueblo negro, que inyectó una dignidad y un sentido nuevos en las venas de la civilización". Ese es nuestro reto y esa es nuestra abrumadora responsabilidad».[36] Al terminar, una calurosa ovación de aplausos y gritos estalló en la fría noche invernal de Montgomery.

El boicot continuaría.

En medio del griterío, desde la silla que le habían cedido en el estrado, Rosa Parks se aventuró a preguntar si querían que ella dijera algo. Le respondieron que ya había pasado bastante aquel día y que ya había dicho suficiente, que no tenía «por qué hablar». Así que, por segunda vez, Rosa se quedó callada. Hablaron los demás. Pero lejos de molestarle, escribió años después en sus memorias, «no sentía una necesidad especial de hablar aquella noche. Disfruté escuchando a los demás y viendo el entusiasmo del público».[37]

Cuando el boicot no solo se mantuvo sino que comenzó a alargarse más de lo que habían imaginado los propios organizadores, muchas personas blancas de Montgomery se quedaron estupefactas. ¿Cómo era posible que, cada día, miles de personas negras lograran desplazarse al trabajo y después regresar a sus casas? Solo por cómo lo consiguieron, aquellos hombres y mujeres merecerían para siempre la admiración de los movimientos de protesta del futuro. Gracias a una organización muy sofisticada, y que denota una gran voluntad de conseguir unidos un mismo objetivo, idearon un complejo sistema de transporte a través de vehículos privados y camionetas. La policía de la ciudad intentó lo imposible para acabar con ello, pero fue en vano. De nada sirvieron las prohibiciones, las denuncias, las amenazas e incluso el «contraboicot» que el Ku Klux Klan llevó a cabo. De nada sirvió tampoco que muchos afroamericanos, incluidas las profesoras de la Alabama State, recibieran amenazas o perdieran sus trabajos, como de hecho le sucedió pronto a Rosa Parks. «Me vino bien, así no tuve que coger más el autobús», fue su escueto comentario antes de volcarse completamente en la organización logística de los transportes para la protesta.[38] Gracias a la incansable labor de personas como ella, al poco tiempo, los conductores voluntarios ya eran capaces de trasladar diariamente por Montgomery a unas treinta mil personas para ir al trabajo y regresar a sus casas. El servicio comenzaba a las cinco de la madrugada y terminaba a las doce y media de la noche. Jo Ann Robinson, la Juana de Arco del boicot en palabras de Mary Fair Burks, fue una de aquellas conductoras.

Aun así, había muchos blancos con la mosca detrás de la oreja, entre ellos W. A. Gayle, el alcalde de Montgomery. ¿Y todas las demás personas afroamericanas que solían coger el autobús? ¿Cómo llegaban a sus lugares de trabajo las que no iban en los transportes voluntarios si tampoco subían en el autobús? ¿Acaso había blancos que las estaban llevando en sus coches? O, lo que sería más grave todavía, ¿acaso había *mujeres* blancas que estaban facilitando el transporte? *For God's sake.* ¿Era eso posible?, imagino que se preguntó el alcalde Gayle llevándose las manos a la cabeza.

Es muy posible que en el momento mismo en el que comenzó el boicot, muchas mujeres blancas entrasen en pánico. Puedo ver sus caras de consternación la noche del 1 de diciembre de 1955 mientras sus maridos salían escopetados por el porche de sus casas coloniales pintadas de blanco para apuntarse al Ku Klux Klan tras conocer los detalles del incidente en el autobús. «¡Lo que faltaba!», debieron de pensar las Susan, Lindas y Nancys de Montgomery mientras se limpiaban las manos en sus delantales de flores. Si los trabajadores negros no podían desplazarse por la ciudad, ¿quién iba a ocuparse ahora de lavar la ropa, cocinar, cuidar a los niños y fregar la casa? Aunque no tengo pruebas de que sucediera así, estoy convencida de que mientras las mujeres del Women's Political Council se reunían en la Alabama State con Jo Ann Robinson para imprimir treinta y cinco mil panfletos, esa misma noche, ante la amenaza de un boicot, las mujeres blancas de Montgomery se pusieron a su vez en contacto entre ellas para tomar una decisión de emergencia. Ellas *no* podían pasarse sin sus criadas, así que las transportarían cada día. Organizarían su personal y también sofisticado sistema para llevarlas y traerlas diariamente de su casa al trabajo.

Cuando el alcalde Gayle tuvo noticia de lo que estaba sucediendo, les rogó que por favor no lo hicieran, explicándoles que con su forma de actuar estaban apoyando el boicot indirectamente. Las Susan, Lindas y Nancys hicieron caso omiso, como si oyeran llover. Como recordaría Rosa Parks en sus memorias, entonces el alcalde Gayle subió el tono y llegó a decir que el boicot «estaba teniendo éxito porque las mujeres blancas llevaban a las criadas negras de un lado para otro». Pero ellas no dejaron de hacerlo. Como también contaría Rosa Parks, aquellas mujeres se limitaron a responder: «Bueno, si el alcalde quiere venir a mi casa a lavar la ropa y a planchar, a ocuparse de mis hijos y limpiar la casa y cocinar, perfecto. Pero no pienso deshacerme de mi criada».[39]

El boicot se alargó durante todo el año y la empresa de transporte tuvo que anular el servicio de autobús. El 13 de noviembre de 1956, el Tribunal Supremo declaró que la segregación de los autobuses de Montgomery era inconstitucional. Habían vencido.

6

En 1963, siete años después del boicot de los autobuses, la feminista Gloria Steinem se ganaba la vida como periodista *freelance*. Era licenciada por el Smith College, aquella universidad de mujeres que fascinó a las Curie en los años veinte y con la que también mantuvieron contacto las españolas de la Residencia de Señoritas a través del International Institute for Girls. A Gloria le hubiera gustado poder dedicarse exclusivamente al periodismo de investigación y denunciar injusticias, como cuando se disfrazó de conejita de *playboy* para colarse en el club de Nueva York y así censurar el modo en el que allí se trataba a las mujeres. Sin duda le ayudó mucho su físico deslumbrante, el mismo que en el futuro haría que algunos se preguntasen seriamente si una mujer tan guapa como ella podía ser feminista. Se conoce que nunca había caído en sus manos un retrato de Wollstonecraft.

El artículo se publicó con el título «A Bunny's Tale» y causó un buen revuelo, pues Steinem no dudó en ilustrar su crónica con una divertida fotografía en la que posaba con las famosas orejas y la pajarita.

Sin embargo, en 1963, Gloria también debía aceptar otros encargos menos estimulantes, artículos sobre moda o entrevistas a personajes célebres. En 1963 aún faltaban diez años para que fundara, junto con un grupo de feministas como ella, la revista *Ms.*, donde sí podría

Gloria Steinem disfrazada de conejita de Playboy para acceder a un club y denunciar las condiciones de trabajo de las mujeres

escribir sobre los temas que quisiera. Aunque a principios de los sesenta ya había estado en la India, aprendiendo del movimiento gandhista de la no violencia, todavía no se había convertido ella misma en el icono del activismo por los derechos de la mujer en el que se transformaría a finales de esa década. Aún no era la cara más conocida del feminismo «de la segunda ola», llamado así por representar la continuación de los esfuerzos emprendidos por las sufragistas «de la primera ola» como las Pankhurst y sus amigas que se disfrazaban de Juana de Arco.[40]

La agenda de esta ola feminista estaba marcada por nuevos objetivos, como la libertad reproductiva y sexual, el avance de las mujeres en los distintos campos profesionales o la crítica feroz a la «mística de la feminidad», como otra de sus líderes, Betty Friedan, bautizó la asfixiante ideología que reinaba en los barrios de clase de media estadounidenses de los años cincuenta.[41] También se caracterizaba por valorar la experiencia femenina como tal, por su *diferencia*, lo que asimismo las distinguía de las madres del feminismo como Mary Wollstonecraft, quienes habían sido firmes defensoras de la *igualdad* entre los hombres y las mujeres. Pero es que las feministas de la segunda ola, críticas y radicales como Betty Friedan, Kate Millett o Steinem, se habían dado perfectamente cuenta de que el derecho al voto y a la educación por el que se habían batido las hijas y las nietas de Wollstonecraft no garantizaba el fin de la opresión sexista. Ni siquiera que las leyes cambiasen haría que, de un día para otro, el mundo se volviera un lugar igualitario ni que desaparecieran, como por arte de magia, todos los estereotipos misóginos que habían ido cimentando la cultura humana desde los tiempos de la pequeña Denny hasta los escritos de Sigmund Freud, tan en boga en esa misma época. Había que seguir luchando para denunciar la «política sexual», como escribió Kate Millett en su obra *Sexual Politics*,[42] la discriminación que se colaba por todos y cada uno de los rincones públicos y privados de la vida de las mujeres. Fue entonces cuando surgió el famoso lema «lo personal es político».[43]

En 1963, Gloria Steinem leyó en la prensa que en el mes de agosto Martin Luther King encabezaría la famosa marcha masiva de Washington. El movimiento por los derechos civiles llenaría el Lincoln Memorial para exigir que, de una vez por todas, se hiciera justicia y se modificaran las leyes que seguían sometiendo a la población afroamericana con la perversa complicidad de la policía. Reclamaban empleo y libertad. Era necesario crear leyes nuevas que protegieran de verdad los recién conquistados derechos civiles, como el de viajar en autobuses no segregados que tanto había costado conseguir.

Aunque a Gloria le hubiera gustado escribir sobre la marcha, no logró que le encargasen nada. Aun así, con la excusa de escribir alguna semblanza sobre los personajes que estarían presentes, aquella calurosa mañana del 28 de agosto agarró su acreditación de prensa y se dejó llevar por las riadas de gente que avanzaban por la ciudad de Washington. Al llegar al Lincoln Memorial y ver la tribuna de los intervinientes, la mujer negra que marchaba junto a ella le señaló con el dedo índice la evidencia. Faltaban mujeres.[44] No estaba previsto que hablaran Rosa Parks, Jo Ann Robinson ni ninguna otra de las activistas que se habían jugado el tipo desde los años treinta luchando codo a codo con Edgar Nixon, Martin Luther King, Fred Gray y los demás.

7

En sus memorias Rosa Parks afirmó explícitamente que los miembros del comité organizador de la marcha de Washington no permitieron que las mujeres desempeñaran un papel relevante en la misma. «Ahora, las mujeres no tolerarían que las relegaran de este modo, pero, entonces, los derechos de las mujeres no eran tan populares».[45] De hecho, ni siquiera aceptaron que Coretta Scott King, la mujer de Martin Luther King, ni otras esposas de los líderes caminasen junto a sus maridos. Pensaban que no estaría bien visto, así que habían decidido organizar «una procesión separada para ellas».[46] Sin duda fue una forma muy extraña de protestar contra la segregación y la discriminación. Tampoco hubo mujeres entre las oradoras, aunque, de un modo bastante simbólico, sí se elogió a las mujeres del movimiento,[47] como Rosa, o a otras figuras relevantes, como la bailarina Josephine Baker, quien no llegó de París vestida con uno de sus trajes de plumas y volantes sino con un uniforme de la Resistencia francesa que hubiera despertado la admiración de Simone Weil. También se permitió que cantaran algunas canciones, como hizo Mahalia Jackson con «I've Been 'Buked and I've Been Scorned». Pero, como diría Steinem, cantar no es exactamente lo mismo que hablar. El sexismo que caracterizó la marcha quizá tuvo algo que ver con que solo una mujer, Anna Arnold Hedgeman, estuviera entre los organizadores. No tuvo éxito al pedir que hubiera mujeres entre las oradoras y tampoco aparece en las fotografías que se tomaron los cabecillas con el presidente John Fitzgerald Kennedy cuando los recibió.

Como escribiría tiempo después bell hooks, «cuando surgió el movimiento en defensa de los derechos civiles, las mujeres negras participaron en él, pero no compitieron por eclipsar a los dirigentes masculinos. De ahí que cuando el movimiento concluyó, la opinión pública estadounidense recordase los nombres de Martin Luther King, A. Phillip Randolph y Roy Wilkins, mientras que los de Rosa Parks, Daisy Bates y Fannie Lou Hamer habían caído en el olvido».[48] O, dicho de otro modo, «lo que había surgido como un movimiento que abogaba por la liberación de todas las personas negras de la opresión racista se convirtió en un movimiento cuyo objetivo principal era establecer un patriarcado negro».[49]

A pesar de todo, Gloria Steinem recordaría aquel día de agosto de 1963 como uno de los grandes momentos de su vida. «Siempre había imaginado que, de estar presente en uno de esos momentos que hacen historia, no sería consciente de ello hasta mucho más tarde; sin embargo, ese día supe que aquel instante ya era historia».[50]

Por supuesto la magia la puso el gran discurso de Martin Luther King. Como lo había hecho aquella noche del 1 de diciembre de 1955 en la iglesia de Holt Street de Montgomery, cuando le tocó hablar, su poderosa voz parecía capaz de recorrer con su fuerza irrepetible la explanada de césped y el estanque del Lincoln Memorial, rodear el obelisco del Monumento a Washington y llegar no solo hasta el Capitolio, sino hasta todos los rincones del planeta.

Kennedy con los manifestantes en 1963

Martin Luther King durante su discurso más recordado

Entre quienes lo escuchaban embelesados aquel día estaban Bob Dylan y Joan Baez, quien también emocionó a los asistentes cantando con su guitarra «We Shall Overcome».

Gloria Steinem estaba encaramada a los escalones de la tribuna de los intervinientes del Lincoln Memorial cuando comenzó el esperado discurso de Luther King. Desde allí, agarrada a su acreditación de prensa, pudo escucharle. «No soy ajeno al hecho de que algunos de vosotros habéis llegado aquí después de grandes padecimientos y tribulaciones»,[51] exclamó el reverendo a la multitud silenciosa. «Algunos de vosotros acabáis de salir de las estrechas celdas de la cárcel. Algunos de vosotros habéis llegado de lugares donde vuestra búsqueda de libertad os ha dejado maltrechos por las tormentas de persecución y tambaleantes por los vientos de la brutalidad policial. Habéis sido los veteranos del sufrimiento creativo. Continuad trabajando con la fe de que el sufrimiento inmerecido es redentor».[52] Los asistentes lo aplaudían en las pausas y lo animaban con vítores.

Sin embargo, la parte más recordada de su intervención, *I have a dream,* uno de los discursos más conmovedores de toda la historia, no estaba originalmente en el guion que Martin Luther King leía emocionado pero todavía serio desde la tribuna. Como recordaría la propia Steinem en sus memorias, fue la cantante de góspel Mahalia Jackson quien, cuando casi estaba llegando a la parte final, le gritó: «¡Cuéntales lo del sueño, Martin!».[53] Espoleado por su amiga, fue entonces cuando el reverendo King levantó los ojos de sus papeles y se apartó de lo que tenía preparado. «Hoy os digo, amigos míos», añadió como quien entona una plegaria, «que aunque nos enfrentamos a las dificultades de hoy y de mañana, yo todavía tengo un sueño». Su voz comenzó entonces verdaderamente a resonar por Washington como la libertad que anhelaba. «Tengo el sueño de que un día esta nación se levantará y vivirá el verdadero sentido del credo: "Sostenemos como evidentes estas verdades; que todos los hombres son creados iguales"».[54]

¿ACASO NO SOY YO UNA MUJER?

8

«Es una pena», escribiría años más tarde en sus memorias Gloria Steinem, «que en la marcha de 1963 la mitad de los oradores no fueran mujeres».[55] Si Rosa Parks y las otras activistas del movimiento hubieran sido escuchadas, «habríamos sabido que el movimiento por los derechos civiles fue, en parte, una reacción contra las violaciones y el terror sufrido por mujeres negras a manos de hombres blancos». Es más, como añadiría la propia Steinem, «habríamos sabido antes que el indicador más fiable de si un país es o no violento —o si podría recurrir a la violencia militar contra otros países— no es la pobreza, la religión o los recursos naturales, ni siquiera el grado de democracia: es la violencia contra las mujeres. Ésta normaliza las demás formas de violencia».[56] Durante la esclavitud, apunta por su parte Angela Davis, «el castigo infligido a las mujeres excedía en intensidad al castigo sufrido por sus compañeros varones, ya que las mujeres no sólo eran azotadas y mutiladas sino que, además, eran *violadas*».[57]

Sin embargo, fue precisamente el empuje del movimiento afroamericano por los derechos civiles lo que hizo que Steinem tomara conciencia sobre cómo eran tratadas las mujeres en su propio país; lo que hizo que viera con otros ojos la evidente dominación masculina que se ejercía sobre sus cuerpos y sus vidas desde el origen de los tiempos. Así, en abril de 1969, justo cuando se cumplía un año del asesinato de Martin Luther King, Steinem publicó un famoso artículo titulado «Después del Black Power, la liberación de la Mujer», uno de los textos fundacionales del feminismo *radical* de la segunda ola. A diferencia de las feministas del pasado, como las sufragistas, a quienes tildaban de conformarse con *reformar* la sociedad, ellas se llamaban así por su «compromiso radical con la verdad», por su determinación a la hora de construir un nuevo sistema desde sus cimientos y no solo de mejorar el existente.[58]

Por aquel entonces, el Movimiento de Liberación de la Mujer empezaba a recibir atención mediática y política, sobre todo desde que un año antes, durante la elección de Miss América en Atlantic City, cientos de mujeres se manifestaran tirando a la basura cazuelas, escobas, sujetadores y otros artículos considerados femeninos. La intención original de aquellas cuatrocientas feministas que acudieron a la gala de Miss América había sido quemarlos, como habían hecho los veteranos de Vietnam con sus cartillas de reclutamiento, pero al parecer no recibieron los permisos para ello. En todo caso, más tarde, como recuerda la escritora Siri Hustvedt en una entrevista con Inés Martín Rodrigo, la leyenda diría que, en 1968, se quemaron muchos sujetadores.[59]

Fue a raíz de escribir el artículo sobre el Black Power cuando Gloria empezó a recibir ofertas para dar charlas y conferencias. La gente quería saber más sobre aquel nuevo movimiento que defendía los derechos de las mujeres. A ella le temblaban las piernas solo de pensarlo. Hoy en día cuesta creer que una de las oradoras más importantes del último tercio del siglo xx en principio se sintiera intimidada por la propuesta, pero la realidad es que a Gloria Steinem le daba pánico hablar en público. Afortunadamente, confesó años después, tenía una amiga llamada Dorothy Pitman Hughes, «pionera en

Gloria Steinem y Dorothy Pitman Hughes

la defensa de una educación infantil no sexista y multirracial en Nueva York», que era una gran oradora.[60] Juntas se dedicaron a viajar a lo largo y ancho del país hablando de feminismo, primero en sótanos de colegio y más tarde llenando estadios de fútbol. Descubrieron que una mujer blanca y otra negra unidas eran capaces de movilizar una audiencia mucho más amplia de lo que habrían sido capaces si cada una de ellas hubiera hablado por separado. Juntas pregonaban la «sencilla idea de que la humanidad compartida y la singularidad individual de cada per-

Sojourner Truth, autora del famoso discurso *Ain't I a Woman?*

sona trascendía con creces toda categorización de nacimiento, ya fuera por sexo, raza, clase, orientación sexual, etnia, herencia religiosa, o cualquier otra».[61] Como la libertad era contagiosa, decía Steinem, su lucha venía a unirse a la de otros grupos activistas que despuntaban entonces, como el movimiento de gays y lesbianas, los distintos movimientos indígenas y, por supuesto, el movimiento pacifista anti-Vietnam.

Gloria no solo acudió a las conferencias con Dorothy sino que, más tarde, hablaría en compañía de otras mujeres, como Margaret Sloan o Florynce Kennedy, carismáticas oradoras y activistas negras que hipnotizaban al auditorio como lo había hecho una década antes Martin Luther King. En aquellos actos Margaret Sloan citaba a Sojourner Truth, la antigua esclava abolicionista que en 1851 pronunció un famoso discurso en el que se preguntaba *Ain't I a Woman?*

Como recordaría bell hooks en el libro también titulado *¿Acaso no soy yo una mujer?*, a mediados del siglo XIX una mujer negra como Sojourner ni siquiera había merecido la calificación de mujer para el hombre blanco, «era un bien mueble, una cosa, un animal».[62]

Por eso, como había hecho Agnódice mucho tiempo antes que ella frente a los Areopagitas de Atenas, Sojourner se había levantado la ropa y dejado al descubierto los pechos, «orgullosa de haber nacido negra y de haber nacido mujer».[63] Fue ella quien, en aquel famoso discurso en pleno siglo XIX, había llamado la atención por primera vez sobre la doble discriminación ejercida sobre la esclava negra:

> ¿Acaso no soy yo una mujer? ¡Miradme! ¡Mirad mi brazo! He arado y cultivado, y he recolectado todo en el granero, y lo he hecho mejor que ningún hombre. ¿Y acaso no soy una mujer? Puedo trabajar y comer tanto como un hombre (cuando consigo comida), ¡y aguantar latigazos también! ¿Acaso no soy una mujer? He llevado trece hijos en mi vientre y he visto como todos ellos han sido vendidos como esclavos, y cuando lloré con el dolor de una madre, solo Jesús me escuchó. ¿Acaso no soy una mujer?[64]

En todo caso, como recuerda a menudo la propia bell hooks, esta poderosa alianza *interseccional* entre el feminismo blanco y negro que sellaron mujeres como Steinem y Dorothy Pitman Hughes no fue nada fácil de conseguir. Por un lado, las mujeres negras de los años sesenta y setenta estaban igualmente sometidas a la «mística de la feminidad» que las mujeres blancas estadounidenses. En palabras de hooks, «el movimiento negro de 1960 alentó a las mujeres negras a adoptar un papel sumiso y les hizo rechazar el feminismo». Por otro, añade hooks, el recelo de las afroamericanas también procedía de la desilusión que sentían cuando se aproximaban al movimiento feminista y descubrían que estaba liderado por mujeres blancas con vidas muy distintas a las suyas. «Nos decepcionó y nos desilusionó descubrir que las mujeres blancas del movimiento apenas conocían ni sentían interés por los problemas de las mujeres de clase baja o pobres ni por los problemas particulares de las mujeres de color de todas las clases».[65] Las mujeres negras de los años sesenta, en definitiva, tenían la sensación de que se les pedía que eligieran entre un «movimiento negro que fundamentalmente defendía los intereses de los patriarcas negros y un movimiento femenino que fundamentalmente defendía los intereses de las mujeres blancas racistas».[66] La escritora nigeriana Chimamanda Ngozi Adichie también recuerda con nitidez cómo, cuando era pequeña, una mujer académica le dijo que el feminismo era «antiafricano» y que no formaba parte de su cultura.[67]

Sería necesario esperar a los años ochenta y noventa para que una nueva ola feminista, la «tercera», protagonizada por mujeres como bell hooks pero también por aquellas feministas chicanas como Gloria Anzaldúa que defendían a Malinche, o Judith Butler y Eve Kosofsky Sedgwick, fundadoras de los estudios *queer*, para que se evidenciara no solo la *intersección* entre sexismo y raza,[68] sino también entre sexismo y clase social, orientación sexual o identidad de género. También habría que esperar a los años noventa para que se hiciera patente la necesidad de dejar de hablar de un movimiento feminista, único y homogéneo. Desde entonces, *feminismos* en plural sería el modo de nombrar las distintas facetas de la lucha contra el sexismo y la opresión patriarcal.

Así que aquellos dos puños en alto, uno blanco y otro negro, que ya levantaban unidos Gloria Steinem y Dorothy Pitman Hughes en los años setenta en la famosa fotografía de la revista *Esquire* era doblemente subversivo. Como señala bell hooks, «la sororidad nunca habría sido posible a través de las fronteras de raza y clase si las mujeres individualmente no hubieran estado dispuestas a desprenderse de su poder para dominar y explotar a grupos subordinados de mujeres».[69]

En la poderosa imagen que pasados los años repetirían, Gloria y Dorothy aparecen juntas como mujeres, solidarias como aliadas interraciales. De este modo, lograban volver a anudar un hilo mágico, el que unía las viejas luchas de las mujeres abolicionistas y sufragistas del siglo XIX, cuyas relaciones tampoco fueron siempre fáciles, con las de las activistas antirracistas y feministas del XX. Sus brazos, levantados al unísono, eran como un *revival* de otro subversivo abrazo, el que se dieron a la salida de la cárcel Rosa Parks y su *hermana blanca* Virginia Durr cuando se juraron cambiar la ley en 1955.

Como afirma a menudo la propia Gloria Steinem, para avanzar, la humanidad solo necesitaría tomar conciencia de que no nos organizamos en estratos sino en eslabones. Como una cadena.

13
MALALA YOUSAFZAI
LAS MUJERES VENDRÁN
MINGORA, 1997

LA VOZ TIENE PODER

1

Nadie esperaba que eligieran un autobús escolar para disparar un balazo a quemarropa en la cabeza de aquella niña. Aunque el día en que sucedió el atentado, el 9 de octubre de 2012, las atrocidades de las que eran capaces los talibanes eran muy temidas por los habitantes del valle del Swat, en Pakistán, los vecinos de la ciudad de Mingora siempre creyeron que sería a su padre, el activista Ziauddin Yousafzai, a quien tratarían de matar, y no a su hija de apenas quince años. Pero se equivocaban. Como informaría más tarde un portavoz talibán, el ataque había sido cuidadosamente planeado dos meses antes y los militantes hacía tiempo que peinaban no solo la zona de la escuela sino también la ruta polvorienta que seguía cada día el conductor del *dyna*, la camioneta escolar, para llevar a las niñas de regreso a sus casas. El hecho de que el atentado tuviera lugar cerca de un puesto de control del ejército, muy presente en la ciudad, no hacía sino subrayar el mensaje que buscaban transmitir cuando la dispararon: tres años después de la operación militar que se había llevado a cabo para expulsarlos, los talibanes seguían siendo fuertes en el valle y cualquier persona que estuviera contra ellos —incluidas las niñas de quince años que solo querían ir a la escuela— morirían.[1]

La tarde de aquel 9 de octubre, cuando ya se había cumplido medio siglo desde que Rosa Parks se negara a bajarse del autobús en la otra punta del mundo, Malala subió alegremente con sus amigas en la desvencijada camioneta de su escuela, el Colegio Khushal, fundado y dirigido por su padre. Hacía meses que tenía pesadillas y la posibilidad de sufrir un atentado la atormentaba frecuentemente, pero tampoco ella había pensado nunca que pudieran hacerlo en un autobús escolar. Además, como a menudo decía para tranquilizar a su amiga Moniba, los talibanes nunca habían atacado a una niña.[2] En aquellos días, era más habitual que volaran las escuelas cerradas y sin alumnas.

Cuando Malala entró en la camioneta por la rampa de acceso, al volante no estaba sentado ningún malhumorado conductor como en el autobús de Montgomery, sino el viejo chófer de la escuela, Usman Bhai Jan, a quien ella enseguida pidió que les contara un chiste o una anécdota de las suyas para que pudieran reírse mientras esperaban con sus mochilas y cuadernos a que llegaran las profesoras para marcharse a casa.[3] Usman tenía una colección de historias divertidas que siempre les relataba con gusto. Las niñas se apiñaban sentadas en tres alargados bancos paralelos con el rostro oculto tras el pañuelo con el que por la tarde se tapaban al abandonar el colegio; a excepción de Malala, quien siempre se cubría la cabeza, pero nunca la cara.[4] Tanto ella como sus amigas se rieron con las palabras del conductor y comenzaron a cantar y cuchichear cuando sintieron el traqueteo de la *dyna* y por fin se pusieron en marcha por las carreteras de Mingora. Ya decía Virginia Woolf que, a los quince años, todas las jóvenes andan riéndose por cualquier cosa.[5] Sin duda, también las niñas pastunes del valle del Swat.

Malala Yousafzai en 2015

En todo caso, Malala estaba especialmente contenta esa tarde porque le había salido mejor de lo que esperaba el examen de Historia de Pakistán que acababa de hacer, una asignatura que se le daba tan mal como a las hermanas Austen estudiar la Historia de

Inglaterra.[6] Al igual que Marie Curie, por aquel entonces Malala prefería la física a la historia, un hecho interesante si tenemos en cuenta que, pocas horas después de aquel examen que le había quitado el sueño la noche anterior, ella misma iba a escribir con pulso firme una página de la historia de su país. En este sentido, el rostro desfigurado de Malala por el balazo que recibió tras terminar su examen es trágicamente representativo de aquellas reflexiones que hacían las profesoras norteamericanas Gilbert y Gubar sobre cómo las mujeres se sienten a menudo *outsiders* de la historia sin dejar de ser, al mismo tiempo, víctimas directas de su violencia.[7]

Años más tarde, en su autobiografía, Malala escribiría que no vio a los dos hombres jóvenes que hicieron señas en la carretera para que el conductor parara la camioneta escolar. Tampoco se dio cuenta de que uno de ellos subía para hablar con Usman Bhai Jan mientras el otro se acercaba hacia la parte trasera, donde ella estaba sentada a cara descubierta. No recordaría nada, ni siquiera la pregunta que hizo el militante talibán y que muy pronto daría la vuelta al mundo. «¿Quién es Malala?».

Fue su amiga Moniba, sentada a su lado como cada tarde, quien mucho tiempo después tendría que recordarle lo último que había hecho antes de taparse los ojos con sus dedos alargados y flexibles, inclinar el cuello hacia abajo y desplomarse sobre su regazo con el oído izquierdo sangrando al recibir el balazo en la frente. Lo último que había hecho Malala antes de que todo a su alrededor se oscureciera de golpe fue apretarle la mano a ella, a Moniba, su mejor amiga de la infancia.[8]

2

Un tiempo antes, en 2009, cuando solo tenía once años, Malala había comenzado a escribir un blog para la BBC. Era una especie de diario, firmado bajo el pseudónimo Gul Makai, en el que contaba cómo era su vida bajo la constante amenaza talibán.[9] Hablaba con detalle sobre el terror a ser atacada o el cierre de las escuelas para niñas que los talibanes decretaron a finales de 2008 y también se atrevía a dar su opinión sobre el burka. Al igual que los discursos y las protestas de su padre en defensa de la educación, las palabras de Malala en aquel blog tuvieron una gran repercusión e incluso se difundieron traducciones de algunos párrafos en periódicos extranjeros. Aunque era muy peligroso que su identidad saliera a la luz, en su entorno de amigas sospecharon enseguida que era ella quien se escondía detrás de Gul Makai, pues las alusiones que hacía a su propia vida en las entradas del diario electrónico eran tan poco discretas como las de Wollstonecraft o Victoria Kent en sus novelas secretas. En definitiva, era muy fácil descubrir a Malala tras la incierta firma bajo la que se escondía.[10]

Su visibilidad aumentó aún más al protagonizar el documental del *New York Times, Class Dismissed*, en el que filmaron los últimos días que pasó en la escuela antes del decreto talibán y de su periplo como *persona desplazada interna* durante la operación militar en Swat que trató de expulsarlos. También ganó mucho protagonismo al acudir con asiduidad a cadenas de televisión para expresar su rechazo al cierre de las escuelas para niñas. Poco a poco se fue convirtiendo en un rostro tan conocido que en 2011 el arzobispo Desmond Tutu de Sudáfrica propuso su nombre para el Premio Internacional de la Paz concedido por la organización Kids-Rights. No lo consiguió, pero poco después obtuvo el Premio Nacional de la Paz de su propio país y muchos otros reconocimientos. Malala hablaba en la televisión y en la radio sin ningún tipo de tapujo sobre cómo ella y algunas de sus compañeras habían desobedecido las amenazas de los talibanes y habían continuado yendo a la escuela en secreto. Lejos de ocultarse, cuando iba a una celebración familiar, en lugar de pintarse flores con henna en las manos, ella y sus amigas se dibujaban fórmulas matemáticas y químicas con las que dejaban claro cuáles eran sus prioridades en la vida. Sin aparente miedo a las consecuencias, en los platós Malala se atrevía a mirar a la cámara con sus ojos aterciopelados, abrir la boca y soltar bombas como esta con una vocecita tan aguda como insobornable:

Manos de Malala decoradas con henna con fórmulas matemáticas en lugar de flores

«Conozco la importancia de la educación porque me arrebataron por la fuerza mis lápices y mis libros. Pero las niñas de Swat no tememos a nadie. Hemos seguido estudiando».[11]

Aunque su madre le aconsejaba que se cubriera el rostro al hablar en público y su padre le rogaba que no pronunciara la palabra «talibán» en sus discursos, nada podía callar a Malala Yousafzai cuando agarraba un micrófono o se ponía delante de una cámara. Como a Wollstonecraft y a Kent, siempre le había gustado mucho hablar en público, y no es casual que uno de los libros que había leído cuando la dispararon fuera la biografía de Martin Luther King. Alzar la voz para defender el derecho de todas las niñas y niños a ir a la escuela era su forma de luchar. Como ella misma escribió, por aquella época en la que veía que sus intervenciones públicas podían tener impacto empezó a tomar conciencia de que «el bolígrafo y las palabras pueden ser mucho más poderosos que las ametralladoras, los tanques o los helicópteros. Estábamos aprendiendo a luchar. Y estábamos aprendiendo lo poderosos que somos cuando hablamos».[12]

A su padre le gustaba pensar que aquel don para la palabra ya estaba inscrito en el nombre que había escogido para ella cuando nació. Le pusieron *Malala* en honor a Malalai de Maiwand, la Juana de Arco de Afganistán. Como le contaría una y otra vez a su hija desde que la tomó en brazos al nacer, Malalai había llevado a la victoria a su pueblo contra los británicos en 1880 dirigiendo las tropas con el poder de su joven y valiente voz. Al igual que Juana de Arco en la guerra de los Cien Años, Malalai también murió bajo las llamas y fue convertida en un símbolo nacional.

La elección de un nombre con resonancias heroicas fue solo el primero de todos los gestos que su padre se esforzaría en hacer en adelante para apoyar a Malala en una sociedad extremadamente misógina y patriarcal como la pakistaní, en la que el nacimiento de una niña ya es de por sí una muy mala noticia. Como sucedía en el mundo heleno de Agnódice, en el de Malala a menudo las mujeres también son vistas como huéspedes temporales en la casa paterna y, más adelante, como intrusas sospechosas en la de su marido. Aún hoy, aunque esté prohibido, puede entregarse a una mujer a otra tribu para resolver un conflicto, es decir, puede ofrecerse su persona como «gaje de la paz», exactamente lo mismo que les sucedía a mujeres como Cleopatra Selene, Malinche o Isabelle de Valois en sus respectivas culturas. No es extraño que Malala y sus amigas jugasen a menudo a «las bodas»,[13] seguramente con la misma mezcla de emoción, miedo y tristeza con la que jugaban las jóvenes como Agnódice en el templo de Artemisa.

Además, al igual que en otros países como India o Bangladesh, la tradición de la dote que las familias deben pagar al marido hace que, todavía hoy, las mujeres frecuentemente sean vistas como una pesada carga económica para su familia, por no hablar de los continuos episodios de violencia contra ellas que precisamente se derivan de las disputas provocadas por estas transacciones económicas. Si la familia del marido considera que el dinero recibido no es suficiente, a menudo esclaviza a la novia, obligándola a trabajar como criada de todos los miembros de la casa. Si se resiste, o simplemente enfada al marido, es posible que reciba ácido en la cara, con las terribles secuelas físicas y psicológicas a las que quedará condenada en caso de sobrevivir. En este sentido, no es extraño que en países como India, Pakistán o China hayan proliferado enormemente los abortos selectivos por el sexo en los últimos años. Por este motivo, en 1990, el economista y filósofo Amartya Sen decidió publicar un artículo con un título de lo más inquietante: «Faltan más de 100 millones de mujeres en el mundo».[14]

También faltaban en la memoria familiar de Malala. Cuando nació, en el árbol genealógico de su clan, el Dalokhel Yousafzai, solo aparecían los nombres de los varones, como si las mujeres fueran completamente prescindibles para la sucesión de la vida. De hecho, para sorpresa de sus parientes, Ziauddin fue el primero en trazar en aquel árbol una línea debajo de su nombre para escribir debajo el de su hija: *Malala*. Mary Shelley sin duda habría esbozado una sonrisa de aprobación al verlo hacer tal cosa pero quizá se habría preguntado si acaso Malala era como la Criatura de su novela, o como la diosa Atenea, quienes nacieron directamente de la cabeza de sus padres. ¿Dónde estaban las madres en aquel árbol que se remontaba hasta el tatarabuelo Yousafzai?

Con todo, Ziauddin no hizo caso a quienes en Mingora le dijeron que el día en que nacía una niña era un día triste. Celebró el nacimiento de Malala y, como él mismo repetiría muchas veces en el futuro, en cuanto la miró a los ojos supo que *ella* estaba destinada a algo grande.

CUIDE DE MI HIJA

3

Del mismo modo que Juana de Arco creció en Domrémy escuchando a sus mayores conversaciones sobre la guerra de los Cien Años, Malala lo hizo oyendo hablar a su padre con sus amigos sobre el 11-S, los bombardeos en Afganistán y Osama bin Laden. También llegaban a sus oídos historias alucinantes sobre los talibanes de Afganistán, el país vecino, quienes se oponían a que las niñas fueran a la escuela e incluso habían llegado a lanzarles el temido ácido para impedirlo. Al igual que los propios talibanes, Malala desciende del pueblo pastún, uno de los más numerosos del mundo musulmán, formado por distintas tribus que habitan fundamentalmente en Pakistán y Afganistán.

Al principio, a Malala le parecía que aquellas barbaridades como la destrucción de las escuelas ocurrían lejos de su valle, un lugar que para ella era el paraíso en la tierra, con su río, sus cascadas y sus montañas de cumbres nevadas. Como recordaría en sus memorias, cuando en aquella época escuchaba que en Afganistán se había prohibido a las mujeres que rieran o llevaran zapatos blancos, ella trataba de sobreponerse al miedo leyendo las novelas de Jane Austen y confiando en las palabras de su padre: «Yo protegeré tu libertad, Malala. Sigue tus sueños».[15] Cuando imagino a Malala sumergida entre las páginas de *Orgullo y prejuicio* o *Sentido y sensibilidad* en unas circunstancias tan extremas como las que por otro lado rodearon a Simone Weil en el hospital inglés durante la Segunda Guerra Mundial, no puedo evitar recordar las palabras del pensador de origen palestino Edward W. Said cuando en su obra *Cultura e imperialismo* escribió: «La interpretación de Jane Austen depende de *quién* la haga, de *cuándo* y, no menos significativamente, de *dónde*».[16]

Cuando fue creciendo, Malala también pudo ver cómo a su padre le llevaban los demonios al ver el tirón que empezaba a tener entre la gente de Swat un hombre llamado Fazlullah, también conocido como *Mulá FM* o *Mulá de la Radio* por los sermones que dirigía al pueblo desde el programa radiofónico que emitía cada noche. Aunque se presentaba como un intérprete del

Corán, la realidad es que su exaltado mensaje era puro romanticismo religioso teñido de radicalidad y fundamentalismo. Era el líder del TNSM, el Movimiento de los Talibanes de Swat, y animaba por la radio a la gente a deshacerse de los televisores y quemar ordenadores y cedés de música, aparatos que veía como signos peligrosos de occidentalización. Con la excusa de querer aplicar la *sharía*, la ley islámica, pretendía, entre otras muchas cosas, dejar sin educación a todas las niñas. Para asombro de Malala y de su padre, mucha gente no solo le hacía caso sino que le entregaba su dinero a manos llenas. Ellos no encontraban en ninguna parte del Corán que estuviera prohibido que las niñas pudieran ir a la escuela y no compartían en absoluto su interpretación del islam, una religión que para Malala y su padre estaba asociada a la paz y la búsqueda del conocimiento. Lo que los Yousafzai no podían sospechar entonces es que, unos años después, sería aquel Fazlullah que pregonaba el radicalismo religioso desde las ondas quien, entre otras muchas bestialidades, ordenaría el asesinato no solo de Malala sino también de otros 134 escolares como ella que, en 2014, morirían víctimas de un terrible atentado en una escuela del ejército en la ciudad pakistaní de Peshawar.

En todo caso, al igual que le sucedería a Juana de Arco al tratar de orientarse entre los numerosos nombres de reyes, treguas y batallas entre los ingleses y los franceses, para Malala tampoco sería sencillo captar con apenas once o doce años toda la complejidad de la situación política que la rodeaba. Estaba claro que, por sus atrocidades, para ella y para su padre los *malos* de la película eran los talibanes, pero ¿a quiénes podía considerar los *buenos*? ¿Al ejército pakistaní? ¿A los americanos? Era muy difícil confiar completamente en ninguno. De hecho, cuanto más tiraba del ovillo, unos y otros parecían mezclarse con los militantes talibanes en el origen mismo del problema. Habían sido los propios americanos quienes, durante la invasión de Afganistán por la Unión Soviética en 1979 en el contexto de la Guerra Fría, habían formado a través de los servicios de inteligencia de Pakistán (ISI) a soldados afganos para que se unieran a la *yihad* y lucharan contra los soviéticos. Décadas más tarde, en 2001, tras los ataques del 11-S, comenzaron la guerra de Afganistán con intención de derrocar al régimen Talibán, a quienes acusaban de proteger a Bin Laden y a otros grupos terroristas, y se encontraron luchando contra el monstruo que ellos mismos habían contribuido a crear. Las frecuentes operaciones con drones que los estadounidenses hacían en territorio pakistaní para perseguir militantes —con niños escolares entre las víctimas *colaterales*— así como la polémica suscitada por episodios de espionaje en los que estaba involucrada la CIA caldeaban un ambiente ya de por sí explosivo si tenemos en cuenta que Pakistán es un país que posee armas nucleares.

Para mayor confusión de Malala, estaba claro que, a pesar de los millones de dólares que hacían llegar y de considerarlos en teoría sus aliados en la región contra los talibanes y Al Qaeda, los americanos nunca confiaron en los pakistaníes, como demostraron claramente en 2011 cuando finalmente capturaron y mataron a Osama bin Laden en su casa fortificada, situada en la ciudad pakistaní de Abbottabad, sin decir ni una sola palabra sobre la operación al ejército o a los miembros del gobierno. Temían que, de haberse enterado de su intención de matar al terrorista más buscado del mundo, los servicios de inteligencia pakistaníes le hubieran avisado. La desconfianza que había marcado las relaciones entre pakistaníes y americanos durante el conflicto se hizo definitivamente patente cuando, en el momento de escribir estas líneas, durante el verano de 2021, muy poco tiempo después de terminar aquella larguísima guerra de Afganistán, la ambigüedad en las reacciones de algunos sectores pakistaníes, a menudo satisfecha y sonriente, pudo verse por las televisiones de todo el mundo.

4

La doctora británica Fiona Reynolds había llegado a Pakistán poco tiempo antes de que Malala recibiera el tiro en la cabeza. La bala disparada por el talibán le había perforado la cabeza encima del ojo izquierdo justo antes de que se desplomara en el regazo de su amiga Moniba. Milagrosamente, no había llegado a entrar en el cerebro sino que había continuado su camino por el interior del cuerpo inclinado de Malala hasta alojarse en uno de sus omóplatos.

No fue la única niña que salió herida de la camioneta escolar. Otras dos amigas recibieron un impacto de bala, pero afortunadamente estaban fuera de peligro.

También fue un auténtico milagro que durante aquellos días de octubre de 2012 la doctora Reynolds estuviera en Rawalpindi. Esta ciudad se encuentra a unos 160 kilómetros de distancia del hospital de Peshawar, donde habían trasladado en helicóptero a Malala desde Mingora en compañía de su padre y una profesora del colegio unas horas después del atentado. Si aquellos días de octubre la doctora Fiona se encontraba en Pakistán en lugar de en el Hospital Pediátrico de Birmingham, visitando como siempre a sus pequeños pacientes en la unidad de cuidados intensivos, fue porque ella y el doctor Javid Kayani, su colega, estaban asesorando al ejército sobre cómo poner en marcha un programa para realizar trasplantes de hígado en el país.[17] La doctora Reynolds se había formado en la Universidad de Edimburgo, la misma institución que en 1871 había tratado de impedir a aquel grupo de mujeres, las «Siete de Edimburgo», que obtuvieran sus titulaciones como médicos bajo la excusa de que ningún paciente en su sano juicio querría ponerse en manos de una mujer doctora. ¿Para qué quemarse las pestañas estudiando desagradables enfermedades si jamás llegarían a practicar la medicina con pacientes reales?, recordemos que había tenido que escuchar por aquel entonces Sophia Jex-Blak.

En este sentido, a los doctores victorianos les habría sorprendido enormemente lo acostumbrada que estaba la doctora Reynolds, una intensivista pediátrica especializada en reanimación, a tratar en el hospital de Birmingham con niñas y niños muy enfermos. De hecho, una parte importante de su trabajo consistía en acompañar en ambulancia a pacientes en estado crítico, lo que, bien mirado, la convertía en alguien muy parecido a aquellas enfermeras de primera línea con las que soñaba Simone Weil durante la Segunda Guerra Mundial. Como ellas, la doctora Reynolds también estaba acostumbrada a recibir últimos mensajes y, sobre todo, muchísima presión.

En la agenda de la doctora Reynolds estaba previsto que su regreso a Birmingham se produjera el 10 de octubre, es decir, un día después del atentado. De hecho, cuando viajó a Pakistán, ni siquiera sabía quién era Malala y solo se enteró de que una niña con ese nombre estaba en estado crítico cuando, la tarde antes del regreso previsto, se reunió por última vez con los altos mandos del ejército pakistaní para hacer un balance del programa de trasplantes sobre el que había estado asesorando. Pero la conversación pronto comenzó a girar sobre aquella niña tiroteada en Mingora de la que se empezaba a hablar en las televisiones de medio mundo. ¿Podrían ir ella y el doctor Javid Kayani a valorar su estado a Peshawar antes de regresar a su país?, le preguntaron. Fiona dudó unos instantes. Si aceptaba, debería viajar a una zona a la que los extranjeros no podían acceder y además no era difícil imaginar la cara que pondrían los doctores a cargo de Malala cuando vieran aparecer a una joven británica de pelo castaño explicando calmadamente en inglés lo que tenían que hacer. No hay duda de que la injerencia de una doctora británica, mujer para más inri, podría despertar los fantasmas del pasado colonial de Pakistán, cuando aún formaba parte de la India y estaba bajo el dominio del Imperio británico. Aun así, cuando Fiona supo que se trataba de una niña que luchaba por el derecho a la educación, aceptó la difícil tarea que le pedían aquellos militares.[18]

Lo que ella y el doctor Javid Kayani se encontraron cuando llegaron en helicóptero al hospital de Peshawar y se asomaron a la cama en la que yacía Malala con la cabeza vendada les produjo sentimientos muy contradictorios. Por un lado, como enseguida les informaron, había sido correctamente operada para extraerle una parte del cráneo justo en el momento en el que el cerebro se estaba empezando a inflamar peligrosamente. La herida era más grave de lo que había parecido en un principio y, aunque la bala no había llegado a penetrar en el cerebro, en su camino hacia el omoplato había fracturado un hueso cuyos pequeños fragmentos sí que lo habían hecho. Por otro, aunque el hospital en el que la atendían a menudo trataba a personas heridas gravemente en ataques semejantes al de Malala, a ojos de Fiona Reynolds parecía muy difícil que, con los medios disponibles, la joven pudiera recuperarse correctamente. El riesgo de infección era muy alto.

El jueves por la mañana, dos días después del atentado, la doctora Fiona se encontraba ya lejos de Peshawar y de Malala. Estaba esperando en el aeropuerto con las enfermeras de su equipo a que las avisaran para embarcar en el avión que las llevaría de regreso a

Birmingham. Cuando ya tenía el equipaje facturado,[19] recibió una llamada del hospital. Malala estaba muy mal. Su estado empeoraba por minutos y todo parecía anunciar un fatal desenlace. Puedo imaginar las caras de la doctora y sus dos enfermeras cuando se miraron entre ellas para tomar la decisión.

Perderían el avión de vuelta a Birmingham.

A la hora de la comida, la doctora Reynolds estaba de nuevo en Peshawar para convencer al padre de Malala de que la trasladaran a un hospital militar en Rawalpindi que tenía la mejor unidad de cuidados intensivos de Pakistán. «¿Hay esperanza?», le preguntó Ziauddin Yousafzai. «Si no la hubiera, yo no estaría aquí»,[20] contestó la doctora Reynolds sin ser seguramente muy consciente de dónde se estaba metiendo.

Durante todo el tiempo que duró el viaje en helicóptero, Fiona no dejó de controlar los equipos sin quitarle el ojo de encima a Malala. Temía por la vida de la niña, tan frágil y vulnerable como los otros pequeños en estado crítico a los que tantas veces había tenido que acompañar en Inglaterra. Aquel trayecto de una hora y quince minutos sobrevolando Pakistán sin duda debería aparecer en la sección de «Odiseas» de nuestro Museo Feminista.

5

Pero, en realidad, la verdadera aventura solo acababa de comenzar para ambas mujeres. El hospital al que llevaron a Malala en Rawalpindi parecía una fortaleza, con militares en la puerta de acceso y francotiradores en las azoteas. Era un despliegue impresionante al que los médicos pakistaníes estaban acostumbrados desde hacía años, pues buscaba evitar que se produjeran nuevos atentados talibanes como los que se venían sucediendo en los últimos tiempos. Tanto la doctora Reynolds como Malala y su familia podían ser blanco de otro ataque en cualquier momento. No es sorprendente entonces que enseguida se empezara a hablar de la necesidad de sacar a Malala del país, sobre todo teniendo en cuenta la inmensa repercusión internacional que estaba teniendo su caso. El secretario general de la ONU, Ban Ki-moon condenó el atentado con duras palabras hacia los talibanes, al igual que el presidente Obama y un sinnúmero de líderes mundiales, actrices de Hollywood y niños de todo el planeta. Hasta la cantante Madonna le dedicó una canción en un concierto de Los Ángeles ante miles de fans. Con sus balas mortíferas, los talibanes estaban consiguiendo que Malala se convirtiera en la adolescente más famosa del planeta.

Pero ella era completamente ajena al revuelo ocasionado y seguía hundida en la más completa oscuridad. Aún no se había despertado ni tenía conciencia de lo que había ocurrido desde que salió del colegio con su mochila y sus cuadernos al terminar su examen de Historia de Pakistán.

Por otro lado, razonaba la doctora Reynolds, la unidad de cuidados intensivos de Rawalpindi había sido esencial para la supervivencia de Malala, pero en aquel hospital tampoco disponían de los recursos necesarios para que su recuperación fuera lo mejor posible a medio plazo. Si no actuaban rápido podrían quedarle severas secuelas en el habla y en el sistema motriz. Fiona fue una ayuda fundamental para la familia de Malala durante aquellos días tan complicados y no dudó en sumarse a quienes recomendaron a Ziauddin Yousafzai que accediera al traslado de su hija, que jamás había salido de Pakistán, al hospital Queen Elizabeth de Birmingham, donde estaban acostumbrados a tratar con heridos de las guerras de Afganistán e Irak.[21]

No eran pocos los obstáculos que enseguida se revelaron en contra de esta idea. El primero de ellos era el que parecía más aparatoso de solucionar. ¿Cómo trasladarla hasta allí sin pedir ayuda a los americanos? Las relaciones con Pakistán no atravesaban el mejor momento tras la captura de Bin Laden, y el ejército quería medir bien todos los pasos que daba. Bastante revuelo se estaba organizando ya como para que pareciera que, con el traslado de Malala, estaban apoyando una campaña internacional con la colaboración de Estados Unidos. Tuvo que ser la familia gobernante de los Emiratos Árabes Unidos quien pusiera a su disposición un avión con todo el equipamiento médico necesario para el viaje.

Además había otro problema grave. Malala era una niña menor de edad y por ello debía viajar acompañada hasta Reino Unido. Pero Ziauddin Yousafzai no podía dejar en Pakistán a su mujer y a sus otros dos hijos solos. Como él mismo repitió por activa y por pasiva a todos los médicos y militares que trataron de presionarlo, habría sido extremadamente peligroso para ellos quedarse en el país sin él. Era mucho más arriesgado abandonar a su familia en Pakistán que dejar que la joven activista volase sin él pero acompañada de sus médicos. Lo que Ziauddin necesitaba era que alguien aceptara la enorme responsabilidad de hacerse cargo legalmente de Malala durante el viaje a Birmingham, adonde ellos irían lo antes posible, en cuanto pudieran conseguir las autorizaciones del ejército.

Agnódice, Sophia Jex-Blake y Simone Weil fueron esta vez quienes se revolvieron en sus tumbas. ¿Quién podría acompañar a Malala en aquel viaje?

«Fiona, confío en usted. Por favor, cuide de mi hija» fueron las últimas palabras que, entre lágrimas, le dijo Ziauddin Yousafzai a la doctora Reynolds tras firmar el documento *in loco parentis* por el que la convertía en su tutora durante el viaje a Reino Unido.[22]

En cuanto aterrizaron, la doctora Reynolds pudo comprobar que con su valiente ayuda había contribuido a salvar la vida de quien pronto se convertiría en una figura muy importante. Malala misma no salía de su asombro cuando, el 16 de octubre de 2012, al despertar en el hospital de Birmingham del coma inducido que la mantenía inconsciente, pudo leer las cartas y mensajes que le habían llegado desde todos los rincones del mundo. Lo último que recordaba ella era ir riendo con su amiga Moniba en la camioneta escolar en la que regresaba a casa a la salida del colegio. Cogiendo aire, la doctora Reynolds miró a su pequeña paciente a los ojos y le explicó todo lo ocurrido. Cariñosamente, puso en sus manos un diario rosa para que pudiera escribir y un osito de peluche blanco para que le hiciese compañía. Hasta que llegaron sus padres, la doctora y su paciente a menudo pasaron el rato jugando juntas al *Conecta cuatro* en la habitación del hospital.

Solo dos años después, en 2014, Malala recibió el Premio Nobel de la Paz por su defensa de la educación de las niñas y niños, lo que la convirtió en la persona más joven de la historia en obtenerlo.

¿QUÉ HACE LA NIÑA DE *HARRY POTTER*
HABLANDO EN LAS NACIONES UNIDAS?

6

Cuando la noticia sobre el Nobel empezó a dar la vuelta al mundo, la revista *Time* comparó a Malala con Harry Potter. ¿Acaso no era Malala la líder que estaba esperando la generación que había crecido con la saga de J. K. Rowling?, se preguntaba la periodista que firmaba el artículo.[23] ¿No eran evidentes las similitudes que existían entre aquella niña que milagrosamente había escapado a la muerte y Harry, el niño marcado con una cicatriz en la frente? Al igual que el héroe de Hogwarts, en sus memorias Malala confesaba haber deseado a menudo tener una varita mágica para acabar con los talibanes.

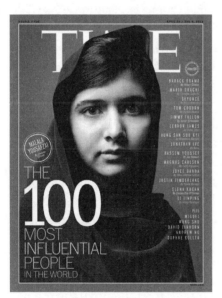

Malala en la portada de la revista *Time*

Sin embargo, en la realidad, no fue a Harry Potter sino a Emma Watson, la actriz que había dado vida a Hermione en la pantalla, a quien Malala mostró su agradecimiento en 2015 por haber despertado en ella la conciencia feminista. Ocurrió durante una entrevista que la actriz le hizo a la activista con motivo del lanzamiento de *He Named me Malala*, el documental que Davis Guggenheim rodó sobre su vida. Durante su encuentro, que se hizo viral, Watson le planteó varias preguntas a Malala sobre su cam paña a favor de la educación de las niñas así como sobre la importancia que había tenido para ella el apoyo recibido de su padre.[24] «Mi padre es un ejemplo para todos los hombres», respondió Malala, «pues ha mostrado que si queremos que las mujeres tengan igualdad de derechos, entonces los hombres también tienen que dar un paso al frente».[25]

Emma Watson como Hermione Granger en una de las películas de Harry Potter

La faceta de Emma Watson como activista no era nueva en el momento de la entrevista. En 2015 la pequeña Hermione se había cortado el flequillo y no solo comenzaba a realizar entrevistas a mujeres como Malala sino que empezaría a ser habitual su aparición en películas que buscaban reescribir en clave feminista las viejas narrativas para niñas, como la versión de 2017 de *La Bella y la Bestia* o la adaptación de *Mujercitas* que en 2019 realizó la directora Greta Gerwig. De hecho, sorprende que la periodista de *Time* no comparase a Malala con Emma Watson, o al menos con Hermione Granger, en lugar de con Harry Potter. ¿Acaso no era Hermione y no Harry quien decía la memorable frase «Espero hacer algo bueno en el mundo»?[26] ¿No era Hermione (y la propia Emma Watson) la verdadera empollona de Hogwarts, amante de la lectura y las buenas notas? ¿No era *ella* quien pronunciaba correctamente los conjuros y llegaba siempre con una solución en el momento oportuno?[27] Es más, ¿no había sido Emma Watson quien solo un mes antes de que le concedieran el Nobel de la Paz a Malala había pronunciado un famoso discurso ante las Naciones Unidas en el que invitaba oficialmente a todos los hombres del planeta a que superaran sus prejuicios contra el *feminismo*?[28]

«Seguramente ustedes se estén preguntando qué hace una niña de Harry Potter hablando en las Naciones Unidas», había dicho Watson ante los líderes mundiales el 20 de septiembre de 2014, «créanme que me he estado preguntando lo mismo».

«Quiero que las cosas mejoren». Su discurso tuvo un gran impacto, sobre todo entre la gente joven, para quienes Emma Watson tenía todo para convertirse en uno de los rostros del nuevo movimiento feminista. Por entonces, empezaba ya a hablarse de una «cuarta ola», surgida en aquellos mismos años tras la crisis económica de 2008 y el desarrollo del feminismo global gracias a las nuevas tecnologías. De hecho, cuando Emma Watson invitó a todos los hombres a sumarse al feminismo solo faltaban tres años para que el hashtag #MeToo diera la vuelta al planeta y cuatro para que, el 8 de marzo de 2018, el *tsunami* feminista llegara a España con una fuerza que asombraría a los hombres y mujeres de todo el mundo.

«La palabra *feminista* me pareció complicada la primera vez que la escuché», le dijo Malala a Emma Watson en la entrevista de 2015.[29] «Me pareció que producía reacciones positivas, pero también negativas. Dudaba si definirme a mí misma como una feminista». «Sin embargo», añadió con la misma voz suave pero insobornable con la que había hecho frente a los talibanes, «después de escuchar tu discurso me dije que no había nada malo en definirse como feminista. Así que soy feminista y todos deberíamos ser feministas porque *feminismo* es otra palabra para la igualdad».

Mientras hacía estas reflexiones, es posible que Malala recordara un pareado pastún que había escuchado cuando no era más que una niña en el valle del Swat:

Si los hombres no pueden ganar la batalla, país mío,
Las mujeres darán un paso al frente y conseguirán ese honor para ti.

Y es posible también que recordara que una de las primeras cosas que le había dicho a su familia cuando despertó del ataque y todavía estaba en el hospital Birmingham con la doctora Fiona Reynolds fue que tenía el deseo de *reescribirlo*. Para sorpresa de sus padres, Malala les confesó que quería cambiar algunas palabras, solo unas pocas, las justas para que su mensaje y la visión del mundo que se desprendía de él fuera sutilmente diferente. Deseaba transformarlo en otro pareado que rezara así:

Tanto si los hombres están ganando o perdiendo la batalla, país mío,
Las mujeres vendrán y conseguirán un honor para ti.[30]

Era otra forma de decir lo mismo que podía leerse en la pancarta que levantaban mis alumnas aquel 8 de marzo de 2018: «sin Hermione, Harry Potter habría muerto en el primer libro».

POSTDATA
ARENDELLE, 2020

1

Comencé a enredarme en las historias que componen este libro aquel 8 de marzo de 2018 que hoy parece muy lejano. En los siguientes años fueron tomando forma en mi cabeza algunos de los acontecimientos que quería contar, se fueron perfilando los rostros de sus principales protagonistas y decidí las líneas argumentales que dirigirían el relato. Sin embargo, empecé a escribir estas páginas, a llevar esas historias a la realidad, precisamente la semana posterior al Día de la Mujer de 2020, cuando se cumplían dos años justos de la histórica manifestación en la que caminamos juntas por la avenida Complutense estudiantes, profesoras, bedeles, bibliotecarias, personal de la administración y del servicio de limpieza; fueron unos días marcados por la polémica y envueltos en la enorme tensión provocada por la pandemia de la COVID-19.

Y entonces, de golpe, se apagó la luz.

Durante las noches silenciosas de 2020 y 2021, mientras afuera el mundo se iba retirando, como escribiría Hannah Arendt en *Hombres en tiempos de oscuridad*, me quedé a solas con Agnódice, Juana de Arco, Jane Austen y Simone Weil. Con la trágica pandemia como telón de fondo, no es extraño entonces que en las historias que fui esbozando abunden las enfermeras y las doctoras valerosas y compasivas. Escribir un libro en el que se rescataran las vidas de mujeres como ellas fue mi manera de reconstruir, como diría Arendt, «un mundo en común».

Un día, al final de una larga tarde al comienzo del confinamiento, mi hija me pidió que viéramos las películas de *Frozen*. En cuanto comenzaron a sonar los primeros acordes de la famosa canción del inicio, *Do You Want to Build a Snowman?*, me incorporé en el sofá. De pronto, con todo lo que estaba pasando al otro lado de nuestra ventana, la historia de una princesa encerrada en su cuarto que habla con su hermana a través de la pared cobraba inesperados significados. Elsa le rogaba a Anna que no se acercase, ni la tocase, porque podría hacerle daño. «Distancia de seguridad, mami», comentó mi hija con un gesto de elocuente comprensión. Unos segundos después, al avanzar el número musical, Anna le suplicaba a su hermana que saliera de su habitación, que fuera con ella a montar en bicicleta, pues se sentía muy sola. Imposible no pensar en las sufragistas y sus *velocípedos*. Imposible no pensar en todas las hermanas que estaba descubriendo al escribir *Las que faltaban*.

Como pude averiguar después, Jennifer Lee, la codirectora y guionista de *Frozen*, fue la primera mujer que dirigió una película producida por Disney. Es significativo que la incorporación de una mirada femenina a la centenaria fábrica de los sueños infantiles trajera como resultado un cambio de perspectiva. Cuando era una mujer quien escribía, el amor romántico aparecía iluminado por una luz distinta e incluso era sustituido por una nueva forma de amor apasionado, el que unía a las dos hermanas.

«Necesito compañía», protesta con tono quejumbroso Anna en el cuarto de los retratos del castillo donde corretea entre viejas armaduras, «estoy empezando a hablar con los cuadros de las paredes». Tras caer tumbada en una poltrona después de dar una voltereta, la joven pelirroja mira hacia la pared y señala un cuadro de Juana de Arco, a quien vemos subida a su caballo y con la espada en alto. «Hang in there, Joan», exclama Anna haciendo un juego de palabras que podríamos traducir como «Resiste, Juana, aguanta ahí colgada». Afuera, en la calle, como si la realidad y la ficción jugaran a mezclarse aquella tarde de confinamiento, aún se escuchaba el eco de los aplausos de las ocho. Había sido necesario esperar hasta 2013, fecha en la que originalmente se estrenó la película, para que la historia arquetípica de dos hermanas enfrentadas tomara un rumbo distinto. Estaba claro que el fantasma de la doncella guerrera no se lo habría perdido por nada del mundo.

Pensé en todas mis amigas y las imaginé asomadas a los balcones de sus casas.

2

«Elsa, despierta» son las primeras palabras que escuchamos en la película. Se las susurra Anna a su hermana al oído con la esperanza de que vayan juntas a jugar. Mientras veía la película con mi hija, me di cuenta de que esa primera frase —«despierta»—, casi una orden, no se dirigía solamente a la heredera de Arendelle, sino a todas las princesas que permanecen dormidas y sin voz en las creaciones de la factoría Disney. Así parece sugerirlo la propia película, en la que acompañamos a las dos hermanas en una trepidante aventura muy distinta a la que tradicionalmente viven las princesas de los cuentos de hadas, pues lo que deberán descubrir Elsa y Anna es que el amor entre ellas, y no el beso de un príncipe, puede tener mucho poder.

Aunque hoy la presencia cada vez mayor de mujeres como Jennifer Lee en distintas profesiones y espacios es esperanzadora, a nivel global, las mujeres siguen estando infrarrepresentadas en un sinfín de profesiones y actividades. Según datos recientes de ONU Mujeres, aún hay ciento diecinueve países que, a diferencia de Arendelle, nunca han sido dirigidos por mujeres. Actualmente solo diez países están presididos por una jefa de Estado y trece dirigidos por una presidenta de Gobierno. Solo el 25 por ciento de los escaños de los parlamentos están ocupados por mujeres. A estas cifras, aún muy desalentadoras, hay que añadir los datos de violencia sexual y de género. A nivel mundial, el 35 por ciento de las mujeres declara haber sufrido alguna vez violencia física o sexual. Sin duda, se trata solamente de la punta de un iceberg, la cara visible de todas las violencias ejercidas contra ellas. Los efectos de la pandemia de la COVID-19 han agravado la desigualdad entre hombres y mujeres. Sobre sus hombros ha recaído el mayor peso de los cuidados y durante el confinamiento muchas mujeres han debido convivir con sus agresores. Como en otras esferas, se teme que la crisis sanitaria suponga un gran retroceso respecto a los avances alcanzados en el último siglo.

3

«Es hora de que la princesa despierte», susurra esta vez Anna al oído de Elsa al comienzo de la segunda película de *Frozen*. El tiempo ha pasado en Arendelle y las hermanas conviven en paz hasta que una nueva aventura sale a su encuentro. Esta vez el conflicto no surge de un desequilibrio entre las hermanas, sino del desconocimiento de su genealogía, motivo por el que los habitantes del bosque, espacio de transformación, se encuentran petrificados. «Os prometo que lo liberaré», afirma Elsa mientras dirige sus pasos, montada en un majestuoso caballo blanco, por un paisaje tan helado como el de *Frankenstein* hacia el glaciar del Ahtohallan. Quien espera a la doncella guerrera en el interior del laberíntico glaciar no es ningún monstruo, sino su madre, a quien perdió, como ocurre en demasiados cuentos de hadas, cuando solo era una niña. «Acabo de encontrarme», grita Elsa llena de júbilo al reconocer su voz y comprender que la antigua reina mágica nunca había dejado de llamarla. Solo cuando ha hallado a su madre, «la respuesta que siempre he buscado», por fin puede leer su historia completa.

Al final de la película aparece una de las imágenes más hermosas. Elsa se ha quedado a vivir en el bosque, pero se comunica constantemente con Anna a través de unas aves mensajeras que planean por el aire y sobrevuelan hasta caer mágicamente en sus manos como si fueran avioncitos de papel. «Nos vemos el viernes», lee Elsa en voz alta al recibir uno de aquellos mensajes, «sigue cuidando del bosque, hermana». Eso sí que es un final feliz, pensé mientras apagábamos la televisión aquella larga noche de confinamiento.

Miré por la ventana e imaginé que la ciudad se llenaba de aves mensajeras que llevaban cartas de un balcón a otro.

4

Mientras escribía este libro durante la pandemia de la COVID-19 yo también estuve a punto de ponerme a hablar con los cuadros de nuestras antepasadas. Fueron ellas quienes me hicieron compañía durante los tiempos de oscuridad. Quizá por eso, entre las páginas de *Las que faltaban* vuelan tantas cartas y mensajes. Algunos, como el que nos dejó Denny hace miles de años, están escritos con las novedosas letras del código genético. Otros, como la inscripción en la pequeña moneda que acuñó Cleopatra Selene, revelan la enigmática entrada a un reino prohibido. Hay numerosas cartas de amor entre madres, hijas, amigas y hermanas. Cartas de felicitación, de disculpa, de pésame. Algunas fueron quemadas, otras llegaron tarde. Unas llaman a la acción política, otras sugieren la utilización de cosméticos. Pero también circulan mensajes que se escribieron en medio de guerras sangrientas o en la cama de un hospital. Finalmente, encontramos conmovedores mensajes de despedida, iniciales bordadas en un corsé o en una misteriosa capa. Aunque haya pasado tanto tiempo, en muchas de estas cartas, si aguzamos el oído, como nos aconsejaba Virginia Woolf, aún podremos escuchar el eco de una carcajada femenina.

Como empecé a darme cuenta durante aquellos días de marzo de 2020, todos estos mensajes estaban ahí, muy cerca, esperando que despertáramos sus voces dormidas y olvidadas. Ahora, cuando llegamos a las páginas finales de nuestra historia, los veo sobrevolar el tiempo y el espacio hasta llegar a tus manos.

NOTAS

PRÓLOGO

1 Tucídides, *Historia de la Guerra del Peloponeso*, p. 162.
2 Plutarco, *La excelencia de las mujeres*, p. 27.
3 Aristóteles, *Poética*, p. 69.
4 Thomas Carlyle, *On Heroes, Hero-Worship & the Heroic in History*, p. 1.
5 Carolyn G. Heilbrun, *Writing a Woman's Life*, p. 20.
6 Mary Beard, *Mujeres y poder*, p. 40.
7 Gloria Steinem, *Mi vida en la carretera*, p. 99.
8 *Ibid.*, p. 155.
9 Sigmund Freud, «La feminidad», p. 123.
10 *Ibid.*
11 Luce Irigaray, *Espéculo de la otra mujer*, p. 40.
12 Carolyn G. Heilbrun, «What Was Penelope Unweaving?», pp. 103-111.
13 James Matthew Barrie, *Peter y Wendy*, pp. 66-67.
14 Virginia Woolf, *Al faro*, p. 72.
15 Muriel Spark, *La plenitud de la señorita Brodie*, p. 75.
16 Irene Vallejo, «Las mujeres en la historia de los libros: un paisaje borrado».
17 Jane Austen, *Northanger Abbey*, p. 103. Traducción propia.
18 James Edward Austen-Leigh, *Recuerdos de Jane Austen*, p. 119 y ss.
19 *Ibid.*, p. 121.
20 *Ibid.*
21 Adrienne Rich, «Tomarse en serio a las alumnas», p. 177.

1. BUSCANDO A DENNY

1 Para escuchar a la propia Viviane Slon relatar los detalles del descubrimiento puede consultarse el podcast *Origin Stories: the Denisovans*,
   realizado por la Leakey Foundation y accesible en su página web
   <https://leakeyfoundation.org/origin-stories-the-denisovans>.

2 *Ibid.*

3 En adelante, sigo las horquillas temporales ofrecidas por Yuval Noah
   Harari en *Sapiens. De animales a dioses. Una breve historia de la humanidad*, p. 11 y ss.

4 En su libro *Neandertales. La vida, el amor, la muerte y el arte de nuestros
   primos lejanos*, Rebecca Wragg Skyes trata de superar esa visión negativa que ha prevalecido desde su descubrimiento.

5 El propio Svante Pääbo relata la búsqueda e investigación sobre los
   neandertales que ha guiado toda su carrera científica en *El hombre de
   Neandertal. En busca de genomas perdidos.*

6 Un primer borrador de los resultados de la investigación se publicó
   el 7 de mayo de 2010 en la revista *Science*, pp. 710-722.

7 Yuval Noah Harari, *op. cit.*, p. 29.

8 Véase David Reich, Richard Green, Martin Kircher, *et al.*, «Genetic
   history of an archaic hominid group from Denisova Cave in Siberia»,
   pp. 1053-1060.

9 Las implicaciones filosóficas y éticas de este modelo de sujeto vertical y autónomo se exploran en Adriana Cavarero, *Inclinations. A critique of Rectitude.*

10 Viviane Slon, Fabrizio Mafessoni, Benjamin Vernot, *et al.*, «The genome of the offspring of a Neanderthal mother and a Denisovan
   father», pp. 113-116.

11 Los detalles sobre el descubrimiento de Lucy se describen en Claudine Cohen, *La mujer de los orígenes*, pp. 33-38, y en Donna Haraway,
   Primate visions: Gender, Race, and Nature in the World of Modern Science,
   p. 280 y ss.

12 Sobre la respuesta de feministas como Adrienne Zihlman a la puesta en escena del descubrimiento de Johanson, véase Haraway, *op. cit.*,
   p. 278 y ss.

13 Claudine Cohen, *op. cit.*, p. 37.

14 *Ibid.*, p. 34.

15 Donna Haraway, *op. cit.*, p. 282 y ss.

16 Claudine Cohen, *op. cit.*, p. 15.

17 Margaret W. Conkey y Janet D. Spector, «Archaeology and the Study of Gender», pp. 1-38.

18 Yuval Noah Harari, *op. cit.*, p. 27, 32.

19 *Ibid.*, p. 34.

20 Simone de Beauvoir, *El segundo sexo. Los hechos y los mitos*, p. 127.

21 *Ibid.*

22 Siguen siendo las palabras de Viviane Slon, accesibles en <https://leakeyfoundation.org/origin-stories-the-denisovans/>.

23 Charles Darwin, *The Descent of Man*, p. 717. Sobre los prejuicios de género en la teoría evolucionista, véase Claudine Cohen, *op. cit.*, p. 53.

24 Charles Darwin, *op. cit.*, p. 726.

25 Marylène Patou-Mathis, *El hombre prehistórico es también una mujer. Una historia de la invisibilidad de las mujeres*, pp. 12-13.

26 Palabras que de hecho dan título a su célebre obra *La mística de la feminidad*, originalmente publicada en 1963.

27 Las dos teorías se desarrollan en Yuval Noah Harari, *op. cit.*, p. 28 y ss.

28 Marylène Patou-Mathis, *op. cit.*, p. 121.

29 Virginia Woolf, *Una habitación propia*, p. 69.

30 Linda Nochlin, «Why Have There Been No Great Women Artists?», pp. 42-68.

31 Sobre las historias que han rodeado el descubrimiento de pinturas rupestres, puede leerse el capítulo que Guillermo Altares les dedica en *Una lección olvidada. Viajes por la historia de Europa*, pp. 23-39.

32 Donna Haraway, *op. cit.*, p. 334.

33 Ideas que aparecen formuladas en Evelyn Reed, «Is Biology Woman's Destiny?», pp. 7-11, 35-39.

34 Citado en Donna Haraway, *op. cit.*, p. 331.

35 Simone de Beauvoir, *op. cit.*, p. 371.

36 Dean Snow, «Sexual Dimorphism in Europe Upper Paleolithic Cave Art», pp. 746-761.

2. AGNÓDICE

1 Mary Beard, *Mujeres y poder*, p. 27.

2 Virginia Woolf, *Una habitación propia*, p. 61-62.

3 La historiadora del mundo clásico Helen King, experta en la figura de Agnódice, explora su biografía y las lecturas que ha recibido a lo largo del tiempo en distintos libros y artículos, como por ejemplo «Agnodiké and the Profession of Medicine», pp. 53-77; *Hipocrates' Woman: Reading the Female Body in the Ancient World* o *The One Sex Body on Trial: The Classical and Early Modern Evidence.*

4 La idea de que la historia de Agnódice, relatada en la *Fábula* 274, pueda estar basada en una novela griega hoy perdida la esboza Helen King en «Agnodiké and the Profession of Medicine», p. 55.

5 Para conocer la polémica en torno a la identidad del autor de las *Fábulas*, puede consultarse el trabajo de Guadalupe Morcillo Expósito «Caius Iulius Hyginus, Mitógrafo», pp. 267-277.

6 Sobre la importancia de las *Fábulas mitológicas*, véase Antonio Ruiz de Elvira, *Mitología clásica*, p. 26 y ss.

7 Sobre la edición y transmisión de las *Fábulas mitológicas*, véase Leighton Durham Reynolds (ed.), *Texts and Transmission. A survey of the Latin Classics*, pp. 189-190.

8 Existen en castellano distintas traducciones de las *Fábulas mitológicas*. He seguido la traducción de Francisco Miguel del Rincón Sánchez en Alianza editorial.

9 Sobre otras ginecólogas y parteras en la mitología y la historia, ver el capítulo que Adela Muñoz Páez dedica a Agnódice en su obra *Sabias. La cara oculta de la ciencia*, pp. 71-76.

10 Se trata de una idea sugerida por Nancy Demand en su libro clásico *Birth, Death and Motherhood in Classical Greece*, p. 65.

11 Sitúo a Agnódice en esta época por coherencia narrativa con las fechas de nacimiento y muerte del otro personaje de la *Fábula*, Herófilo de Calcedonia, quien practicó la medicina a finales del siglo iv a. C. y principios del siglo iii a. C.

12 Los fragmentos aquí citados proceden del tratado hipocrático «Enfermedades de las vírgenes», incluido en el volumen IV de la edición castellana de la editorial Gredos.

13 Sobre los médicos de la Antigüedad y la relación de sus teorías con las mujeres puede consultarse el capítulo elaborado por Lesley Dean-Jones, «Medicine: The "Proof" of Anatomy», incluido en el volumen *Women in the Classical World*, pp. 183-205.

14 Carolyn G. Heilbrun, *Writing a Woman's Life*, p. 16.

15 Jenofonte, *Económico*, p. 239.

16 Nancy Demand, *op. cit.*, pp. 6-27.

17 *Ibid.*, p. 6.

18 Carlos García Gual relata la vida de algunas de estas mujeres excepcionales en *Audacias femeninas. Mujeres en el mundo antiguo*.

19 Mary Beard, *op. cit.*, pp. 16-18.

20 *Ibid.*, p. 46.

21 Sobre la figura de Elizabeth Cellier y su reivindicación de Agnódice, véase Helen King, «Agnodiké and the Profession of Medicine», p. 58 y ss. También Adela Muñoz Páez, *op. cit.*, p. 74.

22 Sophia Jex-Blake, «Medicine as a Profession for Women», en *Medical Women. A Thesis and History*, pp. 1-60.

23 *Ibid.*, p. 42.

24 Nancy Demand describe con todo detalle este contexto en el que la salud se convierte en una obsesión en la sociedad griega del siglo v. *Op. cit.*, p. 33.

25 Paula Perlman revisa los rituales de las doncellas a la diosa Artemisa en «Acting the She-Bear for Artemis», pp. 11-133.

26 Helen King, *Hipocrates' Woman: Reading the Female Body in the Ancient World*, p. 76.

27 Aristófanes, *Lisístrata*, p. 64 y ss.

28 El *anasýrō* es uno de los temas centrales explorados por Helen King en «Agnodiké and the Profession of Medicine», pp. 52-77.

29 La cita procede del tratado hipocrático «Enfermedades de las mujeres», p. 114, también incluido en el volumen IV de la edición castellana de la editorial Gredos.

30 Adrienne Rich, «Nacemos de mujer. La maternidad como experiencia y como institución», en *Ensayos esenciales. Cultura, política y el arte de la poesía*, p. 271.

31 Nancy Demand, *op. cit.*, p. 152.

32 Se trata de un tema ampliamente estudiado en Nancy Demand, *Ibid.*, p. 66 y ss., Helen King, *op. cit.*, p. 64 y ss., así como en la «Introducción» de José Antonio Ochoa Andón al volumen IV de los *Tratados hipocráticos*, p. 26 y ss.

33 Nancy Demand, *ibid.*, p. 154.

34 Aristóteles, *Reproducción de los animales*, p. 144.

35 *Ibíd.*, p. 110.

36 Esquilo, *Las Euménides*, p. 523.

37 Platón, *Teeteto*, p. 189 y ss.

38 Platón, *El Banquete*, p. 118.

39 *Ibid.*, p. 119.

40 *Ibid.*, p. 117.

41 Hannah Arendt, «Labor, trabajo, acción. Una conferencia», en *De la historia a la acción*, p. 107.

42 Luisa Muraro, *El orden simbólico de la madre*, p. 13.

43 Virginia Held, «Nacimiento y muerte», p. 7.

44 En su libro *Inclinations. A Critique of Rectitude*, Adriana Cavarero dedica todo un capítulo a «Kant and the Newborn», pp. 25-33.

45 Citado en *ibid.*, p. 107.

46 Una idea que encontramos presente, mucho tiempo antes que en las éticas relacionales de Judith Butler, Virginia Held o Adriana Cavarero, en el ensayo clásico de Mary Ellmann, publicado originalmente en 1968, *Thinking about Women*, p. 72 y ss.

47 Sobre las relaciones entre el arte de coser y la palabra femenina en el mundo antiguo puede consultarse Carolyn G. Heilbrun, «What was Penelope Unweaving?», pp. 103-111.

48 Adrienne Rich, *op. cit.*, pp. 264, 377.

49 Adriana Cavarero, *op. cit.*, p. 96.

3. CLEOPATRA

1 Un relato completo del descubrimiento de la piedra Rosetta puede leerse en John Ray, *The Rosetta Stone and the Rebirth of Ancient Egypt*, p. 34 y ss.

2 Edward W. Said, *Orientalismo*, p. 25.

3 John Ray, *op. cit.*, p. 11.

4 John Morris Roberts y Odd Arne Westad, *The History of the World*, p. 80. La historia del origen de los libros la aborda Irene Vallejo de un modo apasionante en su libro *El infinito en un junco*.

5 Irene Vallejo, *El infinito en un junco*, p. 29.

6 Plutarco, *Vidas paralelas*, p. 161 y ss.

7 John Ray, *op. cit.*, pp. 19, 44.

8 En un artículo titulado «Souvenirs of Culture: Deciphering (in) the Museum», pp. 505-532, Mary Beard contextualiza e interpreta el enorme poder de seducción que ha ejercido desde su llegada al British Museum la Piedra Rosetta.

9 John Ray, *op. cit.*, p. 35.

10 Jesús Mosterín, *Teoría de la escritura*, p. 103.

11 Maria Wyke reconstruye la operación propagandística orquestada por Augusto en «Augustean Cleopatras: Female Power and Poetic Authority», pp. 98-129.

12 Maria Wyke y Dominic Montserrat exploran el influjo de Cleopatra en la cultura popular en «Glamour Girls. Cleomania in Mass Culture», pp. 172-194.

13 Carolyn G. Heilbrun, «Margaret Mead and the Question of Woman's Biography», pp. 23-29.

14 Sarah B. Pomeroy, *Women in Hellenistic Egypt. From Alexander to Cleopatra*, p. 15.

15 Duane W. Roller, *Cleopatra's Daughter and Other Royal Women of the Augustan Era*, p. 18.

16 John Morris Roberts y Odd Arne Westad, *The History of the World*, p. 82.

17 Muriel Spark, *La plenitud de la señorita Brodie*, p. 107.

18 Sarah B. Pomeroy, *op. cit.*, p. 25.

19 Wolfgang Schuller, *Cleopatra. Una reina entre tres culturas*, p. 77.

20 Alberto Prieto Arciniega revisa las visiones de Cleopatra en la cultura audiovisual en su artículo «Cleopatra en la ficción: el cine», pp. 143-176.

21 William Shakespeare, *Antonio y Cleopatra*, p. 639.

22 *Ibid.*, p. 259.

23 *Ibid.*, p. 121.

24 *Ibid.*

25 Sobre la Cleopatra histórica pueden consultarse los trabajos de Sally-Ann Ashton «Cleopatra, Queen of Egypt», pp. 21-36 y de Erich S. Gruen «Cleopatra in Rome. Facts and Fantasies», pp. 37-53, ambos incluidos en *Cleopatra. A Sphinx Revisited*, editado por Margaret M. Miles.

26 Los mitos que rodean la estancia de Cleopatra en Roma son abordados extensamente por Erich S. Gruen, *op. cit.*, pp. 37-53.

27 Sobre la firma autógrafa de Cleopatra puede consultarse Wolfgang Schuller, *op. cit.*, p. 154 y ss.

28 William Shakespeare, *op. cit.*, p. 259.

29 *Ibid.*

30 *Ibid.*, p. 123.

31 Hélène Cixous, *La risa de Medusa*, p. 95.

32 *Ibid.*; VirginiaWoolf, *Una habitación propia*, p. 133.

33 William Shakespeare, *op. cit.*, p. 125.

34 Mary Beard, *Mujeres y poder*, p. 59.

35 Harold Bloom, *Shakespeare. The Invention of the Human*, p. 564.

36 Gloria Steinem, *Mi vida en la carretera*, p. 238.

37 Carolyn G. Heilbrun, *Writing a Woman's Life*, p. 18.

38 William Shakespeare, *op. cit.*, p. 581.

39 *Ibid.*

40 Harold Bloom, *Shakespeare. The Invention of the Human*, p. 548. También en el ensayo *Cleopatra. Soy fuego y aire*, p. 114, Bloom retoma la negativa de Cleopatra a escuchar a Antonio.

41 Harold Bloom, *Cleopatra. Soy fuego y aire*, p. 24.

42 Hélène Cixous, *op. cit.*, p. 107.

43 William Shakespeare, *Antonio y Cleopatra*, p. 393.

44 Duane W. Roller, *Cleopatra's Daughter and Other Royal Women of the Augustan Era*, pp. 27-28.

45 *Ibid.*, p. 29.

46 *Ibid.*, p. 31; Mary Beard, *The Roman Triumph*, pp. 143-145.

47 *Ibid.*, p. 36.

48 *Ibid.*, p. 39 y ss.

49 *Ibid.*, p. 40. Marguerite Spoerri incluye las monedas en la clasificación que realiza en «Le monnayage d'argent émis par le roi Juba II de Maurétanie (I): catalogue des monnais datées», pp. 33-114.

50 Bell Gale Chevigny, «Daughters Writing: Toward a Theory of Women's Biography», pp. 79-102.

51 William Shakespeare, *op. cit.*, p. 645.

4. JUANA DE ARCO

1 Diane Atkinson narra todos los detalles en su libro *Rise Up, Women! The Remarkable Lives of The Suffragettes*, p. 516. También encontramos un relato de los hechos en la autobiografía de Emmeline Pankhurst, *Suffragette. My Own Story*, p. 336 y ss. Ivonne Seale realiza una excelente crónica de aquel día en su artículo «How Joan of Arc inspired Women's Suffragists», accesible en <https://www.publicmedievalist. com/joan-of-arc-inspired-suffragists/>.

2 Diane Atkinson, *op. cit.*, p. 530.

3 *Ibid.*, p. 526.

4 *Ibid.*, p. 533.

5 Los detalles de aquella noche los encontramos en la autobiografía de Emmeline Pankhurst, *op. cit.*, p. 359 y ss.

6 Inspirado por la obra dedicada a la doncella del historiador Michelet, a mediados del siglo XIX, Jules Quicherat publicó por primera vez en una obra conjunta de cinco volúmenes las actas del juicio así como sus traducciones, a las que añadió otros valiosos documentos testimoniales e históricos. Dicha edición, *Procès de condamnation et de réhabilitation de Jeanne d'Arc, dite La Pucelle, publiés pour la première fois d'après les manuscrits de la Bibliothèque Nationale, suivis de tous les documents historiques qu'on a pu réunir,* hoy accesible a través de Gallica, la biblioteca digital de la BnF, fue leída con pasión por escritores como Mark Twain o Vita Sackville-West, quienes recrearon la vida de Juana en sendas biografías. Véase Nadia Margolis, «Joan of Arc», pp. 265-266.

7 Sobre la escenificación de las visiones y su escrutinio por parte del poder clerical, véase Rebeca Sanmartín Bastida, *La representación de las místicas: Sor María de Santo Domingo en su contexto europeo*, p. 37 y ss.

8 Sobre la influencia de Santa Margarita puede consultarse el trabajo de Ana Echevarría Arsuaga «Margarita de Antioquía, una santa para la mujer medieval», pp. 31-46.

9 Sobre los planes de matrimonio que tenía su padre para ella es la propia Juana quien nos ofrece los detalles en uno de los testimonios recogidos por Régine Pernoud en *Jeanne d'Arc par elle-même et par ses témoins*, p. 23. Sobre las voces y los otros planes que tramaron para ella, *ibid.*, p. 30 y ss.

10 Victoria Cirlot, *Hildegard von Bingen y la tradición visionaria de Occidente*, p. 22. Sobre las voces de Hildegarda puede consultarse también Régine Pernoud, *Hildegarde de Bingen. Conscience inspirée du XIIe siècle*.

11 En *La mirada interior. Escritoras místicas y visionarias en la Edad Media*, Victoria Cirlot y Blanca Garí reconstruyen las vidas de visionarias como Hildegarda de Bingen, Margarita Porete o Juliana de Norwich.

12 Como se desprende de los testimonios de sus vecinas y amigas recogidos por Régine Pernoud en *Jeanne d'Arc par elle-même et par ses témoins*, p. 15.

13 Victoria Cirlot y Blanca Garí, *op. cit.*, p. 14 y ss.

14 Régine Pernoud, *op. cit.*, p. 32. Sobre su amistad con Hauviette véase también Vita Sackville-West, *Juana de Arco*, p. 121.

15 Emmeline Pankhurst, *op. cit.*, p. 359 y ss.

16 Sobre la construcción de la imagen literaria de Juana de Arco véase Deborah Fraioli, «The Literary image of Joan of Arc: Prior Influences», pp. 811-830.

17 En «Civic Art and the Demand for Change at the 1913 Suffrage Pageant-Procession», pp. 283-310, Annelise K. Madsen explora el empleo de elementos teatrales y artísticos en las marchas feministas.

18 Régine Pernoud, *op. cit.*, p. 33.

19 *Ibid.*, p. 38. Sobre las vestiduras masculinas y el rol que desempeñaron en la construcción de género de Juana también puede consultarse Susan Crane «Joan of Arc and Women's Cross-Dress», pp. 74-110.

20 Rebeca Sanmartín Bastida, *op. cit.*, p. 54.

21 En lo relativo al gorro de papel, véase Régine Pernoud, *op. cit.*, p. 283 y Vita Sackville-West, *op. cit.*, p. 394.

22 Recoge el testimonio Régine Pernoud, *op. cit.*, p. 276. También lo desarrolla Vita Sackville-West, *op. cit.*, p. 394.

23 Michel de Montaigne, *De la amistad*, p. 15.

24 *Ibid.*, p. 12.

25 *Ibid.*

26 Carolyn G. Heilbrun estudia esta tradición misógina que desacredita la amistad femenina en *Writing a Woman's Life*, pp. 96-108.

27 Janet Todd, *Women's Friendship in Literature*, p. 1.

28 Régine Pernoud, *op. cit.*, p. 70.

29 En su biografía, Vita Sackville-West reconoce la ausencia de pruebas de este encuentro pero argumenta todas las razones que llevan a pensar que pudiera producirse. *Op. cit.*, p. 294 y ss.

30 Régine Pernoud, *op. cit.*, p. 200.

31 La estancia de Christine de Pizan en Poissy es un hecho que se repite en distintas biografías dedicadas a la escritora. Sin embargo, no deja de ser un asunto controvertido, como explora Karen Green en «Was Christine de Pizan at Poissy? 1418-1429», pp. 93-103.

32 La edición considerada canónica de *Le Ditié de Jehanne d'Arc* es obra de Angus J. Kennedy y Kenneth Varty, Oxford, Society for the Study of the Mediaeval Languages and Literature, 1977. Margaret Switten escribe una excelente «Introduction» en la obra dirigida por Danielle Régnier-Bohler, *Voix de femmes au moyen âge*, pp. 699-709.

33 Marie-José Lemarchand perfila un esbozo biográfico en su edición al castellano de la obra de Christine de Pizan *La ciudad de las damas*,

pp. 11-60. Véase también Simone Roux, *Christine de Pizan. Femme de tête, dame de cœur.*

34 Guillaume de Lorris y Jean de Meun, *El libro de la Rosa*, p. 348.

35 *Ibid.*, pp. 175-176.

36 Hélène Cixous, *La risa de Medusa*, p. 89.

37 Sobre Christine y su participación en la Querella, véase David F. Hult, «The Roman de la Rose, Christine de Pizan, and the querelle des femmes», pp. 184-194.

38 Christine de Pizan, *La ciudad de las damas*, p. 63.

39 Giovanni Boccaccio, *Mujeres preclaras*, p. 60.

40 Christine de Pizan, *op. cit.*, p. 66.

41 *Ibid.*, p. 69.

42 *Ibid.*, p. 67.

43 María Carmen Marín Pina, «Aproximación al tema de la *Virgo Bellatrix* en los libros de caballerías españoles», pp. 81-94.

44 Heldris de Cornualles, *El libro de Silence.*

45 Citado en Régine Pernoud, *La mujer en tiempos de las cruzadas*, p. 2.

46 Clara Janés, *Guardar la casa y cerrar la boca*, p. 113 y ss.

47 Christine de Pizan, *Le Ditié de Jehanne d'Arc*, p. 711.

48 *Ibid.*

49 *Ibid.*

50 Sobre las tensiones entre autoridad institucional y carismática, ver Victoria Cirlot y Blanca Garí, *op. cit.*, p. 26.

51 *Ibid.*, p. 31.

52 Christine de Pizan, *op. cit.*, p. 718.

53 Victoria Cirlot y Blanca Garí, *op. cit.*, p. 37.

54 Christine de Pizan, *op. cit.*, p. 718.

55 *Ibid.*, p. 715.

56 Earl Jeffrey Richards aborda la producción epistolar de Pizan en « "Seulette a part" – The "Little Woman on the Sidelines" Takes Up Her Pen: The Letters of Christine de Pizan», pp. 139-170.

57 Sobre el nacimiento del modelo laico y místico del amor en el siglo XII, véase Victoria Cirlot y Blanca Garí, *op. cit.*, p. 39.

58 Virginia Woolf, *Diario de una escritora*, p. 111.

59 Virginia Woolf, *Una habitación propia*, p. 53.

60 *Ibid.*, p. 162.

61 Nigel Nicolson, *Retrato de un matrimonio*, p. 280.

62 *Ibid.*, p. 282.

63 *Ibid.*, p. 266.

64 *Ibid.*, p. 95.

65 *Ibid.*, p. 161.

66 Sobre el interrogatorio de los jueces a propósito de la vestimenta, pueden leerse los argumentos de la propia Juana en Régine Pernoud, *Jeanne d'Arc par elle-même et par ses témoins*, pp. 206, 212 y ss.

67 Christine de Pizan, *op. cit.*, p. 716.

68 Virginia Woolf, *Diario de una escritora*, p. 159.

69 Nigel Nicolson, *op. cit.*, p. 288.

70 *Ibid.*, p. 282.

5. MALINCHE

1 Enrique Anderson Imbert, *Historia de la literatura hispanoamericana*, I, p. 18.

2 Tzvetan Todorov, *La conquista de América. El problema del otro*, p. 22.

3 Cristóbal Colón, *La carta de Colón anunciando el Descubrimiento*, p. 43.

4 *Ibid.*, p. 44.

5 Cristóbal Colón, *Diario de a bordo*, p. 27. Como es sabido, el texto original escrito por Colón se perdió. Lo que conocemos de él procede de la versión de fray Bartolomé de las Casas. Una segunda versión, con discrepancias, puede leerse en la *Historia del almirante* que escribió su hijo Hernando Colón.

6 Cristóbal Colón, *La carta de Colón anunciado el Descubrimiento*, p. 49.

7 Sobre los primerísimos intercambios de Colón con los indígenas amerindios, ver Margarita Zamora, «"If Cahonaboa Learns to Speak...". Amerindian Voice in the Discurse of Discovery», pp. 191-205.

8 Cristóbal Colón, *Diario de a bordo*, p. 28.

9 Cristóbal Colón, *La carta de Colón anunciando el Descubrimiento*, p. 48.

10 *Ibid.*, p. 45.

11 *Ibid.*, p. 50.

12 *Ibid.*

13 *Ibid.*, p. 53.

14 Margo Glantz analiza la desconfianza hacia los primeros intérpretes en «La Malinche: la lengua en la mano».

15 Cristóbal Colón, *La carta de Colón anunciando el Descubrimiento*, p. 44.

16 *Ibid.*, p. 46; Cristóbal Colón, *Diario de a bordo*, p. 27.

17 Cristóbal Colón, *La carta de Colón anunciando el Descubrimiento*, p. 43.

18 Cristóbal Colón, *Diario de a bordo*, p. 138.

19 *Ibid.*, p. 140.

20 *Ibid.*, p. 133.

21 Camilla Townsend, *Malintzin's Choices: An Indian Woman in the Conquest of Mexico*, p. 13.

22 Sobre el nombre de Malinche, Rosa María Grillo revisa diversas teorías en su artículo «El mito de un nombre», pp. 15-26.

23 *Ibid.*, p. 16.

24 Camilla Townsend, *op. cit.*, p. 12.

25 Juan Miralles, *La Malinche*.

26 Camilla Townsend, *op. cit.*, p. 12.

27 *Ibid.*, p. 36.

28 Margo Glantz, *op. cit.*, p.

29 Camilla Townsend, *op. cit.*, p. 25.

30 Bernal Díaz del Castillo, *Historia verdadera de la conquista de la Nueva España*, pp. 116-117.

31 Camilla Townsend, *op. cit.*, p. 23 y ss.

32 Sobre las gallinas y el resto del botín entregado véase Margo Glantz, *op. cit.*

33 Sobre la entrega a Puertocarrero véase Juan Miralles, *op cit.*

34 *Ibid.*, p.

35 Hernán Cortés, *Cartas de relación*, p. 108.

36 *Ibid.*, p. 109.

37 *Ibid.*, p. 110.

38 Juan Miralles, *op. cit.*

39 Sobre la construcción nacional del mito de la Malinche, véase Rolando Romero y Amanda Nolacea Harris (eds.), *Feminism, Nation and Myth. La Malinche*.

40 Octavio Paz, *El laberinto de la soledad*, p. 35.

41 Margo Glantz, *op. cit.*

42 Los detalles del camino que hicieron se encuentran en Hernán Cortés, *op. cit.*, p. 115. Sobre la conversación con los emisarios de Moctezuma, véase *ibid.*, p. 116.

43 Bernal Díaz del Castillo, *op. cit.*, p. 271.

44 Hernán Cortés, *op. cit.*, p. 121.

45 Camilla Townsend, *op. cit.*, p. 92.

46 Hernán Cortes, *op. cit.*, 121.

47 *Ibid.*, p. 122.

48 *Ibid.*, p. 123.

49 Sobre el mito de la comunicación transparente en los discursos de la conquista véase Matthew Restall, «*The Lost Words of La Malinche. The Myth of (Mis) Communication*», pp. 77-99.

50 Véase Rebecca Kay Jager, *Malinche, Pocahontas, and Sacagawea. Indian Women as Cultural Intermediaries and National Symbols.*

51 Roman Jakobson, «Dos aspectos del lenguaje y dos tipos de trastornos afásicos», pp. 97-143.

52 Roman Jakobson, *op. cit.*, pp. 125-132.

53 Sobre las anomalías lingüísticas en la forma de hablar y escribir de otros protagonistas de la Conquista, ver Margarita Zamora, *Reading Colombus.*

54 Anderson Imbert, *op. cit.*, p. 32.

55 Bernal Díaz del Castillo, *op. cit.*, p. 116-117.

56 *Ibid.*, p. 117.

57 *Ibid.*, p. 226.

58 *Ibid.*, p. 226.

59 Camilla Townsend, *op. cit.*, p. 50 y ss.

60 Juan Francisco Maura, «La influencia lingüística de las españolas en el Nuevo Mundo», p. 21.

61 Citado en Javier Bellas Dublang, «No fueron solos», p. 18.

62 Isabel de Guevara, «Carta de doña Isabel de Guevara [...]», p. 619.

63 *Ibid.*, p. 620.

64 *Ibid.*, p. 619.

65 *Ibid.*, p. 620.

66 *Ibid.*

67 *Ibid.*

68 Margo Glantz, *op. cit.*

69 Virginia Woolf, *Una habitación propia*, p. 113.

70 Sobre la lectura de Malinche desde el feminismo chicano, véase Cordelia Candelaria «La Malinche, Feminist Prototype», pp. 1-6.

71 Algunos textos esenciales de esta revisión de la figura de Malinche por parte de las feministas chicanas, como «La literatura feminista de la chicana: Una revisión a través de Malintzin o Malintzin: Devolver la carne al objeto», de Norma Alarcón, pp. 231-241, se encuentran

incluidos en el libro editado por Cherríe Moraga y Ana Castillo, *Este puente, mi espalda. Voces de mujeres tercermundistas en los Estados Unidos*, hoy considerado un clásico.

72 Gloria Anzaldúa, *Borderlands. La frontera. The New Mestiza*, p. 22.

73 *Ibid.*

74 *Ibid.*

6. SOFONISBA ANGUISSOLA

1 Emily Dickinson, *Cartas*, p. 122.

2 Sobre el desarrollo de la cultura epistolar en el Renacimiento puede consultarse Armando Petrucci, *Escribir cartas, una historia milenaria*, pp. 101-126.

3 *Ibid.*, p. 104.

4 *Ibid.*, p. 106.

5 *Ibid.*, p. 119.

6 *Ibid.*, p. 120.

7 Charles de Tolnay explora el intercambio epistolar de la familia Anguissola con Miguel Ángel en su artículo «Sofonisba Anguissola and Her Relations with Michelangelo», pp. 114-119.

8 Armando Petrucci, *op. cit.*, p. 110.

9 Las cartas pueden consultarse en el catálogo de la exposición *Sofonisba Anguissola e le sue sorelle*, p. 364 y ss. La muestra se inauguró en Cremona en 1994 y más tarde viajó a Viena y a Washington, donde pudo verse en The National Museum of Women in the Arts entre abril y junio de 1995. Bea Porqueras traduce al castellano las cartas y otros documentos interesantes del catálogo en su breve libro biográfico, *Sofonisba Anguissola*, publicado en 2018. Más recientemente, en 2019, el Museo Nacional del Prado le dedicó una importante muestra tanto a Sofonisba Anguissola como a Lavinia Fontana, *Historia de dos pintoras*, de la que también existe un excelente catálogo.

10 Los detalles sobre la carta de Cavalieri se encuentran en Charles Tolnay, *op. cit.*

11 Sobre la escritura de *Le vite* puede consultarse Ingrid Rowland y Noah Charney, *The Collector of Lives. Giorgio Vasari and the Invention of Art*.

12 Giorgio Vasari, *Le vite de' più eccellenti pittori, scultori, e architettori*, p. 1466.

13 Mary D. Garrard revisa los autorretratos de Sofonisba en su extenso ensayo «Here's looking at Me: Sofonisba Anguissola and the Problem of the Woman Artist», pp. 556-622.

14 Baldassare Castiglione, *El cortesano*, p. 355.

15 *Ibid.*, p. 352.

16 *Ibid.*, p. 351.

17 Jean-Jacques Rousseau, *Emilio, o de la educación*, p. 510.

18 *Ibid.*, p. 493.

19 Margaret Henning y Anne Jardim, *The Managerial Woman*. Aunque hoy ha quedado desfasado, no deja de ser un estudio muy curioso que arroja luz sobre el tipo de estructura familiar que podría ser más favorable para el desarrollo de una niña.

20 Giorgio Vasari, *op. cit.*, p. 2.290.

21 Arthur C. Danto, quien pudo asistir en 1995 a la muestra dedicada a Sofonisba y sus hermanas en Washington, escribió una columna, titulada «Sofonisba Anguissola», aparecida en *The Nation*, pp. 139-143, en la que comenta *La partida de ajedrez* en relación con sus principales referentes, como el cuadro de Van Leyden. También Mary D. Garrard, *op. cit.*, traza toda la evolución de la temática del ajedrez y las influencias que tuvo Sofonisba.

22 Sobre Sofonisba y su inserción en la historia del retrato europeo puede consultarse Flavio Caroli, «Ritratti di famiglia in un interno, un fanciullo, un granchio e la Fisiognomica nel Cinquecento», pp. 47-56, incluido en el catálogo italiano ya citado, así como su célebre libro *Storia de la Fisiognomica. Arte e psicologia da Leonardo a Freud*.

23 Virginia Woolf, *Al faro*, p. 259.

24 Leonardo da Vinci, *Tratado de pintura*, p. 55.

25 De hecho, como recuerda Bea Porqueras, *op. cit.*, Mario Praz considera que este cuadro de Sofonisba es uno de los primeros del arte italiano en el que se articula el género pictórico descrito por él como «Conversation Pieces», p. 149. Todos los rasgos de dicho género pueden consultarse en Praz, *Conversation Pieces. A Survey of the Informal Group Portrait in Europe and America*.

26 Arthur C. Danto, *op. cit.*, p. 142.

27 Sobre la captación del instante y el transcurso del tiempo en el arte moderno, especialmente en la obra de Leonardo, véase Estrella de Diego, *Leonardo da Vinci*, p. 8 y ss.

28 Giorgio Vasari, *op. cit.*, p. 2113.

29 Sobre la llegada del príncipe Felipe a Cremona, María Kusche ofrece todos los detalles en su artículo «Sofonisba Anguissola al servizio dei re di Spagna», pp. 89-116, incluido en el catálogo italiano citado, del que extraigo todos los detalles de aquel día.

30 Estrella de Diego, *La mujer y la pintura del XIX español. Cuatrocientas olvidadas y algunas más*, p. 62.

31 La carta puede consultarse en italiano en el catálogo *Sofonisba Anguissola e le sue sorelle*, p. 366. Reproduzco la traducción de Bea Porqueras en *Sofonisba Anguissola*, pp. 107-108.

32 Sobre los detalles del viaje de Sofonisba a España, ver María Kusche, *op. cit*, p. 92. Más recientemente, en un trabajo incluido en el catálogo de la muestra en el Museo Nacional del Prado, «Sofonisba Anguissola en la corte de Felipe II», pp. 53-69, Almudena Pérez de Tudela reconstruye pormenorizadamente la estancia de Sofonisba en España.

33 Ver María Kusche, *op. cit*, pp. 92-93.

34 Linda Nochlin, «Why Have There Been no Great Women Artists?», pp. 42-68.

35 Sobre la presencia de Sofonisba en el Museo Nacional del Prado, véase Maite Jover de Celis, M.ª Dolores Gayo García y Laura Alba Carcelén, «Sofonisba Anguissola en el Museo del Prado. Una aproximación a su técnica», pp. 71-87.

36 Peio H. Riaño, *Las invisibles. ¿Por qué el Museo del Prado ignora a las mujeres?*, p. 39 y ss.

37 Estrella de Diego, *La mujer y la pintura del XIX español. Cuatrocientas olvidadas y algunas más*, p. 14.

38 Sobre el mito del artista y el desarrollo de las academias sigue siendo imprescindible el libro de Rozsika Parker y Griselda Pollock, *Old Mistresses. Women, Art and Ideology*, p. 86 y ss. Sobre la evolución histórica de la mujer artista, la obra de Whitney Chadwick, *Women, Art, and Society*, constituye también un clásico.

39 Sobre la relación de Sofonisba con Alonso Sánchez Coello y los pintores de la corte puede consultarse el artículo de María Kusche «El retrato de D. Carlos por Sofonisba Anguissola», p. 392 y ss.

40 Margarita García Barranco estudia con detalle dicha institución en «La Casa de la Reina en los tiempos de Isabel de Valois», pp. 85-107. También María José Rodríguez-Salgado en «"Una perfecta princesa". Casa y vida de la reina Isabel de Valois (1559-1568)», pp. 39-96.

41 María Kusche, «Sofonisba Anguissola al servizio dei re di Spagna», p. 98.

42 Margarita García Barranco, *op. cit.*, p. 93.

43 Sobre Isabelle de Valois, su estancia en España, las damas que la acompañaron y el papel que desempeñó su madre Catalina puede consultarse Félix de Llanos y Torriglia *Isabel de la paz. La reina con quien vino la corte a Madrid*.

44 Citado en Margarita García Barranco, *op. cit.*, p. 103.

45 Citado en Félix de Llanos y Torriglia, *op. cit.*, p. 21.

46 Ver María Kusche, «Sofonisba Anguissola al servizio dei re di Spagna», p. 96.

47 *Ibid.*, p. 93.

48 *Ibid.* Bea Porqueras traduce en su *Sofonisba Anguissola* las tres cartas (Limoges, G. Negri y Madame de Vineux) que documentan la labor de Sofonisba como pintora de la reina, pp. 109-110.

49 Almudena Pérez de Tudela, *op. cit.*, sugiere la existencia de una pequeña habitación, encima del aposento de la reina, que le habría servido a Sofonisba como estudio.

50 Virginia Woolf, *op. cit.*, p. 87.

51 *Ibid.*, p. 219.

52 Sobre Sofonisba Anguissola como retratista de la corte, véase María Kusche, «Sofonisba e il ritratto di rappresentanza ufficiale nella corte spagnola», pp. 117-152.

53 Virginia Woolf, *op. cit.*, p. 259.

54 *Ibid.*, p. 266.

55 Todos los detalles sobre el viaje de Van Dyck a Italia así como sobre su cuaderno pueden encontrarse en David Jaffé, «New Thoughts on Van Dyck's Italian Sketchbook», pp. 614-624.

56 Bea Porqueras, *op. cit.*, p. 121, reproduce la página completa del cuaderno de Van Dyck así como el retrato de Sofonisba. También el catálogo del Museo Nacional del Prado, *op. cit.*, pp. 134-137. Es necesario precisar que, aunque era muy mayor, Sofonisba aún no tenía noventa años. Sobre el último periodo en la vida de Sofonisba, véase también Rossana Sacchi, «Tra la Sicilia e Genova: Sofonisba Anguissola Moncada e poi Lomellini», pp. 153-172.

57 Frances Borzello, *A World of Our Own. Women as Artists*, p. 49.

58 Además del dibujo del cuaderno, existe un cuadro al óleo de Van Dyck muy similar fechado también en 1624.

59 Giorgio Vasari, *op. cit.*, p. 2.290. Traducción propia.

7. MARY WOLLSTONECRAFT

1 Sobre la fiebre lectora que afectó a los románticos pueden consultarse dos libros muy distintos entre sí. El primero de ellos, *Mujeres y libros. Una pasión con consecuencias*, de Stefan Bollmann, dedica un capítulo completo a Mary Wollstonecraft y su relación con la cultura lectora de su época. El segundo es *Dreaming in Books. The Making of the Bibliographic Imagination in the Romantic Age*, de Andrew Piper, un estudio sobre la nueva relación con los libros y la lectura que se estableció durante el Romanticismo.

2 Johann Wolfgang von Goethe, *Las desventuras del joven Werther*, p. 180.

3 Eino Railo enumera todas las características y motivos que configuraban el castillo típico de la literatura gótica de la época en su libro de 1927, *The Haunted Castle. A Study of the Elements of English Romanticism*.

4 Janet Todd cuenta los detalles del viaje en su biografía *Mary Wollstonecraft. A Revolutionary Life*, p. 85.

5 Charlotte Gordon, *Mary Wollstonecraft. Mary Shelley*, p. 94.

6 *Ibid.*, p. 93.

7 Janet Todd, *op. cit.*, p. 87.

8 Mary Wollstonecraft, *La educación de las hijas*, p. 78.

9 William Godwin, *Memoirs of the Autor of A Vindication of the Rights of Woman*, p. 54.

10 Citado en Charlotte Gordon, *op. cit.*, p. 519.

11 Estos eran para William Godwin los principales rasgos de su carácter. Véase *Memoirs*, p. 6.

12 Citado en Janet Todd, *op. cit.*, p. 116.

13 Citado en Charlotte Gordon, *op. cit.*, p. 519.

14 Amelia Valcárcel, «Prólogo», en Mary Wollstonecraft, *La educación de las hijas*, p. 24. Ver también Amelia Valcárcel, *La política de las mujeres*.

15 Mary Wollstonecraft, *op. cit.* p. 43.

16 Elisabeth Badinter ha estudiado la lactancia materna desde una perspectiva histórica y feminista así como los discursos sobre el instinto materno en numerosas obras que se hacen eco de estas polémicas, como por ejemplo *¿Existe el amor maternal?: historia del amor maternal, siglos XVII al XX*, publicada en 1981, o la más reciente *La mujer y la madre. Un libro polémico sobre la maternidad como nueva forma de esclavitud*, aparecida en 2011.

17 Mary Wollstonecraft, *op. cit.*, p. 43.

18 *Ibid.*, p. 49.

19 *Ibid.*, p. 61.

20 Charlotte Gordon, *op. cit.*, p. 95.

21 Mary Wollstonecraft, *op. cit.*, p. 104.

22 Así lo recordaba William Godwin en las *Memoirs*, p. 57.

23 Charlotte Gordon, *op. cit.*, p. 96.

24 William Godwin, *Memoirs*, p. 57.

25 Charlotte Gordon, *op. cit.*, p. 96.

26 Dorothy Wordsworth, *Diarios de Grasmere y Alfoxden (1798-1803)*.

27 Edward C. McAleer escribió una detallada biografía sobre Margaret King titulada *A Sensitive Plant. A Life of Lady Mount Cashell* en 1958, repleta de detalles sobre la relación entre Margaret y la familia Wollstonecraft-Shelley, como los que recoge sobre las emociones de Wollstonecraft en la sala de juegos, p. 44, también recuperados por las otras biógrafas de Mary Wollstonecraft. Janet Todd aborda a su vez su figura en *Daughters of Ireland: The Rebellious Kingsborough Sisters and the Making of a Modern Nation*.

28 Mary Wollstonecraft, *La educación de las hijas*, p. 42.

29 Virginia Woolf, «Profesiones para las mujeres», p. 33.

30 Charlotte Gordon, *op. cit.*, p. 97.

31 Edward C. McAleer, *op. cit.*, p. 53.

32 Mary Wollstonecraft, *La educación de las hijas*, p. 85.

33 Claire Tomalin, *Vida y muerte de Mary Wollstonecraft*, p. 91.

34 Mary Wollstonecraft, *Mary*, p. 49 y ss.

35 Mary Wollstonecraft, *Original Stories From Real Life*, p. 47.

36 Janet Todd, *op. cit.*, p. 150.

37 Howard Phillips Lovecraft, *El terror en la literatura*, p. 64.

38 Virginia Woolf, «Mary Wollstonecraft», p. 71.

39 Stefan Bollman, *op. cit.*, p. 120.

40 Clare Tomalin, *op. cit.*, p. 132.

41 Mary Wollstonecraft, *Vindicación de los derechos de la mujer*, p. 112.

42 Stefan Bollman, *op. cit.*, p. 120.

43 Virginia Woolf, *op. cit.*, p. 69 y ss.

44 Janet Todd, *op. cit.*, p. 195.

45 Charlotte Gordon, *op. cit.*, p. 177.

46 Claire Tomalin, *op. cit.*, p. 156.

47 Citado en Sheila Rowbotham, «Introducción», en Mary Wollstonecraft, *Vindicación de los derechos de la mujer*, p. 13. Sobre feminismo ilustrado, ver también Celia Amorós, *Tiempo de feminismo. Sobre feminismo, proyecto ilustrado y postmodernidad*.

48 Miriam Borham Puyal dedica su libro *Quijotes con enaguas. Encrucijada de géneros en el siglo XVIII británico* a esta temática.

49 Elizabeth Barrett Browning, *Aurora Leigh*, p. 346.

50 Jean-Jacques Rousseau, *Emilio, o de la educación*, p. 484.

51 Jean-Jacques Rousseau, *Ibid*, p. 485.

52 *Ibid.*, p. 488.

53 *Ibid.*, p. 492.

54 *Ibid.*, p. 494.

55 Isaiah Berlin, *Las raíces del Romanticismo*, p. 89.

56 Jean-Jacques Rousseau, *op. cit.*, p. 555.

57 *Ibid.*, p. 42.

58 *Ibid.*, p. 47.

59 En realidad, «románticas bandoleras» son las palabras que emplea Mary McCarthy en la memorable escena en la que caracteriza a las monjas por las que fue educada en sus *Memorias de una joven católica*, p. 100.

60 Mary Wollstonecraft, *Vindicación de los derechos de la mujer*, p. 40.

61 *Ibid.*, p. 89.

62 *Ibid.*, p. 72.

63 *Ibid.*, p. 67.

64 *Ibid.*, p. 79.

65 *Ibid.*, p. 92.

66 *Ibid.*, p. 94.

67 *Ibid.*, p. 308.

68 Claire Tomalin nos ofrece todos los detalles de la estancia de Mary Wollstonecraft en París en *Vida y muerte de Mary Wollstonecraft*, p. 156 y ss. También Tom Furniss en su artículo «Mary Wollstonecraft's French Revolution», pp. 59-81.

69 Sobre los primeros días de Wollstonecraft en París, ver Charlotte Gordon, *op. cit.*, p. 192.

70 Charlotte Gordon, *op. cit.*, p. 193 y ss.

71 Mary Wollstonecraft en una carta a Johnson, citado en Charlotte Gordon, *op. cit.*, p. 193.

72 O al menos así lo pone Mary Wollstonecraft en boca de su protagonista en la novela autobiográfica *Mary*, p. 52.

73 Claire Tomalin, *op. cit.*, p. 160.

74 Charlotte Gordon, *op. cit.*, p. 195.

75 Claire Tomalin, *op. cit.*, p. 171; Mary Wollstonecraft, *Cartas escritas durante una corta estancia en Suecia, Noruega y Dinamarca*, p. 137.

76 William Godwin, *Memoirs*, p. 121.

77 Madame de Staël, *Reflexiones sobre el proceso de la Reina*, p. 127.

78 Claire Tomalin, *op. cit.*, p. 206.

79 María Victoria López-Cordón Cortezo, «Introducción», en Madame de Staël, *Reflexiones sobre el proceso de la Reina*, p. 32.

80 Charlotte Gordon, *op. cit.*, p. 246.

81 Claire Tomalin, *op. cit.*, p. 217.

82 *Ibid.*, p. 249.

83 *Ibid.*, p. 265.

84 Citado en Sheila Rowbotham, *op. cit.*, p. 22.

85 Mary Wollstonecraft, *Lessons*, p. 2449. Traducción propia.

86 Mary Wollstonecraft, *Cartas escritas durante una corta estancia en Suecia, Noruega y Dinamarca*, p. 132.

87 Mary Shelley, *Frankenstein*, p. 221.

88 Charlotte Gordon, *op. cit.*, p. 326.

89 Claire Tomalin, *op. cit.*, p. 151.

90 El relato más completo de la estancia de los Shelley en Italia y su relación con Margaret King la encontramos en Edward C. McAleer, *op. cit.*

91 Edward C. Mc Aleer, *op. cit.*, p. 143.

92 Sobre el personaje de Margaret, su silencio y las iniciales véase la introducción a cargo de Isabel Burdiel en la edición de Cátedra de *Frankenstein*, pp. 94-95.

93 Ver la introducción de Isabel Burdiel «Frankenstein o la identidad monstruosa», en *Frankenstein*, p. 22.

94 Mary Wollstonecraft, *Original Stories From Real Life*, p. 155. Traducción propia.

8. JANE AUSTEN

1 Jane Austen, «La Historia de Inglaterra», pp. 163-174.

2 Los pormenores de la vida cotidiana en la rectoría de Steventon se describen en Lucy Worsley, *Jane Austen en la intimidad. Una biografía de la vida cotidiana de la escritora y su época*. También en Janet Todd, *Jane Austen in Context* y Deidre Le Faye, *Jane Austen. The World of her Novels*.

3 Virginia Woolf, *The Common Reader*, p. 136 y ss.

4 Goldsmith, Oliver, *The History of England: From the Invasion of Julius Caesar to the Death of George II with a Continuation to the Present Time*.

5 Virginia Woolf, *op. cit.*, p. 134.

6 James-Edward Austen-Leigh, *Recuerdos de Jane Austen*, pp. 34-35.

7 Jane Austen, *Letters of Jane Austen*, p. 134.

8 Virginia Woolf, *op. cit.*, p. 136.

9 Sobre los padres de Jane Austen y sus años en la rectoría, ver Lucy Worsley, *op. cit.*, p. 23, así como James-Edward Austen-Leigh, *op. cit.*, p. 17 y ss.

10 Deirdre Le Faye, *Jane Austen: A Family Record*, p. 58.

11 Los detalles de los manuscritos de Jane Austen se abordan en Brian Southam, *Jane Austen's Literary Manuscripts. A Study of the Novelist's Development through the Surviving Papers*. En lo que concierne a «La Historia de Inglaterra» véase especialmente p. 27 y ss.

12 Hester Chapone, *Letters on the Improvement of the Mind, addressed to a Young Lady*, p. 125.

13 Jane Austen, *La abadía de Northanger*, p. 122.

14 Washington Irving recrea la amistad de Goldsmith con el doctor Johnson, Joshua Reynolds y el círculo del *Literary Club* en *Oliver Goldsmith. A Biography*, p. 159 y ss.

15 Citado en Washington Irving, *ibid.*, p. 170.

16 James Boswell, *The Life of Samuel Johnson*, p. 223 y ss.

17 Goldsmith, Oliver, *op. cit.*, p. 156. Traducción propia.

18 Katherine Mansfield, *Diario*, p. 155.

19 Así describe también la escena Lucy Worsley, *op. cit.*, p. 64 y ss.

20 El proceso de escritura de «La Historia de Inglaterra» así como los modelos familiares empleados por Cassandra se explican en Annette Upfal y Christine Alexander, «Are We Ready for New Directions? Jane Austen's *The History of England* & Cassandra's Portraits». Sobre los textos de juventud, véase también Julia García Felipe, «Una tarde en casa de los Austen», pp. 7-17.

21 Jane Austen, «La Historia de Inglaterra», p. 129.

22 *Ibid.*, p. 132.

23 *Ibid.*, p. 143.

24 *Ibid.*, p. 129.

25 *Ibid.*, p. 130.

26 *Ibid.*

27 *Ibid.*, p. 133.

28 *Ibid.*, pp. 132-135.

29 *Ibid.*, p. 137.

30 *Ibid.*, p. 136.

31 *Ibid.*, p. 139.

32 James-Edward Austen-Leigh, *op. cit.*, p. 21.

33 Annette Upfal y Christine Alexander, *op. cit.*

34 Jane Austen, *La abadía de Northanger*, p. 122.

35 Jane Austen, *Persuasión*, p. 271.

36 James-Edward Austen-Leigh, *op. cit.*, p. 142 y ss., recoge todos los detalles del encuentro y del intercambio epistolar.

37 James-Edward Austen-Leigh, *op. cit.*, p. 142.

38 Rebecca Solnit, *Los hombres me explican cosas*, p. 15.

39 Carta reproducida en James-Edward Austen-Leigh, *op. cit.*, p. 149.

40 Véase Sandra M. Gilbert y Susan Gubar, *La loca del desván. La escritora y la imaginación literaria del siglo XIX*, p. 146.

41 El «plan» fue publicado por primera vez por James-Edward Austen-Leigh en las memorias que escribió sobre Jane Austen. Actualmente se puede acceder digitalmente al manuscrito y a la transcripción del mismo a través del proyecto *The Jane Austen's Fiction Manuscripts Digital Edition*, desarrollado por el Arts & Humanities Research Council, la Universidad de Oxford y el King's College de Londres.

42 Al igual que el «plan» estos comentarios de los lectores sobre las obras de Austen fueron publicados originalmente por James-Edward Austen-Leigh junto con las memorias. Actualmente también pueden consultarse digitalmente en el proyecto *The Jane Austen's Fiction Manuscripts Digital Edition*.

43 Virginia Woolf, *The Common Reader*, p. 144 y ss.

9. MARIE CURIE

1 Sobre los detalles de aquel viaje, véase Ève Curie, *La vida heroica de Marie Curie*, p. 55 y ss. También Marie Curie, *Escritos biográficos*, p. 128 y ss. A pesar de que, a menudo, se considera que la biografía escrita por su hija Ève adopta un tono hagiográfico, no deja de ser una fuente preciosa para conocer a la científica, al igual que sus propios escritos biográficos. Sobre la relación que mantenía con sus hijas puede consultarse *Cartas. Marie Curie y sus hijas*, así como Shelley Emling, *Marie Curie and her Daughters. The Private Lives of Science's First Family*. El libro de Robert Reid, *Marie Curie*, es un clásico de

los estudios sobre la científica; en España se deben destacar las publicaciones de Adela Muñoz Páez, entre las que destaca la biografía *Marie Curie*.

2 Virginia Woolf, *Una habitación propia*, p. 53.

3 John Stuart Mill, *El sometimiento de la mujer*, p. 125.

4 Marie Curie, *op. cit.*, p. 128.

5 Marie Curie, *op. cit.*, p.128; Ève Curie, *op. cit.*, p. 49 y ss. También Adela Muñoz Páez, *op. cit.*, p. 27 y ss.

6 Ève Curie, *op. cit.*, p. 49.

7 *Ibid.*, p. 56.

8 *Ibid.*, p. 46.

9 *Ibid.*, p. 55.

10 Citado en Ève Curie, *ibid.*, p. 56.

11 La propia Marie Curie ofrece todos los detalles de su estancia en *Escritos biográficos*, *op. cit.*, p. 129 y ss.

12 Ève Curie, *op. cit.*, p. 56.

13 Marie Curie, *op. cit.*, p. 129.

14 *Ibid.*, p. 128 y ss.

15 Tal y como ella misma aseguró en sus memorias, *op. cit.*, p. 129.

16 Jacques Rancière, *El maestro ignorante*, p. 39.

17 Ève Curie, *op. cit.*, p. 58.

18 Citado en Ève Curie, *ibid.*, p. 65.

19 Ève Curie, *op. cit.*, p. 63 y ss., reconstruye los pormenores de la relación.

20 Citado en Ève Curie, *op. cit.*, p. 68.

21 *Ibid.*, p. 67.

22 Virginia Woolf, «Profesiones de mujeres», p. 33.

23 Citado en Ève Curie, *op. cit.*, pp. 71-72.

24 *Ibid.*, p. 72.

25 *Ibid.*, pp. 75-76.

26 *Ibid.*, p. 27.

27 *Ibid.*

28 *Ibid.*, p. 81.

29 *Ibid.*, p. 89.

30 Virginia Woolf, «Profesiones de mujeres», p. 38.

31 Ève Curie, *op. cit.*, p. 104.

32 Marie Curie escribió una semblanza de Pierre Curie, incluida después en sus textos biográficos, *op. cit.*, pp. 33-120.

33 *Ibid*, p. 58.

34 Se trata de un ejemplo que desarrolla la propia Marie, *ibid.*, p. 58.

35 *Ibid.*, p. 58.

36 *Ibid.*, p. 56.

37 Citado en Marie Curie, *op. cit.*, p. 56.

38 Citado del diario de Pierre en Ève Curie, *op. cit.*, p. 99.

39 Citado en Ève Curie, *op. cit.*, p. 106.

40 Sobre la delimitación de las firmas en las publicaciones que realizaron, véase Xavier Roquè, «Releer a Curie», p. 16. Sobre la intrahistoria de la concesión del Nobel, Adela Muñoz Páez, *op. cit.*, p. 171.

41 Marie Curie, *op. cit.*, p. 84.

42 Ève Curie, *op. cit.*, p. 111.

43 Marie Curie, *op. cit.*, p. 139.

44 *Ibid.*

45 Marie Curie cuenta los detalles del hallazgo, *op. cit.*, p. 83.

46 *Ibid.* p, 141.

47 *Ibid.*

48 *Ibid.*, p. 84.

49 *Ibid.*, p. 142.

50 *Ibid.*, p. 151.

51 *Ibid*, p. 152.

52 *Ibid.*, p. 170.

53 *Ibid.*, pp. 139-140.

54 Sobre el suegro de Marie, véase Adela Muñoz, *op. cit.*, p. 96 y ss.

55 *Ibid.*, p. 38.

56 Citado en Adela Muñoz, *op. cit.*, p. 211.

57 *Ibid.*, p. 149.

58 Xavier Roquè, *op. cit.*, p. 12.

59 Adela Muñoz Páez, *op. cit.*, p. 15.

60 Marie Curie, *op. cit.*, p. 157.

61 *Ibid.*, p. 158.

62 *Ibid.*, p. 150.

63 *Ibid.*, p. 160.

64 *Ibid.*, p. 160.

65 *Ibid.*

66 *Ibid.*, p. 161.

67 *Ibid.*, p. 162.

68 *Ibid.*

69 *Ibid.*, p. 164.

70 Citado en Adela Muñoz Páez, *op. cit.*, p. 263.

71 *Ibid.*, p. 272 y ss. reconstruye los viajes de Marie Curie a España.

72 Tal y como se desprende de la carta que la propia Marie Curie envió a María de Maeztu a la vuelta de su viaje, fechada el 8 de mayo de 1931. Archivo de la Residencia de Señoritas 20/46/1 (Fundación José Ortega y Gasset-Gregorio Marañón).

73 Véase Raquel Vázquez Ramil, *Mujeres y educación en la España contemporánea. La Institución Libre de Enseñanza y la Residencia de Señoritas de Madrid*, p. 253.

74 Carta de María de Maeztu al embajador de Francia en España con fecha de 24 de abril de 1931. Archivo de la Residencia de Señoritas 56/4/39 (Fundación José Ortega y Gasset-Gregorio Marañón).

10. VICTORIA KENT

1 Salvador Guerrero reconstruye los orígenes de la Residencia de Señoritas en su trabajo «Un lugar de memoria de la geografía española de la Institución Libre de Enseñanza: los edificios de la Residencia de Señoritas», pp. 296-315. Las palabras de María, procedentes de una entrevista, se encuentran recogidas en la p. 298.

2 Así lo recordaba Soledad Ortega, citada en Carmen de Zulueta y Alicia Moreno, *Ni convento ni college. La residencia de Señoritas*, p. 43, un referente obligado para el estudio de la residencia femenina.

3 Citado en Salvador Guerrero, *op. cit.*, p. 298.

4 Véase Isabel Pérez-Villanueva Tovar, *La Residencia de Estudiantes, 1910-1936. Grupo universitario y Residencia de Señoritas*, otro estudio clásico sobre la Residencia de Señoritas.

5 Miguel Ángel Villena, *Victoria Kent. Una pasión republicana*, p. 43, recoge los detalles del viaje a Madrid.

6 Sobre los comienzos de la Residencia, véase Carmen de Zulueta y Alicia Moreno, *op. cit.*, pp. 35, 41 y ss.

7 Sobre las conexiones entre el krausismo, la Institución Libre de Enseñanza, la JAE y la Residencia de Señoritas, véase Carmen de Zulueta y Alicia Moreno, *op. cit.*, p. 23 y ss. En cuanto a la relación de estas instituciones y María de Maeztu, p. 118.

8 *Ibid.*, p. 31.

9 Son las palabras de la propia María de Maeztu en una carta a Ortega y Gasset, recogidas en Margarita Márquez Padorno, «El sueño ame-

ricano de la universidad para mujeres en España: la octava hermana»,
p. 252.

10 Concepción Arenal, *La mujer del porvenir*, pp. 69-70. Ver también
Anna Cabllé, *Concepción Arenal. La caminante y su sombra.*

11 Citado en Salvador Guerrero, *op. cit.*, p. 300.

12 La influencia del feminismo anglosajón en las ideas y proyectos de
María de Maeztu puede reconocerse en numerosos textos escritos por
ella, recogidos en la antología *María de Maeztu. Feminismo, Literatura y Exilio*, editada por Carmen Urioste Azcorra.

13 Citado en Maria Tamboukou, *Women, Education and the Self*, p. 62.

14 *Ibid.*, p. 92.

15 *Ibid.*, p. 64.

16 Sobre las relaciones entre Victoria Kent y María de Maeztu, véase
Zenaida Gutiérrez Vega, *Victoria Kent. Una vida al servicio del humanismo liberal*, p. 33. También el trabajo de Santiago López-Ríos, «'These
Ladies Out-Radical the Radicals': María de Maeztu, Victoria Kent
and Victoria Ocampo», pp. 331-346.

17 Miguel Ángel Villena, *op. cit.*, p. 35, recuerda los edificios del barrio
malagueño en el que vivió Kent durante su infancia.

18 Véase Margarita Márquez Padorno, «*The Eighth Sister*. La relación
del *International Institute* y la Junta para Ampliación de Estudios en
el avance de la coeducaión universitaria en España», pp. 117-129.

19 La anécdota se recoge en Salvador Guerrero, *op. cit.*, p. 308. Sobre la
relación de Emilia Pardo Bazán con la Institución Libre de Enseñanza puede consultarse la impresionante biografía de Isabel Burdiel,
Emilia Pardo Bazán.

20 Véase Zenaida Gutiérrez Vega, *op. cit.*, p. 26.

21 *Ibid.*, p. 21.

22 Sobre las intelectuales de finales del siglo xix y principios del xx que
dominaban idiomas y trabajaron como traductoras, véase la obra editada
por Dolores Romero López, *Retratos de traductoras en la Edad de Plata.*

23 Miguel Ángel Villena, *op. cit.*, p. 51.

24 Son numerosas las publicaciones que, en los últimos años, han rescatado las vidas de las intelectuales de la Edad de Plata. Tània Balló reconstruye en *Las Sinsombrero* la historia del documental con el mismo
nombre, estrenado en 2015, que tuvo una gran repercusión en España.

25 Sobre el tipo de estudios científicos que realizaban las primeras universitarias, véase Carmen Magallón Portolés, «Físicas, químicas y biólogas

españolas en el primer tercio del siglo xx: redes internacionales de apoyo. El laboratorio Foster de la Residencia de Señoritas», pp. 33-69.

26 Sobre los primeros pasos de la Residencia, véase Carmen de Zulueta y Alicia Moreno, *op. cit.*, p. 59.

27 *Ibid.*, p. 116.

28 Existen diversas publicaciones que han destacado los avances que introdujeron en España este grupo de mujeres intelectuales y artistas. Puede consultarse Shirley Mangini González, *Las modernas de Madrid*; Inmaculada de la Fuente, *Las republicanas «burguesas»*; Mercedes Gómez Blesa, *Modernas y vanguardistas: Las mujeres-faro de la Edad de Plata* y «Las intelectuales republicanas: la conquista de la ciudadanía», pp. 253-266; Marifé Santiago Bolaños, «Aquellas universitarias, ¿y si nosotras fuéramos su historia?», pp. 227-252.

29 Virginia Woolf, *Una habitación propia*, p. 33.

30 Así se desprende de una carta escrita a María Luz Morales el 13 de abril de 1931 conservada en el Archivo de la Residencia de Señoritas 56/4/26 (Fundación Ortega-Marañón). Finalmente, la periodista coincidió con Marie Curie en la Residencia, la acompañó durante su viaje por España e incluso escribió una biografía, *Vida de Madame Curie*, dedicada a la científica.

31 Sobre la actividad de la Residencia, véase Álvaro Ribagorda, «La vida cultural de la Residencia de Señoritas en el Madrid de la Edad de Plata», pp. 161-196.

32 Carta de María de Maeztu a Victoria Kent con fecha de 20 de abril de 1931. Archivo de Residencia de Señoritas 34/53/2 (Fundación Ortega-Marañón).

33 Victoria Kent, *De Madrid a New York*, p. 332.

34 La entrevista se recoge en Victoria Kent, *op. cit.*, pp. 309-315.

35 *Ibid.*, p. 310.

36 *Ibid.*

37 *Ibid.*, p. 310.

38 Son declaraciones recogidas en otra de las entrevistas que aparecen en Victoria Kent, *De Madrid a New York*, p. 331.

39 El discurso de Victoria Kent ante las Cortes, recogido en el diario de sesiones, aparece reproducido en Victoria Kent, *ibid.*, pp. 223-226.

40 Véase Clara Campoamor, *El voto femenino y yo. Mi pecado mortal.*

41 Victoria Kent, *op. cit.*, p. 335.

42 Zenaida Gutiérrez Vega, *op. cit.*, p. 130 y ss., reconstruye el exilio de Victoria Kent en París.

43 Zenaida Gutiérrez Vega, *ibid.*, p. 135, rememora la escena.

44 Sobre la amistad de Gabriela Mistral con las intelectuales españolas, así como sobre las redes humanitarias transatlánticas que tejieron entre ellas, véase Francisca Montiel Rayo (ed.), *De mujer a mujer. Cartas desde el exilio a Gabriela Mistral (1942-1956)* y Elizabeth Horan, Carmen de Urioste Azcorra y Cynthia Tompkins (eds.), *Preciadas cartas (1932-1979). Correspondencia entre Gabriela Mistral, Victoria Ocampo y Victoria Kent.*

45 Sobre la estancia de Victoria Kent en París durante la Segunda Guerra Mundial, véase Zenaida Gutiérrez Vega, *op. cit.*, pp. 129-147 así como Miguel Ángel Villena, *op. cit.*, pp. 163-187.

46 Véase Miguel Ángel Villena, *op. cit.*, p. 166.

47 *Ibid.*, p. 164.

48 *Ibid.*, p. 163.

49 Leonard Woolf, *La muerte de Virginia*, p. 61.

50 Véase Miguel Ángel Villena, *op. cit.*, p. 165.

51 *Ibid.*, p. 167.

52 Victoria Kent, *Cuatro años en París. 1940-1944*, p. 8.

53 *Ibid*, p. 15.

54 Sandra M. Gilbert y Susan Gubar, *La loca del desván. La escritora y la imaginación literaria del siglo XIX*, p. 59 y ss.

55 Nuria Capdevila-Argüelles explora las identidades autoriales de las escritoras de la primera mitad del siglo xx en *Autoras inciertas. Voces olvidadas de nuestro feminismo.*

56 Victoria Kent, *Cuatro años en París. 1940-1944*, pp. 15-18.

57 *Ibid.*, p. 18.

58 Sobre las metáforas del armario en la construcción de las identidades sexuales y de género véase la obra clásica de Eve Kosofsky Sedgwick, *Epistemology of the Closet.* En lo que se refiere a Victoria Kent, Santiago López-Ríos, *op. cit.*

59 Victoria Kent, *Cuatro años en París. 1940-1944*, p. 21.

60 *Ibid.*, p. 74.

61 Leonard Woolf, *La muerte de Virginia*, p. 98.

62 Charlotte Perkins Gilman, *The Yellow Wallpaper.*

63 Victoria Kent, *Cuatro años en París. 1940-1944*, p. 112.

64 *Ibid.*, p. 168.

65 *Ibid.*, p. 174.

66 *Ibid.*

67 *Ibid.*, p. 171.

68 Estrella de Diego revisa las imágenes de la visita de Warhol a España y su relación con Maruja Mallo en su libro *Maruja Mallo.*

69 Resulta imprescindible en este aspecto la entrevista que Joaquín Soler Serrano le realizó a Victoria Kent en el programa *A fondo* de Televisión Española el 28 de enero de 1979.

70 Sobre los inicios de la relación entre Victoria y Louise, véase Zenaida Gutiérrez Vega, *op. cit.*, p. 221.

71 Carmen de la Guardia, *Victoria Kent y Louise Crane en Nueva York. Un exilio compartido*, p. 28.

72 *Ibid.*, p. 226.

73 Sobre la relación de Marianne Moore y Elizabeth Bishop, véase *Becoming a Poet. Elizabeth Bishop with Marianne Moore and Robert Lowell*, de David Kalstone.

74 Sobre la estancia de Marianne Moore en Brooklyn, puede consultarse el libro de Evan Hughes, *Literary Brooklyn. The Writers of Brooklyn and the Story of American City Life*, pp. 54-91.

75 Carmen de la Guardia, *op. cit.*, p. 217 y ss. ofrece todos los detalles de aquella fiesta de cumpleaños.

76 Sobre las amigas y las redes de solidaridad en Nueva York, véase Carmen de la Guardia, *op. cit.*, p. 201 y ss.

77 Son las palabras de Victoria Kent en las «Notas de futura aplicación» que acompañaron a su testamento. Las reproduce Zenaida Gutiérrez Vega, *op. cit.*, pp. 246-247.

78 *Ibid.*, p. 246 y ss.

11. SIMONE WEIL

1 Citado en Simone Pétrement, *Vida de Simone Weil*, p. 649.

2 *Ibid.*, p. 664.

3 Simone Weil, *Escritos de Londres y últimas cartas*, p. 144.

4 Sobre la casa de los Weil puede leerse la memoria de Sylvie Weil, *En casa de los Weil. André y Simone*, p.149.

5 Véase Simone Pétrement, *op. cit.*, p. 655.

6 Simone Petrement, *op. cit.*, p. 45

7 Los detalles sobre su aspecto y personalidad los recoge su sobrina Sylvie Weil, *op.cit.*, p. 149, así como Simone Pétrement, *op. cit.*, p. 36.

8 Simone Pétrement, *op. cit.*, p. 55.

9 *Ibid.*, p. 664.

10 *Ibid.*, p. 660.

11 Simone Pétrement, *op. cit.*, p. 414 y ss.

12 Citado en Simone Pétrement, *op. cit.*, p. 667.

13 Sobre su búsqueda de respuestas, véase Stephen Plant, *Simone Weil*, p. 21 y ss.

14 Sylvie Weil, *op. cit.*, p. 68.

15 *Ibid.*, pp. 90-97.

16 Citado en Simone Pétrement, *op. cit.*, pp. 667-668.

17 Citado en Stephen Plant, *op. cit*, p. 29.

18 Simone Pétrement, *op. cit.*, p. 657.

19 *Ibid.*, p. 655.

20 Simone Weil, *Escritos de Londres y últimas cartas*, p. 143.

21 *Ibid.*

22 Simone Pétrement, *op. cit.*, p. 55.

23 *Ibid.*, p. 55.

24 *Ibid.*, p. 56.

25 *Ibid.*, p. 57.

26 *Ibid.*, p. 66.

27 Sobre la atención, véase Carmen Revilla, *Simone Weil: nombrar la experiencia*, p. 203 y ss.

28 Simone Weil, *La persona y lo sagrado*, p. 76.

29 Simone Weil, *Escritos de Londres y últimas cartas*, p. 143.

30 Simone Pétrement, *op. cit.*, p. 84.

31 *Ibid.*, p. 86.

32 *Ibid*, p. 57.

33 Simone de Beauvoir, *Memorias de una joven formal*, p. 242.

34 *Ibid.* También conocemos los pormenores del encontronazo entre las dos filósofas por Simone Pétrement, *op. cit*, p. 98. Wolfram Eilenberger reconstruye sus vidas en *El fuego de la libertad. El refugio de la filosofía en tiempos sombríos. 1933-1943*, una biografía coral y novelada.

35 Simone Petrement, *op. cit.*, p. 296.

36 *Ibid*

37 *Ibid.*, p. 297.

38 Simone Weil, *Escritos de Londres y últimas cartas*, p. 148.

39 *Ibid.*, p. 149.

40 *Ibid.*, p. 145.

41 *Ibid.*, p. 148.

42 *Ibid.*, p. 150.

43 Una idea que Simone Weil también explora en algunos textos recogidos en *La fuente griega*, escritos en este mismo periodo.

44 *Ibid.*, p. 151.

45 *Ibid.*, p. 152.

46 *Ibid.*, p. 145.

47 *Ibid.*, p. 152.

48 Anécdota recogida en Stephen Plant, *op. cit.*, p. 17 y Sylvie Weil, *op. cit.*, p. 36.

49 Simone Pétrement, *op. cit.*, p. 664.

50 Simone Weil, *Carta a un religioso*, p. 15.

51 *Ibid.*, p. 16.

52 *Ibid.*, p. 17.

53 *Ibid.*, p. 19.

54 *Ibid.*, p. 21.

55 *Ibid.*, p. 31.

56 *Ibid.*, p. 40.

57 *Ibid.*, p. 30.

58 *Ibid.*, p. 48.

59 Simone Pétrement, *op. cit.*, p. 670.

60 *Ibid.*, p. 672.

61 *Ibid.*

62 *Ibid.*, p. 699.

63 Simone Weil, *Escritos de Londres y últimas cartas*, p. 198.

64 Leonard Woolf, *La muerte de Virginia*, p. 99.

65 Simone Pétrement, *op. cit.*, p. 698.

66 *Ibid.*, p. 703.

67 Simone Weil, *Escritos de Londres y últimas cartas*, p. 185.

68 *Ibid.*, p. 186.

69 *Ibid.*, p. 190.

70 Sylvie Weil, *op. cit.*, p. 154.

71 Simone Weil, *Escritos de Londres y últimas cartas*, p. 188.

72 Sylvie Weil, *op. cit.*, p. 85, Simone Pétrement, *op. cit.*, p. 723.

73 Simone Weil, *Escritos de Londres y últimas cartas*, p. 164.

74 Sylvie Weil relata la suerte que corrieron los manuscritos y la labor que hicieron los padres de Simone copiándolos y custodiándolos, *op. cit.*, p. 26 y ss.

12. ROSA PARKS

1 Rosa Parks, *Mi historia*, p. 79 y ss.

2 *Ibid.*, p. 80.

3 *Ibid.*, p. 81.

4 *Ibid.*, p. 118.

5 *Ibid.*, p. 85 y ss., donde rememora todos los detalles del altercado.

6 *Ibid.*, p. 86.

7 *Ibid.*

8 *Ibid.*

9 *Ibid.*, p. 87.

10 *Ibid.*, p. 27.

11 *Ibid.*, p. 44.

12 *Ibid.*, p. 140.

13 Sobre su ingreso en la NAACP puede leerse el relato en *ibid.*, p. 89 y ss.

14 *Ibid.*, p. 90.

15 *Ibid.*, p. 91.

16 *Ibid.*, p. 104.

17 *Ibid.*

18 bell hooks, *¿Acaso no soy yo una mujer? Mujeres negras y feminismo*, p. 46. Ver también Angela Davis, *Mujeres, raza y clase*, p. 25 y ss.

19 Rosa Parks, *op. cit.*, p. 120.

20 *Ibid.*, p. 121.

21 *Ibid.*, p. 124.

22 *Ibid.*, p. 126.

23 *Ibid.*, p. 133.

24 Sobre la espontaneidad del gesto, véase Mary Fair Burks, «Trailblazers: Women in the Montgomery Bus Boycott», pp. 71-84.

25 Rosa Parks, *op. cit.*, p. 124.

26 *Ibid.*, pp. 130-131.

27 Gloria Steinem, *Mi vida en la carretera*, p. 83.

28 Sobre las relaciones entre el movimiento afroamericano por los derechos civiles y el feminismo de los años sesenta y setenta, véase bell hooks, *op. cit.*, p. 30 y ss.

29 Charles Payne, «Men Led, but Women Organized: Movement Participation of Women in the Mississippi Delta», pp. 1-11.

30 Mary Fair Burks, *op. cit.*, p. 78 y ss., reconstruye los orígenes del Women Political Council y las mujeres que formaron parte de él desde el comienzo.

31 Rosa Parks, *op. cit.*, p. 134.

32 Citado en Parks, *op. cit.*, pp. 134-135.

33 Mary Fair Burks, *op. cit.*, p. 73 y ss.

34 *Ibid.*, p. 141 y ss.

35 *Ibid.*, p. 142.

36 Citado en Parks, *op. cit.*, p. 146.

37 *Ibid.*, p. 146.

38 *Ibid.*, p. 151.

39 *Ibid.*, p. 153.

40 La utilización de la metáfora de las olas para describir los avances y variedades del movimiento feminista se revisa en Carmen Garrido-Rodríguez, «Repensando las olas del Feminismo. Una aproximación teórica a la metáfora de las "olas"», pp. 483-492.

41 Betty Friedan, *La mística de la feminidad.*

42 Kate Millett, *Política Sexual.*

43 La expresión fue popularizada por el artículo de Carol Hanisch, «The personal is political», pp. 113-116.

44 Gloria Steinem, *op. cit.*, p. 84.

45 Rosa Parks, *op. cit.*, pp. 171-172.

46 *Ibid.*, p. 171.

47 El *Tribute to Women* se reproduce en Davis W. Houck y David E. Dixon, *Women and the Civil Rights Movement. 1954-1965,* pp. IX-X.

48 bell hooks, *op. cit.*, p. 246.

49 *Ibid.*, p. 27.

50 Gloria Steinem, *op. cit.*, p. 84.

51 Martin Luther King, *Tengo un sueño: ensayos, discursos y sermones,* p. 137.

52 *Ibid.*

53 Gloria Steinem, *op. cit.*, p. 84.

54 Martin Luther King, *op. cit.*, p. 137.

55 En Davis W. Houck y David E. Dixon, *op. cit.*, se recuperan discursos de mujeres activistas del movimiento por los derechos civiles, como Jonnie Carr, Dorothy Tilly o la propia Rosa Parks. El discurso de esta última, uno de los pocos que se han conservado, aparece en las páginas 37-40.

56 Gloria Steinem, *op. cit.*, p. 86.

57 Angela Davis, *op. cit.*, p. 32.

58 Sobre feminismo reformista y radical, véase bell hooks, *El feminismo es para todo el mundo,* p. 25.

59 Inés Martín Rodrigo, *Una habitación compartida. Conversaciones con grandes escritoras*, p. 120.

60 Gloria Steinem, *op. cit.*, p. 89.

61 *Ibid.*, p. 90.

62 bell hooks, *¿Acaso no soy yo una mujer? Mujeres negras y feminismo*, p. 223.

63 *Ibid.*

64 Citado en bell hooks, *ibid.*, p. 224.

65 *Ibid.*, p. 260.

66 *Ibid.*, p. 31.

67 Chimamanda Ngozi Adichie, *Todos deberíamos ser feministas*, pp. 15-16.

68 bell hooks, *El feminismo es para todo el mundo*, p. 84.

69 bell hooks, *ibid.*, p. 38.

13. MALALA YOUSAFZAI

1 Malala Yousafzai ha escrito sus memorias con la ayuda de la periodista Christina Lamb en el libro *Yo soy Malala*. Los detalles sobre el atentado se cuentan en distintas partes, como en la p. 281 y ss., donde se revelan los pormenores sobre su preparación.

2 *Ibid.*, p. 16.

3 *Ibid.*, p. 263.

4 *Ibid.*

5 Virginia Woolf, *The Common Reader*, p. 136.

6 Malala Yousafzai, *op. cit.*, p. 261.

7 Sandra M. Gilbert y Susan Gubar, *La loca del desván. La escritora y la imaginación literaria del siglo XIX*, p. 146.

8 Malala Yousafzai, *op. cit.*, p. 17.

9 El diario online apareció originalmente publicado en urdu. Más adelante, se difundieron numerosos pasajes traducidos, primero al inglés y más tarde a otros idiomas, a través de la BBC.

10 Malala Yousafzai, *op. cit.*, p. 176.

11 *Ibid.*, p. 235.

12 *Ibid.*, p. 176.

13 *Ibid.*, p. 76.

14 El artículo se publicó originalmente en el número de diciembre de 1990 del *New York Review of Books*.

15 Malala Yousafzai, *op. cit.*, 79.

16 Edward W. Said, *Cultura e imperialismo*, p. 159.

17 Malala Yousafzai, *op. cit.*, p. 282.

18 *Ibid.*, p. 283.

19 *Ibid.*, p. 286.

20 *Ibid.*

21 *Ibid.*, p. 291.

22 *Ibid.*, p. 293.

23 Charlotte Alter, «The Harry Potter Generation Has Been Waiting for Malala».

24 Sobre Ziauddin Yousafzai puede consultarse el libro que él mismo publicó en 2018, *Libre para volar. La historia de un padre y la lucha por la igualdad.*

25 La entrevista completa se encuentra disponible en el canal de Youtube.

26 J. K. Rowling, *Harry Potter and the Deathly Hallows*, p. 105.

27 El libro *Hermione Granger Saves the World: Essays on the Feminist Heroine of Hogwarts*, editado por Christopher E. Bell en 2012, ofrece distintos trabajos académicos que interpretan el personaje de Hermione como un ejemplo representativo de los valores del feminismo contemporáneo.

28 La transcripción del discurso es accesible en la página web de ONU Mujeres: <https://www.unwomen.org/en/news/stories/2014/9/emma-watson-gender-equality-is-your-issue-too>.

29 Sobre el feminismo en el mundo musulmán y en los países árabes, véase Zahra Ali (comp.), *Feminismo e islam. Las luchas de las mujeres musulmanas contra el patriarcado*; Leila Ahmed, *Women and Gender in Islam*; Margot Badran, *Feminismo en el Islam*; Nawal El Saadawi, *La cara oculta de Eva. La mujer en los países árabes*; Ángeles Ramírez y Laura Mijares, *Los feminismos ante el islam: El velo y los cuerpos de las mujeres.*

30 Malala Yousafzai, *op. cit.*, p. 321.

BIBLIOGRAFÍA CITADA*

PRÓLOGO
MADRID, 8 DE MARZO DE 2018

ARISTÓTELES y HORACIO, *Artes Poéticas*, Madrid, Taurus, 1987. Traducción de Aníbal González.

AUSTEN, JANE [1818], *Northanger Abbey*, Londres, Penguin, 2003. [Hay trad. cast.: Isabel Oyarzábal, Barcelona, Penguin, 2021].

AUSTEN-LEIGH, JAMES EDWARD [1870], *Recuerdos de Jane Austen*, Barcelona, Alba, 2012. Traducción de Marta Salís.

BARRY, JAMES MATTHEW [1911], *Peter y Wendy*, Barcelona, Penguin, 2018. Traducción de Gabriela Bustelo.

BEARD, MARY [2017], *Mujeres y poder. Un manifiesto*, Barcelona, Crítica, 2018. Traducción de Silvia Furió.

CARLYLE, THOMAS [1840], *On Heros, Hero-Worship and the Heroic in History*, Londres, Chapman and Hall, 1897. [Hay trad. cast.: *Sobre los héroes: el culto al héroe y lo heroico en la historia*, trad. Pedro Umbert, Sevilla, Athenaica Ediciones Universitarias, 2017].

---

* *N.B.:* Para facilitar posibles consultas del lector, las fuentes bibliográficas clásicas y modernas se citan según un sistema único y simple que remite a la obra con la que se ha trabajado. Las fechas entre corchetes corresponden a las ediciones originales de las obras. En el caso de que la edición citada no sea la original, se añade una segunda fecha junto con los datos de la obra consultada. Finalmente, para referenciar las fuentes clásicas o las obras cuyas ediciones sea problemático datar correctamente, se ha preferido ofrecer únicamente la fecha de la edición manejada.

FREUD, SIGMUND [1932-1936], «La feminidad», en *Obras completas*, 22, Buenos Aires, Amorrortu editores, 1986, pp. 104-125. Traducción de José Luis Etcheverry.

HEILBRUN, CAROLYN G. [1988], *Writing a Woman's Life*, Londres, The Women's Press, 1989. [Hay trad. cast.: *Escribir la vida de una mujer*, trad. Ángel G. Loureiro, Madrid, Megazul, 1994].

— [1990], «What Was Penelope Unweaving?», en *Hamlet's Mother and other Women. Feminist Essays on Literature*, Londres, The Women's Press, 1991, pp. 103-111.

IRIGARAY, LUCE [1974], *Espéculo de la otra mujer*, Madrid, Akal, 2007. Traducción de Carlos Prieto del Campo.

PLUTARCO, *La excelencia de las mujeres*, Madrid, Mármara, 2019. Traducción de Marta González González.

RICH, ADRIENNE [1976] «Tomarse en serio a las alumnas», en *Ensayos esenciales*, Madrid, Capitán Swing, 2019, pp. 167-177. Traducción de Mireia Bofill Abelló.

SPARK, MURIEL [1961], *La plenitud de la señorita Brodie*, Valencia, Pre-Textos, 2006. Traducción de Silvia Barbero.

STEINEM, GLORIA [2015], *Mi vida en la carretera*, Barcelona, Alpha Decay, 2016. Traducción de Regina López Muñoz.

TUCÍDIDES, *Historia de la Guerra del Peloponeso*, Madrid, Alianza Editorial, 1989. Traducción de Antonio Guzmán Guerra.

VALLEJO, IRENE [2020], «Las mujeres en la historia de los libros: un paisaje borrado», BBVA Podcast, https://www.bbva.com/es/podcast-irene-vallejo-las-mujeres-en-la-historia-de-los-libros-un-paisaje-borrado/

WOOLF, VIRGINIA [1927], *Al faro*, Madrid, Cátedra, 2009. Traducción de Dámaso López.

CAPÍTULO 1

BUSCANDO A DENNY

ALTARES, GUILLERMO [2018], *Una lección olvidada. Viajes por la historia de Europa*, Barcelona, Tusquets, 2020.

BEAUVOIR, SIMONE DE [1949], *El segundo sexo*, Madrid, Cátedra, 2005. Traducción de Alicia Martorell.

CAVARERO, ADRIANA [2014], *Inclinations. A Critique of Rectitude*, Standford, Stanford University Press, 2016. Traducción de Amanda Minervini y Adam Sitze.

COHEN, CLAUDINE [2003], *La mujer de los orígenes. Imágenes de la mujer en la prehistoria occidental*, Madrid, Cátedra, 2011. Traducción de Eva Teixidor.

CONKEY, MARGARET W. y SPECTOR, JANET D. [1984], «Archaeology and the Study of Gender», *Advances in Archaeological Method and Theory*, 7, pp. 1–38.

DARWIN, CHARLES [1871], *The descent of Man, and Selection in Relation to Sex*, Nueva York, American Home Library, 1902. [Hay trad. cast.: *El origen del hombre*, trad. Joandomènec, Ros, Barcelona, Crítica, 2009].

DEAN R. SNOW [2013], «Sexual Dimorphism in European Upper Paleolithic Cave Art», *American Antiquity*, 78 (4), pp. 746-761.

FRIEDAN, BETTY [1963], *La mística de la feminidad*, Barcelona, Sagitario, 1965. Traducción de Carlos R. de Dampierre.

GREEN, RICHARD E. ET AL. [2010], «A draft sequence of the Neandertal genome», *Science*, 328 (5979), pp. 710-722.

HARARI, YUVAL NOAH [2010] *Sapiens. De animales a dioses: Una breve historia de la humanidad*, Barcelona, Debate, 2021. Traducción de Joandomènec Ros

HARAWAY, DONNA [1989], *Primate Visions. Gender, Race, and Nature in the World of Modern Science*, Nueva York /Londres, Routledge.

NOCHLIN, LINDA [1971], «Why Have There Been no Great Women Artists?», en *The Linda Nochlin Reader*, Londres, Thames & Hudson, 2015, pp. 42-68.

PÄÄBO, SVANTE [2014], *El hombre de Neandertal. En busca de genomas perdidos*, Madrid, Alianza Editorial, 2015. Traducción de Federico Zaragoza.

PATOU-MATHIS, MARYLÈNE [2020], *El hombre prehistórico es también una mujer. Una historia de la invisibilidad de las mujeres*, Barcelona, Lumen, 2021. Traducción de María Pons Irazazábal.

REED, EVELYN [1971], «Is Biology Woman's Destiny?», *International Socialist Review*, 32 (11), pp. 7-11, 35-39.

REICH, DAVID, GREEN, RICHARD E. y KIRCHER, MARTIN ET AL. [2010], «Genetic history of an archaic hominin group from Denisova Cave in Siberia», *Nature*, 468, pp. 1053–1060.

SLON, VIVIANE, MAFESSONI, FABRIZIO y VERNOT, BENJAMIN ET AL. [2018], «The genome of the offspring of a Neanderthal mother and a Denisovan father», *Nature*, 561, pp. 113-116.

WOOLF, VIRGINIA [1929], *Una habitación propia*, Barcelona, Austral, 2016. Traducción de Laura Pujol.

WRAGG, REBECCA [2020], *Neandertales. La vida, el amor, la muerte y el arte de nuestros primos lejanos*, Barcelona, Geoplaneta, 2021. Traducción de Alberto Delgado.

CAPÍTULO 2

AGNÓDICE – INVENTAR LO QUE NO EXISTE

ARENDT, HANNAH [1957], «Labor, trabajo y acción. Una conferencia», en *De la historia a la acción*, Barcelona, Paidós e Instituto de la Educación de la Universidad Autónoma de Barcelona, 1995, pp. 89-107. Traducción de Fina Birulés.

ARISTÓFANES, *Lisístrata*, Madrid, Ediciones clásicas. Traducción de Luis M. Macía Aparicio, 1997.

ARISTÓTELES, *Reproducción de los animales*, Madrid, Editorial Gredos, 1994. Traducción de Ester Sánchez.

BEARD, MARY [2017], *Mujeres y poder. Un manifiesto*, Barcelona, Crítica, 2018. Traducción de Silvia Furió.

CAVARERO, ADRIANA [2014]. *Inclinations. A Critique of Rectitude*, Standford, Stanford University Press, 2016. Traducción de Amanda Minervini y Adam Sitze.

DEAN-JONES, LESLEY [1994], «Excursus. Medicine: The "Proof" of Anatomy», en Fantham, Elaine *et al. Women in the Classical World. Image and Text*, Nueva York/ Oxford, Oxford University Press, pp. 183-205.

DEMAND, NANCY [1994], *Birth, Death, and Motherhood in Classical Greece*. Baltimore/ Londres, Johns Hopkins University Press.

ELLMANN, MARY [1968], *Thinking about Women*, Londres, Virago, 1979.

ESQUILO, *Las Euménides*, en *Tragedias*, Madrid, Editorial Gredos, 1986, pp. 493-538. Traducción de Bernardo Perea Morales.

GARCÍA GUAL, CARLOS [1991], *Audacias femeninas. Mujeres en el mundo antiguo*, Madrid, Turner, 2019.

HEILBRUN, CAROLYN G. [1988], *Writing a Woman's Life*, Londres, The Women's Press, 1989. [Hay trad. cast.: *Escribir la vida de una mujer*, trad. Ángel G. Loureiro, Madrid, Megazul, 1994].

— [1985], «What Was Penelope Unweaving?», en *Hamlet's Mother and other Women. Feminist Essays on Literature*, Londres, The Women's Press,1991, pp. 103-111.

HELD, VIRGINIA [1989], «Nacimiento y muerte», *Dilemata. Revista Internacional de Éticas Aplicadas*, 2020, 31, pp. 1-25. Traducción de Ibone Olza y Alberto Manzano.

HIGINIO, *Fábulas mitológicas*, Madrid, Alianza Editorial, 2009. Traducción de Francisco Miguel del Rincón Sánchez.

JENOFONTE, *Recuerdos de Sócrates. Económico. Banquete. Apología de Sócrates*, Madrid, Editorial Gredos, 1993. Traducción de Juan Zaragoza.

JEX-BLAKE, SOPHIA [1872], «Medicine as a Profession for Women», *Medical Women. A Thesis and a History*, Edimburgo, Oliphant, Anderson & Ferrier; Londres, Hamilton, Adams & co., 1886, pp. 1-60.

KING, HELEN [1986], «Agnodiké and the profession of medicine», en *Proceedings of the Cambridge Philological Society* (New Series), 32, pp. 53-77.

— [1998], *Hipocrates' Woman: Reading the Female Body in the Ancient World*, Londres y Nueva York, Routledge.

— [2013], *The One Sex Body on Trial: The Classical and Early Modern Evidence*, Londres y Nueva York, Routledge.

MORCILLO EXPÓSITO, GUADALUPE [2003], «Caius Iulios Hyginus, Mitógrafo», *Anuario de Estudios Filológicos*, XXV, pp. 267-277.

MUÑOZ PÁEZ, ADELA [2017], *Sabias. La cara oculta de la ciencia*, Barcelona, Debate.

MURARO, LUISA [1991], *El orden simbólico de la madre*, Madrid, horas y Horas, 1994. Traducción de Beatriz Albertini.

PERLMAN, PAULA [1989], «Acting the She-Bear for Artemis», *Arethusa*, 22 (2), pp. 111-133.

PLATÓN, *Teeteto*, en *Diálogos*, V, Madrid, Editorial Gredos, 1988, pp. 173-317. Traducción de Álvaro Vallejo Campos.

—, *Banquete*, Madrid, Alianza Editorial, 2008. Traducción de Fernando García Romero.

REYNOLDS, LEIGHTON DURHAM (ed.) [1983], *Text and Transmission. A Survey of the Latin Classics*, Oxford, Clarendon Press.

RICH, ADRIENNE [1976] «Nacemos de mujer. La maternidad como experiencia y como institución», en *Ensayos esenciales*, Madrid, Capitán Swing, 2019, pp. 261-424. Traducción de Mireia Bofill Abelló.

RUIZ DE ELVIRA, ANTONIO [1982], *Mitología clásica*, Madrid, Editorial Gredos.

VARIOS AUTORES, «Sobre las enfermedades de las vírgenes», en *Tratados hipocráticos*, IV, Madrid, Editorial Gredos, pp. 326-329. Traducción de Lourdes Sanz Mingote.

—, «Sobre las enfermedades de las mujeres I», en *Tratados hipocráticos*, IV, Madrid, Editorial Gredos, pp. 45-196. Traducción de Lourdes Sanz Mingote.

WOOLF, VIRGINIA [1929], *Una habitación propia*, Barcelona, Austral, 2016. Traducción de Laura Pujol.

CAPÍTULO 3

CLEOPATRA – TENER LA ÚLTIMA PALABRA

ASHTON, SALLY-ANN [2011], «Cleopatra, Queen of Egypy», en Margaret M. Miles (ed.), *Cleopatra. A Sphinx Revisited*, Berkeley/ Los Ángeles/ Londres, University of California Press, pp. 21-36.

BEARD, MARY [1992], «Souvenirs of Culture: Deciphering (in) the Museum», *Art History*, 15 (4), pp. 505-532.

— [2007], *The Roman Triumph*, Cambridge/ Londres, Harvard University Press, 2009. [Hay trad. cast.: *El triunfo romano*, trad. Tomás Fernández Aúz y Beatriz Eguibar, Barcelona, Editorial Crítica, 2017].

BLOOM, HAROLD [1998], *Shakespeare. The Invention of the Human*, Nueva York, Riverhead Books, 1999. [Hay trad. cast.: *Shakespeare: la invención de lo humano*, trad. Tomás Segovia, Barcelona, Anagrama, 2002].

— [2017], *Cleopatra. Soy fuego y aire*, Madrid, Vaso Roto ediciones, 2020. Traducción de Ángel-Luis Pujante.

CHEVIGNY, BELL [1983], «Daughters Writing: Toward a Theory of Women's Biography», *Feminist Studies*, 9 (1), pp. 79-102.

CIXOUS, HÉLÈNE [1979], *La risa de Medusa. Ensayos sobre la escritura*, Barcelona, Editorial Anthropos, 1995. Traducción de Ana María Moix.

GRUEN, ERICH S. [2011], «Cleopatra in Rome: Facts and Fantasies», en Margaret M. Miles (ed.), *Cleopatra. A Sphinx Revisited*, Berkeley/ Los Ángeles/ Londres, University of California Press, pp. 37-53.

HEILBRUN, CAROLYN G. [1985], «Margaret Mead and the Question of Woman's Biography», en *Hamlet's Mother and other Women. Feminist Essays on Literature*, Londres, The Women's Press,1991, pp. 23-29.

MOSTERÍN, JESÚS [1993], *Teoría de la escritura*, Barcelona, Icaria.

PLUTARCO, *Vidas paralelas*, VII, Madrid, Editorial Gredos. Traducción de Juan Pablo Sánchez Hernández y Marta González González, 2009.

PRIETO ARCINIEGA, ALBERTO [2000], «Cleopatra en la ficción: el cine», *Studia Historica. Historia Antigua*, 18, pp. 143-176.

POMEROY, SARA B. [1984], *Women in Hellenistic Egypt. From Alexander to Cleopatra*, Nueva York, Schocken Books.

RAY, JOHN [2007], *The Rosetta Stone and the Rebirth of Ancient Egypt*, Cambridge, Harvard University Press.

ROBERTS, JOHN MORRIS y WESTAD, ODD ARNE [1976, 2013] *The History of the World. Sixth Edition*, Oxford/ Nueva York, Oxford University Press. [Hay trad. cast.: *Historia del mundo*, Barcelona, Debate, 2010].

ROLLER, DUANE W. [2018], *Cleopatra's Daughter and Other Royal Women of the Augustan Era*, Oxford, Oxford University Press.

SAID, EDWARD W. [1978], *Orientalismo*, Barcelona, Debolsillo, 2002. Traducción de María Luisa Fuentes.

SCHULLER, WOLFGANG [2006], *Cleopatra. Una reina en tres culturas*, Madrid, Siruela, 2008.

SHAKESPEARE, WILLIAM [c. 1606/ 1623], *Antonio y Cleopatra*, Madrid, Cátedra, 2013. Traducción de Jenaro Talens.

SPARK, MURIEL [1961], *La plenitud de la señorita Brodie*, Valencia, Pre-Textos, 2006. Traducción de Silvia Barbero.

SPOERRI BUTCHER, MARGUERITE [2015], «Le monnayage d'argent émis par le roi Juba II de Maurétanie (I): catalogue des monnais datées», *Schweizerische Numismatische Rundschau*, 94, pp. 33–114.

STEINEM, GLORIA [2015], *Mi vida en la carretera*, Barcelona, Alpha Decay, 2016. Traducción de Regina López Muñoz.

VALLEJO, IRENE [2019], *El infinito en un junco. La invención de los libros en el mundo antiguo*, Madrid, Siruela.

WYKE, MARIA [1994], «Augustan Cleopatras: Female Power and Poetic Authority», en Anton Powell (ed.), *Roman Poetry & Propaganda: In the Age of Augustus*, Londres, Bloomsbury, pp. 98-129.

—, y MONTSERRAT, DOMINIC [2011], «Glamour Girls: Cleomania in Mass Culture», en Margaret M. Miles (ed.), *Cleopatra. A Sphinx Revisited*, Berkeley/ Los Ángeles/ Londres, University of California Press, pp. 172-194.

WOOLF, VIRGINIA [1929], *Una habitación propia*, Barcelona, Austral, 2016. Traducción de Laura Pujol.

CAPÍTULO 4
JUANA DE ARCO – Y DIOS NOS DARÁ LA VICTORIA

ATKINSON, DIANE [2018], *Rise Up, Women! The Remarkable Lives of The Suffragettes*, Londres, Bloomsbury [version electrónica].

BOCCACCIO, GIOVANNI [c. 1361], *Mujeres preclaras*, Madrid, Cátedra, 2010. Traducción de Violeta Díaz-Corralejo.

CIRLOT, VICTORIA [2005], *Hildegard von Bingen y la tradición visionaria de Occidente*, Barcelona, Herder.

—, y GARÍ, BLANCA [1999], *La mirada interior. Escritoras místicas y visionarias en la Edad Media*, Barcelona, Ediciones Martínez Roca.

CIXOUS, HÉLÈNE [1979], *La risa de Medusa. Ensayos sobre la escritura*, Barcelona, Editorial Anthropos, 1995. Traducción de Ana María Moix.

CORNUALLES, HELDRIS DE [c. 1270], *El libro de Silence*, Madrid, Siruela, 1986. Traducción de A. Benaim Lasry.

CRANE, SUSAN [2002], «Joan of Arc and Women's Cross-Dress», *The Performance of the Self: Ritual, Clothing, and identity during the Hundred Years War*, Filadelfia, University of Pennsylvania Press, p. 74-110.

ECHEVARRÍA ARSUAGA, ANA [1990], «Margarita de Antioquía, una santa para la mujer medieval», en Muñoz Fernández, Angela (ed.), *Las mujeres en el cristianismo medieval. Imágenes teóricas y cauces de actuación religiosa*, Madrid, Asociación cultural Al-Mudayna, pp. 31-46.

FRAIOLI, DEBORAH [1981], «The Literary image of Joan of Arc: Prior Influences», *Speculum*, 56 (4), pp. 811-830.

GREEN, KAREN [2014], «Was Christine de Pizan at Poissy? 1418-1429», *Medium Ævum*, 83 (1), pp. 93-103.

HEILBRUN, CAROLYN G. [1988], *Writing a Woman's Life*, Londres, The Women's Press, 1989. [Hay trad. cast.: *Escribir la vida de una mujer*, trad. Ángel G. Loureiro, Madrid, Megazul, 1994].

HULT, DAVID F. [2003], «The Roman de la Rose, Christine de Pizan, and the querelle de femmes», en Dinshaw, Carolyn y Wallace, David (eds.), *The Cambridge Companion to Medieval Women's Writing*, Cambridge, Cambridge University Press, pp. 184-194.

JANÉS, CLARA [2015], *Guardar la casa y cerrar la boca*, Madrid, Siruela.

LORRIS, GUILLAUME DE y MEUN, JEAN DE, *El Libro de la Rosa*, Madrid, Siruela, 2003. Traducción de Carlos Alvar y Julián Muela.

MADSEN, ANNELISE K. [2014], «Civic Art and the Demand for Change at the 1913 Suffrage Pageant-Procession», *Winterthur Portfolio*, 48 (4), pp. 283-310.

MARGOLIS, NADIA [2003], «Joan of Arc», en Dinshaw, Carolyn y Wallace, David (ed.), *The Cambridge Companion to Medieval Women's Writing*, Cambridge, Cambridge University Press, p. 265-266.

MARÍN PINA, MARÍA CARMEN [1989], «Aproximación al tema de la *Virgo Bellatrix* en los libros de caballerías españoles», *Criticón*, 45, pp. 81-94.

MONTAIGNE, MICHEL DE [1580], *De la amistad*, Madrid, Taurus, 2014. Traducción de Constantino Román y Salamero.

NICOLSON, NIGEL [1973], *Retrato de un matrimonio*, Barcelona/ Buenos Aires/ México D. F., Ediciones Grijalbo, 1975. Traducción de Oscar Luis Molina.

PANKHURST, EMMELINE [1914], *Suffragette. My Own Story*, Londres, Hesperus Press, 2014 [version electrónica].

PERNOUD, RÉGINE [1962], *Jeanne d'Arc par elle-même et par ses témoins*, París, Éditions du Seuil, 1996.

— [1990], *La mujer en tiempos de las cruzadas*, Madrid, Editorial Complutense. Traducción de Teresa Garín Sanz de Bremond.

— [1994], *Hildegarde de Bingen. Conscience inspirée du XIIè Siècle*, París, Éditions du Seuil, 2009.

PIZAN, CHRISTINE DE [1405], *La ciudad de las damas*, Madrid, Siruela. Traducción e introducción de Marie-José Lemarchand.

— [1429], *Le Ditié de Jehanne d'Arc*, en Régnier-Bohler, Danielle (ed.), *Voix de femmes au moyen âge*, Paris, Robert Laffont, 2006, pp. 669-723. Traducción e introducción de Margaret Switten.

RICHARDS, EARL JEFFREY [1993], «"Seulette a part" — The "Little Woman on the Sidelines" Takes Up Her Pen: The Letters of Christine de Pizan», en Cherewatuk, Karen y Wiethaus, Ulrike, *Dear Sister. Medieval Women and the Epistolary Genre*, Filadelfia, University of Pennsylvania Press, pp. 139-170.

ROUX, SIMONE [2006], *Christine de Pizan*, Paris, Payot. [Hay trad. cast.: *Christine de Pizan*, trad. Antoni Domènech, Valencia, Universitat de Valencia, 2009].

SACKVILLE-WEST, VITA [1936], *Juana de Arco*, Círculo de lectores, 1993. Traducción de Amalia Martín-Gamero.

SANMARTÍN BASTIDA, REBECA [2017], *La representación de las místicas: Sor María de Santo Domingo en su contexto europeo*, Londres, SPLASH.

TODD, JANET [1980], *Women's Friendship in Literature*, Nueva York, Columbia University Press.

WOOLF, VIRGINIA [1929], *Una habitación propia*, Barcelona, Austral, 2016. Traducción de Laura Pujol.

—, *Diario de una escritora*, Madrid, Fuentetaja. Traducción de Andrés Bosch.

CAPÍTULO 5

LA MALINCHE – LA LENGUA QUE CON ÉL HABLABA

ALARCÓN, NORMA [1988], «La literatura feminista de la chicana: Una revisión a través de Malintzin o Malintzin: Devolver la carne al objeto», en Moraga, Cherríe y Castillo, Ana (eds.), *Esta puente, mi espalda. Voces de mujeres tercermundistas en los Estados Unidos*, San Francisco, Ism Press. Traducción de Ana Castillo y Norma Alarcón.

ANDERSON IMBERT, ENRIQUE [1954], *Historia de la literatura hispanoamericana*, I, México D. F., Fondo de Cultura Económica, 2003.

ANZALDÚA, GLORIA [1987], *Borderlands. La Frontera. The New Mestiza*, San Francisco, Aunt Lute Books.

BELLAS DUBLANG, JAVIER [2012], «No fueron solos», en Varios Autores, *No fueron solos. Mujeres en la conquista y colonización de América* [catálogo de exposición], Madrid, Ministerio de Defensa, pp. 15-19.

COLÓN, CRISTÓBAL [1492 et al.], *Diario de a bordo*, Madrid, Arlanza, 2002. Edición de Luis Arranz Márquez.

— [1493], *La Carta de Colón anunciando el Descubrimiento*, Madrid, Alianza Editorial, 1992. Edición de Juan José Antequera Luengo.

CORDELIA, CANDELARIA [1980], «La Malinche, Feminist Prototype», *Frontiers: A Journal of Women Studies. Chicanas en el Ambiente Nacional/ Chicanas in the National Landscape*, 5 (2), pp. 1-6.

CORTÉS, HERNÁN [1519-1526], *Cartas de relación*, Madrid, Dastin, 2000. Edición de Mario Hernández Sánchez-Barba.

DÍAZ DEL CASTILLO, BERNAL, *Historia verdadera de la Conquista de la Nueva España*, Madrid, Barcelona, Real Academia Española-Galaxia Gutenberg-Círculo de Lectores, 2011. Edición de Guilleremo Serés.

GLANTZ, MARGOT [1994], «La Malinche: la lengua en la mano», en *La Malinche, sus padres y sus hijos*, Madrid, Taurus [version electrónica].

GRILLO, ROSA MARÍA [2011], «El mito de un nombre», *Mitologías hoy*, 4, pp. 15-26.

GUEVARA, ISABEL DE, «Carta de doña Isabel de Guevara [...]», en *Cartas de Indias*, CIV, Madrid, Imprenta de Manuel G. Hernández, 1877, pp. 619-621.

JAGER, REBECCA KAY [2015], *Malinche, Pocahontas, and Sacagawea: Indian Women as Cultural Intermediaries and National Symbols*, Norman, University of Oklahoma Press, 2016.

JAKOBSON, ROMAN [1956], «Dos aspectos del lenguaje y dos tipos de trastornos afásicos», en Jakobson, Roman y Halle, Morris, *Fundamentos del lenguaje*, Madrid, Ciencia Nueva, 1967, pp. 97-143. Traducción de Carlos Piera.

MAURA, JUAN FRANCISCO [2012], «La influencia lingüística de las españolas en el Nuevo Mundo», en Varios Autores, *No fueron solos. Mujeres en la conquista y colonización de América* [catálogo de exposición], Madrid, Ministerio de Defensa, pp. 21-27.

MIRALLES, JUAN [2007], *La Malinche*, México D.F., Tusquets [version electrónica].

PAZ, OCTAVIO [1950], *El laberinto de la soledad*, México D. F./ Madrid, Fondo de Cultura Económica, 1998.

RESTALL, MATTHEW [2003], «The Lost Words of La Malinche. The Myth of (Mis) Communication», *Seven Myths of the Spanish Conquest*, Oxford/ Nueva York, Oxford University Press, pp. 77-99.

ROMERO, ROLANDO y NOLACEA HARRIS, AMANDA (EDS.) [2005], *Feminism, Nation and Myth. La Malinche*, Texas, Arte Público Press.

TODOROV, TZVETAN [1982], *La conquista de América. El problema del otro*, México D. F./ Buenos Aires/ Madrid, Siglo XXI, 2007.

TOWNSEND, CAMILLA [2006], *Malintzin's Choices. An Indian Woman in the Conquest of Mexico*, Albuquerque, University of New Mexico Press. [Hay trad. cast.: *Malintzin: Una mujer indígena en la Conquista de México*, trad. Tessa Brisac, México D. F., Ediciones Era, 2015].

WOOLF, VIRGINIA [1929], *Una habitación propia*, Barcelona, Austral, 2016. Traducción de Laura Pujol.

ZAMORA, MARGARITA [1993], *Reading Columbus*, Berkeley, University of California Press.

— [1999], «"If Cahonaboa Learns to Speak..." Amerindian Voice in the Discourse of Discovery», *Colonial Latin American Review*, 8 (2), pp. 191-205.

CAPÍTULO 6
SOFONISBA ANGUISSOLA – MAESTRAS Y APRENDICES

BORZELLO, FRANCES [2000], *A World of Our Own*, Londres, Thames & Hudson.

BUFFA, PAOLO ET AL. [1994], *Sofonisba Anguissola e le sue sorelle* [catálogo de exposición], Milán, Leonardo Arte.

CAROLI, FLAVIO [1994], «Ritratti di famiglia in un interno, un fanciullo, un granchio e la Fisiognomica nel Cinquecento», en Buffa, Paolo *et al.*, *Sofonisba Anguissola e le sue sorelle* [catálogo de exposición], Milán, Leonardo Arte, pp. 47-56.

— [1995], *Storia della fisiognómica. Arte e psicologia da Leonardo a Freud*, Milán, Mondadori Electa, 2012.

CASTIGLIONE, BALDASSARE [1528], *El cortesano*, Madrid, Cátedra, 1994. Traducción de Juan Boscán.

CHADWICK, WHITNEY [1990], *Women, Art, and Society*, Londres, Thames and Hudson.

DANTO, ARTHUR C. [1995], «Sofonisba Anguissola», *The Nation*, July 31/ August 7, pp. 139-143.

DICKINSON, EMILY, *Cartas*, Barcelona, Lumen, 2014. Traducción de Nicole d'Amonville Alegría.

DIEGO, ESTRELLA DE [1993], *Leonardo da Vinci*, Madrid, Historia Viva.

— [2009], *La mujer y la pintura del XIX español. Cuatrocientas olvidadas y algunas más*, Madrid, Cátedra.

GARCÍA BARRANCO, MARGARITA [2002], «La Casa de la Reina en los tiempos de Isabel de Valois», *Chronica Nova*, 29, pp. 85-107.

GARRARD, MARY D. [1994], «Here's Looking at Me: Sofonisba Anguissola and the Problem of the Woman Artist», *Renaissance Quarterly*, 47 (3), pp. 556-622.

HENNING MARGARET y JARDIM ANNE [1977], *The Managerial Woman*, Nueva York, Anchor Press/Doubleday.

JAFFÉ, DAVID [2001], «New Thoughts on Van Dyck's Italian Sketchbook», *The Burlington Magazine*, 143 (1183), pp. 614-624.

JOVER DE CELIS, MAITE, GAYO GARCÍA, M.ª DOLORES y CARCELÉN, LAURA ALBA [2019], «Sofonisba Anguissola en el Museo del Prado. Una aproximación a su técnica», en Ruiz Gómez, Leticia, *Historia de dos pintoras*.

Sofonisba Anguissola y Lavinia Fontana [catálogo de exposición], Madrid, Museo Nacional del Prado, pp. 71-87.

KUSCHE, MARÍA [1994], «Sofonisba Anguissola al servizio dei re di Spagna», en Buffa, Paolo *et al.*, *Sofonisba Anguissola e le sue sorelle* [catálogo de exposición], Milán, Leonardo Arte, pp. 89-116.

— [1994], «Sofonisba e il ritratto di rappresentanza ufficiale nella corte spagnola», en Buffa, Paolo *et al.*, *Sofonisba Anguissola e le sue sorelle* [catálogo de exposición], Milán, Leonardo Arte, pp. 117-152.

— [2000], «El retrato de D. Carlos por Sofonisba Anguissola», *Archivo Español de Arte*, 292, pp. 385-394.

LLANOS Y TORRIGLIA, FÉLIX DE [1926], *Isabel de la paz. La reina con quien vino la Corte a Madrid*, Madrid, Boletín de la Real Academia de la Historia, pp.1-35.

NOCHLIN, LINDA [1971], «Why Have There Been no Great Women Artists?», en *The Linda Nochlin Reader*, Londres, Thames & Hudson, 2015, pp. 42-68.

PARKER, ROZSIKA y POLLOCK, GRISELDA [1981], *Old Mistresses. Women, Art and Ideology*, Londres/ Nueva York, I. B. Tauris, 2013.

PÉREZ DE TUDELA, ALMUDENA [2019], «Sofonisba Anguissola en la corte de Felipe II», p. 53-69, en Ruiz Gómez, Leticia, *Historia de dos pintoras. Sofonisba Anguissola y Lavinia Fontana* [catálogo de exposición], Madrid, Museo Nacional del Prado, pp. 53-69.

PETRUCCI, ARMANDO [2008], *Escribir cartas, una historia milenaria*, Buenos Aires, Ampersand.

PORQUERAS, BEA [2018], *Sofonisba Anguissola*, Madrid, Vola.

PRAZ, MARIO [1977], *Conversation Pieces. A Survey of the Informal Group Portrait in Europe and America*, Pennsylvania State University Press.

RIAÑO, PEIO H. [2020], *Las invisibles. ¿Por qué el Museo del Prado ignora a las mujeres?*, Madrid, Capitán Swing.

RODRÍGUEZ-SALGADO MARÍA JOSÉ [2003], «"Una perfecta princesa". Casa y vida de la reina Isabel de Valois (1559-1568)», *Cuadernos de Historia Moderna*, Anejo II, pp. 39-96.

ROUSSEAU, JEAN-JACQUES [1762], *Emilio, o de la educación*, Madrid, Alianza Editorial, 1990. Traducción de Mauro Armiño.

ROWLAND, INGRID y CHARNEY, NOAH [2017], *The collector of lives. Giorgio Vasari and the Invention of Art*, Nueva York, N. N. Norton.

RUIZ GÓMEZ, LETICIA (ed.) [2019], *Historia de dos pintoras. Sofonisba Anguissola y Lavinia Fontana* [catálogo de exposición], Madrid, Museo Nacional del Prado.

SACCHI, ROSSANA [1994], «Tra la Sicilia e Genova: Sofonisba Anguissola Moncada e poi Lomellini», en Buffa, Paolo *et al.*, *Sofonisba Anguissola e le sue sorelle* [catálogo de exposición], Milán, Leonardo Arte, pp. 153-172.

TOLNAY, CHARLES DE [1941], «Sofonisba Anguissola and Her Relations with Michelangelo», *The Journal of the Walters Art Gallery*, 4, pp. 114-119.

VASARI, GIORGIO *Le vite de' più eccellenti pittori, scultori, e architettori*, Florencia, G. C. Sansoni [versión electrónica].

VINCI, LEONARDO DA, *Tratado de pintura*, Madrid, Editora Nacional, 1982. Traducción de Ángel González García.

WOOLF, VIRGINIA [1927], *Al faro*, Madrid, Cátedra, 2009. Traducción de Dámaso López.

CAPÍTULO 7

MARY WOLLSTONECRAFT – LES DEBEMOS UN BUEN EJEMPLO

AMORÓS, CELIA [1997], *Tiempo de feminismo: sobre feminismo, proyecto ilustrado y postmodernidad*, Madrid, Cátedra.

BADINTER, ELISABETH [1981], *¿Existe el amor maternal?: historia del amor maternal, siglos XVII al XX*, Barcelona, Paidós, 1991. Traducción Marta Vassallo.

— [2011], *La mujer y la madre. Un libro polémico sobre la maternidad como nueva forma de esclavitud*, Madrid, La Esfera de los Libros, 2017. Traducción Montserrat Roca.

BARRETT BROWNING, ELIZABETH [1856], *Aurora Leigh*, Madrid, Alba, 2019. Traducción de José C. Valés.

BERLIN, ISAIAH [1965], *Las raíces del romanticismo*. Barcelona, Taurus, 2015. Traducción de Silvina Marí.

BOLLMANN, STEFAN [2013], *Mujeres y libros. Una pasión con consecuencias*, Barcelona, Seix Barral, 2015. Traducción de María José Díez Pérez.

BORHAM PUYAL, MIRIAM [2015], *Quijotes con enaguas. Encrucijada de géneros en el siglo XVIII británico*, Valencia, JPM ediciones.

FURNISS, TOM [2002], «Mary Wollstonecraft's French Revolution», en Johnson, Claudia (ed.), *The Cambridge Companion to Mary Wollstonecraft*, Cambridge, Cambridge University Press.

GODWIN WILLIAM [1798], *Memoirs of the Autor of A Vindication of the Rights of Woman*, Londres, St. Pauls Church Yard, Joseph Johnson.

GOETHE, JOHANN WOLFGANG VON [1774], *Las desventuras del joven Werther*, Madrid, Cátedra, 2014. Traducción de Manuel José González.

GORDON, CHARLOTTE [2015], *Mary Wollstonecraft. Mary Shelley*, Barcelona, Circe, 2018. Traducción de Jofre Homedes Beutnagel.

LOVECRAFT, HOWARD PHILLIPS [1927], *El terror en la literatura*, Barcelona, Austral, 2010. Traducción de Gabriela Ellena Castellotti.

MCALEER, EDWARD C. [1958], *A Sensitive Plant. A Life of Lady Mount Cashell*, Chapel Hill, University of North Carolina Press.

MCCARTHY, MARY [1957], *Memorias de una joven católica*, Barcelona, Lumen, 1977. Traducción de David Casas.

PIPER, ANDREW [2009], *Dreaming in Books. The Making of the Bibliographic Imagination in the Romantic Age*, Chicago, The University of Chicago Press.

RAILO, EINO [1927], *The Haunted Castle. A Study of the Elements of English Romanticism*, Abingdon/ Nueva York, Routledge, 2019.

ROUSSEAU, JEAN-JACQUES [1762], *Emilio, o de la educación*, Madrid, Alianza Editorial, 1990. Traducción de Mauro Armiño.

SHELLEY, MARY W. [1818], *Frankenstein o El moderno Prometeo*, Madrid, Cátedra, 2016. Traducción de Mª. Engracia Pujals. Introducción de Isabel Burdiel.

STAËL, MADAME DE [1793], *Reflexiones sobre el proceso de la Reina*, Madrid, Abada Editores, 2006. Traducción de Diego Guerrero.

TODD, JANET [2000], *Mary Wollstonecraft. A Revolutionary Life*, Londres, Phoenix Press, 2001.

— [2004], *Daughters of Ireland: The Rebellious Kingsborough Sisters and the Making of a Modern Nation*, Nueva York, Ballantine Books.

TOMALIN, CLAIRE [1973], *Vida y muerte de Mary Wollstonecraft*, Barcelona, Montesinos, 1993. Traducción de Miguel A. López Lafuente.

WOLLSTONECRAFT, MARY [1787], *La educación de las hijas*, Santander, El Desvelo Ediciones, 2010. Traducción de Cristina López González. Introducción de Amelia Valcárcel.

— [1788], *Original Stories from Real Life*, Londres, St. Pauls Church Yard, Joseph Johnson, 1796.

— [1792], *Vindicación de los derechos de la mujer*, Madrid, Akal, 2014. Traducción de Marta Lois González. Introducción de Sheila Rowbotham.

—, *Lessons*, en *Complete Works of Mary Wollstonecraft*, Hastings, Delphi Classics, 2016 [versión electrónica]

— [1796], *Cartas escritas durante una corta estancia en Suecia, Noruega y Dinamarca*, Madrid, Los Libros de la Catarata, 2003. Traducción de Camila Zapponi.

—, y SHELLEY, MARY W. [1788 *et al.*], *Mary; Maria/ Mathilda*, Madrid, Nórdica Libros, 2011. Traducción de Íñigo Jáuregui, Cristina Suárez y Anne-Marie Lecouté.

VALCÁRCEL, AMELIA [2008], *La política de las mujeres*, Madrid, Cátedra.

WOOLF, VIRGINIA [1929], «Mary Wollstonecraft», en *Las mujeres y la literatura*, Málaga, La Dragona, 2018, pp. 69-75. Traducción de Marta Gámez y Violeta Sánchez.

— [1931], «Profesiones para las mujeres», en *Las mujeres y la literatura*, Málaga, La Dragona, 2018, pp. 33-38. Traducción de Marta Gámez y Violeta Sánchez.

WORDSWORTH, DOROTHY [1897/1913], *Diarios de Grasmere y Alfoxden (1798-1803)*, Madrid, Alba, 2019. Traducción de Gonzalo Torné.

CAPÍTULO 8

JANE AUSTEN – LOS HOMBRES ME EXPLICAN COSAS

AUSTEN, JANE [1791], «La Historia de Inglaterra», en *El castillo de Lesley y otras historias de juventud*, Madrid, Funambulista, 2008. Traducción de Celia Turrión Penelas, pp. 163-174.

— [1818], *La abadía de Northanger*, Barcelona, Debolsillo. Traducción de Isabel Oyarzábal, 2006.

— [1818], *Persuasión*, Barcelona, Debolsillo, 2014. Traducción de M. Ortega y Gasset.

— [1884], *Letters of Jane Austen*, vol. 1, Cambridge/ Nueva York, Cambridge University Press, 2009. Edición a cargo de Edward Hugessen Knatchbull-Hugessen.

AUSTEN-LEIGH, JAMES EDWARD [1870], *Recuerdos de Jane Austen*, Barcelona, Alba, 2012. Traducción de Marta Salís.

BOSWELL, JAMES [1791], *The Life of Samuel Johnson*, Londres, Henry Baldwin for Charles Dilly. [Hay trad. cast.: *La vida de Samuel Johnson*, trad. Miguel Martínez Lage, Barcelona, Acantilado, 2021].

CHAPONE, CHESTER [1773], *Letters on the Improvement of the Mind: Addressed to a Young Lady*, Dublín, J. Exshaw *et al.*

GARCÍA FELIPE, JULIA [2021], «Una tarde en casa de los Austen», en Austen, Jane, *Juvenilia*, Madrid, Libros de la Ballena, pp. 7-17.

GILBERT, SANDRA M. y GUBAR, SUSAN [1979], *La loca del desván. La escritora y la imaginación literaria del siglo XIX*, Madrid, Cátedra, 1998. Traducción de Carmen Martínez Gimeno.

GOLDSMITH, OLIVER [1771], *The history of England, from the earliest times to the death of George II*, Londres, Printed for T. Davies *et al.*

IRVING, WASHINGTON [1840], *Oliver Goldsmith. A Biography*, Nueva York, G. P. Putnam's Sons, 1864.

LE FAYE, DEIDRE [1989], *Jane Austen. A Family Record*. Cambridge, Cambridge University Press, 2004.

— [2002], *Jane Austen. The World of her Novels*, Londres, Frances Lincoln, 2003.

MANSFIELD, KATHERINE [1927], *Diario*, Barcelona, Debolsillo, 2019. Traducción de Aránzazu Usandizaga.

SOLNIT, REBECCA [2015], *Los hombres me explican cosas*, Madrid, Capitán Swing, 2016. Traducción de Paula Martín Ponz.

SOUTHAM, BRIAN [1964], *Jane Austen's Literary Manuscripts. A Study of the Novelist's Development through the Surviving Papers*, Londres/ Nueva York, 2001.

TODD, JANET (ed.) [2005], *Jane Austen in Context*, Cambridge/ Nueva York, Cambridge University Press.

UPFAL, ANNETTE y ALEXANDER, CHRISTINE [2010], «Are We Ready for New Directions? Jane Austen's The History of England & Cassandra's Portraits», *Persuasions On-Line*, 30 (2).

WOOLF, VIRGINIA [1925], *The Common Reader*, 2 vols., London, Vintage, 2003. [Hay trad. cast.: *El lector común*, trad. Daniel Nisa Cáceres, Barcelona, Lumen, 2010].

WORSLEY, LUCY [2017], *Jane Austen en la intimidad. Una biografía de la vida cotidiana de la escritora y su época*, Barcelona, Indicios. Traducción de Victoria Simó.

CAPÍTULO 9

MARIE CURIE – EFECTOS DE SIMETRÍA

CURIE, MARIE, *Escritos biográficos*, Roqué Xavier (ed.), Bellaterra, Ediciones UAB, 2011.

CURIE, ÈVE [1938], *La vida heroica de María Curie. Descubridora del radio (contada por su hija)*, Madrid, Austral, 1981.

CURIE, MARIE, JOLIOT CURIE, IRÈNE y CURIE, ÈVE, *Cartas. Marie Curie y sus hijas*, Hélène Langevin-Joliot (ed.), Madrid, Clave Intelectual, 2015. Traducción de María Teresa Gallego y Amaya García Gallego.

EMLING, SHELLEY [2012], *Marie Curie and her Daughters. The Private Lives of Science's First Family*, Nueva York, St. Martin's Press.

MUÑOZ PÁEZ, ADELA [2020], *Marie Curie*, Barcelona, Debate.

MILL, JOHN STUART [1869], *El sometimiento de la mujer*, Madrid, Alianza, 2010. Traducción de Carlos Mellizo Cuadrado.

RANCIÈRE, JACQUES [1987], *El maestro ignorante*, Barcelona, Laertes, 2003. Traducción de Núria Estrada.

REID, ROBERT [1974], *Marie Curie,* Barcelona, Salvat, 1987. Traducción de Marta Sánchez Martín.

ROQUÉ, XAVIER [2011], «Releer a Curie», en Curie, Marie, *Escritos biográficos*, Xavier Roqué (ed.), Bellaterra, Ediciones UAB, 2011, pp. 9-32.

VÁZQUEZ RAMIL, RAQUEL [2012], *Mujeres y educación en la España contemporánea. La Institución Libre de Enseñanza y la Residencia de Señoritas de Madrid*, Madrid, Akal.

WOOLF, VIRGINIA [1929], *Una habitación propia*, Barcelona, Austral, 2016. Traducción de Laura Pujol.

— [1931], «Profesiones para las mujeres», *Las mujeres y la literatura*, Málaga, La Dragona, Traducción de Marta Gámez y Violeta Sánchez.

CAPÍTULO 10

VICTORIA KENT – MUDANZAS

ARENAL, CONCEPCIÓN [1869], *La mujer del porvenir*, Sevilla, Eduardo Perié Editor, 1870.

BALLÓ, TÀNIA [2016], *Las Sinsombrero*, Barcelona, Espasa.

BURDIEL, ISABEL [2019], *Emilia Pardo Bazán*, Barcelona, Taurus, 2021.

CABALLÉ, ANNA [2018], *Concepción Arenal. La caminante y su sombra*, Barcelona, Taurus.

CAMPOAMOR, CLARA [1936], *El voto femenino y yo. Mi pecado mortal*, Madrid, Horas y Horas, 2010.

CAPDEVILA-ARGÜELLES, NURIA [2008], *Autoras inciertas. Voces olvidadas de nuestro feminismo*, Madrid, horas y Horas.

DIEGO, ESTRELLA DE [2008], *Maruja Mallo*, Madrid, Fundación Mapfre.

FUENTE, INMACULADA DE LA [2015], *Las Republicanas "burguesas"*, Madrid, Sílex/ Punto de Vista editores.

GILBERT, SANDRA M. y GUBAR, SUSAN [1979], *La loca del desván. La escritora y la imaginación literaria del siglo XIX*, Madrid, Cátedra, 1998. Traducción de Carmen Martínez Gimeno.

GÓMEZ-BLESA, MERCEDES [2016], «Las intelectuales republicanas: la conquista de la ciudadanía», en Cuesta, Josefina, Turrión, María José y Merino, Rosa María (eds.), *La Residencia de Señoritas y otras redes culturales femeninas*, Salamanca, Ediciones Universidad de Salamanca, pp. 253-266.

— [2019], *Modernas y vanguardistas: Las mujeres-faro de la Edad de Plata*, Madrid, Huso editorial.

GUARDIA, CARMEN DE LA [2015], *Victoria Kent y Louise Crane en Nueva York. Un exilio compartido*, Madrid. Sílex.

GUERRERO, SALVADOR [2015], «Un lugar de memoria de la geografía española de la Institución Libre de Enseñanza: los edificios de la Residencia de Señoritas», en Cueva, Almudena de la y Márquez Padorno, Margarita, *Mujeres en vanguardia*, Madrid, Publicaciones de la Residencia de Estudiantes, pp. 296-315.

GUTIÉRREZ VEGA, ZENAIDA [2001], *Victoria Kent. Una vida al servicio del humanismo liberal*, Málaga, Servicio de Publicaciones de la Universidad de Málaga.

HORAN, ELIZABETH, URIOSTE AZCORRA, CARMEN DE y TOMPKINS, CYNTHIA (EDS.) [2019], *Preciadas cartas (1932-1979). Correspondencia entre Gabriela Mistral, Victoria Ocampo y Victoria Kent*, Sevilla, Renacimiento.

HUGHES, EVAN [2011], *Literary Brooklyn. The Writers of Brooklyn and the Story of American City Life*, Nueva York, Holt Paperbacks.

KALSTONE, DAVID [1989], *Becoming a Poet. Elizabeth Bishop with Marianne Moore and Robert Lowell*, Londres, The Hogarth Press.

KENT, VICTORIA [1947], *Cuatro años en París. 1940-1944*, Madrid, Gadir, 2007.

— [2018], *De Madrid a Nueva York*, Sevilla, Editorial Renacimiento.

KOSOFSKY SEDGWICK, EVE [1990], *Epistemology of the Closet*, Berkeley/ Los Ángeles, University of California Press. [Hay trad. cast.: *Epistemología del armario*, trad. de Teresa Bladé Costa, Barcelona, Ediciones de la Tempestad, 1998].

LÓPEZ-RÍOS, SANTIAGO [2013], «These Ladies Out-radical the Radicals: María de Maeztu, Victoria Kent and Victoria Ocampo», *Bulletin of Hispanic Studies*, 90 (3), 331-346.

MAEZTU, MARÍA DE [2020], *Feminismo, Literatura y Exilio*, Carmen Urioste Azcorra (ed.), Sevilla, Editorial Renacimiento.

MAGALLÓN PORTOLÉS, CARMEN [2016], «Físicas, químicas y biólogas españolas en el primer tercio del siglo XX: redes internacionales de apoyo. El laboratorio Foster de la Residencia de Señoritas», en Cuesta, Josefina, Turrión, María José, Merino, Rosa María (eds.), *La Residencia de Señoritas y otras redes culturales femeninas*, Salamanca, Ediciones Universidad de Salamanca, pp. 33-69.

MANGINI GONZÁLEZ, SHIRLEY [2001], *Las modernas de Madrid*, Barcelona, Península.

MÁRQUEZ PADORNO, MARGARITA [2015], «El sueño americano de la universidad para mujeres en España: la octava hermana», en Cueva, Almudena de la, y Márquez Padorno, Margarita, *Mujeres en vanguardia*, Madrid, Publicaciones de la Residencia de Estudiantes, pp. 246-255.

— [2016], «*The Eighth Sister*. La relación del *International Institute* y la Junta para Ampliación de Estudios en el avance de la coeducación universitaria en España», en Cuesta, Josefina, Turrión, María José, Merino, Rosa María (eds.), *La Residencia de Señoritas y otras redes culturales femeninas*, Salamanca, Ediciones Universidad de Salamanca, pp. 117-129.

MONTIEL RAYO, FRANCISCA (ed.) [2020], *De mujer a mujer. Cartas desde el exilio a Gabriela Mistral*, Madrid, Fundación Banco Santander.

PÉREZ-VILLANUEVA TOVAR, ISABEL [2011], *La Residencia de Estudiantes, 1910-1936. Grupo universitario y Residencia de Señoritas*, Madrid, Acción Cultural Española.

PERKINS GILMAN, CHARLOTTE [1892], *The Yellow Wallpaper, Herland, and Selected Writings*, Londres, Penguin, 2009. [Hay trad. cast.: *El papel pintado amarillo*, trad. Agustín López Tobajas: José J. de Olañeta Editor, 2014].

RIBAGORDA, ÁLVARO [2016], «La vida cultural de la Residencia de Señoritas en el Madrid de la Edad de Plata», en Cuesta, Josefina, Turrión, María José, Merino, Rosa María (eds.), *La Residencia de Señoritas y otras redes culturales femeninas*, Salamanca, Ediciones Universidad de Salamanca, pp. 161-196.

ROMERO LÓPEZ, DOLORES (ed.) [2016], *Retratos de traductoras en la Edad de Plata*, Madrid, Escolar y Mayo.

SANTIAGO BOLAÑOS, MARIFÉ [2016], «Aquellas universitarias, ¿y si nosotras fuéramos su historia?», en Cuesta, Josefina, Turrión, María José y

Merino, Rosa María (eds.), *La Residencia de Señoritas y otras redes culturales femeninas*, Salamanca, Ediciones Universidad de Salamanca, pp. 227-252.

TAMBOUKOU, MARIA [2003], *Women, Education and the Self. A Foucauldian Perspective*, Hampshire/ Nueva York, Palgrave McMillan.

VILLENA, MIGUEL ÁNGEL [2007], *Victoria Kent. Una pasión republicana*, Barcelona, Debate.

WOOLF, LEONARD [1969], *La muerte de Virginia*, Barcelona, Lumen, 2012. Traducción de Miguel Temprano García.

WOOLF, VIRGINIA [1929], *Una habitación propia*, Barcelona, Austral, 2016. Traducción de Laura Pujol.

ZULUETA, CARMEN DE y MORENO, ALICIA [1993], *Ni convento ni college. La Residencia de Señoritas*, Madrid, Publicaciones de la Residencia de Estudiantes/ CSIC.

CAPÍTULO 11

SIMONE WEIL – ÚLTIMOS MENSAJES

BEAUVOIR, SIMONE DE [1958], *Memorias de una joven formal*, Barcelona, Edhasa, 1989. Traducción de Silvina Bullrich.

EILENBERGER, WOLFRAM [2020], *El fuego de la libertad*, Barcelona, Taurus, 2021. Traducción de Joaquín Chamorro Mielke.

PÉTREMENT, SIMONE [1973], *Vida de Simone Weil*, Madrid, Editorial Trotta, 1997. Traducción de Francisco Díez del Corral.

PLANT, STEPHEN [1996], *Simone Weil*, Barcelona, Herder. Traducción de María Teresa Solana.

REVILLA, CARMEN [2003], *Simone Weil: nombrar la experiencia*, Madrid, Trotta.

WEIL, SIMONE [1957], *La persona y lo sagrado*, Madrid, Hermida Editores, 2019. Traducción de José Luis Piquero.

— [1953], *La fuente griega*, Madrid, Editorial Trotta, 2005. Traducción de José Luis Escartín y maría Teresa Escartín.

— [1957], *Escritos de Londres y últimas cartas*, Madrid, Editorial Trotta, 2000. Traducción de Maite Larrauri.

— [1951], *Carta a un religioso*, Madrid, Editorial Trotta, 1998. Traducción de María Tabuyo y Agustín López.

WEIL, SYLVIE [2009], *En casa de los Weil. André y Simone*, Madrid, Editorial Trotta, 2011. Traducción de Juan Alberto Sucasas Peón.

WOOLF, LEONARD [1969], *La muerte de Virginia*, Barcelona, Lumen, 2012. Traducción de Miguel Temprano García.

CAPÍTULO 12
ROSA PARKS – CAMBIAR LA LEY

DAVIS, ANGELA [1981], *Mujeres, raza y clase*, Madrid, Akal, 2005.

FAIR BURKS, MARY [1990], «Trailblazers: Women in the Montgomery Bus Boycott», en Crawford, Vicki L y Rouse, Jacqueline Anne (eds.), *Women in the Civil Rights Movement. Trailblazers and Torchbearers, 1941-1965*, Bloomington/ Indianapolis, Indiana University Press, pp. 71-84.

FRIEDAN, BETTY [1963], *La mística de la feminidad*, Barcelona, Sagitario, 1965. Traducción de Carlos R. de Dampierre.

GARRIDO, CARMEN [2021], «Repensando las olas del feminismo. Una aproximación teórica a la metáfora de las olas», *Investigaciones Feministas*, 12 (2), pp. 483-492.

HOOKS, BELL [1981], *¿Acaso no soy yo una mujer?*, Bilbao, Edición consonni, 2020.

— [2000], *El feminismo es para todo el mundo*, Madrid, Traficantes de sueños, 2019. Traducción de Esteban Agustí, Beatriz, Lozano Ruiz, Lina Tatiana, Moreno, Mayra Sofía, Romo, Maira Puertas, Vega González, Sara.

HOUCK, DAVIS W. y DIXON, DAVID E. (eds.) [2009], *Women and the Civil Rights Movement. 1954-1965*, Jackson, University Press of Mississippi.

KING, MARTIN LUTHER, *Tengo un sueño: ensayos, discursos y sermones*, Madrid, Alianza Editorial. Traducción de Ramón González Férriz.

MARTÍN RODRIGO, INÉS [2020], *Una habitación compartida, Conversaciones con grandes escritoras*, Barcelona, Debate.

MILLETT, KATE [1969], *Política sexual*, Madrid, Cátedra, 2017. Traducción de Ana María Bravo García.

NGOZI ADICHIE, CHIMAMANDA [2012], *Todos deberíamos ser feministas*, Barcelona, Literatura Random House, 2015. Traducción Javier Calvo Perales.

PARKS, ROSA y HASKINS, JIM [1992], *Mi historia*, Barcelona, Plataforma editorial, 2019.

PAYNE, CHARLES [1990] «Men Led, but Women Organized: Movement Participation of Women in the Mississippi Delta», en Crawford,

Vicki L y Rouse, Jacqueline Anne, *Women in the Civil Rights Movement. Trailblazers and Torchbearers, 1941-1965*, Bloomington/ Indianapolis, Indiana University Press, pp. 1-11.

STEINEM, GLORIA [2015], *Mi vida en la carretera*, Barcelona, Alpha Decay, 2016. Traducción de Regina López Muñoz.

CAPÍTULO 13

MALALA YOUSAFZAI – LAS MUJERES VENDRÁN

AHMED, LEILA [1992], *Women and Gender in Islam: Historical Roots of a Modern Debate*, New Heaven/ Londres, Yale University Press, 2021.

ALI, ZAHARA (ed.) [2012], *Feminismo e islam. Las luchas de las mujeres musulmanas contra el patriarcado*, Buenos Aires, Capital Intelectual. Traducción de Andrea Romero.

ALTER, CHARLOTTE [2014], «The Harry Potter Generation Has Been Waiting for Malala», *Time*, 13-10-2014.

BADRAN, MARGOT [2009], *Feminismo en el Islam: convergencias laicas y religiosas*, Madrid, Cátedra, 2012. Traducción de Tania Arias.

BELL, CHRISTOPHER E. (ed.) [2012], *Hermione Granger Saves the World: Essays on the Feminist Heroine of Hogwarts*, Jefferson/ Londres, McFarland & Company.

EL SAADAWI, NAWAL [1977], *La cara oculta de Eva. La mujer en los países árabes*, Madrid, Kailas, 2017. Traducción de María Luisa Fuentes y Noemí Fierro Bandera.

GILBERT, SANDRA M. y GUBAR, SUSAN [1979], *La loca del desván. La escritora y la imaginación literaria del siglo XIX*, Madrid, Cátedra, 1998. Traducción de Carmen Martínez Gimeno.

RAMÍREZ, ÁNGELES y MIJARES, LAURA [2021], *Los feminismos ante el islam*, Madrid, Catarata.

ROWLING, J. K. [2007], *Harry Potter and the Deathly Hallows*, Londres, Bloomsbury. [Hay trad. cast.: *Harry Potter y las reliquias de la muerte*, trad. Gemma Rovira Ortega, Barcelona, Salamandra, 2008].

SAID, EDWARD W. [1993], *Cultura e imperialismo*, Barcelona, Anagrama, 2001. Traducción de Nora Catelli.

SEN, AMARTYA [1990], «More than 100 Million Women are Missing», *The New York Review*, Christmas Issue, 20-12-1990.

WOOLF, VIRGINIA [1925], *The Common Reader*, 2 vols., London, Vintage, 2003. [Hay trad. cast.: *El lector común*, trad. Daniel Nisa Cáceres, Barcelona, Lumen, 2010].

YOUSAFZAI, MALALA y LAMB, CHRISTINA [2013], *Yo soy Malala*, Alianza Editorial, 2013. Traducción de Julia Fernández.

YOUSAFZAI, ZIAUDDIN Y CARPENTER, LOUISE [2018], *Libre para volar. La historia de un padre y la lucha por la igualdad*, Madrid, Alianza Editorial. Traducción de Julia Fernández.

AGRADECIMIENTOS

Aunque este libro se escribió con el silencio de la pandemia como telón de fondo, son numerosas las sonrisas y las palabras de apoyo que lo han hecho posible. En primer lugar, quiero agradecer a Elena Martínez Bavière que me creyera capaz de escribir *Las que faltaban* y me invitara a hacerlo con absoluta libertad. Su acompañamiento cómplice, su sentido del humor, así como nuestras conversaciones hilarantes sobre tipos de bordado han sido esenciales durante todo el proceso. Mi profundo agradecimiento va también dirigido al equipo de Taurus y Penguin Random House al completo, quienes han trabajado para que la mejor versión posible del libro saliera adelante y lo hiciera con una portada exquisitamente maravillosa.

Gracias a mis estudiantes, sobre todo a los miembros del proyecto *Leer en comunidad* de la Universidad Complutense de Madrid (Adriana, Julia, Andrea, Itziar, Mari Paz, Leonor, Valentina, Mario, Pablo, Agustín, Ana Rita, Juanpe, Laura, Belén, Daniel, Daniela, Paula, Rocío, Beatriz...), de quienes aprendí tanto sobre Jane Austen, Mary Wollstonecraft, feminismo, maternidad, cultura epistolar y Hermione Granger. Gracias a todos mis compañeros del área de Teoría de la Literatura de la Universidad Complutense de Madrid, especialmente a Isabel González Gil, así como a mis amigas y colegas de otros departamentos y facultades, como Rosana Acquaroni, Isabelle Marc, Rebeca Sanmartín, Laura Herrero, Jordi Massó y Nuria Sánchez-Madrid, cuya sabia influencia se puede sentir en diferentes partes del libro.

Muchas gracias a Enrique Vila-Matas, a quien estas páginas le deben innumerables cosas, entre ellas haberme enseñado a buscar siempre lo que falta en todas las historias.

Vaya mi agradecimiento hacia mi profesor Fernando Rampérez, el primero que me enseñó a tachar párrafos enteros de libros escolares para reescribirlos con mis propias palabras.

He aprendido muchísimo de los clubes de lectura de la librería Rafael Alberti y de la Fundación CVE. Gracias a Lola Larumbe y a todo su equipo (Laura, Ana, Iñaqui, Miguel), así como a todos los lectores, especialmente a Celia Esteban, Rocío Gómez-Crespo y Juan Rodulfo, quienes han compartido conmigo sus valiosas impresiones sobre muchos temas que aparecen en diferentes capítulos de esta obra.

Durante estos años de activismo feminista ha sido decisiva la compañía de algunas amigas, autoras, libreras, editoras y artistas brillantes, comprometidas y generosas. Vaya mi reconocimiento hacia Pilar Adón, Nina Alonso, Alejandra Camacho, Nuria Capdevila-Argüelles, Natalia Carrero, Ana Castro, Eva Egido, Carmen G. de la Cueva, Berta García Faet, María Folguera, Silvia Herreros de Tejada, Nuria Labari, Lara Moreno, Isabel Peinado, Ana Rossetti, Stella Ramos, Patricia Giraldo, Elena Blanco, Lisa Topi, Vanesa Lleó y Elsa Veiga.

Las que faltaban recorre muchos países, tiempos y acontecimientos históricos diferentes, por lo que he necesitado el consejo y la ayuda de numerosas personas con las que estoy en deuda. Viviane Slon, científica de la Universidad de Tel Aviv, tuvo la enorme amabilidad de atenderme y ofrecerme todos los detalles sobre el emocionante descubrimiento de Denny con el que arrancan estas páginas. Marguerite Spoerri Butcher, investigadora del Ashmolean Museum de Oxford, no solo respondió a mis preguntas sobre la hija de Cleopatra, sino que me condujo hasta las monedas grabadas con su imagen. Juan Pablo Sánchez Hernández y Alberto Rivas Yanes han revisado los capítulos sobre Agnódice, Cleopatra y Malinche, y me han hecho importantes sugerencias. Carmen de la Guardia, historiadora de la Universidad Autónoma de Madrid, Santiago López-Ríos, hispanista de la Universidad Complutense y José C. Valés, traductor y escritor, compartieron conmigo muy generosamente no solo sus investigaciones sino también sus recuerdos. El apoyo de Adriana Murad y Sara Gancedo fue importante para la traducción de algunos textos. Laura Marías me ayudó a orientarme en el Archivo Histórico Nacional y el personal de la Fundación José Ortega y Gasset-Gregorio Marañón que alberga y conserva el Archivo de la Residencia de Señoritas me guio a través de la inmensa correspondencia que mantuvo María de Maeztu con las intelectuales de su tiempo. Finalmente, muchas gracias a los miembros del personal de las bibliotecas de la Universidad Complutense de Madrid por la paciencia con la que renovaron, una y otra vez, todos mis préstamos.

Gracias a todos mis amigos y familiares que, de una u otra manera, han contribuido a que estas páginas vean la luz: María José López, Antonio Gómez-Crespo, Antonio jr., Jose Pérez-Pujazón y Enrique Otero. Estoy especialmente agradecida a Gonzalo Oñoro, mi hermano, y a mi amiga Rocío Mudarra, quienes fueron mis primeros lectores. Gracias por creer, por la conversación infinita y por sujetar la pluma.

Gracias a mi madre, mi lectora más fiel, por coser con delicadeza las letras de mi vida y por regalarme hace mucho tiempo los cuadernos con páginas en blanco en los que empecé a escribir *Las que faltaban*. Gracias a mi padre por ser una mezcla milagrosa entre Amilcare Anguissola, el reverendo Austen, Eugène Curie y el doctor Weil.

A Leonor y a Enrique, mis hijos, les debo lo más importante, todo lo que no se aprende en los libros. Si en medio de una trágica pandemia he escrito sobre fragilidad, nacimiento, maternidad e inclinación es gracias a todo lo que ellos me han enseñado.

Y gracias a Juanma, el amor que nunca falta, las manos invisibles que sostienen estas páginas. Gracias por leer siempre hasta el final todo lo que escribo. Tú me regalaste el costurero de Jane Austen del que fueron saliendo todas estas historias.

CRÉDITOS DE LAS ILUSTRACIONES

IMÁGENES DEL ÁLBUM DE FOTOS

Página 3: Monedas con los reyes de Mauritania, Juba II y Cleopatra Selene. Imagen cedida por Classic Numismatic Group.

Página 4: Programa de mano de la ópera estampado en seda. Victoria and Albert Museum.

Página 11: Cuaderno manuscrito con *La Historia de Inglaterra* e ilustraciones de Cassandra Austen. «Austen juvenilia», British Library.

Página 12, bordado de la izquierda: Realizado por la colegiala Carmen Pastor Salgado a finales del siglo XIX en Galicia. Imagen cedida por la familia de la autora.

Página 12, bordado de la derecha: Realizado en el siglo XVIII por Mary Ann Smith, estudiante de la Scofton School. Donado a la colección Cooper Hewitt por Mrs. Frank K. Sturgis.

ÍNDICE ALFABÉTICO

Las referencias que corresponden con imágenes están en cursiva.

Jardim, Anne, 169, 412 n. 19
  y Margaret Henning: *The Ma-
  nagerial Woman*, 412 n. 19
Jean de Castel, 110
Jean de Metz, 106, 108
Jean de Meun y Guillaume de Lo-
  rris: *Roman de la Rose*, 112, 119
Jean Gerson, 112
Jena, 235
Jenofonte, Económico, 53
Jesucristo, 104, 107, 322-323, 337-
  338, 341, 374
Jex-Blake, Sophia, 56, *56*, 386, 390
  «La medicina como profesión
  para las mujeres», 56
Jiménez Fraud, Alberto, 288
Jiménez, Juan Ramón, 292
Johanson, Donald, *33*, 33-34
Johnson, Joseph, 199, 208, 211-
  214, 222-223
Johnson, Samuel, 242
John Tressart, 107
Joliot-Curie, Frédéric, 283
Jones, Bertie, 95
Jorge II, 237, 241
Jorge V del Reino Unido, 93-94,
  101
Juana de Arco, 16, 54, 93, 93123-
  94, 96-97, 101-104, 106, *106*,
  108, 113, 116, 121, 123, 125,
  166-167, 214, 224, 230, 246,
  255, 281, 295, 301, 306, 322,
  327, 333, 338, 341, 364, 366,
  381, 383-384, 405 n. 6
Juana de Austria, 191
Juan I de Castilla, 115
Juba II, 90
Julio César, 73, 77-85, 90

Junta para Ampliación de Estudios
  (JAE), 288
Juri, Carla, 33

Kafka, Franz, 279
Kant, Immanuel, 64, 204
Kauffmann, Angelica, 183-184
Kayani, Javid, 386-387
Keller, Helen, 108
Kennedy, Florynce, 373
Kennedy, John F., 368, *369*
Ken Román, José, 288
Kensington, 96
Kent, Victoria, 285, 287-317, *290*,
  297, *316*, 319-320, 327, 345,
  349, 362, 380-381, 425 n. 32
  *Cuatro años en París. 1940-
  1944*, 304, 308
Keppel, Violet, 121-122
Key West (Florida), 313
Kids Rights, 380
Ki-moon, Ban, 389
King, Caroline, 209
King, Helen, 400 n. 4
King, hermanas, 202, 205
King, Margaret, 201-202, 205-210,
  220, 231-236, 306
King, Martin Luther, 357, 362-
  363, 367-373, *370*, 381
  «I have a dream» (discurso),
  370, 370-371
Kingsborough, familia, 199, 205-
  206, 256
Kingsborough, hermanas, 240
Kingsborough, lady, 198-205, 207-
  209, 214, 216, 221, 234
Kingsborough, lord, 198
Kosofsky Sedgwick, Eve, 375

Este libro se terminó
de imprimir en
Móstoles, Madrid,
en el mes de
octubre de 2022

«Para viajar lejos no hay mejor nave que un libro.»

EMILY DICKINSON

Gracias por tu lectura de este libro.

En **penguinlibros.club** encontrarás las mejores
recomendaciones de lectura.

Únete a nuestra comunidad y viaja con nosotros.

penguinlibros.club